Prologue

Kate Moss est une collection d'images dans lesquelles on se mire. Kate Moss est un scandale permanent. Kate Moss est la femme la mieux habillée du monde.

Ces propositions sont aussi vraies qu'incomplètes.

Qui connaît Kate Moss ? Personne.

Et elle veut que les choses restent ainsi, floues.

La scène s'est déroulée fin décembre 2007, le mois où Kate Moss faisait son entrée dans le *Who's Who*, l'annuaire mondial des riches et célèbres, cent soixantième édition.

Une assistante pour *LateNET*, un talk-show new-yorkais, populaire, enregistré en public et diffusé sur internet, contacte Jennifer Ramey, l'agent de Kate Moss en Amérique. Miss Moss participerait-elle à une prochaine émission ? Après quelques secondes de stupéfaction, l'agent rugit : « La terre entière sait que Kate Moss ne donne jamais d'interviews. Comment diable pouvez-vous l'ignorer ? » Avant de raccrocher, elle lâche : « Parce que ce n'est pas son truc[1]. »

Ce qui est totalement faux.

Kate Moss, à l'époque où elle parlait, était prolixe, vive, affable. La donne a changé avec l'affaire de la cocaïne, en 2005, et même avant. Depuis presque dix ans elle pèse trop lourd, dans l'arène de la mode dont elle est l'un des meilleurs atouts publicitaires, pour risquer la moindre confession qui prêterait à la polémique.

Il lui a fallu se taire. S'inventer un destin. Se façonner un mythe.

Celui de Garbo était parfait. Voilà des années que Kate Moss l'entretient. Mutisme. Contrôle. Orgueil.

Au fil du temps elle a également réussi, comme l'héroïne d'un film d'anticipation, à gommer son passé à grands traits ; à en redessiner les contours, aussi, quand ça l'arrangeait.

« Plus je m'expose, plus je deviens invisible », déclarait Kate Moss en 1995. Aujourd'hui, elle pourrait redire les mêmes mots.

Et pourtant. À trente-quatre ans, elle a passé les deux dernières décennies scrutée par la terre entière. Cela fait vingt ans qu'elle a été découverte dans un hall d'aéroport, vingt ans qu'engagée dans une sorte de « mannequinat-réalité » elle grandit sous nos yeux. Ses frasques permettent de tracer le portrait rapide d'une femme vue partout, jusqu'à l'écœurement. Et après ?

Avec ses tenues et ses travers, ses excès et ses excuses de façade, son allure et son aquabonisme, elle incarne, mieux que quiconque, les paradoxes de l'époque. Kate Moss comme fil rouge de la modernité, du milieu des années 80 à nos jours, via la mode, la musique et la « pipolisation » de la société : c'est le parti-pris de ce livre. Qui a pour ambition, aussi, de lever le voile sur la « reine du cool », de comprendre pourquoi elle s'est réfugiée dans un château de faste et de rock'n'roll.

En Grande-Bretagne, Kate Moss est une reine. « *Our Kate* » disent-ils, « *The Ultimate Icon* ». L'Angleterre l'a forgée, depuis son enfance confortable à Croydon, banlieue sud de Londres, jusqu'à la scène musicale actuelle, qu'elle fréquente assidûment – de Primal Scream aux Kills, cet attrait de midinette, récurrent, pour des rockers en cuir.

Elle s'est rêvée artiste mais ne produit rien, sinon de l'imaginaire à visée commerciale. Portemanteau et porte-menteuse au service des groupes de mode. Sa seule œuvre d'art réside dans cette capacité physique à se transformer, à renaître de ses cendres chaque fois intacte. Voire plus forte. Kate Moss est un caméléon au service de vêtements dont elle n'a que faire, au fond. Elle est aussi une muse courtisée par des artistes qui lui offrent ce qu'elle désire depuis toujours : être bien plus qu'un mannequin, et s'inscrire dans le temps.

En 2008, alors qu'elle brille depuis deux décennies dans la galaxie des « beautiful people », qu'elle a fait la couverture de

300 magazines, que sa fortune est estimée à plus de 60 millions d'euros, Kate Moss fait figure de dinosaure racé : unique en son genre, imposante, en voie de disparition ; jamais aucune top model ne sera aussi connue.

De par sa réticence absolue à obéir au système – ce qui ne lui interdit pas d'en user, du système –, elle reste incontrôlable. Mais aussi charmeuse. Dotée d'un incroyable instinct de survie. Mystérieuse.

En 2007, Kate Moss posa pour un sculpteur anglais qui intitula son œuvre *Sphinx*. Comme la créature vaincue par Œdipe, elle ne fait que soulever des énigmes. Sans jamais y répondre.

Partir à sa recherche, c'est regarder des tableaux effacés par sa main, c'est marcher sur du sable. C'est, à chaque instant, trouver porte close.

Mais on a insisté. Marché sur le sable, et poussé la porte.

I

So you want to be a rock'n'roll star ?

1974-1990

« Oh no love ! you're not alone
You're watching yourself but you're too unfair
You got your head all tangled up
But if I could only make you care
Oh no love ! you're not alone. »

David Bowie, *Rock'n roll suicide* [1].

Son milieu, son époque

Croydon, banlieue sud de Londres, région du Surrey.

C'est là qu'est née Kate Moss, là qu'elle s'est bâtie en gamine des rues, là que commence sa légende.

N'importe quel habitant de la capitale anglaise fait la moue à l'évocation de Croydon. Il ne s'agit pas seulement de snobisme, c'est aussi affaire de réputation, et celle-ci est corsée. Même le site Internet de la ville la présente comme « terne » et « inhumaine », les blogs de quelques-uns de ses natifs ajoutant : « L'endroit est laid, un temple du shopping pour une *middle class* désœuvrée et stupide. »

Croydon fait partie du Grand Londres, à environ quinze kilomètres de Big Ben. On y arrive par des autoroutes compliquées ou par le Thameslink, une sorte de RER que l'on prend à King's Cross, la gare du nord de la capitale. Pendant les trente-cinq minutes de trajet défilent Elephant & Castle, Loughborough Junction, Herne Hill, Tulse Hill, Streatham, Norbury, Thornton Heath et

Selhurst. Des villes de périphérie avec leurs travailleurs fatigués sur les quais des gares, des entrepôts en ruine, des terrains vagues, des petits immeubles d'habitat populaire en brique rouge foncé, et des maisonnettes pour les plus aisés, avec le minuscule jardin devant. Des *suburbs* semblables à mille autres, ailleurs en Angleterre.

En ce jour de septembre 2007, l'arrêt East Croydon libère une cohorte de voyageurs sous le soleil – les trains filent ensuite vers l'aéroport de Gatwick puis le terminus, à Brighton. Sur les quais de la gare, ultra-moderne avec son armature de verre, les panneaux officiels « East Croydon » sont soulignes de la phrase « *Home of Nestlé UK* », siège de Nestlé Grande-Bretagne, comme s'il s'agissait du seul trésor que la ville puisse offrir.

La rue rejoignant le centre, George Street, est plantée de buildings administratifs et commerciaux d'une dizaine d'étages, avec cette couleur marron et ces vitres fumées propres aux années 60. Ils se sont vidés de leurs cadres moyens ; c'est l'heure du *lunch*, les hommes en costume noir sans cravate et les femmes en tailleur un tantinet démodé croquent distraitement un sandwich en terrasse des fast-foods. On pourrait se croire à la Défense, en moins haut et tout aussi anonyme.

À deux cents mètres de là, l'allée piétonne de North End est ce qui fait la petite notoriété de la ville ; une masse de centres commerciaux collés les uns aux autres, où se côtoient les enseignes à bas prix et les très chics – on y trouve même une boutique proposant du Yves Saint Laurent. Huit parkings, au total, entourent ce cœur de la cité dédié au commerce : pour le chaland, il faut que tout soit à portée de volant.

À l'image de sa future idole Keith Richards, qui a grandi à Dartford, au sud-est de Londres, à l'image d'un autre Rolling Stones, Bill Wyman, lui élevé à Penge, juste au-dessus de Croydon, Kate Moss est une fille de ces abords-là. Où l'on n'est pas assez loin de la palpitation de la capitale pour s'en fiche, assez près cependant pour crever d'envie qu'elle batte dans vos veines.

L'Angleterre est le pays qui a inventé deux révolutions, l'industrielle puis la pop, le marasme laissé par la première dans le cœur des hommes ayant donné à leurs fils et filles la fièvre de faire naître la seconde. À l'époque de Keith, de Kate, à la nôtre encore, les enfants rêvent de gloire mais, comme leurs parents avant eux, s'établissent à jamais dans les nœuds des périphéries ; seuls ceux qui croient au destin, à la chance, à l'innocence perverse d'une Lolita, les désertent pour de bon. Moqueurs, les gens de Londres usent de ce dicton : « On peut quitter Croydon, mais Croydon ne quitte jamais ceux qui y naissent. »

La ville passe pour un repaire de « chav », ces adolescents ou jeunes adultes, prolétaires, que les Anglais raillent tout en les craignant, amateurs de bijoux clinquants, de hip hop, de faux Burberry, de vêtements ultra-larges pour les garçons et ultra-moulants pour les filles, les « chavettes ». On en croise quelques-uns sur North End, des gamines en survêtement blanc et des jeunes coqs désœuvrés portant capuche. Niveau sonore élevé, paroles de défiance, drague ostensible. Comme tous les épicentres de ce royaume obéissant à une reine et sanctifiant les divas décadentes, Croydon semble ne proposer que chômage et célébrité jetable aux plus jeunes, morne vie de bureau aux adultes, fade retraite aux anciens.

La région fut autrefois opulente. Croydon appartenait aux archevêques de Canterbury qui, dès le XIIIe siècle, développèrent ce coin vallonné, crayeux, venteux. À l'écart du nœud marchand subsistent encore des reliquats de l'ère ecclésiastique : un gros manoir, une imposante église et, entouré d'un élégant parc où dominent les cèdres, le palais d'Addington. Après avoir été la résidence des archevêques, il fut vendu à un groupe privé qui l'a transformé en un lieu très années 00 : centre de conférences et de remise en forme, top luxe.

La ville commença de perdre sa distinction religieuse à la fin du XVIIIe siècle, devenant la halte des Londoniens en partance pour une cité balnéaire en plein essor, Brighton. Reliée à la capitale par les transports en commun au début du XIXe siècle, Croydon attira peu à peu les *« working class heroes »* que célébrera John Lennon un siècle plus tard. Ils s'entassaient dans des bidonvilles crasseux, si crasseux qu'un des premiers dispensaires du royaume y fut créé. Émergea ensuite la *middle class* victorienne qui vivait mieux, avec cette dignité ombrageuse qui la portera, elle et ses descendants, à travers le bruit, la fureur et les progrès du XXe siècle, dans l'espoir d'une ascension sociale.

Les aïeux de Kate Moss, établis dans la région depuis le XIXe siècle, restaient des travailleurs et des gens de peu – marchand de légumes, employé chez un vendeur de charbon, représentant de commerce. Il faudra l'attendre, elle, pour que le nom de Moss fasse un bond de sept lieues vers la planète fantasmée des riches.

Au cours des années 60, des entreprises commencèrent à s'implanter à Croydon : sociétés de services, pôles d'affaires et centres commerciaux – on parle même d'en construire un nouveau à North End, ce qui achèverait de transformer la ville en boutique géante. S'y affichent déjà d'immenses publicités où Kate Moss, l'orgueil local, offre son air impavide et son corps parfait au regard des gamines timides et complexées qui rêvent de lui ressembler.

La ville jouit d'une importante scène rock ; après tout, c'est l'Angleterre. Les chanteuses Amy Winehouse et Katie Melua y ont suivi les cours de la Brit School, une école de musique et de théâtre connue dans la région de Londres pour accueillir les plus doués des jeunes artistes. Plusieurs salles de concerts distraient les adolescents, dont l'une, très belle, le Fairfield Halls, construite en 1962, a vu passer les Beatles ou Chuck Berry. On trouve aussi, à Croydon, l'un des plus grands magasins de disques d'occasion d'Europe. À croire que le label « deuxième main » définit la ville : on n'y compte plus les boutiques de fripes, celles qui vêtaient honteusement les pauvres d'hier pour faire les délices des branchés d'aujourd'hui, et où Kate Moss, en gamine tôt soucieuse de son style, a forcément dû s'acheter des Pirates, ces bottes signées Vivienne Westwood.

Une bruyante vie nocturne occupe désormais les moins de vingt ans, si bien que la cité a gagné le surnom de « Costa del Croydon », en référence à la « raffinée » Costa del Sol. Du temps de l'adolescente Kate Moss, rares étaient les lieux pour cela, la jeunesse ne formait pas encore une cible marketing que l'on presse d'échapper à l'ennui mortel de cet âge. Kate et ses petits camarades des années 80 s'encanaillaient à la bière dans le parc de Purley, à quelques kilomètres du centre, et la lourdeur qu'ils traînaient est la même que celle de leurs successeurs du XXIe siècle ; l'accent de banlieue, ce futur qui ne ressemble à rien, ces mauvaises manières de chav. Quoi de différent d'une autre banlieue ?

Ces périphéries des villes, en ce qu'elles concentrent de pauvreté, de frustration et d'imagination, ont toujours été, depuis l'émergence de la « culture rock » dans les années 60, des lieux d'effervescence. Stylistique, musicale, langagière. S'y frôlent dans le même espace urbain en déliquescence – que ce soit à Brooklyn ou Ivry-sur-Seine – le plus grand conformisme, celui des déclassés, et la plus fine des avant-gardes, celles des mauvais garçons que les jeunes bourgeois des beaux quartiers n'ont de cesse de copier.

Mais Croydon semble dépourvue du panache des laissés-pour-compte. Elle souffre d'une saturation du banal ; comme si, une fois livré au monde le prodige de chic qu'est Kate Moss, la ville avait épuisé toute son inventivité, et n'offrait plus que le spectacle universel d'adolescents « à la mode », répartis comme il se doit en plusieurs clans : les gothiques, les rockers, les chav, les rappeurs.

Les Anglais, forcément cruels, aiment répéter qu'est née dans ce coin du Surrey une coiffure illustrant la bêtise de ses chavettes. Le « lifting Croydon » consiste en une queue-de-cheval portée si haut, si serrée, que la peau du visage en est toute tirée. Une peau d'ordinaire teintée de faux bronzage, ornée de créoles plaqué or, habillée de mauvaises copies de grandes marques. Cette pauvreté vulgaire, quoi de plus risible pour les tenants du bon goût ? Brandon Hurst, l'un des biographes de Kate Moss en Grande-Bretagne, affirme que la panoplie des filles du coin – que l'on retrouve ailleurs, à commencer par Londres – consiste en talons aiguilles blancs et micro-jupes portées sans collants, même en plein hiver. « En termes culturels, Croydon représente une sorte de plus petit dénominateur commun, écrit-il ; comment s'étonner que des millions de femmes s'identifient à Kate Moss [2] ? »

Sauf qu'elle ne vient pas de ce monde-là. Elle l'a côtoyé, elle l'a observé, elle s'en est imprégnée. Mais son univers d'enfance sentait bon la forêt, les grands arbres jouxtant la maison, les belettes qui courent sous les glycines et la cabane au fond du jardin. Kate Moss a grandi non loin de Croydon, à Sanderstead, un coin presque assoupi sous les frondaisons, plus résidentiel. Pas aussi chic, certes, que son quartier d'aujourd'hui au nord de

Londres, mais en aucun cas prolétaire. Par temps clair, du haut de la colline de Sanderstead qui atteint ses deux cents mètres, on peut voir la tour de Westminster et la roue du Millennium scintiller là-bas, à Londres-Babylone.

Lorsque 1974 commence et que naît Kate Moss, l'Angleterre est plongée dans le noir. Littéralement. L'année précédente, le gouvernement du Premier ministre conservateur, Edward Heath, a dû affronter des grèves massives lancées par le Trade Union Congress, l'intersyndicale britannique, en réaction à la politique anti-inflationniste et aux baisses des salaires. Tour à tour ou en même temps, les agents du service public – pompiers, dockers, cheminots, employés des compagnies de gaz et d'électricité – cessent le travail. Chaque mois les négociations échouent, chaque mois la tension augmente. Le 13 novembre 1973, l'état d'urgence est proclamé. Depuis le choc pétrolier d'octobre, le prix du baril est multiplié par quatre, l'énergie rationnée ; en décembre, la crise empire : vitesse limitée sur les routes, lumière et chauffage soumis au couvre-feu dans les boutiques et les bureaux. Le soir, faute d'éclairage public, les rues sont sombres et désertes.

Le moral des Anglais oscille entre rage et abattement, les enfants vivent une drôle de période, qui leur échappe ; les coupures de courant sont si fréquentes qu'il est impossible de suivre ses feuilletons préférés à la télévision, l'air des maisons se charge, à jamais dans les mémoires, de l'odeur des bougies. En janvier 1974, l'économie atteint un tel niveau de paralysie qu'est décrété la « *three day week* », la semaine de travail de trois jours. À la fin du mois, un million et demi de personnes se retrouvent au chômage. En mars, après plus d'un an de tensions, ils seront presque neuf millions à réclamer des aides financières à l'État.

En ces heures-là, les parents de Kate Moss, Peter et Linda, habitent une rue très anglaise. Un long ruban de maisons en brique blanche, collées les unes aux autres et comme dupliquées à l'infini, avec le pot de lait et le journal devant la porte. Le quartier s'appelle Addiscombe et la rue Pagehurst Road, à trois kilomètres de la gare d'East Croydon, à quelques minutes de l'endroit où Linda est née ; l'horizon plat des rues de banlieue, des échoppes bon marché et des *take away*, où l'on achète des plats à emporter.

Peter est un garçon aussi brun et réservé que Linda est blonde, mignonne et tête en l'air. Ils se sont rencontrés lors de la fête d'anniversaire d'un copain. On ne sait pas quand, probablement à la toute fin des années 60. Peter exerçait déjà le métier d'agent de voyages à la compagnie aérienne Pan Am, et Linda cumulait les petits emplois depuis la fin de l'école, qu'elle avait quittée à seize ans. Vendeuse dans une boutique de vêtements, puis de tricots, puis gérante d'un magasin de prêt-à-porter. Hormis cet attrait pour la mode, l'un des seuls débouchés possibles d'une fille sans diplômes, peu d'ambition, si ce n'est celle d'être jolie.

On ne sait guère, non plus, combien de temps ils se fréquentèrent avant leur union : l'existence de Peter et Linda, du début des années 70 jusqu'à la notoriété naissante de leur fille, à la fin des années 80, demeure une vaste zone d'ombre. Une vie ordinaire, sans mémoire ni beaucoup d'anecdotes, une vie qui ne fut même pas documentée, *a posteriori*, par la gloire de Kate. Dans ce décor *middle class*, il manque les touches de couleur. Peut-être Kate Moss, une fois célèbre, a-t-elle soumis son entourage à l'obligation du secret qu'elle s'imposera plus tard, peut-être que l'omerta qu'elle fait régner aujourd'hui a commencé là, avec sa famille.

Peter et Linda Moss se marient le 17 avril 1971 à St Mary, l'église XIVe siècle de Beddington, une ville qui jouxte Croydon. Ce jour-là, raconte Fred Vermorel, l'un des biographes anglais de Kate Moss, Linda, qui travaille alors pour un marchand de produits capillaires, porte une robe dernier cri plutôt que la traditionnelle tenue immaculée, comme si elle voulait marquer, à sa mesure, une pointe d'excentricité. Le vent violent des années 60 – les Mods, les rockers, Mary Quant ou Twiggy –, n'a pourtant pas soufflé jusqu'à la jeune femme, vingt-trois ans, et son époux de trois ans son aîné. Plus tard, Linda Moss résumera ainsi sa jeunesse : « Mes parents vendaient des légumes. C'était une vie très ordinaire. Si j'ai grandi dans les sixties des Beatles et de Carnaby Street, je n'ai rien vu de tout ça. J'étais juste une fille de commerçants du sud de Londres[3]. »

Peter Moss, aussi, vient du coin. Sa mère était une femme au foyer, son père un technicien des Postes qui avait servi lors de la Seconde Guerre mondiale au sein du Royal Corp of Signals, les transmissions de l'armée britannique. On ne sait pas grand-chose de Peter, sinon qu'il est insomniaque ; sa fille héritera de sa hantise du sommeil, elle héritera également de ce détachement face à la vie qui caractérise son père, et par un troublant effet de miroir, elle dira de lui qu'il est la personne la plus « imperturbable » qu'elle connaisse[4].

Un homme discret, ce Peter Moss. Il mène consciencieusement carrière au sein de la Pan Am, il rentre tard le soir auprès de sa ravissante et inconséquente épouse. Linda est un peu ailleurs, elle perd souvent ses clés, préoccupée qu'elle est par son allure et ses tenues, conformiste par conformisme et pourtant traversée par l'ambition d'une vie moins morne. Ses fourneaux n'ont pas dû beaucoup chauffer pendant l'enfance de sa fille – Linda préférait le *take away* – pour que Kate lâche des années après, en s'installant chez la mère de son premier boyfriend sérieux, Mario Sorrenti : « Voilà une vraie maman ; enfin, elle fait la cuisine et tout ça[5]. »

Peu après l'arrivée de Kate, leur premier enfant, les Moss déménagent plus au sud, dans le quartier de Sanderstead. Quatre kilomètres d'écart au sein de la même ville, mais tout change : là, la verdure envahit des collines si pentues qu'elles interdisent le vélo, et on n'y trouve guère de commerces si ce n'est, bien plus tard, en 2007, d'élégantes caves à vins, des agences immobilières et des magasins de produits biologiques. Sur Church Way, une rue qui grimpe sec jusqu'au parc de Sanderstead, celui d'où l'on voit Londres, la maison des Moss, datant des années 50, est faite de briques rouges et blanches, spacieuse. Ce n'est plus l'enfilade étouffante de Pagehurst Road, on croirait plutôt une colline du San Francisco bourgeois, avec ses grosses voitures garées devant les silencieuses demeures. Celle qui fut la leur, et appartient désormais à d'autres, est entourée d'une pelouse protégée de la rue par un muret. Une haute volée de marches mène à la porte, sous un porche blanc, et à l'arrière pointent de grands arbres et des glycines, qui cachent une véranda et un autre jardin, plus vaste.

L'enfance

Katherine Ann Moss voit le jour le 16 janvier 1974, un petit Capricorne, comme Elvis Presley et David Bowie, qui transcendera quelques-uns des caractères de son signe : volonté, mutisme, orgueil, dit-on. Selon l'astrologie chinoise, elle est Bœuf, ce qui induirait constance et fiabilité, ainsi que la faculté d'atteindre son but, envers et contre tout. À sa naissance, « elle était ravissante malgré sa houppette rousse qui m'a fait craindre qu'elle ne soit rouquine. Puis elle a viré au blond[6] », dira Linda.

Autour du bébé à la houppette, le monde est sens dessus dessous. La prospérité des années 60 et l'utopie révolutionnaire des mouvements contre-culturels semblent oubliées depuis la crise pétrolière, qui a déstabilisé les économies. Quand en Grande-Bretagne flotte comme un air de guerre avec le couvre-feu et les restrictions d'énergie, les Rolling Stones livrent leur album *It's only rock'n'roll* ; quand en France Georges Pompidou meurt, Valéry Giscard d'Estaing le remplace et Coluche entame ses one-man-shows ; quand aux États-Unis Richard Nixon est contraint à la démission après le scandale du Watergate, au CBGB de New York un jeune groupe, les Ramones, donne un premier concert qui établit, avec ceux des New York Dolls, les bases du punk ; quand aux États-Unis naissent aussi, durant l'hiver 1974, ces deux institutions populaires que sont le feuilleton *Happy Days* et le magazine *People*, dont Kate Moss sera plus tard l'une des stars, le tournoi de tennis de Wimbledon, près de Londres, est remporté par Chris Evert chez les femmes et Jimmy Connors chez les hommes ; quand en Grèce s'effondre le régime des colonels et qu'au Portugal la « révolution des œillets » rétablit la démocratie, Nicolae Ceausescu arrive au pouvoir en Roumanie ; quand les tubes de cette année-là, qu'écoutait certainement Linda Moss en faisant un brin de ménage, s'appelaient *Sugar Baby Love,* des Rubettes, *I shot the sheriff* d'Eric Clapton, ou *Waterloo* d'Abba, David Bowie sortait l'album conceptuel *Diamond Dogs,* qui annonçait l'apocalypse, les hommes-chiens et l'avènement d'un monde terrifiant sous l'influence de George Orwell et de son *1984.*

Alors que naissait, un mois à la suite de Kate Moss, Robbie Williams, un autre symbole de la pop-culture contemporaine en Grande-Bretagne, c'était également le début d'un long ressac pour les férus de rock'n'roll. Quatre ans après avoir chanté, dans *God,* qu'il ne croyait plus en rien sauf en lui-même, se posant en précurseur malgré lui de l'individualisme des années 80, John Lennon sortait un album en demi-teinte, *Walls & Bridges*, où un morceau poignant, *Scared*, disait son malaise : « Je suis effrayé/tous les jours de la vie/je fais en sorte de survivre » ; les Hendrix, Joplin et Morrison étaient morts depuis quelques années et personne ne les remplaçait, Led Zeppelin n'était plus aussi mordant et on ne parle même pas de Dylan. Le genre musical glissait doucement vers l'immense champ du mou, du drogué, du conceptuel à cheveux longs et guitares à deux manches, à l'image d'un des groupes phares de ces années-là, Pink Floyd, et l'on allait devoir patienter avant que n'explose le punk, trois ans plus tard.

La première photo que l'on connaît de Kate Moss montre une petite fille de deux ou trois ans, les cheveux blonds et courts qui rebiquent en bouclettes, vêtue d'une robe rose pâle, près de la clôture d'un jardin, probablement celui de Sanderstead. Elle tient un seau jaune à la main et rit devant l'objectif. Elle n'est plus l'unique enfant de la famille, son frère Nick vient de naître en novembre 1976, elle s'en amuse un moment comme d'une poupée. Pas longtemps. « On se bagarrait plus qu'on ne jouait ; je le pinçais et lui crachais à la figure, j'étais plutôt horrible[7]. » À l'école maternelle, Katherine que tout le monde appelle « Katy » s'avère pourtant « vive et ravissante[8] ». Elle adore particulièrement l'atelier de peinture.

Sur les autres clichés que l'on a d'elle, à six ou sept ans, on la découvre toute sage avec la raie sur le côté gauche ou droit, selon les périodes, et des barrettes qui retiennent ses longs cheveux désormais châtains en bordure du visage ; elle offre le sourire des enfants sans histoires : confiant, large, lumineux. Le nez est légèrement épaté, la figure semble accrochée à ces pommettes saillantes qui donneront, par la suite, à cette parfaite

Anglaise un petit air asiatique. Les yeux offrent déjà cet espacement plus grand que la moyenne, les dents sont légèrement écartées aussi. Comme on dit : une gamine mignonne. Pas l'embryon d'une beauté renversante. Et n'était cette allure de crevette, fréquente à cet âge, aucun signe particulier.

À l'école primaire, un bâtiment de brique entouré d'arbres, non loin de chez elle, « Katy » se révèle timide et parfois mutine, attirée par les bêtises puisque c'est l'âge bête. Elle se coupe les cheveux en cachette, décidant que la grande natte qui lui tombe dans le dos, ça suffit ; le résultat, une sorte de zigzag assez court, rend Linda furieuse. Un autre jour, elle tente aussi, avec une copine, de se percer les oreilles à l'aide d'une aiguille à coudre empruntée à l'atelier de l'école. La douleur est telle qu'elles abandonnent aux premières gouttes de sang.

Est-ce à ce moment-là que Katherine, *alias* Katy, devint Kate ? C'est fort probable. S'approprier un diminutif, c'est comme se couper les cheveux ou se percer les oreilles, quelque chose qu'à cet âge-là on fait pour soi, ou contre ses parents.

Ni idiote ni extraordinairement douée, plutôt jolie et dotée d'un caractère agréable, il était normal que Kate Moss rejoigne le groupe des filles « cool », ce qui lui assure une place confortable au sein de la cruelle hiérarchie enfantine. Les filles « cool », de tout temps et en tout lieu, sont celles qui grandissent sans trop se poser de questions et qu'on s'arrache quand on forme les groupes de sport, jamais celles qui restent à regarder les matchs au bord du terrain. Membre de l'association d'athlétisme et des scouts de Sanderstead, Kate est aussi l'attaquante de l'équipe de netball, une forme féminine du basket.

La parfaite petite fille, dans un environnement parfaitement calme. Presque un nid.

Sur Church Way, les Moss s'abonnent au journal local, livré chaque matin sous le porche, et adoptent un chat. Peter finit par se mettre au golf, comme la plupart de ses voisins, et balade femme et enfants le week-end jusqu'à Croydon dans sa Volkswagen Passat, pour le shopping. La famille fréquente assidûment la maison d'à côté, occupée par le frère de Peter, Alan, sa femme Kay et leurs deux enfants, un garçon et une fille.

Les Moss forment un clan : on se rend constamment visite, on passe les fêtes de Noël ensemble, on inclut à l'occasion quelques voisins. Une existence douce et chaleureuse, même si des années plus tard Alan Moss déménagera, refusant dès lors de s'exprimer quant à cette fameuse nièce, prenant ses distances d'avec l'encombrante parentèle – c'est du moins ce que raconte Fred Vermorel dans sa biographie sur Kate Moss.

Ses camarades d'alors, écrit aussi Vermorel, se souviennent d'une enfant que l'apprentissage n'enchantait guère, qui suivait mollement ses cours de piano et de danse mais portait gracieusement l'uniforme : jupe grise, chemise blanche, cravate grise et jaune. Comme beaucoup de filles, elle explore les placards de sa mère, se barbouille de maquillage et chausse ses souliers de dame ; Linda lui offre d'ailleurs, à ce moment, son premier rouge à lèvres, un « rose nacré », précisera Kate des années plus tard avec une grimace[9].

S'amuser, amuser les autres. À dix ans, elle se fait pincer avec des copines dans le parc de Purley – aujourd'hui reconverti en terrain de rugby – à quelques kilomètres de Church Way. Les cheveux crêpés, vêtues de longs tee-shirts, portant les talons aiguilles de leurs mères et du rouge à lèvres vert, les gamines post-punk en maraude, repérées par un professeur, sont immédiatement renvoyées chez elles.

Aux heures où, encore enfant, on brûle de paraître plus grand, Kate Moss monte des saynètes de théâtre avec ses amies, joue dans celles de l'école. Elle met en scène la pièce de sa vie future ; et quand on est petit, cette vie est forcément grandiose, on y devient roi, reine ou pompier, on y tient le premier rôle. Sa mère dira : « Elle n'arrêtait pas de jouer la comédie avec ses camarades, je suis sûre qu'elle rêvait de devenir actrice[10]. » Ou top model ? Lors d'une interview donnée en 1999, Kate Moss racontera cette séance photo à la maison, pour rire, avec sa mère. Elle a onze ans. On imagine les petites poses de mannequin, la gaucherie du sourire qui s'essaie à la lascivité, le corps qui se tortille, les mains qui ne savent pas où se mettre : le long des jambes ? sur les hanches ? À sa fille qui demande : « Je ne suis pas très photogénique non ? », Linda répond : « Pas vraiment, en effet[11] ! »

Hormis ces quelques anecdotes, l'ambiance familiale et les relations au quotidien entre le père, la mère, le fils et la fille restent un mystère. Rient-ils ensemble ? Regardent-ils la télévision ? Préfèrent-ils les pizzas à la cuisine chinoise ? Se chamaillent-ils parfois ? Sont-ils heureux ?

On sait cependant que dès son jeune âge, Kate Moss a l'habitude de voyager – ce qui est rare pour une enfant de la petite bourgeoisie de banlieue – et qu'elle aime ça. Grâce à Peter et ses billets d'avion à prix bradés, la famille part souvent. Disneyland, les Caraïbes, la Floride. Cela forme la jeunesse, paraît-il, et ouvre sûrement, dans sa tête de gamine sans qualités, une porte ; l'envie d'ailleurs.

Mais il est trop tôt. Il lui faut d'abord se frotter à la vie, à l'alcool, aux cigarettes. Approfondir l'insouciance. Les années 80, partagées en Grande-Bretagne entre crise sociale, nouvelle prospérité et rebellion culturelle, sont tout indiquées pour cela.

L'adolescence

En cette décennie 80 où Kate Moss va jeter les bases de ce qu'elle sera ensuite et pour toujours, une adolescente à la fois effrontée et réservée, le monde entre dans une nouvelle ère. De tensions, de communication, de déculpabilisation. En Grande-Bretagne gouverne depuis 1979 Margaret Thatcher, une femme forgée de principes qui tient bon quand des Irlandais font une grève de la faim – plusieurs mourront dont Bobby Sands en 1981 ; qui n'hésite pas à entrer en guerre pour reprendre aux Argentins agresseurs les îles isolées des Malouines – les Anglais disent Falklands – en 1982 ; qui se fait fort de briser le pouvoir des syndicats, notamment celui des mineurs qui entreprend une nouvelle grève, massive, en 1984 ; et qui, tout à son programme libéral, privatise les télécommunications, la métallurgie, les compagnies d'électricité, d'eau et de gaz. À mesure que certains Britanniques s'enrichissent, que l'économie donne d'incontestables signes de vitalité, que de plus en plus de foyers accèdent à la propriété, la pauvreté resurgit, les sans-abri font leur apparition dans les rues des villes, et les émeutes raciales, notamment à Brixton en 1981, ébranlent le royaume, alors très peu « uni », de la Dame de fer.

En France triomphe puis se craquelle le socialisme de François Mitterrand ; aux États-Unis règne Ronald Reagan, un acteur hollywoodien qui le premier transforme ce métier de papa, homme politique, en un show médiatique.

Guy Debord n'est pas encore mort et ses leçons commencent à porter : le spectacle est permanent. L'intimité se dévoile. Les Français regardent *Psy-Show* dès 1983 mais ne lisent pas encore *Voici,* qui sera créé en 1987, les Anglais s'arrachent les tabloïds comme le *Sun* ou le *Daily Mirror*, fascinés par l'émergence de leur princesse people, Lady Diana, dont le mariage en 1981, puis les déboires conjugaux étalés sur la place publique, forment le scénario d'un feuilleton sans fin. Le rapport à l'argent commence à se désacraliser ; de la Bourse new-yorkaise parviennent les faramineux succès, et les problèmes judiciaires qui s'ensuivent, des traders Michael Milken et Ivan Boesky. Ce dernier inspirera le personnage de Gordon Gekko, interprété par Michael Douglas dans *Wall Street* en 1987 – un film d'Oliver Stone que la jeunesse occidentale regarde en rêvant de s'enrichir. Les « yuppies » sont les nouveaux héros de la décennie, à l'égal des hippies d'hier quoique leurs exacts opposés, et Madonna, symbole de cette rage de réussir, est sacrée *Material Girl* en 1985.

À Paris et à New York, la fin des années 70 a vu éclore, dans des clubs comme le Palace et le Studio 54, un nouvel esprit de la fête, porté par des gars de la rue, des filles qui n'ont pas froid aux yeux, des dandys, des intellectuels ou des rockers. On déteste la normalité, les valeurs bourgeoises, la vieillesse ; on chérit le mélange des genres, des sexes et des musiques, la nuit, l'excès. La queue de cette comète saupoudre de ses paillettes les années 80, et le champ médiatique, pour la première fois, intègre des éléments du cool : il est du dernier chic d'être chic, un peu second degré, un peu provocateur. De Madonna, encore, à Jean Paul Gaultier ou Thierry Ardisson et son émission télévisée *Lunettes noires pour nuits blanches*, le succès se bâtit sur l'outrage et la dérision.

En 2008, n'importe quel magasin de province vend des tee-shirts Velvet Underground. Et Kate Moss, probablement la fille la plus « *trendy* » qui soit en matière de mode, aura largement contribué à cela : rendre commerciale et universelle la « branchitude rock ».

Mais on n'en est pas encore là. Elle non plus.

Quand Kate Moss, à l'âge de onze ans, intègre le lycée de Riddlesdown High School, un autre monde s'ouvre à elle. L'adolescence. Elle est inscrite dans un établissement public, une *state school*, à ne pas confondre avec une *public school*, un de ces prestigieux établissements privés, payants et la plupart du temps non mixtes. Situés sur une colline boisée, au fond d'une impasse d'où partent des chemins de randonnée que les élèves empruntent souvent, tels de charmants raccourcis, pour rentrer chez eux, Riddlesdown et ses petits bâtiments de brique accueillent 1 500 élèves, filles et garçons. L'endroit est à environ cinq minutes en voiture de Church Way. Descendre du haut de Sanderstead, longer un vallon inhabité où – tableau campagnard idyllique – sèchent des ballots de foin, puis remonter sur la colline couverte d'arbres. Bien que public – les cousins germains de Kate Moss iront dans le privé –, l'établissement scolaire est plutôt coté. Son slogan : « Ceux qui apprennent aujourd'hui dirigeront demain. » Quel programme.

Les études ne la séduisent pas plus qu'avant. « Cancre » est un mot trop fort pour évoquer l'élève qu'elle fut, mais ses notes sont catastrophiques, hormis en sport où elle excelle, parce qu'il est bien plus tentant, et tellement plus drôle, de s'amuser ; les bons élèves ont-ils jamais été populaires ? « L'école, je n'y suis pas allée autant que j'aurais dû, ce qui me plaisait c'était d'y voir mes amis. Je ne faisais jamais mes devoirs. C'est pour ça que j'aimais l'anglais et le théâtre, on n'avait rien à réviser [12] », dira-t-elle ensuite.

La dilettante est affectueusement appelée « Mosschops », en référence à un petit dinosaure, Moschops, héros d'un dessin animé dont les gamins britanniques suivent les aventures à la télévision. Son corps filiforme d'adolescente sans seins ni hanches lui vaut d'être surnommée *The Stick*, « Le Bâton », qui n'est pas si péjoratif de prime abord ; l'allure d'allumette rend magnifique n'importe quel jean et les filles complexées, un peu enrobées, devaient espérer la copier un jour, après le vingt-deuxième régime. Pourtant, quand elle sera accusée, en 1994, de promouvoir cette image de la femme hyper-mince, voire anorexique, elle racontera que les moqueries avaient commencé là, à Riddlesdown. « On m'emmerdait tout le temps avec ça, alors que je me sentais bien dans ma peau, je ne faisais pas attention à mon poids et je ne suivais pas de régime. C'étaient juste des connards[13]. » Elle ajoutera : « Je n'avais rien de spécial, je n'étais pas une fille sensationnelle d'un mètre quatre-vingts[14]. »

Dès ses douze ans, l'émancipation est en marche. Sur le chemin de l'école, la petite bande dont elle fait partie se partage les liqueurs volées dans les placards des mères ; d'autres arrivent avec des alcools piqués dans les réserves des pères. On fume des cigarettes derrière la salle de gymnastique car depuis qu'on a découvert les clopes, le sport n'est plus aussi cool et l'on prétend « avoir ses règles chaque semaine » pour en être dispensée, ainsi qu'elle le racontera[15]. On boit aussi des Tennents Super, une bière blonde bon marché, et on s'initie aux joints. « C'était le sud de Londres vous savez », dira-t-elle comme si cela résumait tout[16].

La banlieue. Les dimanches qui s'étirent. L'alcool à flots. On sort le week-end jusqu'au parc de Purley avec des bouteilles de cidre, on se touche maladroitement derrière les buissons, on traîne avec les types plus grands. Et pour avoir l'air dur, on les aide à chaparder dans les magasins, de loin cela dit car, trop « parano », Kate Moss se contente de « monter la garde[17] ». Bien qu'elle fréquente les garçons, bien que sa popularité soit grandissante à l'école, la chasteté reste de mise. Trop timide ou trop grande gueule, ça dépend des moments, maigrichonne aussi, elle est « la bonne copine des mecs », pas celle « qui leur plaisait pour sortir ; je n'avais pas vraiment de petit copain[18] ».

Nick Moss dira, à propos de cette sœur aînée qu'il a dû forcément jalouser, n'étant pas aussi déluré : « Elle était une sorte d'idole pour moi, déjà en cinquième année quand je suis arrivé à Riddlesdown, et j'avais l'impression d'être un pestiféré à ses yeux. Elle affichait une telle décontraction ! Elle séchait les cours et ne montrait aucune ambition particulière, hormis faire du shopping ou traîner avec ses potes[19]. » Et l'aînée de prendre de haut l'encombrant petit frère, si collant qu'avec ses amis elle finit toujours par le ligoter quelque part et filer en douce, pour avoir la paix. Ou alors elle s'enferme des heures dans la salle de bains, exprès, et Nick, un peu plus grand déjà, d'attendre son tour avec un club de golf, prêt à lui fiche une raclée. Selon elle : « On s'est torturés de toutes les façons possibles pendant l'adolescence ; le truc de haine classique entre frère et sœur[20]. »

Dans la famille et parmi la bande, on ne s'intéresse guère aux livres, une chose réservée aux intellectuels – Nick précisera n'avoir lu que deux bouquins dans sa vie, l'un était le témoignage d'un hooligan, l'autre un roman étudié en classe. Pour meubler son ennui, pareil à celui de toutes les adolescences, la jeunesse anglaise a cependant quelque chose d'autre, qui lui fait écho depuis toujours. La musique.

Les punks étaient passés par là. En 1977, *Anarchy in the UK* fut un séisme. Outrage à la reine, mépris de la bourgeoisie, des parents, des conventions. Les Sex Pistols exprimaient aussi, malgré leur fierté d'être anglais, le rejet de cette île étouffante, engoncée dans un corset moral mis en place par une autre reine, Victoria, un siècle auparavant. Sur les décombres des Pistols, popularisés par l'intrigant Malcolm McLaren, les Clash chantaient *London is burning* en 1979. À Manchester, un jeune homme triste appelé Ian Curtis sortait deux disques furieusement neurasthéniques avec son groupe Joy Division, avant de se pendre dans sa cuisine, en 1980, en écoutant *The Idiot* d'Iggy Pop. À Crawley, dans le Sussex, un gamin ébouriffé à la bouche barbouillée de rouge, Robert Smith, formait The Cure avec ses copains d'école et délivrait des chansons d'une noirceur rare, dont la première, *Killing an Arab*, inspirée par *L'Étranger* de Camus, fit scandale en 1979. On entrait dans l'ère de la new wave, plus particulièrement de sa déclinaison sombre, caverneuse, nihiliste, la cold wave.

Dans le même univers, qu'ils poussent plus loin en inventant le mouvement gothique avec de grandes capes noires et les yeux cernés de khôl, évoluent Siouxsie & the Banshees et Bauhaus. Ces jeunes gens ont des lettres, s'intéressent à l'architecture, pratiquent l'introspection, de la même façon que Huysmans et son héros, Des Esseintes, parcouraient le monde : dans leur chambre, regard sur le nombril, volets clos.

Kate Moss est trop jeune pour la new wave. Quand bien même, on doute que ces sentiments dépressifs et ces ébranlements intimes l'eussent touchée. Comment une jolie fille, qui commence à prendre conscience de son pouvoir de séduction, de meneuse de troupe, pourrait-elle s'intéresser à ces angoisses-là : être isolé, mal-aimé, différent ? Les populaires/les maudits ; les beaux/les complexés. C'est, depuis toujours, la ligne de partage du tumulte adolescent. De Kate Moss à la tuerie de Columbine. Les premiers dictent leurs lois, qui est « in » qui est « out », ils ont les habits à la mode, le plus grand nombre d'amis, le plus grand mépris ; les seconds se sentent seuls au monde, ils écoutent des artistes qui leur donnent l'impression de l'être un peu moins – *« Oh no you're not alone »*, chantait Bowie dans *Rock'n'roll suicide* –, et de cette exclusion de la sociabilité adolescente ils feront peut-être une œuvre d'art, un jour.

C'est le cas d'un jeune homme maigre et torturé, Morrissey, qui avec le guitariste Johnny Marr forme les Smiths. Ce groupe suscitera la vocation musicale du jeune Pete Doherty, on le verra ; mais Kate Moss ? Morrissey est probablement trop chichiteux pour elle, il porte des fleurs dans la poche arrière de ses jeans, laisse planer le doute sur sa sexualité, chante la solitude et la dureté des années Thatcher. Lui et ses prédécesseurs de la new wave sont les premiers, dans l'histoire du rock, à s'afficher aussi peu masculins, à faire passer l'angoisse existentielle avant la forfanterie de garçon, à prôner l'androgynie et le troisième sexe – que chante le petit pendant français d'alors, Indochine.

Au cours des années 70, David Bowie, avec *The Man who sold the world,* puis Marc Bolan et Freddie Mercury avaient déjà brouillé les pistes mais ils étaient bien seuls, et la provocation, avant toute chose, les animait. Dans la décennie 80 des Cure, Depeche Mode, Madonna, quand explose aussi la pop sensible de Frankie Goes to Hollywood, Culture Club, Bronski Beat ou Pet Shop Boys, le propos est tout autre. On se demande : c'est quoi d'être un garçon, c'est quoi d'être une fille, c'est quoi d'être hétérosexuel, c'est quoi d'être homosexuel ? Et qui sait si Kate Moss, elle qui s'amuse à passer pour une petite dure, n'en a pas retenu un certain transformisme malgré les robes et les cheveux longs, un certain brouillage de pistes féminin/masculin. Les eighties marquent aussi le succès des Nouveaux romantiques, une branche de la new wave qui se veut séduisante, quitte à en faire trop : les Duran Duran ou Spandau Ballet sont accoutrés d'épaulettes et de maquillage en réaction à la noirceur dominante. Ils côtoient d'autres minimouvements tout aussi colorés, tel celui popularisé par le groupe Adam & The Ants, qui, habillé par Vivienne Westwood, lance la mode « pirate ». Il y a également les formations de garçons coiffeurs, les Wham ! ou Kajagogoo, et les chanteurs sucrés Nick Kershaw ou Paul Young. De la musique de bas étage, qu'on fredonne en prenant le bus pour aller à Purley.

Qu'écoute-t-elle alors, l'adolescente Kate Moss, elle qui juste après s'intéressera à la scène de Manchester, aux Happy Mondays et aux Stone Roses, qui plus tard confiera son goût pour le vieux rock, celui de Janis Joplin ou des Rolling Stones ? Le premier poster qu'elle a eu dans sa chambre, offert par son père pour ses onze ans, était celui de Bowie à l'époque Aladdin Sane. Elle adore l'éclair zébré sur la figure mais ne découvre sa musique qu'à ce moment-là, vers ses quatorze ans – s'identifiant à « la fille aux cheveux châtain clair » et à « sa mère qui hurle non » de *Life on Mars ?* Le Thin White Duke devient l'une de ses grandes passions ; pour compléter la trinité bowienne, elle citera *Golden Years* et *Rock'n'roll suicide* qu'elle a dû se repasser en boucle, dans le noir, comme tous ceux qui firent de cette chanson un hymne frissonnant au mal-être de la puberté. À côté de Bowie sont punaisées les affiches de l'acteur Matt Dillon, son fantasme masculin originel, et de la chanteuse Debbie Harry, de Blondie : l'un de ses disques – on ne sait pas s'il s'agit de *Parallel Lines* ou d'*Autoamerican* – est le premier qu'elle achète comme une grande. Pas mal, pour une gamine qui aurait pu écouter Kajagogoo, que de s'enticher de Bowie, l'Anglais aux mille visages, et d'un groupe new-yorkais qui fit tomber les barrières entre pop et dance music, et dont la chanteuse devint l'égérie d'un style novateur, encore célébré aujourd'hui.

Mais la plupart du temps, la vie de Kate se déroule en dehors de la maison, en dehors de l'école. Le week-end, elle court les boutiques de fripes et les ventes de charité organisées par Oxfam, une ONG célèbre en Grande-Bretagne. « J'ai toujours aimé les vêtements, j'avais un goût pour ça, je repartais avec des sacs entiers de vieux trucs pour 50 pence » – 70 centimes d'euros[21]. Elle pioche dans l'ancien, l'usé, le dépareillé, plutôt que sur les portants des boutiques où s'expose la mode années 80, qu'elle déteste. Se baladant en jeans et blouson de seconde main, elle ne jure que par Vivienne Westwood quand il s'agit de faire son petit effet ; short mini, tee-shirt Vivienne et chaussures « Sex » de Vivienne, à talons et bouts arrondis, qu'on va dénicher dans l'une des nombreuses boutiques de Croydon. « On était comme ça dans ma bande, à faire attention à notre allure ; c'est le propre des gens de banlieue, ils sont plus branchés[22]. »

L'univers de la mode, pourtant, reste lointain. Si elle regarde à la télévision les compétitions de top models ou l'élection de Miss Monde, elle ne connaît pas l'existence des magazines spécialisés, les *Vogue* ou *Elle*, et ne feuillette que des revues adolescentes. « Comment embrasser un garçon » plutôt que « les collections d'hiver privilégient les jupes ». La chair opposée à l'image. Le réel contre le fantasme. Vingt ans après, elle n'a pas vraiment changé. Au cœur de la fashion sans lui appartenir, comme si elle suivait encore son instinct de gamine de banlieue : cette retenue un peu méfiante, un peu superstitieuse qu'elle montrait déjà à treize ans, sachant confusément qu'il était inutile de trompeter, que ce serait le hasard, peut-être, qui la sortirait de là. Et rien d'autre.

Il y a bien cette envie de voyager, mais comment ? Dans un questionnaire de l'école, elle avait répondu que plus tard, elle serait « top model » ou « hôtesse de l'air ». Un truc d'adolescente, comme un garçon aurait probablement répondu « cosmonaute ». Des études de tourisme, à l'image de papa ? « Dieu merci, ça ne s'est pas produit. Sinon je serais coincée derrière un bureau[23] ! », confiera-t-elle. Et quand ses copines lui suggèrent de « monter » à Londres y « faire mannequin », parce qu'elle en a l'allure et la beauté mutine, elle ne relève pas. « Je trouvais qu'il était assez vain de lancer "je veux être top model", dira-t-elle en 1999. Une fois j'avais croisé une fille qui le claironnait et je m'étais fait la réflexion "Oh mon Dieu, jamais je ne sortirais une chose pareille[24]". »

Peut-on la croire ? Peut-on la penser si modeste, cette gamine née d'un pays où on ne dédaigne pas la vantardise, où les amis rock stars avec qui elle aimera traîner plus tard, Oasis ou Pete Doherty, à peine la goutte de lait essuyée du nez, clamaient qu'ils étaient les meilleurs au monde ? Peter Moss dira : « Kate a toujours eu quelque chose de spécial. Quand vous lui demandez ce qu'il serait advenu sans le mannequinat, elle répond qu'elle aurait travaillé dans une boutique à Croydon. Mais pour être vraiment sincère, Kate sait que d'une manière ou d'une autre, elle aurait réussi sa vie[25]. » On n'a aucune idée de ce que Kate savait, au fond d'elle-même. Des années plus tard, jouant le rôle d'une modeste *« working class girl »*, elle exprimera l'inverse : « Si je n'avais pas été repérée, je serais sûrement employée dans un bar, comme ma mère[26]. »

À Peter Moss le travail jusque tard, à Kate et Nick la vie au dehors. D'un coup, la maison de Church Way paraît bien ennuyeuse à Linda. Presque quinze ans après avoir abandonné son emploi de vendeuse pour celui de femme au foyer, elle rêve de piquant. Le rôle d'épouse et de mère commence à lui peser. Le pub du coin cherche une serveuse ? Elle se présente et obtient la place. Désormais, elle aussi déserte la maison – et l'on se demande bien quand la famille se croise. Cette coquette par nature renoue probablement avec la séduction. Au pub, un homme lui fait la cour. Il est l'exact opposé de Peter Moss. Rouleur de mécaniques, tatoué, propriétaire d'une voiture de sport, beau garçon si l'on aime Barry Gibb des Bee Gees, à qui il ressemble, Geoff Collman exerce, selon les articles sur Kate Moss qui parleront de lui, le métier de vendeur de pneus ou de réparateur de télévisions. Si leur rencontre est renversante, il faut à l'épouse le temps de prendre du recul. Elle demande à Peter un peu d'espace, lui propose une sorte de break. Et reste discrète sur sa nouvelle flamme[27]. Les remous sont inévitables et les querelles fréquentes, on peut imaginer les rumeurs aller bon train dans ce microcosme de classe moyenne. Et Linda, tout à son nouvel amour, ne supporte sûrement plus son époux, qui en retour ne comprend pas l'irascibilité de sa femme.

Et les enfants, au milieu.

Bien que tenue à l'écart des tensions parentales, Kate n'en ressent pas moins la lourdeur. Elle passe encore plus de temps à rôder, à s'arsouiller. À ne rien faire. On lui demandera, des années après, si elle avait des centres d'intérêt particuliers. Réponse, en riant : « Non, c'est terrible n'est-ce pas ? Je devrais mentir, mais je n'y arrive pas[28]. »

Le week-end et pendant les vacances, elle s'essaie à des petits boulots. Deux semaines dans une agence de voyages à Croydon, dont elle part dégoûtée. Puis le meilleur ami de son père, qui tient une boutique de jouets, l'embauche les samedis après-midi. « L'horreur ; je passais mon temps à compter des araignées en plastique et ce genre de trucs[29]. » Elle déserte aussi sec, retente sa chance un peu plus loin, sur North End, en plein cœur de la ville commerçante. Cette fois-ci, un magasin de vêtements pour hommes. Y étant mieux payée, elle décide de fêter ça, se fait porter pâle et rejoint le carnaval au bout de la rue. Quand le gérant l'aperçoit, sa carrière de vendeuse s'arrête plus vite qu'elle n'avait commencé.

L'école est devenue accessoire. Kate Moss n'y va plus qu'en touriste. Ni son père ni sa mère ne paraissent l'avoir poussée, encore moins contrainte, à s'intéresser aux études. « Ils me laissaient faire ce que je voulais », dira-t-elle[30]. Depuis l'âge de treize ans, elle fume et boit devant eux, sort quand ça lui chante, revient à trois heures du matin quand d'autres parents, peut-être plus regardants que les siens, finissent par la flanquer dehors des surboums. Une année plus tard, elle est une habituée des pubs, et sa réputation de fêtarde la précède. « Je me souviens que tout le monde, à l'école, disait de moi que j'étais une junkie », confiera-t-elle une fois célèbre. « La rumeur a commencé tôt.

Mes petits camarades ne savaient pas de quoi ils parlaient. J'imagine que j'étais assez blasée, je trouvais qu'ils faisaient une montagne de rien [31]. »

Qu'en pensent Peter et Linda, ces parents tellement cool ? On a tous désiré en avoir de semblables – compréhensifs et modernes. Linda, bien que préoccupée de savoir ce que deviendra sa vie, à cet instant, aime certainement ses enfants ; Peter adore Nick et Kate, qui n'ont jamais manqué d'attention de sa part – malgré ses horaires chargés, c'est lui qui les conduit à droite et à gauche dans Croydon, lui qui assiste aux réunions de parents d'élèves. Mais les Moss n'ont pas la fibre autoritaire. Est-ce parce que eux, enfants des sixties grandis dans une *middle class* coincée, n'avaient pas pu jouir de cette liberté ? Ni Peter ni Linda n'ont jamais évoqué cette permissivité. Lui travaillait beaucoup, elle avait beaucoup de temps libre. Et Kate s'engouffrait, comme il se doit, dans ce boulevard de « coolitude », lui trouvant encore, après coup, bien des qualités. « Ça m'a été profitable. Vous en arrivez à penser par vous-même, puisque vous savez ne vous rebeller contre rien [32]. » Sa mère dira, avec le plus grand sérieux : « Kate a eu une enfance très stable avec des parents libéraux, voilà pourquoi elle a la tête sur les épaules [33]. »

Lucide, certainement. À preuve : l'adolescente aux cheveux longs a beau se chercher un destin, le fantasme d'une gloire mondiale ne l'habite guère. « Je ne rêvais pas de devenir célèbre ; mais d'attirer l'attention, oui [34]. » Sauf que Croydon procure peu d'espace à ceux qui veulent attirer l'attention ; ce n'est pas une ville qui porte vers d'infinis horizons. Il lui faudra en sortir, bientôt.

Pendant que Kate Moss s'enivre de bière, de shopping et de soirées banlieusardes, le paysage musical change.

En 1983, les succès mondiaux de Madonna et ses provocations christo-sexuelles, de David Bowie et son *Let's dance*, de Michael Jackson et son *Thriller* ont prouvé que la musique pop pouvait devenir hégémonique. Rapporter des millions. La même année, avec le Live Aid de Bob Geldof, on est passé de *Sex drugs & rock'n'roll* à *We are the world.* Les artistes ont une conscience, et ils se bousculent pour la montrer. Les concerts et disques de charité se succèdent, de USA for Africa au Farm Aid, propulsant le rock dans l'arène du « mainstream ». Il patientait dans l'antichambre, parfois il frappait fort à la porte ; maintenant c'est dit, les rockers possèdent renommée et pouvoir. Ils sont au cœur de la culture de masse.

Depuis la création de MTV en 1981, leurs chansons frappent d'autant plus les esprits qu'elles sont accompagnées de vidéo-clips, ces formidables instruments de propagande. Qui a oublié le petit blouson remonté aux coudes de Michael Jackson dans *Billie Jean*, l'accoutrement excentrique de Boy George dans *Do you really want to hurt me*, la robe à volants de Madonna dans *La Isla Bonita* ? C'est un tournant : de plus en plus la jeunesse mondiale va copier, s'inspirer, suivre le mouvement des stars lanceuses de modes.

Car c'est la Berezina. L'époque est aux jeans neige, aux chemisiers à épaulettes, aux pantalons bien ajustés à la taille qui s'évasent en une multitude de plis, aux tenues coupées large. Ceux qui ne se démarquent pas d'emblée, qui ne s'affichent pas comme branches – « new wave », « rock » ou « baba cool » –, s'habillent à l'image de leurs parents. Et les baskets popularisées par les premiers rappeurs de Brooklyn arrivent tout juste, réservées, comme le reste des tenues décontractées, à l'avant-garde des gamins des villes.

Le virage majeur de ces années 80 est l'avènement du hip hop. Une révolution musicale mais aussi, et surtout, une nouvelle donne en termes d'apparence. Outre les baskets, il y a le pantalon qui tombe sur les hanches, le format baggy, le tee-shirt XXL, le survêtement, la casquette ou les bijoux clinquants, même pour hommes. Si le hip hop ne sera jamais du goût de Kate Moss, fille rock par excellence qu'on n'a jamais, jamais vue en survêtement, il donnera aux futurs adolescents du monde entier l'envie d'une allure différente, et de dépenser de l'argent pour ça. D'une certaine façon, les filles d'aujourd'hui, celles qui font chauffer leur carte bleue chez H & M ou Topshop à la recherche du gilet « à la Kate Moss », sont les héritières de Run DMC et de leurs grosses Adidas.

En Angleterre, le pays qui popularisa le rock et les looks qui allaient avec, les rues ne sont pas aussi dramatiquement laides.

Ce doit être affaire de génétique ; ils ont ça dans le sang. Mods, rockers, hippies, punks, ska, new wave, gothiques, chaque genre musical se succédant depuis les années 60 a laissé son empreinte stylistique, même légère, dans l'inconscient collectif. Et Kate Moss, bien que jeune banlieusarde plus ou moins fauchée, a mille fois plus de chien, avec ses jeans moulants et ses fripes en cuir, que n'importe quelle minette parisienne.

Elle a quatorze ans. Et pas froid aux yeux. *A posteriori*, il est tentant de décrypter ses sorties, sa consommation d'alcool et de cigarettes, à l'aune de l'ambiance familiale. Lourde, au bord de l'implosion. À la maison de Church Way, Peter et Linda bataillent toujours. La rupture provisoire requise par Linda s'étire en longueur. Puisque son épouse a besoin d'être seule, que ses enfants ont besoin d'espace, Peter décide qu'un voyage fera grand bien à tout le monde.

Nous sommes en 1988. Laissant Linda à Sanderstead, il emmène Kate et Nick aux Bahamas pour quinze jours de soleil très agréables ; elle racontera y avoir perdu sa virginité, apparemment sur la plage, avec un jeune vacancier. L'anecdote a son importance, puisque Kate Moss aurait déclaré que sa nouvelle « aura sexuelle » lui avait donné l'attitude irrésistible qui déclencha tout. « Aurait déclaré », car elle n'est pas des plus précises quand il s'agit de débrouiller les fils de sa légende ; quelques années après, elle démentira : « Je n'ai pas dit ça. J'ai dit un tas de trucs stupides à quatorze ans, mais j'étais si jeune[35]. » Le retour des Bahamas, en revanche, est éprouvant. Ils sont coincés à l'aéroport John-Fitzgerald-Kennedy de New York pendant trois jours. Pas de vols disponibles sur la Pan Am. On attend, on s'énerve, on laisse le hasard se préparer à entrer en scène. Il porte un nom : Sarah Doukas.

Les débuts mode

Première des figures peu conventionnelles que Kate Moss croisera toute sa vie, Sarah Doukas a trente-cinq ans quand elle se retrouve, elle aussi, dans le hall de l'aéroport new-yorkais.

Née d'un père chirurgien militaire et d'une mère excentrique, quoique pharmacienne, elle est envoyée dans une pension chic à l'âge de sept ans, ses parents rêvant pour elle d'une carrière bien rangée, médecin ou avocat. « Au diable cette vie-là », dira-t-elle au *Sunday Times* en 2004. Elle commence une carrière de top model à Londres, sans grande aisance devant l'objectif des photographes, tout en vendant des antiquités sur King's Road. Son père, furieux, coupe les ponts pendant deux ans. Elle habite ensuite à Paris où elle tient un stand aux Puces, revient à Londres s'occuper d'un groupe punk, épouse un musicien américain et part vivre avec lui à San Francisco. À nouveau londonienne en 1982, elle devient « bookeuse » dans une agence de mannequins, IMG.

Au bout de cinq années, Sarah Doukas réalise que le métier tel qu'on le pratique ne l'intéresse plus, elle veut créer sa propre boîte pour y appliquer sa vision : élitiste et branchée, porteuse d'un nouveau look. Convaincue que la mode et les amateurs de mode en auront bientôt assez des filles parfaites à gros seins, les Linda Evangelista ou Christy Turlington qui sont l'artifice de cette décennie glamour, elle compte dénicher celles plus étranges, ou plus normales, qui traînent dans la rue. Les filles « authentiques ». Elle manque d'argent pour financer sa société ? C'est l'avantage des enfances bourgeoises, on y fait des rencontres de choix. Sa camarade de chambrée au pensionnat, restée une copine, est la sœur de Richard Branson, le fondateur de Virgin. Qui se retrouve à investir dans le capital de la compagnie baptisée Storm, « tempête », et va jusqu'à lui dénicher des locaux à Kensington, au premier étage d'un petit immeuble de brique. Des idées, une entreprise, un lieu. Reste à trouver ces filles d'un autre genre. Pourquoi pas à New York ? Sarah Doukas s'y rend avec son frère, Simon Chambers, sillonnant la ville durant plusieurs jours, sans succès. « J'étais si déprimée, racontera-t-elle, que j'avais dit à Simon, sur la route de l'aéroport, ne plus jamais vouloir croiser de top model [36] ! »

Dans le hall de JFK, en attente de son vol pour Londres, une apparition lui fait oublier sa promesse ; Kate Moss. « J'ai vu son merveilleux visage dans l'océan des visages. J'ai vu ses magnifiques pommettes. Elle avait une allure éthérée, un côté presque translucide, elle était jeune et absolument belle. Immédiatement, j'ai su que j'avais découvert de l'or. Cette gamine de quatorze ans avec ce corps fabuleux était une vision. Elle avait beau être plus petite que n'importe quelle mannequin, à l'époque où elles étaient vraiment immenses, je savais que je tenais quelque chose. Puis elle a disparu, je l'ai cherchée mais nous embarquions. Je pensais l'avoir perdue quand elle est entrée, en dernier, dans l'appareil. Peu après le décollage, les signaux "attachez vos ceintures" à peine éteints, j'ai envoyé Simon lui donner ma carte de visite [37]. »

L'histoire est belle ; un conte de fées moderne. La preuve que la chance existe, qu'elle frappe jusqu'à la porte des petits canards de Croydon. Cet incroyable hasard, maintes fois commenté, est la pierre angulaire sur laquelle s'est bâtie la popularité de Kate Moss. Parce que la rencontre dit aussi : même sans être si parfaite, même sans relations, même sans volonté farouche – ce qui viendra plus tard –, même sans argent, les flèches du destin peuvent viser n'importe quelle gamine, n'importe où.

Kate Moss se souvient de ce vol, qu'ils ont pris de justesse. « Ça faisait trois jours qu'on était bloqués à l'aéroport, et j'ai vraiment prié pour qu'on ait cet avion. Il restait trois places, l'une en première classe pour mon père, l'autre en business pour mon frère, la troisième en classe économique, que j'ai prise. J'écoutais mon walkman lorsqu'un homme est venu me voir. Il m'a dit que sa sœur dirigeait une agence de mannequins, qu'elle voulait me parler ; et la conversation a eu lieu [38]. » On aimerait connaître sa perception de cet instant-là, le plus décisif de sa jeune vie. A-t-elle bondi de joie, s'est-elle dit que Croydon ne serait bientôt qu'un souvenir, a-t-elle pensé à sa mère ?

En fait, ses impressions sont contradictoires. D'abord : « Au fond de moi, je me disais qu'ils [Sarah et Simon] étaient un peu tarés [39]. » Puis : « J'étais totalement excitée parce que j'avais vu Sarah à la télévision pour *Clothes Show* [une émission de mode], je savais que c'était vrai [40]. » Ces deux sentiments l'ont probablement agitée toute la durée du voyage ; le fantasme d'une vie nouvelle contre la crainte un peu superstitieuse de trop y croire, des fois qu'on soit déçu, forcément déçu, de retour à Sanderstead.

Lorsque Kate lui raconte l'anecdote à la sortie de l'avion, Peter Moss est pareillement incrédule, qui après coup dira : « Je n'avais jamais trouvé que ma fille était quelqu'un d'extraordinaire mais en y repensant, je me suis souvenu qu'un type, aux Bahamas, avait glissé que j'étais vraiment un vieux dégueulasse pour avoir une femme aussi jeune, aussi jolie. Je me suis dit, si elle veut tenter sa chance dans le mannequinat, pourquoi pas[41] ? »

Dans la maison de Church Way, quelques jours filent avant qu'un miniconseil de famille ne soit réuni autour d'une table. Le couple en crise, Linda et Peter, l'enfant convoitée, Kate. Si l'on sait le père plutôt pour, la mère est, elle, plutôt contre. Elle n'y croit pas, persuadée qu'il s'agit d'une arnaque, que les gens de Storm vont lui soutirer un peu d'argent, dix livres, prendre quelques photos de sa fille et voilà[42]. On pèse le pour et le contre, on finit par passer un coup de fil à Storm. Qui parle au téléphone, personne ne le sait, mais le rendez-vous est pris dans les deux jours. Linda accompagne sa fille jusqu'à Londres et au petit immeuble de Kensington. Dès cette première journée, Kate signe un contrat et se fait photographier. À l'issue de l'expédition – car c'en est une depuis Croydon, compter facilement une heure à l'aller, autant au retour –, Linda lui dit : « Si tu veux vraiment y retourner, tu te débrouilles toute seule, je ne referai pas le trajet, c'est un cauchemar[43]. »

Kate Moss aura la force, et l'audace, d'entreprendre le voyage plusieurs fois par semaine, pendant des années. Parce qu'elle veut se fabriquer une autre vie, parce que l'ambiance familiale est trop lourde. Car la parenthèse accordée à Linda par son époux n'a rien résolu, au contraire. À présent, madame Moss veut divorcer.

Les amis d'enfance de Kate évoqueront des moments douloureux, des disputes et, dans ce maelström, une adolescente déjà remuante qui le devient plus encore. « La séparation de leurs parents a eu un effet ravageur sur elle et son frère Nick[44]. » Au cours de la procédure, un homme des services sociaux vient à la maison demander aux enfants avec lequel des parents ils désirent vivre. Kate répond « Linda », Nick choisit Peter. Des années plus tard, interrogée à propos de son frère, elle dira que « les choses ont été bien mieux quand on a cessé d'habiter ensemble, Nick et moi. Le divorce n'a pas été difficile pour nous. Au moins, nos deux parents nous voulaient[45] ». Une fois encore, deux versions différentes. On ne sait pas si Kate fut affectée. Est-ce par petite fierté qu'elle affirme que non ?

Ses habitudes, néanmoins, changent radicalement. La maison de Church Way a vécu. Peter et Nick déménagent non loin, à Purley, et Kate suit sa mère à Forestdale, près de Sanderstead. Si l'on reste dans le même périmètre, on évite soigneusement de revenir sur l'affaire. Peter Moss confiera : « À aucun moment on n'a discuté des temps difficiles, c'est une honte mais ce n'était pas aisé non plus. Je suppose que lorsque Kate et Nick vieilliront, ils auront envie qu'on aborde le sujet[46]. » Son ex-femme affirmera, quant à elle : « Le seul revers qu'ait eu à subir ma fille, dans sa vie, fut notre divorce. Et elle s'en est très bien tirée[47]. » Étrange analyse, aussi narcissique que cruelle.

C'est peut-être également cela, cette constante incongruité maternelle, qui pousse Kate Moss à embrasser la nouvelle vie qui s'offre à elle. Déjà que Linda n'y croyait pas, à cette vie, on se demande comment cette femme qui travailla un temps dans une boutique de vêtements, qui a la réputation d'être coquette, vécut l'entrée de sa fille dans le monde de la mode ; en fut-elle fière ou jalouse ? S'est-elle jamais dit que Kate, trop jeune, risquait d'y laisser des plumes ?

Si on ne sait rien des éventuelles joies, ou craintes, de Linda Moss, on sait qu'à Londres, Sarah Doukas fait office de « deuxième mère » pour Kate, qui l'appellera souvent ainsi, et que l'adolescente de Croydon n'aura de cesse, par la suite, de se prendre d'affection pour des femmes plus âgées, de Francesca Sorrenti à Marianne Faithfull, qui lui apporteront – ce que Linda ne sut pas vraiment faire – la chaleur, la jugeote, la force.

Dès sa première semaine chez Storm, Kate Moss décroche un engagement. Le magazine pour adolescents s'appelle *Mizz*, elle y pose pour un gel exfoliant et gagne l'équivalent de 210 euros. Néanmoins, malgré plusieurs contrats de-ci de-là, ce n'est guère l'engouement. Elle ne correspond pas aux canons édictés par les

« supermodels », les Claudia Schiffer, Cindy Crawford, Helena Christensen, des filles gonflées aux mensurations généreuses, des filles qu'on envie mais auxquelles on ne peut pas s'identifier.

La mode a commencé de changer, bien sûr. À Paris, quelques audacieux s'éloignent de la posture du « grand créateur ». Jean Paul Gaultier mélange les genres masculin et féminin, s'inspire de la danse et travaille avec Madonna, ose magnifier sur les podiums le baroque de la rue. Plus sombre, Martine Sitbon invente un univers de dandys et d'androgynes marqué par le rock anglo-saxon, et son défilé originel, en 1985, se déroule au rythme du Velvet Underground. Installé en France, l'Autrichien Helmut Lang deviendra bientôt le prince de la sobriété et des coupes impeccables. Et à Londres, un jeune homme terriblement doué fait parler de lui, John Galliano, dont les partis pris extravagants et radicaux choquent autant qu'ils séduisent. Malgré ces quelques novateurs, le monde des falbalas semble encore bien figé, serré entre les épaulettes de ses vieux créateurs, qui imposent des tendances tombant comme des sentences. Qui les suit ? Les mères au foyer qui lisent *Elle* et tentent d'en copier les jolies robes à l'aide des patrons de *Burda,* ainsi que les « wonderwomen » hésitant à s'imaginer une allure personnelle puisqu'on leur propose un « total look », et qui gagnent assez d'argent, contrairement à la génération précédente, pour se payer une razzia chez Chanel. Cette mode, en tout cas, ne s'adresse aucunement à qui sera le cœur de cible de la future Kate Moss : ces jeunes femmes qui veulent prolonger leur adolescence en adoptant un look décontracté, puisque ces femmes-là n'existent pas. Pas encore. Mais elles pointent le bout de leur nez.

Les débuts de Kate Moss ne sont pas mirifiques. Pendant deux ans, de 1988 à 1990, se succèdent les engagements peu glorieux, les rebuffades. Une agence à Paris puis une autre à New York la snobent. Trop petit, ce mètre soixante-dix. « C'était difficile de se sentir rejetée comme ça. Je pouvais passer huit castings dans la journée, et être refusée chaque fois. Il fallait faire avec[48]. » Un photographe parisien lui lance « tu n'es qu'une pétasse, tu ne réussiras jamais », et loin de l'ébranler ça la fait rire[49]. Elle subit aussi la pression exercée sur les plus jeunes mannequins par « certains salopards du milieu » qui disent : « Si tu n'enlèves pas tes vêtements, je ne t'engage pas[50]. »

La gamine de quinze ans qui se dessine à travers les rares interviews où elle a évoqué ses débuts s'avère à la fois volontaire et réticente, pleine d'assurance et « terriblement nerveuse, intimidée par ces gens, cette frénésie, et le temps qu'on passait à attendre[51] ». Elle n'est pas encore la professionnelle qu'elle deviendra, mais pendant ces mois de tâtonnements au moins n'essaie-t-elle pas de passer pour quelqu'un d'autre. « C'est ce que font beaucoup de filles jeunes, elles veulent ressembler à des top models ; or qu'y a-t-il de moins inspirant[52] ? » À cet âge, ce n'est pas rien d'être scrutée, jugée, démontée, et l'on ne prend pas de gants avec les bébés top. De quoi en nourrir des complexes. Elle confiera plus tard ses deux fantasmes d'adolescente : être plus grande de quelques centimètres ; avoir plus de seins – et d'expliquer qu'elle alla jusqu'à imaginer des implants en silicone. Des paroles en l'air, ou s'était-elle vraiment renseignée ? En tout cas, elle n'en fit rien.

Quand les gens de Londres, et parmi eux probablement Doukas en remonteuse de moral, lui affirment qu'elle possède une attitude singulière, Kate Moss pense une fois sur deux : « Putain, je veux retourner à la maison[53]. » Son grand copain James Brown, un coiffeur qui débuta à Croydon avant de gagner la capitale et d'y travailler souvent avec elle, qui l'accompagnera dans son ascension au firmament de la mode – ce genre de liens fait que l'ami proche devient un obligé, il faudra s'en souvenir lorsqu'on lira ses déclarations au fil des pages –, Brown, donc, ajoute qu'alors « le mannequinat n'était pas vraiment une passion pour Kate, dont la vie à Croydon était très agréable[54] ».

Linda Moss partage désormais son logis avec Geoff Collman, le nouveau beau-père qui livre aussi sa part d'anecdotes. Nous sommes en 1993 et Kate est déjà célèbre. Il n'en revient pas, dit-il, « de ce temps si proche où Linda et moi devions la sermonner afin qu'elle accomplisse son tour de vaisselle, occupée qu'elle était d'apprendre, pour l'un de ses premiers contrats, à faire du roller-blade ; elle s'entraînait dans le salon dépourvu de moquette, tombait souvent et pestait : "Quel truc idiot, ce métier de top model[55] !" »

Les mois passent, et même si Linda ne croyait pas à l'aventure Storm, elle demande à sa fille : l'argent, c'est pour quand ? On ne sait pas comment Kate Moss a répondu à l'avidité de sa mère. Elle n'a jamais évoqué la question si ce n'est pour raconter, d'un ton léger, cette impatience-là.

L'attitude de Linda est d'autant plus surprenante que, malgré le divorce, personne ne semble vivre plus chichement qu'avant. Kate et Nick font des allers et retours entre le père et la mère, leurs deux nouvelles maisons. Kate dira de ce passé : « Mon environnement était celui d'une confortable classe moyenne », pour aussitôt rectifier : « Classe moyenne pas terrible[56]. » On ne l'imagine pas capable d'une telle confusion ; il s'agit probablement, de façon bien maladroite, de remodeler son histoire encore fraîche pour lui conférer le mérite un peu plus grand qu'aurait une fille moins vernie, imagine-t-elle, d'être arrivée tout en haut.

Cette volonté de petite Rastignac, que Kate Moss dissimule si bien, sera toujours masquée par une pose nonchalante qui donne l'impression, dès ses commencements et à l'inverse du héros de Balzac, que l'affaire est pour elle de moindre importance. À croire que pas une fois elle n'a prié pour. Asséner « je veux retourner à la maison » et en sortant de l'école prendre sans relâche le Thameslink, s'y changer à la hâte parce qu'on porte encore l'uniforme de Riddlesdown – jupe grise, pull vert, chemise blanche et cravate rayée noir, vert et blanc –, et enchaîner les castings à Londres, cela semble contradictoire. Sûrement a-t-elle redoublé d'efforts et de volonté pour satisfaire les désirs d'une Linda soudainement exigeante, d'une mère qu'elle qualifiera malgré tout de « mentor[57] » ; sûrement était-elle excitée à l'idée d'une vie différente, bien qu'en ayant peur.

Jamais Kate Moss ne s'est vraiment expliquée sur cette ambivalence de jeunesse, peut-être parce qu'elle sait qu'avancer dans la vie est un mystère que chacun doit éclaircir à sa façon, sans grande logique.

En avril 2007 cependant, elle abordera le sujet plus franchement, comme si le temps avait fini par clarifier les choses. « J'ai dû bosser dur pour m'échapper de Croydon, ce n'est pas arrivé sur un plateau d'argent. À l'époque où il aurait été si facile de traîner avec mes potes, j'ai enchaîné des heures de transport et mes huit rendez-vous par jour, pendant des années. Je savais que je devais me botter les fesses si je voulais réussir[58]. »

Lorsqu'elle passe les week-ends dans sa banlieue, le décalage est rude. Déjà stylée, elle devient irrésistible. Son ami James Brown se rappelle la première fois qu'il l'a aperçue dans un bar de la ville – elle avait quinze ans : « Elle portait un blouson de cuir noir Goose à col de fourrure qui venait de New York et pour lequel j'aurais tué. C'était le truc le plus cool qu'il était possible de mettre. Elle avait aussi des bottes noires Katharine Hamnett, du rouge à lèvres rouge vif et les cheveux fabuleusement longs. C'était un choc esthétique[59]. » Quelques mois plus tard, quand elle croise ses copains dans le bus qui racontent la vie de tous les jours, l'école, les petites intrigues, les sorties, elle ose à peine dire qu'elle revient d'Autriche et qu'elle y a gagné, en un week-end, presque 3 000 euros.

De la même manière qu'elle apporte à Croydon une sophistication urbaine tant enviée par la banlieue, le décalage marche dans l'autre sens : par sa gouaille de South London, par ce mélange d'innocence et de canaillerie des rues, elle séduit les moins conventionnels des créateurs londoniens. Comme John Galliano.

Né en 1960 d'un Anglais de Gibraltar et d'une Espagnole, Galliano vécut ses premières années dans le pays de sa mère avant de gagner avec ses parents, à l'âge de six ans, une banlieue sud de Londres, Streatham, sur la ligne qui mène à Croydon. Son père est plombier, sa mère coud les vêtements des trois enfants – John et ses deux sœurs – invariablement élégants et piqués de couleurs vives. Sorti en 1983 de la prestigieuse école de mode Saint Martins avec les honneurs, Galliano séduit par son inventivité et obtient, en 1987, le trophée du meilleur couturier britannique.

L'année suivante, il rencontre Kate Moss. « Elle avait quatorze ans, un côté sauvage, un corps incroyable et déjà un grand sens du style et des mélanges[60]. » Il sera le premier à la faire défiler à Londres, en 1989. À presque trente ans, il représente probablement le grand frère fantasque qu'elle n'a pas eu ; leur amitié s'est scellée dans les coulisses des premiers shows de bric et de broc où, malgré la notoriété naissante, l'argent manquait cruellement.

C'est en octobre 1992 que John Galliano, pas encore directeur artistique de Christian Dior mais presque établi en France, la choisit, parmi d'autres, à l'occasion de son entrée sur le ring de la couture parisienne, sous sa propre marque. Un baptême du feu pour lui et pour elle, qui prend l'avion et atterrit tellement nouée qu'elle n'arrive pas à manger. Sous une tente dressée dans la cour carrée du Louvre, le podium à arpenter seule dans le rôle d'une Lolita avec crinoline à rayures bleu pâle, et talc dans les cheveux, lui semble aussi long qu'une piste d'atterrissage. La collection est inspirée par la grande-duchesse russe Anastasia, l'une des filles de Nicolas II, et Galliano lui donne comme unique consigne : « Tu es poursuivie par les loups. » À la fin du défilé, se souvient-il, « tout le monde s'est levé, un moment magique, personne n'avait jamais vu une crinoline voler comme ça, Kate avait été totalement irrévérencieuse[61] ».

L'équipe se rend ensuite dans les locaux du couturier, où la Lolita en crinoline boit une demi-bouteille de scotch puis s'évanouit. Depuis Croydon, Linda Moss demande où est passée sa fille, qui pendant deux jours « vomit quelque part dans un hôtel[62] », à Paris. « J'étais supposée retourner à l'école le lundi mais le mercredi, j'étais toujours en France[63]. » Les prémices d'une vie dissolue ou les frasques d'une fille de son temps ? L'époque, c'est certain, se désagrège, qui en annonce une autre.

En 1989, le bloc de l'Est éclate : le mur de Berlin tombe en novembre ; la Tchécoslovaquie vit sa « révolution de velours » ; en Roumanie, les Ceaucescu sont arrêtés et exécutés. On contemple les décombres de la décennie finissante, on commence à railler l'argent facile, le faux luxe et les faux seins. À Seattle, une nouvelle scène musicale émerge autour de Nirvana, dont le premier album, *Bleach*, est nommé en référence au nettoyage des seringues après les injections d'héroïne ; à Manchester, l'Haçienda accueille des groupes comme les Stone Roses ou les Happy Mondays, qui mélangent pop, *dance* et drogues, alors que la house-music et les raves font l'effet d'une révolution. En littérature, les adolescents qui lisaient Francis Scott Fitzgerald pour y apprendre le savoir-vivre chic adulent désormais Jay McInerney et Bret Easton Ellis – dont *Les Lois de l'attraction* sont publiées en 1987 –, deux auteurs new-yorkais qui illustrent mieux que quiconque l'air du temps. Le désenchantement, l'hédonisme glacé, le sexe aléatoire, la cocaïne à fond. Le monde est fichu, disent-ils, on vit sur la corde raide mais on a de l'argent, ou on rêve d'en avoir. Soyons élégants.

Deux ans avant la parution d'un autre livre phare signé Douglas Coupland, *Génération X,* les gamins qu'on ne va pas tarder à qualifier ainsi et qui se demandent, dans un télescopage de cynisme et de candeur, quoi faire de leur peau peuvent déjà ériger en maxime cette phrase du livre : « Soit nous faisons de notre vie un roman, soit on ne s'en sortira jamais [64]. »

Nous sommes à la fin des années 80. Kate Moss en est là, oscillant entre désir farouche et àquoibonisme, quand une rencontre va, de nouveau, bouleverser sa vie.

II

GIRLS JUST WANNA HAVE FUN
1990-1994

« Remember, remember, this is now, and now, and now. Live it, feel it, cling to it. »

Sylvia Plath, *Unabridged Journals*[1].

Corinne Day

Kate Moss avant Corinne Day, c'est encore une gamine cahotant dans les trains de banlieue, c'est un négatif trop pâle qui n'aurait pas trouvé son révélateur, c'est les Ronettes d'avant Phil Spector – un diamant avec des brins d'herbe et un peu de terre du Surrey collés dessus. Ses traits sont assurément jolis mais ils ne sont que ça ; sa fraîcheur de petite fille laisse entrevoir une certaine timidité et non cette légère perversité – malgré son passage en Lolita chez Galliano – qui piquerait son image d'une pointe de scandale.

Pour cela, il lui faudra rencontrer Corinne Day, la deuxième femme clé de la galaxie Moss après Sarah Doukas. Il y aura ensuite, achevant la trinité pécheresse, Marianne Faithfull. Elles ont en commun d'être plus âgées que Kate Moss, qu'elles considèrent comme leur fille ou petite sœur spirituelle, qui de son côté les tient pour des mères ou des grandes sœurs. Ces trois femmes partagent aussi un parcours sinueux et totalement anticonformiste, y compris dans les milieux où elles évoluent – la mode, la photographie, la musique. Des *« role models »*, dit-on en anglais, des « exemples pour la jeunesse », mais d'un genre acide, qui ont expérimenté la liberté que la fin du XXe siècle permettait aux aventurières.

Née en 1965 dans la banlieue ouest de Londres, Corinne Day était le genre de fille à grandir sans trop d'idées sur l'avenir ; pas très intéressée par l'école et pourtant convaincue de sa bonne étoile. Le hasard se manifesta en plein ciel, lors d'un vol, quand un inconnu, photographe, l'incita à tenter le mannequinat. À l'instar de Sarah Doukas, elle le fit sans vrai succès, peut-être à cause de sa silhouette ultra-filiforme. Mais le pli était pris de la bohème internationale. Elle partit à dix-sept ans vivre de petits cachets mode à Los Angeles, où elle apprit surtout le surf, puis gagna Tokyo où elle rencontra son petit copain, un photographe néo-zélandais. Ils vécurent au Japon, voyagèrent en Asie, s'établirent un temps à Milan. Il l'initia aux images et elle sut que c'était cela, l'avenir qu'elle attendait. Quelques collaborations avec l'antenne italienne de l'agence de mannequins Elite lui permirent de développer son style, brut et naturel. « Je trouvais que ces filles étaient bien plus belles à traîner chez elles en pyjama, fumant des pétards et buvant un verre de vin[2]. » Sous-entendu : plutôt que maquillées comme des voitures volées sur les podiums ou en couverture de *Vogue*.

Lorsque Corinne Day et son copain reviennent à Londres à la fin des années 80, elle est bien décidée à vivre de son art. Le réalisme qu'elle prône s'éprouve au quotidien ; son logis est un taudis, elle crève de faim et, après tant d'années à l'étranger, rien ne lui semble familier. Les nouveaux looks lui échappent ; qui est branché, qui est ringard ? Dans l'effervescence qui célèbre le crépuscule du règne thatcherien, où le peuple manifeste contre un nouvel impôt, la Poll Tax, où les adolescents découvrent l'ecstasy et s'apprêtent à embrasser la scène de Manchester, sa conviction s'affirme. Les journaux de mode vendent du glamour depuis trop longtemps ; l'heure est venue d'aller à contre-courant, il est temps de mettre au placard les fards à joues, les rouges à lèvres, les cheveux gonflés de laque, et avec eux ces supermodels aux épaules trop soulignées, aux habits trop coûteux, aux moues trop boudeuses. « On ne jurait que par l'artifice ; délibérément, j'ai choisi la direction opposée. Et c'est cela que j'ai capturé, des filles non apprêtées qui paraissaient enfin vivantes[3]. » Elle dira aussi : « Ce n'est pas parce qu'une femme a des cernes qu'elle est laide. C'est simplement une beauté différente[4]. »

Le parti pris est osé dans le monde de la mode qui sanctifie la perfection et dont les porte-parole officiels, ces magazines de haut vol qui se nourrissent de la publicité, mettent en valeur le luxe des grandes marques. Ils ne seront pas intéressés par sa démarche et elle le sait ; qui alors ? Peut-être l'une de ces revues un peu underground et terriblement branchées qui rendent compte de la nouvelle Angleterre, qui font la chronique de son énergie culturelle et de sa désespérance sociale. Un ami lui parle du mensuel *The Face* et lui conseille d'aller voir son directeur artistique, un certain Phil Bicker.

Nés au début des années 80 sur les décombres du punk, les *i-D, Blitz* et *The Face* flairaient déjà les prémices du grand mixage qui allait bientôt présider à la pop culture. Avant eux, il y avait la mode d'un côté, la musique de l'autre, l'art encore ailleurs, la littérature aussi ; tout était fragmenté et personne ne faisait le lien ; personne, surtout, n'avait ce ton sarcastique et insolent qui claquait comme une pop song. Ces nouveaux magazines décident de mettre des mannequins tatoués en couverture et de consacrer des pages entières à des micro-mouvements de mode qui pour la grande presse ne sont que sujets d'effroi. Leur but : représenter l'alternative à une époque mouvante où l'alternatif, justement, s'apprête à devenir grand public.

Directeur artistique de *The Face*, créé en 1980, Phil Bicker n'est pas très impressionné par les premiers clichés de Corinne Day, mais elle y va au culot. Il n'y a pas de photographe femme dans ton magazine ? Eh bien, embauche-moi !

Ne lui reste qu'à trouver sa muse, la fille qui incarnera ce mélange d'innocence et de sexualité qu'elle brûle de mettre en scène, maintenant qu'elle est engagée par *The Face*. Dans les agences de mannequins, on lui présente les photos des petites nouvelles, jusqu'à Storm où elle tombe en arrêt sur un Polaroïd de Kate Moss. La rencontre a lieu quelques jours plus tard, se souvient Day. « Dès que je l'ai vue, j'ai su. Je l'ai regardée et lui ai dit qu'elle allait devenir incroyablement célèbre[5]. »

Ainsi décrite, la scène rejoint celle de l'aéroport new-yorkais où Doukas eut sa « révélation », et l'on suppose que la tentation de s'inscrire après coup dans la légende, d'y planter son drapeau de découvreuse dotée du fameux sixième sens, est à l'œuvre chez Day comme elle l'était chez Doukas. La gamine aux cheveux longs, au visage d'enfant et aux taches de rousseur – qui n'est jamais revenue sur cette rencontre capitale – avait de la personnalité : « culottée » en même temps que « les pieds sur terre [6] », dira Day, à défaut d'avoir une plastique parfaite. « Elle était petite pour un mannequin, ma taille à peu près, écrira la photographe sur son site Internet, j'ai senti chez elle quelque chose de familier qui m'a mise à l'aise et m'a donné envie de la photographier. » Et aussi : « Il y avait sûrement une pointe de narcissisme de ma part, vu qu'on avait la même allure ; j'avais été sans cesse attaquée là-dessus à l'école, puis lors de mes années de mannequinat. Je me suis dit qu'elle avait dû traverser les mêmes choses ; d'une certaine façon, je voulais l'aider [7]. »

Cette collaboration changera leurs vies à jamais mais il faudra du temps, quelques mois, avant cela. Leurs premières séances se déroulent un jour de l'année 1989. Corinne Day emmène Kate Moss jusqu'à la banlieue d'Ickenham où elle a grandi, non loin de l'aéroport d'Heathrow. Un arrêt dans la maison de sa grand-mère qui l'a élevée, on prend des photos sur le petit carré de jardin pendant que mamie prépare du thé et des sandwichs, puis on va dans le parc où Corinne traînait adolescente, et Kate Moss est simplement habillée d'un pull en V, d'une jupe longue et de Kickers aux pieds. Elle ressemble au rêve qu'avait fait la photographe d'une beauté sans artifice ; aucun maquillage, pas de lumières artificielles, du noir et blanc parce que Day n'avait guère l'expérience de la couleur : on dirait des instantanés de vacances, ils en ont la grâce.

Cette même année, d'autres clichés signés Corinne Day montrent Kate dans un parc – est-ce toujours celui d'Ickenham ? –, vêtue d'une courte jupe noire et d'une chemise blanche passée sur un tee-shirt noir. Elle rit aux éclats, le visage mangé par la cascade de cheveux qui lui arrivent aux seins et affiche déjà, dans le regard, quelque chose de changé. Les prémices d'une moue aguicheuse, un peu narquoise, de celle qui apprend l'art de la mise en scène et de la séduction.

Voilà plus d'un an que Kate tente sa chance à Londres tandis que Linda et Geoff, ainsi que Peter, la soutiennent depuis Croydon. On ne sait pas s'ils y croient plus qu'avant ou s'ils sont rassurants parce qu'il faut l'être. Elle dira : « Je pense que ce genre d'aventures dépend vraiment de chaque fille et de ses parents, quoique la responsabilité des parents soit énorme ; les miens m'avaient dit : "Vas-y si tu veux, on est là[8]." »

Fin 1989 ou début 1990, les dates dont on dispose sont imprécises, Kate Moss décide de quitter l'école. Elle frôle ou atteint les seize ans jusqu'auxquels l'éducation est obligatoire en Grande-Bretagne, mais elle ne finit pas cette dernière année sanctionnée par des examens, les GSCE, qui permettent de continuer vers l'équivalent du baccalauréat ou d'entamer des formations professionnelles. Sans diplôme, elle continuera son éducation comme elle l'avait commencée : dans la rue, au contact des gens, par les voyages. On suppose que ses parents ne la contrarient pas, ses professeurs non plus. Eux savent, mieux que les gamins à qui ils font semblant de promettre un avenir radieux à Croydon, combien la fuite est salutaire : si tu peux gagner de l'argent, lui disent-ils en substance, pars ! « À cette époque, confiera Kate Moss, la plupart de mes copains avaient déjà abandonné les études, ou été renvoyés parce qu'ils fumaient des pétards, se bagarraient, insultaient tout le monde[9]. »

Quand ses engagements ne la requièrent pas ici ou là, les vacances exotiques se multiplient ; grâce à ses billets d'avion bon marché, Peter emmène souvent, très souvent, Nick et Kate en Floride. La plage, le soleil et la ville d'Orlando parce qu'il fallait bien, lancera-t-elle, « faire taire les enfants[10] » – les occuper. De l'Amérique, elle se rappelle que tout le monde mettait des jeans délavés et des baskets ; une fois entrée dans la mode pour de bon, elle recyclera à sa façon l'accoutrement « streetwear » en portant des Adidas sous les robes des créateurs.

Elle est loin du compte, elle est encore une inconnue peu désirée. Sarah Doukas aurait pu la présenter à des castings pour des publicités ou des catalogues de grandes marques, qui signent d'ordinaire les prémices d'une carrière. Mais elle sait que la beauté presque banale de Kate Moss risque de ne pas plaire. Elle sait aussi, pour former une ambition similaire à celle de Corinne Day – imposer des filles différentes –, qu'il faut aller vers des gens différents.

Au même moment, Day suggère à Phil Bicker d'employer plus souvent Kate Moss ; au même moment, Bicker et Sheryl Garratt, la responsable de la rubrique mode de *The Face*, meurent d'envie de « faire quelque chose de nouveau, d'inventer le magazine des années 90[11] », expliquera Garratt. « Il nous semblait que c'était l'instant idéal puisqu'une nouvelle génération de stylistes et de photographes arrivait, préférant les mannequins qui avaient l'air "vrai", et dont ils soulignaient les imperfections au lieu de les retoucher. Nous parlions depuis quelque temps de trouver un mannequin plus jeune qui exprimerait cette tendance-là, et qui deviendrait le visage de *The Face.* »

Ce visage sera celui de Kate Moss, mutin et constellé de taches de rousseur. Bicker et Garratt commencent par publier l'un des clichés pris du parc d'Ickenham, ceux qu'on dirait provenir d'un album de copines. Juste après, ils commandent à Corinne Day une série de plusieurs pages avec Kate, qui paraît en mars 1990. Le mois suivant, ils propulsent leur petite égérie en « une » à l'occasion de la coupe d'Europe de football. Ce numéro de mai 1990 est mémorable : sa première couverture de magazine, et le début d'une longue série. Elle enlace un ballon, cheveux longs et regard dur, une écharpe de l'équipe d'Italie autour du cou. C'est un autre photographe, Mark Lebon, qui cette fois-ci la saisit.

Enfin il y eut *la* une. Celle qui changea tout, celle de juillet 1990 intitulée *« The Third Summer of Love »* – « Le troisième été de l'amour » –, après ceux de 1988 et 1989, qui dessinèrent une autre Angleterre.

La new wave était morte et avec elle le noir des vêtements et de l'âme. Finis les synthés froids, les mines sombres, la désespérance. Une fièvre festive envahissait la Grande-Bretagne depuis 1987. Elle ne venait pas de Londres ou de Liverpool mais de Manchester, une agglomération au nord-ouest du pays qui passait, au milieu du XIXe siècle, pour la plus grande ville industrielle du monde. Elle en a gardé trace avec son architecture de briques, ses grands bâtiments et ses entrepôts aujourd'hui désaffectés. C'est dans l'un d'entre eux, qui servait à exposer des voiliers en périphérie du centre, qu'ouvrit en 1982 l'Haçienda, un club fondé par Tony Wilson, le patron du label Factory – Joy Division, New Order, Happy Mondays – et aux membres de New Order.

Pendant quelques années, la salle accueillit des soirées punk-rock et des concerts – dont les Smiths et même Madonna qui y effectua sa première apparition anglaise –, et s'ouvrit peu à peu au rap et au groove, avant de programmer, en 1987, de la house. Héritière de la disco et du funk mais avec des rythmes plus martelés, des voix et une production presque simplistes, cette musique était née dans un club gay de Chicago. Puis émergea, à Manchester, une déclinaison baptisée « acid-house » suite à l'ajout de basses « acidifiées », raconte le DJ français Laurent Garnier, qui mixait alors à l'Haçienda, dans son livre *Électrochoc*[12]. Dès le printemps 1988, la jeunesse blanche des classes moyennes envahit l'endroit, célébrant l'acid-house et aussi une nouvelle drogue, l'ecstasy : « Un véritable raz de marée de vêtements larges et de tee-shirts à sigles, symboles d'un style naissant baptisé "scally" – littéralement "débraillé", "négligé" – s'abattit sur la ville. [...] L'ecstasy balaya tout sur son passage, [...] abattant les barrières sociales[13]. »

L'été 1988 fut baptisé *« Summer of Love »*, en référence à celui de 1967 à San Francisco et alentour, car la jeunesse anglaise y vibrait pareillement. Elle portait des pantalons baggy et des tee-shirts Smiley à la bouille jaune et souriante ; elle célébrait les DJs, nouveaux héros d'une génération fatiguée du culte de la personnalité. Ce mouvement pacifique, drogué et coloré, héritier du « peace & love » hippie, était abondamment chroniqué dans la presse alternative, les *The Face* et *i-D*.

À Londres, précise Laurent Garnier, la vague ne fut pas aussi forte. Et Kate Moss, qui se partageait entre Croydon et la capitale, qui entrait à peine dans le tourbillon de la nuit qui sera bientôt son quotidien dans le sillage de Corinne Day, n'a probablement pas goûté l'emballement house – du moins elle n'en a jamais dit mot. Ses goûts musicaux, y compris ceux de sa jeunesse, iront vers le rock, presque toujours.

La loi est stricte en Grande-Bretagne, les clubs ferment à deux heures du matin et de cette contrainte naquirent pour ceux qui voulaient continuer la fête, les *warehouse parties* improvisées dans des hangars désaffectés, puis les *rave parties* en rase campagne, à la sortie des villes. Apparurent alors des groupes dont la popularité ira grandissant : les Happy Mondays avec leur allure de loqueteux et leur danseur Bez qui gigotait comme un pantin explosé sur scène, les Stone Roses et Ian Brown, leur chanteur mignonnet. Et ça, Kate Moss adorait. Le son était vrombissant, fait de basses lourdes et de boucles électroniques, qui empruntait la rythmique de l'acid-house, la mélodie de la pop anglaise, l'énergie du rock'n'roll. Il ne s'agissait plus de délivrer des messages ni d'exposer ses sentiments mais de danser, frénétiquement.

En 1989, le second *Summer of Love* vit triompher les raves. Laurent Garnier, encore : « On jouait de tout, acid music, house, techno, hip-house et les titres pop du moment ; autour, une débauche de lumière à en attirer les ovnis. [...] À Manchester, les rendez-vous étaient généralement donnés sur l'autoroute, dans une station-service quelconque. De là, d'immenses cortèges se suivaient en pleine campagne pendant des heures, offrant le spectacle insolite d'embouteillages au milieu de nulle part, à quatre heures du matin bien tapées, dans le plus épais des brouillards anglais[14]. » Au printemps 1990, anticipant un troisième *Summer of Love*, *The Face* commençait à préparer un numéro spécial consacré à la culture acid-house.

Au même moment pointait aux États-Unis un tout autre esprit. Plus tendu. Seul parallèle avec les cousins britanniques : ne plus faire comme avant. Qu'il s'agisse de Boston et ses Pixies qui fouettèrent les fesses du rock dès leur chef-d'œuvre *Doolittle*, en 1989, de Seattle et sa scène qu'on qualifiait tout juste de grunge autour de Nirvana, des artistes bourgeonnaient, qui refusaient le mascara de la pop-star, le maniérisme de la diva milliardaire, le machisme d'antan. Leur allure disait tout. Cheveu volontiers hirsute, pose avachie, jeans informes, tee-shirts à manches courtes par-dessus des tee-shirts à manches longues, chemise à carreaux de bûcheron portée ouverte, baskets ou Converse aux pieds. Une sorte de look ouvrier, prolo-rock, précurseur du *No logo* théorisé par Naomi Klein dix ans plus tard, qui aurait coulé dans un moule presque anarchiste et le rêve hippie, et la rage punk.

De ces gamins de Seattle, poètes et perdus, de ceux de Manchester, drogués et fêtards, Kate Moss, la fille de Croydon, allait devenir le symbole esthétique, empruntant aux premiers la touche bohème et la moue désabusée, aux seconds l'incroyable énergie.

Pour préparer les prises de vue du numéro de juillet de *The Face,* Corinne Day et une styliste, Melanie Ward, passent leur temps sur les marchés aux puces de Camden et Portobello, à Londres. Elles achètent des accessoires à bas prix, des colifichets, des fripes par dizaines, des tuniques post-baba cool. Une question de goût, mais pas seulement. « Comme nous étions des petites nouvelles, il était difficile d'obtenir des vêtements de grandes maisons [15]. » De la contrainte on fera autre chose, et Day racontera sa joie de choisir des habits à son goût, des habits que les lecteurs, surtout, pourront s'offrir. À l'époque ce n'est pas rien ; c'est même révolutionnaire. Les photos de mode, les magazines de mode et les mannequins ne servent-ils pas d'ordinaire un seul but : faire rêver pour faire vendre ?

Le balancier commençait à pencher dans l'autre sens ; après avoir inspiré les gens de la rue, les créateurs s'inspiraient, timidement, de la rue. Quelle ironie, cependant, que l'arrivée de Kate Moss dans cet univers-là se fît en haillons – comme une chapardeuse entrée par effraction dans le poulailler du luxe et qui continuerait, vingt ans après, de se jouer des marques en leur vendant à prix d'or son attitude grunge, rock ou ce qu'on veut, qui a l'inestimable valeur du « naturel ».

Au printemps 1990 – la date exacte reste un mystère puisque aucune des protagonistes n'a, ensuite, raconté cette escapade majeure [16] – Corinne Day et Melanie Ward embarquent Kate Moss pour Camber Sands, dans l'East Sussex, au sud de Londres. Une plage populaire qui s'étire sur des kilomètres, où les roseaux et les herbes folles piquent les dunes. Elles écoutent Nirvana, les Stone Roses, les Happy Mondays, doivent pouffer comme des gamines en déballant leurs valises de shopping et se couper les cheveux en quatre, puisque travailler avec Day, racontera Kate Moss[17], est un boulot sans fin qui prend des jours et des jours, à refaire les mêmes photos pour capturer ce fugace air du temps qui souffle sur les côtes anglaises et sur ce visage froncé de rousseur. « Les vêtements et le maquillage, ce n'est pas le sujet avec Kate. Le sujet, c'est elle, dira Corinne Day[18]. J'ai toujours fait des portraits d'elle dans un style proche du documentaire. Ce réalisme lui va mieux qu'à n'importe quel modèle. »

Kate Moss n'a que seize ans, peu de seins et une timidité énorme. Elle ne comprend pas pourquoi Day veut la montrer tout entière, poitrine dénudée. Elle pleure et résiste, beaucoup. « Les photographes disent souvent : "Si tu n'enlèves pas ton haut, je ne te prends pas." Là c'était une femme qui me demandait ça, une amie, et elle a gagné, aussi parce que tout le monde – la maquilleuse, le styliste, le coiffeur – vous lance qu'il faut dépasser sa réserve, que lorsqu'on est mannequin il faut être capable de montrer sa chatte[19]. »

Des années après, le travail de la photographe fut comparé à celui de Larry Clark ou de Nan Goldin. Le grain un peu sale du réel, l'apparente absence de pudeur ; il fallait bien cela pour *The Face.* Dans sa parution de juillet, le magazine consacre, sous forme d'abécédaire, un long dossier à cette jeunesse dite « scally », qui se sent abandonnée par le gouvernement de Margaret Thatcher, qui développe une pilosité et des goûts vestimentaires hasardeux, qui aime le football et l'ecstasy – un mot dont la définition commence ainsi : « La drogue qui a tout déclenché et qui a fait danser les garçons blancs. »

Ce numéro où Kate Moss apparaît en une, pour la deuxième fois de sa vie en seulement trois mois, est intitulée « *The Third Summer of love* » (« Le troisième été de l'amour »). Il commença le 27 mai 1990 à Spike Island, un parc en pleine zone industrielle à mi-chemin de Manchester et Liverpool. Ce jour-là, plus de trente mille personnes vinrent écouter les Stone Roses et des DJs dont Paul Oakenfold : une célébration festive et ensoleillée dans l'esprit des concerts géants des années 70 – et l'un des spectateurs dira au reporter de *The Face* : « Je suis là pour m'amuser car on est trop oppressé dans la société anglaise[20]. »

L'emblème de ce changement, en couverture de l'édition de juillet, est le visage de Kate Moss coiffé de plumes indiennes, les canines pointues et les yeux mi-clos tant son sourire est large. À l'intérieur, huit photographies pleine page où l'on a bien du mal à imaginer qu'un coiffeur et une maquilleuse étaient aussi du voyage jusqu'à Camber Sands, tant l'adolescente est peu apprêtée. Elle fume appuyée contre un mur, en jean blanc et petit top ; ou marche nue sur la plage, grand sourire et chapeau de paille pour masquer son pubis ; ou n'est vêtue que d'une tunique thaïlandaise dénichée à Portobello, Birkenstocks aux pieds ; ou encore, avec les plumes indiennes, porte une jupe noire et rien en haut, poitrine nue ornée de grains de beauté et d'un long collier.

On ne sait pas comment Linda et Peter Moss accueillirent la surexposition de leur fille, mais Nick Moss, quatorze ans, en souffrit : « Mon frère allait encore à l'école de Riddlesdown, celle que je venais de quitter, racontera Kate. Ce qu'il a pu se faire chambrer par tout le monde : "J'ai vu ta sœur seins à l'air !"[21] » Pour elle, ce ne fut pas aisé non plus : « Maintenant j'apprécie ces photos, elles sont parmi mes préférées même si je suis horrible dessus. À l'époque, je disais à Corinne : "Comment as-tu pu leur donner celles-là, où j'ai l'air tellement nulle avec ma poitrine toute plate[22] ?" »

Ce n'est pas qu'une affaire de poitrine, plate ou nue. Malgré la fraîcheur et la décontraction, autre chose transparaît, lorsque le sourire s'efface, de plus sourd. Ses sourcils légèrement froncés lui donnent un regard inquiet, presque sur la défensive. Ce mélange de réticence, de nudité et d'enfance – car malgré ses seize ans elle semble en avoir douze – trouble le spectateur de ces photos jusqu'à le transformer en voyeur. La charge sexuelle, l'ambiguïté sont là. La candeur également, ce qui ajoute au malaise – en partie levé par le fait que c'est une femme derrière l'appareil, et on a vu comment Day en joua pour convaincre son modèle. À l'instar d'enfants prodiges qui ont exprimé une crudité en décalage avec leur âge, de Jodie Foster qui avait quatorze ans lors de *Taxi driver* en 1976 à Vanessa Paradis, quatorze ans également pour *Joe le taxi* en 1987, Kate Moss à demi vêtue bousculait un certain sens de la décence.

Sur l'instant, le retentissement de ce numéro de juillet est mesuré. *The Face*, après tout, n'est pas *Vogue* mais un magazine à la diffusion restreinte, que les aspirants avant-gardistes cependant lisent avec ferveur. Ce sont eux, notamment Marc Jacobs le couturier ou Willy Vanderperre le photographe, qui en furent marqués et contribuèrent, quelques années plus tard, à la gloire d'une Kate qui les avait tant émus.

En regardant les clichés de *The Face* aujourd'hui, l'esprit chargé d'affaires de pédophilie, de faits divers tragiques, de discours sur la protection de l'enfance, on se dit qu'elles n'auraient jamais pu être publiées de nos jours. Mais à l'époque, elles étaient l'amorce d'une révolution.

L'essor

L'aube des années 90 appartient encore aux « Sept Mercenaires », ainsi que les magazines de mode appellent parfois Linda Evangelista, Christy Turlington, Cindy Crawford, Claudia Schiffer, Elle Macpherson, Naomi Campbell et Helena Christensen. Elles ne sont pas apparues depuis si longtemps, pour Campbell c'était en 1987, à dix-sept ans, et Evangelista la même année, à vingt-deux ans ; mais ces filles à la grande gueule et aux larges épaules, au look sophistiqué et dur à la fois, ont accédé à une célébrité inédite – si l'on met de côté la parenthèse Twiggy des années 60. Elles sont le reflet des « superwomen » qui accèdent pour la première fois et de façon aussi massive à des postes de responsabilité dans les sociétés occidentales, amazones des temps modernes à qui les journaux féminins demandent sans cesse : comment concilier vie professionnelle et familiale ?

En cela, les supermodels ont fait un choix et s'y tiennent avec superbe. Argent, indépendance, caprices. Une Campbell peut avoir deux jours de retard sur un shooting, l'annonceur attend. Une Crawford peut poser en une de *Vanity Fair* légèrement vêtue, rasant la barbe imaginaire de la chanteuse homosexuelle kd lang en juillet 1993, tout le monde applaudit. Une Schiffer peut se fiancer avec le magicien David Copperfield la même année, on se gausse mais on en parle. Une Evangelista, surtout, peut se sentir si « invincible[23] » qu'elle dit, au faîte de sa gloire : « On a cette sorte de devise, Christy [Turlington] et moi : "Nous ne nous réveillons pas pour moins de 10 000 dollars par jour."[24] » L'entretien était badin, l'interviewer évoquait l'argent et comment leur pouvoir, à elles toutes, avait inversé les rapports de force en faveur des mannequins, éclipsant les couturiers qui semblaient leur courir après, et elle eut, d'un ton aussi badin, cette réponse qui par la suite sera déformée, amplifiée, commentée avec indignation. Quand l'industrie et ses créateurs voudront reprendre la main par l'emploi de filles « naturelles » et apparemment plus malléables, dont Kate Moss, la phrase justifiera également la mise à l'écart des supermodels, décidément trop gourmandes.

En ces heures et de par leurs extravagances, ce sont néanmoins elles, les « Sept Mercenaires », qui popularisent la mode. Et elles s'offrent partout, des magazines de papier glacé aux journaux people, elles participent à des talk-shows, se lancent dans les affaires – une chaîne de cafés chics qui sombre vite pour Schiffer, Campbell et Macpherson –, gagnent des millions et fraient avec des stars de cinéma : Crawford et Richard Gere, Evangelista et Kyle MacLachlan.

Mais une phase de déclin s'amorce depuis que Corinne Day, au sein de la sphère underground de *The Face*, a osé l'alternative du réel. Dans la foulée, d'autres photographes comme David Sims, Jürgen Teller et Glen Luchford empruntent le même chemin : finis les shootings de supermodels à l'autre bout du monde, on fait chez elles le portrait de jeunes filles à la beauté sans fard, et qu'il s'agisse de clichés de mode semble secondaire puisqu'on les habille de fripes, ou qu'elles font le choix de porter leurs propres vêtements. Ces hussards de l'image, qui travaillent pour *The Face* ou *i-D*, se font peu à peu remarquer ; ils sont amis entre eux, jeunes et fauchés, croient qu'autre chose est possible, en auraient presque des accents révolutionnaires. Nul doute que leurs aspirations rejoignent, de manière détournée, celles du monde de la mode avide de nouveaux visages, de nouvelles tendances.

Doucement le vent tourne ; les professionnels de la fashion s'apprêtent à détrôner les égéries d'hier. « On ne pouvait pas aller plus loin que les "supermodels", impossible de faire plus grand, plus blond, d'avoir plus de poitrine[25] », dira la créatrice new-yorkaise Anna Sui. Et Marilyn Gauthier, la patronne de l'agence de mannequins parisienne Marilyn, qui représentera Kate Moss en France, aura ces mots cruels : « Depuis trois ans, on avait toujours les mêmes filles sur les couvertures des magazines. Ras le bol ! Il fallait en sortir. Kate et sa petite taille, sa poitrine plate, sont une minirévolution. Le beau sein, c'est démodé. Cindy Crawford ? Il n'y a pas plus "out" que ce look-là. Heureusement pour elle, Cindy fait des cassettes de gym aux États-Unis, elle s'est reconvertie[26]. »

Soudain, pâlotte et si fraîche, Kate Moss symbolise la nouvelle vague de tout – mode, musique, look. « Avec Corinne Day, avancera-t-elle, on avait capturé l'atmosphère de l'époque en Angleterre. Ce n'était pas le glamour des années 80. Ça se passait dans la rue où tout le monde disait : "Montrons nos seins et rigolons. Soyons plus vrais, n'ayons pas à grandir trop vite, prenons du plaisir !"[27] »

C'est la première fois depuis les sixties, la minijupe de Mary Quant et Twiggy, à la dégaine aussi peu « conforme » que la sienne – trop petite, trop maigre et plate – qu'une mannequin évoque si peu le chic et l'argent, autant la jeunesse des villes. Fauchés mais débrouillards, ces adolescents – filles et garçons – dont Kate est la figure de proue abolissent les barrières entre le négligé et l'habillé, les tenues de jour et celles du soir, et mettent à mal l'éternelle féminité prônée par les créateurs. D'une certaine façon, Kate Moss et ses contemporains sont les précurseurs du mixage XXIe siècle où l'on associe fripes, pièces de H & M et accessoires de luxe, précurseurs de ce look « bohème chic » mâtiné de rock qui conquerra l'Occident.

Mais Kate Moss ne sait rien de tout cela, elle est encore « cette gamine dans son coin, qui baissait les yeux devant les gens, intimidée, qui ne semblait pas avoir en elle le goût du danger, ce truc à part[28] », dira l'ex-mannequin Ann Scott, désormais écrivain, qui l'avait croisée à Londres. Kate Moss est cette louloute qui lézarde avec James Brown, son ami de Croydon tout juste établi dans la capitale anglaise : « On glandouillait en buvant du café à longueur de journée dans le salon de coiffure où je travaillais [29] », avouera-t-il.

Les photos de Corinne Day ont beau avoir signé une nouvelle époque – mais on ne s'en rendra compte qu'après –, les décideurs des magazines de luxe et des grandes marques ne s'emballent pas. Ces années 1990 et 1991, Kate Moss continue d'être l'emblème de *The Face* : en février 1991, une série signée Day, *Heaven is real*, la montre souriante en pull à col roulé et jupe longue, puis une autre à Bornéo, la même année et encore Day, la révèle sortant de l'eau avec des palmes, traînant dans un village en chemisier et petite jupe baba cool au milieu de gamins aux pieds sales, ou posant sous un arbre plein d'araignées.

Cette période d'apprentissage est peu documentée, on ne sait pas quels étaient ses autres contrats si jamais elle en eut, si ce statut d'étoile underground la satisfaisait ou non. En fait, on le verra bientôt, elle était surtout occupée à découvrir le monde de la nuit.

Après l'épisode Sarah Doukas, après la rencontre avec Corinne Day, déjà frappés du sceau du hasard, la suite des aventures de Kate Moss relève presque du concours de circonstances. En juillet 2007, Simon Chambers, le frère de Sarah Doukas qui codirige toujours l'agence Storm, à Londres, livrait cette analyse quant à l'éclosion de sa protégée : « Avant, les mères ne s'habillaient pas comme leurs filles. Dans les années 80, elles ont commencé à leur piquer la mode “jeune”, à entrer dans les mêmes jeans qu'elles. C'est devenu un combat de génération ; en réaction, les filles ont adopté un genre vestimentaire dont elles étaient certaines que leurs mères ne voudraient pas ; ce fut le grunge, et Kate en était le symbole [30]. » Véronique Rampazzo, l'une des responsables de l'agence Marilyn, celle de Kate Moss en France, confirmera : « Elle était la bonne personne au bon moment, la gamine *middle class* qui émergea pile à l'heure du grunge [31]. »

Sublimes sont ces vies s'écrivant sans qu'on ait l'impression que leurs auteurs suent sang et eau, quasiment malgré eux.

L'ambition semble un mot inconnu de Kate Moss ; dans ses rares interviews d'alors elle confie « être excitée » par son travail, « ravie » de collaborer avec tel designer ou photographe, heureuse de « prendre du plaisir ». Mais d'ambition il n'est jamais question, hormis le désir originel de quitter Croydon. C'est d'autant plus étrange qu'elle appartient à l'une des premières générations, celle des années 80, pour laquelle afficher ses prétentions n'est plus honteux, et la forfanterie un moyen d'expression fort prisé.

À ce moment-là, que ressent-elle ? A-t-elle jamais formé, au seuil du sommeil, l'espoir d'un avenir glorieux ? Probablement est-elle imprégnée de cet été 1990 où l'on promène un air malin et totalement détaché, parce qu'on a acquis de la banlieue anglaise cette sagesse un peu désabusée qui prévient de voir trop loin, par superstition qui sait.

Pudeur ou nonchalance, peu importe, son allure est posée. Et Kate Moss devient l'incarnation de l'« anti-top-model », celle qui va rendre peu à peu obsolètes les supermodels, celle dont la notoriété grandissante fera de l'ombre à toute concurrence, comme si elle devait occuper, jusqu'à nos jours, l'entier périmètre dévolu à la starification des mannequins, et bien au-delà. À part Gisele Bündchen, rendue en grande partie célèbre par sa liaison avec Leonardo DiCaprio, qui possède une telle aura en 2008 ?

Les supermodels ne l'ont pas vue venir. Personne, à vrai dire, n'aurait pu imaginer une telle carrière. Les clichés de *The Face*, pour novateurs qu'ils eussent été, en disaient plus long sur l'évolution de la photo de mode que sur la fille devant l'objectif ; on se demande encore ce qu'elle avait de si spécial.

Son visage, outre le fait qu'il ne ressemble guère à celui que l'on connaît aujourd'hui, est presque banal, celui d'une *« girl next door »* un peu gauche et timide fuguant de l'école pour aller manger des glaces l'après-midi à la mer, le nez bruni par les taches de rousseur. C'est justement cette joliesse passe-partout qui va forger son succès. Une beauté sans accroc, portée au naturel et avec l'instinct d'un « caméléon[32] » – telle est, selon Kate

Moss, la définition d'un grand top model. Pour Véronique Rampazzo, de Marilyn, « c'est parce que Kate Moss a les traits "faciles", et rien de particulier ou de marquant, qu'il lui est aisé de se transformer, de faire de l'interprétation ; elle possède une incroyable malléabilité[33] ».

Cette qualité de pâte à modeler humaine est inédite. On croit toujours que seule une plastique époustouflante, et si possible singulière, peut paver d'or la carrière d'un mannequin. Ce n'est vrai qu'un temps. Les supermodels à qui un seul rôle était offert, celui de la wonderwoman un peu hautaine, et les quelques tops rock'n'roll du début des années 80 comme Leslie Winer, Eve Salvail et son tatouage sur le crâne ou Sebastiane, une grande Noire plutôt masculine, ont pâti d'un physique fort, trop fort. « Quand on est vraiment différent, précise Véronique Rampazzo, il est difficile de se renouveler, donc de durer ; les trajectoires sont courtes[34]. »

Et ceux qui s'y entendent pour la magnifier, continue-t-elle, sont les photographes ; Kate Moss est leur muse plus qu'elle ne le sera jamais des couturiers, car sa figure insaisissable se prête à tous les rôles quand les créateurs de mode choisissent de préférence des femmes à la beauté ou à l'allure plus typées ; Loulou de La Falaise pour Yves Saint Laurent, Farida pour Azzedine Alaia, Wallis Franken pour Claude Montana.

En 2003, l'artiste anglais Alex Katz avançait cette explication : « Kate Moss est complètement ordinaire. C'est ce qui la rend extraordinaire[35]. » Au photographe britannique Nick Knight, elle rappelle « le genre de filles sur lesquelles je fantasmais à l'école. [...] Sa beauté a une dimension normale. Elle est hype, elle est cool, elle est fun et fondamentalement on sait d'où elle vient : c'est une Anglaise[36] ». Pour Bruce Weber, également photographe, « le sentiment d'excitation que l'on éprouve en la prenant en photo ne se compare qu'à celui ressenti en photographiant un animal à peine né, ou un petit enfant sauvage[37] ».

« Sauvage » et « normale » : les termes sont contradictoires mais ils expliquent, justement, sa particularité. Le photographe belge Willy Vanderperre, qui a travaillé avec elle pour *Another Man,* édition automne/hiver 2005, où sur plusieurs pages elle était habillée en Dior Homme par Hedi Slimane, révèle le choc qu'il a eu, adolescent, de la découvrir dans *The Face* : « J'ai gardé ce numéro de juillet 1990 car elle était vraiment le visage du changement. Grâce à elle et aux photographes qui la suivaient, rien n'a plus été pareil en mode ; ses premiers clichés étaient très forts parce qu'ils dégageaient une telle sensation d'innocence ! Qu'elle n'a d'ailleurs pas perdue[38]. » Récemment, le photographe star des sixties, David Bailey, ex-mari de Catherine Deneuve et ami, entre autres, de Mick Jagger, résumait ainsi l'exception Kate Moss : « Elle a un look démocratique que chacun aime ; elle ne fait pas trop peur, elle est quasiment à votre portée bien qu'étant hors de portée. Le genre de fille que vous aimeriez avoir pour voisine, sauf qu'elle ne sera jamais votre voisine[39]. »

Un objet de fantasme, malléable à l'envi. Peu à peu, se transformer intéressera Kate Moss plus que tout – plus que les vêtements, les défilés et la mode *stricto sensu*. « Je n'aime pas poser en étant juste moi, car c'est difficile d'être soi-même. Je préfère être métamorphosée en quelqu'un d'autre. Prétendre incarner une personne différente, c'est drôle et excitant[40] », dira-t-elle.

Sortir de soi parce que l'univers intime est si restreint ?

Quasiment depuis l'âge de quatorze ans, Kate Moss vit dans une bulle. Et la couverture de *The Face* a signé pour toujours l'arrêt de sa vie d'avant, la figeant dans l'immaturité de ses seize ans. Elle a quitté l'école, les dimanches mornes de l'enfance et des parents absents pour devenir, bientôt, la reine d'une autre planète où l'argent déborde comme une rivière en crue, où faire la fête est un slogan politique, où les avions et les hôtels deviennent une seconde maison, où des gens vous haïssent mais n'en disent mot car ils craignent de perdre vos faveurs, où d'autres vous complimentent car ils en vivent. Même si la parole autorisée de Simon Chambers et Sarah Doukas, chez Storm, esquisse le portrait d'une fille « normale », elle ne l'est évidemment pas. Sa carrière, à mesure qu'elle se déploie dans les hautes sphères, lui a forcément dessiné un horizon mental où caprices adolescents et désirs d'adulte, immédiatement satisfaits, cohabitent à merveille.

À partir de 1990, Kate Moss ne quitte plus Corinne Day, sa grande copine chez qui elle habite souvent, quand retourner à Croydon est trop compliqué, si peu excitant. Elles parlent mode et photographie, écument le marché de Portobello où l'on développe le goût des pièces vintage, travaillent avec *The Face*, s'occupent à des rêves de grandeur, sûrement, mais aussi à des affaires plus prosaïques. En cela, Day est la professeure idéale dans ce qui tient lieu, pour Kate Moss, d'études universitaires. Comment s'habiller ; à quelle fête se rendre ce soir ; avec qui, etc.

On imagine les fins de nuits et les petits matins, les fous rires et l'incroyable sentiment de liberté. À l'occasion d'un documentaire diffusé en janvier 2004 par la BBC4, Corinne Day évoquait son usage passé, vaste et varié, des drogues, notamment à cette époque où Kate Moss, elle, fait montre d'une belle descente en matière d'alcool. À la question de savoir combien de temps il lui faut pour être saoule, elle répond : « Des heures, des litres, je peux boire toute la nuit[41]. » Elle fume également, outre ses trois ou quatre paquets quotidiens de Malboro Lights, de la marijuana. Sans complexe : « Oui j'en fume. Personne ne se cache, on ne considère plus ça comme une drogue, les gens sortent leur shit et roulent des pétards tout naturellement[42]. »

La vie file à cent à l'heure. On est en 1991, Kate Moss a dix-sept ans et rencontre un beau brun, Mario Sorrenti.

Sa vie amoureuse avait commencé deux ans auparavant, à Croydon. Il était assistant comptable et s'appelait Clark Gregory. Avant lui on compte quelques amourettes, notamment avec un garçon dont elle était très éprise – mais l'affaire tourna court, ils ne sortirent ensemble qu'une seule fois. Clark Gregory semble un parti plus sérieux. Ils s'étaient rencontrés, raconte Fred Vermorel, en novembre 1989 dans un bar à la mode de Croydon. Doté d'une voiture et portant beau, il la présente à ses parents le mois suivant, pour Noël ; tout le monde s'entend à merveille.

À ses seize ans, en janvier 1990, il lui offre une paire de boucles d'oreilles et une bouteille de schnaps à la pêche, la boisson favorite de celle qui va bientôt poser sur la plage de Camber

Sands. Quand elle n'est pas avec Corinne Day, justement, ou en voyage pour ses contrats, Kate vit simplement avec Clark. Des dîners au restaurant chinois de Croydon, des virées dans les pubs, des soirées à regarder des feuilletons populaires comme *Neighbours*, des vacances qui se partagent entre une escapade à New York grâce aux billets de Peter Moss et du camping dans la campagne anglaise. Mais Clark, pour gentil qu'il soit, habite Croydon et n'a aucun attrait pour le milieu qui la dévore de plus en plus, la mode. En mai 1991, ils finissent par se quitter.

Et entre en scène Mario Sorrenti. Mannequin, il est né à Naples dans une famille très italienne où l'on mange des pâtes et où l'on s'aime d'un amour démesuré, a grandi à New York au son du hip hop, a les cheveux qui lui mangent le visage et une allure assurément plus cool que Clark Gregory. Après une campagne pour les jeans Levi's et des sessions photo avec Steven Meisel et Bruce Weber, il décide de faire sérieusement ce qui n'était qu'un hobby : la photographie. Il déménage à Londres où, tout en continuant de poser, il développe des choix esthétiques proches de ceux de Corinne Day : peu d'artifices, des décors de tous les jours, des attitudes naturelles. La rencontre avec Kate Moss a lieu par l'intermédiaire d'un de ses amis à lui, qu'elle fréquentait plus ou moins, dit-elle : « Il m'a fait du plat sitôt son copain parti, ce que j'ai trouvé gonflé. Et je suis ravie qu'il ait osé[43]. » Il lui a également sorti le grand jeu du « je ferai de toi une star », et même si, racontant l'anecdote, elle en rit encore, l'affaire démarra[44].

Mario a dix-neuf ans et campe sur les canapés de ses connaissances londoniennes, Kate en a dix-sept et habite encore, le plus souvent, à Croydon. Outre l'emballement amoureux, on perçoit le reste, qui dut les électriser ; la fascination réciproque, l'urgence de la jeunesse, l'appartenance au même univers de la mode dont ils sont les petits agitateurs, et le désir de changer ce monde, chacun d'un côté de l'appareil photo. Très vite, elle le présente à sa mère et ils se retrouvent à loger chez Linda. Étrange que de tenter l'aventure londonienne pour revenir à la maison avec son petit copain ; peut-être la demeure de Forestdale offrait-elle plus de confort que l'appartement de Corinne Day, que les canapés-lits des amis de Mario.

Il est son premier vrai boyfriend, et à l'image des suivants, Johnny Depp, Jefferson Hack ou Pete Doherty, il lui apporte quelque chose de vital, que ce soit un cœur gros comme ça, une cervelle bien développée ou une sensibilité extrême. Quand on fait ses classes dans la rue, qu'on ne fréquente que les studios surchauffés, les plateaux photo traversés par le blizzard et les fêtes extravagantes, le moins que l'on se doive est l'intelligence de ses amours. Lorsque ces amours coïncident avec le destin et qu'elles ont l'ambition des jeunes loups à l'assaut du monde, c'est encore mieux.

Car le monde, pour Kate Moss et Sarah Doukas, n'est plus Londres mais New York. L'Angleterre fut conquise petitement, on ne la trouvait pas assez jolie pour les catalogues, seul *The Face* l'employait. Il était temps d'aller voir ailleurs.

Aussi effrayée que résolue, elle se décide – Mario l'accompagne-t-il ce jour-là, on n'en sait rien – à prendre un avion pour l'Amérique, en classe économique.

Manhattan

La ville où arrive Kate Moss début 1992 bat au rythme du livre que vient de publier un jeune auteur, Jay McInerney. Dans *Trente Ans et des poussières,* il décrit l'univers racé et brinquebalant d'une génération d'intellectuels mondains qui paraît flamber une dernière fois avant la chute, de soirées en galas culturels, d'alcool en opérations boursières, tout en s'occupant de guenilleux pour soigner la culpabilité d'être bien né ou d'avoir eu trop de chance. « On passe son enfance à désirer être un adulte et le reste de sa vie à idéaliser son enfance[45] », dit l'un des héros du roman, Russell Calloway. La maxime, vérifiable chez la plupart des humains, ne s'applique peut-être pas à Kate Moss, éternelle enfant prématurément adulte. Mais le livre de McInerney, héritier de ceux d'un Fitzgerald dont la lecture sera plus tard décisive pour elle, a le goût piquant des épopées de jeunesse. Comme la sienne.

À New York, l'année précédente, 1991, fut aussi celle du groupe de rap Public Enemy et de son album *Enemy strikes back*. La charge est lourde, il ne s'agit plus des bluettes des Ronettes mais de brûlots engagés qui dénoncent les bavures policières et l'avenir bouché d'une société hostile. Descendante de l'esclavage et des droits civiques, l'Amérique de Bill Clinton est partagée. Les vieux Blancs ont peur du hip hop, les jeunes Blancs n'écoutent que ça parce qu'ils veulent s'encanailler, les Noirs tiennent enfin les rênes d'un courant musical après en avoir imposé les canons stylistiques – du pantalon et tee-shirt XXL aux baskets immaculées, lacées comme il faut. Et Kate Moss, qui n'a que faire du rap, va bientôt se trouver à côtoyer l'un de ses pâles représentants, Marky Mark.

À l'autre bout des États-Unis, dans la cité industrielle et venteuse de Seattle, Nirvana vient de sortir *Nevermind* qui lui ouvrira, pour le malheur de son chanteur Kurt Cobain, les portes de la célébrité. En 1992, plus une seule personne du monde occidental âgée de moins de trente ans n'ignore le mot « grunge ». Mais peu comprennent l'acidité des mots de Cobain, qui chante la dépression et le suicide, qui méprise le succès et les compromis, qui s'identifie à une autre grande incomprise de Seattle, l'actrice Frances Farmer, celle qui osa dire que Dieu était mort et n'en faire qu'à sa tête, chose impardonnable dans le Hollywood des années 30.

En 1992, New York est également au seuil d'une ère qui verra la culture « jeune » prendre le pouvoir, qui verra triompher une nouvelle esthétique, à mi-chemin du naturel et du scandale. Kate Moss en sera l'une des figures centrales.

Selon la métaphore du papillon, un battement d'ailes sur les bords de l'Atlantique peut provoquer un tsunami à Tokyo. Dans la saga de Kate Moss, ce battement d'ailes, ce déclencheur, sera la guerre aimable mais tranchée que se livrent deux magazines new-yorkais, *Vogue* et *Harper's Bazaar*. Pour cette presse opulente – on ne parle plus de *The Face* mais de mastodontes qui font et défont les modes, qui raflent les budgets de publicité des marques de luxe, qui affichent les mannequins les plus connues –, les règles du jeu sont simples. Il faut suivre le mouvement des grands créateurs puisqu'ils sont les plus gros annonceurs ; avoir l'audace de traiter des tendances marginales car elles peuvent devenir populaires, sait-on jamais ; et cultiver une petite différence – une typographie déroutante, des photos artistiquement dénudées, des interviews conceptuelles – qui donnera au lecteur le sentiment d'une lecture originale. Et le lecteur, ainsi distingué, rachètera probablement une revue qui lui procure l'inestimable impression d'appartenir à l'élite.

En 1992, le *Harper's Bazaar* recherche cette petite différence. Le magazine est le plus ancien des journaux de mode aux États-Unis ; lancé en 1867, il eut comme patronne la légendaire Diana Vreeland et fit travailler Man Ray, Diane Arbus où Andy Warhol. Sur le point d'être repris en mains par une rédactrice en chef britannique, Liz Tilberis, le *Bazaar* ne doit en aucun cas ressembler au *Vogue*, ce vaisseau naviguant depuis si longtemps sur les eaux de la grande couture qu'il en est devenu un paquebot. Les échotiers de la mode se délectent alors du fait qu'Anna Wintour, patronne du *Vogue* américain après en avoir commandé l'édition anglaise, est celle qui avait choisi Liz Tilberis pour lui succéder à la direction du *Vogue* anglais. Quand les deux femmes se croisent à New York, c'est à peine un bonjour ; on a beau s'occuper de chiffons, la guerre est déclarée. Kate Moss ne se doute pas encore qu'elle y participera.

Depuis l'arrivée à New York, et Mario Sorrenti n'est jamais loin, ses nuits et ses jours sont chargés de travail. Par le biais de Paul Rowland, correspondant de Sarah Doukas à Manhattan et ex-mannequin aux dents longues qui vient de monter sa propre agence, Women Management, Kate Moss enchaîne les rendez-vous. On la soumet souvent à l'exercice humiliant de la mesurer, et toujours cette même taille, 1,70 mètre, disqualifiante.

Au printemps 1992, c'est le déclic. Elle dont la plastique ne satisfaisait jamais les décideurs de catalogues anglais – le gabarit, les jambes trop arquées, les canines trop pointues –, la voilà choisie par l'un des plus influents photographes de l'époque, Steven Meisel, pour l'une des marques les plus en vue : Dolce & Gabbana. Si l'on ne sait pas les détails de ce premier contrat, on en connaît l'ambiance. En studio, Meisel a la réputation de ne pas dire un mot et ses assistants, nombreux, de devoir interpréter les signaux du maître. Par l'arrangement d'une coiffure ou d'un maquillage, il est célèbre pour relancer les carrières, révéler des inconnues. Il aime le regard un peu lourd de cette jeune Anglaise qui lui donne une bizarrerie inédite, mais il s'agit de la bousculer devant l'armée de petites mains. Meisel lance : « Ne trouves-tu pas qu'être petite est un problème ? » Le silence s'abat, pendant quelques secondes on pense que Kate Moss va s'effondrer puis elle répond, avec sa pointe d'accent du sud de Londres : « Et alors, c'est toi qui m'as choisie, non[46] ? »

Malgré l'effronterie, le doute est permanent. « Je n'arrivais pas à trouver ma place, les gens étaient si branchés, et moi, venant de Croydon, je me demandais de quoi ils parlaient. Quand je retrouvais Mario, le soir, je lui disais que je devenais folle. Et puis j'ai réalisé que ce n'était pas moi, mais le milieu ; et je m'y suis faite[47]. » Ce sentiment-là, un découragement mêlé d'irritation, est le même que lors des commencements londoniens, et la réaction de Kate Moss similaire. Elle s'accroche. Elle s'y « fait ». Parce que le jeu est allé trop loin pour qu'elle recule ? Parce qu'elle croit en sa chance ? De quelle façon une fille nonchalante et velléitaire se transforme-t-elle en bloc d'obstination ; quelle est la scène, quels sont les mots, quelle est l'anecdote qui lui donnent l'énergie de continuer – c'est le mystère de ses débuts, sur lequel elle ne s'est jamais expliquée.

Comme dans un roman de Jay McInerney, peut-être que tout s'est précipité. L'abattement et la gloire ; le doute et le vertige, soudain, de voir les portes s'ouvrir. Son agent Paul Rowland lui décroche un rendez-vous avec l'équipe du *Harper's Bazaar*. Il y a Liz Tilberis, Sara Foley qui s'occupe du casting, et Paul Cavaco de la mode. Le coup de foudre. Si on lui demande quand même de passer sous la toise, on est certain de tenir en elle « le reflet absolu du présent[48] ». Au même moment, le Français Fabien Baron, ancien directeur artistique du *Vogue Italie* et du magazine *Interview* d'Andy Warhol, établi à New York où il s'affirme comme un designer en vogue, est nommé par Tilberis *creative director* du *Bazaar*. Et il se souvient avoir aimé cette petite Kate qui changeait des autres filles, sur les clichés de Corinne Day ; des clichés qu'avait également remarqués le photographe Patrick Demarchelier, proche du *Bazaar*.

Sur une décision qui tient autant du coup de dés que du flair, voilà que la frimousse révélée deux ans auparavant sur la plage de Camber Sands devient l'égérie du *Harper's Bazaar*. Et pour les mêmes raisons qu'avec *The Face* : marquer le changement d'époque. « On pensait que les mannequins devaient être plus accessibles et vraies que dans les années 80, dira Liz Tilberis. Kate était la première de ce genre. On est tombés amoureux d'elle[49]. » Dans le numéro un de la nouvelle formule du *Harper's Bazaar*, en septembre 1992, Kate Moss a droit à neuf pages signées Demarchelier et titrées *« Sauvage : la mode qui casse les règles »*. L'une des photos où elle apparaît en pantalon orné de broderies, les seins nus, la coiffure en choucroute et un léger maquillage, est troublante : elle n'a que dix-huit ans et pourtant déjà le visage de ses trente ans, le temps d'un cliché de transformiste. Et comme s'ils l'avaient embauchée, les gens du *Bazaar* la feront figurer dans les sept numéros suivants, dont le baptême de feu de la une en décembre 1992.

Le pari prend des allures de matraquage, et le matraquage s'avère un coup de génie publicitaire. Le magazine est au centre des discussions grâce à Kate Moss, et elle suscite la curiosité d'habitude réservée au dernier objet hi-tech dans le vent. D'où vient cette inconnue qu'on appelle *the waif*, littéralement « l'enfant abandonnée » ou « l'orpheline », pour son allure délicatement chiffonnée ? Également surnommée la « brindille » – le mot date de la même époque et se réfère aux mêmes obsessions, sa jeunesse, son apparente fragilité –, Kate Moss fait l'effet d'un grain de sable dans la machinerie mode où tout est jugé à l'aune de la nouveauté et de l'emballement, où tout n'est que suivisme et crainte d'être distancé. Ceux qui la boudaient hier se trouvent d'ailleurs de bonnes excuses. La responsable du casting pour le *Vogue* anglais, Jo Matthews, dira d'elle, la gamine à l'air « étrange » : « On avait envie de l'utiliser depuis des lustres, mais on attendait que son visage ait un peu vieilli[50]. »

Après les Beatles et les Stones dans les sixties, avant Oasis et Blur un peu plus tard, New York succombe à la canaillerie anglaise. Et la coqueluche *made in Croydon* de figurer dans *Allure,* de faire un aller-retour à Paris pour le *Glamour* italien et pour le *Elle* français, un autre à Londres pour *The Face*, photographiée par Mario Sorrenti dans le numéro de septembre, de poser pour la créatrice anglaise Katharine Hamnett sous l'objectif de Jürgen Teller, et d'être même approchée par la maison

Yves Saint Laurent, puisque l'écho de sa prise de Manhattan a retenti jusqu'à Paris. En novembre 1992, Helmut Newton, soixante-douze ans, le célèbre photographe qui glorifia l'érotisme et les supermodels, fait son portrait pour la ligne YSL Rive Gauche. Puis ce sera le parfum *Opium*, et elle enchaînera avec Banana Republic sous l'objectif de Bruce Weber. Sa vie devient tornade, elle s'habitue mal aux réveils dans des chambres d'hôtel chaque jour différentes. « Des fois je n'aime vraiment pas ce job. Vous savez combien de fois j'étais dans l'avion ces derniers jours ? Neuf. Londres-Milan. Milan-Paris. Paris-New York. New York-Paris, ou Milan ? Peu importe. C'est pénible et ça me donne des boutons sur la figure[51]. »

Peu importe les boutons puisqu'elle incarne la modernité. Cet automne-là, Marc Jacobs, alors directeur artistique de Perry Ellis, présente à la fashion week new-yorkaise une collection « grunge » qui fait grand bruit et lui vaudra d'être renvoyé par la marque américaine quelques semaines plus tard, les longues chemises de flanelle, pantalons déchirés et grosses bottes n'ayant pas l'heur de plaire aux partisans d'une mode respectable et vendable. Mais l'autre mode, celle qui cherche à capturer l'air du temps, s'enthousiasme. Depuis le début de l'année 1992, *Smells like teen spirit* de Nirvana domine les hit-parades du monde entier, et Jacobs est le premier à rendre compte de cette tendance inédite, l'un des premiers, aussi, avec cette collection « grunge », à embaucher Kate Moss pour un défilé.

Il rendra ensuite hommage à Nirvana et à Kate, ses deux inspirations majeures, et notamment elle, « un nouveau genre de beauté, timide, regardant ses pieds, un peu *insecure*[52] ». Il racontera aussi le choc qu'il eut de la voir arriver au casting en baskets Adidas et jupe Margiela dix fois trop longue qu'elle avait enroulée à sa façon, lui qui depuis deux ans avait punaisé les photos de *The Face* dans son appartement : « Cette attitude-là face aux vêtements, cet anticonformisme, voilà ce dont on a besoin aujourd'hui[53]. »

Entre New York et Londres, où elle vient de louer un appartement dans le quartier de Kensal Rise, vers Nothing Hill, peint de couleurs vives et dépourvu de meubles puisqu'elle y séjourne rarement, Kate Moss va voir sa notoriété grandissante prendre, à l'automne 1992, une tout autre mesure. Grâce à un homme qui manie l'image mieux que quiconque, Calvin Klein.

Âgé de cinquante ans, Calvin Klein est alors le roi du *« casual chic »*, le chic décontracté. Un type malin, fin connaisseur de l'époque, que la fureur des bien-pensants ravit particulièrement ; il mise dessus depuis toujours. « Je suis un briseur de tabous, déclarera-t-il à *Vogue*, j'ai été le plus loin qu'il était possible dans la provocation sans me faire arrêter[54]. » Les mannequins qu'il choisit sont très jeunes, leurs poses lascives, et le célèbre spot de 1980 où Brooke Shields susurrait « il n'y a rien entre mes jeans Calvin et moi » devant la caméra de Richard Avedon avait provoqué des réactions indignées.

Dix ans plus tard, la maison Calvin Klein commence à perdre de sa superbe et s'essouffle, affichant 4,3 millions de dollars de pertes. Trop d'audaces répétées, trop de diversifications ; peut-être aussi la manie d'apposer son nom en XXL sur n'importe quel polo ou sous-vêtement ne correspond-elle plus à l'époque, peut-être Klein a-t-il perdu la main.

Pour imaginer une nouvelle campagne provocante, raviver l'odeur de soufre qu'il aime tant, Calvin Klein sollicite Fabien Baron et Patrick Demarchelier, les éminences grises du *Harper's Bazaar*. Ceux-là savent à quel point le rap est sur toutes les lèvres, et suffisamment controversé pour apporter le piquant nécessaire à l'entreprise. De mannequins noirs il n'est cependant pas question ; nous sommes en Amérique et la griffe « CK » s'adresse avant tout à des Blancs. Va donc pour Mark Wahlberg, acteur aujourd'hui reconnu à Hollywood, qui n'était en ce temps-là que Marky Mark, un petit branleur au discours musical inoffensif et au passé agité – une condamnation pour avoir passé à tabac un Vietnamien.

Manque la fille. Calvin Klein pense d'abord à Vanessa Paradis. Après *Joe le taxi*, la chanteuse française a enregistré avec Serge Gainsbourg, tourné dans le film *Noce blanche*, posé pour *Coco*, le parfum de la maison Chanel, et vient d'entamer l'enregistrement de son troisième disque à New York avec Lenny

Kravitz. Elle n'a que dix-neuf ans, offre ce mélange tant recherché de soufre et d'innocence. Mais Paradis n'est pas libre. Et Baron, comme Demarchelier, de glisser à Calvin Klein le nom de Kate Moss.

Début juillet 1992, la fille de Croydon se retrouve au siège de l'entreprise, à New York, une quinzaine d'étages dans un building de la 39e Rue, scrutée par un aréopage d'hommes soucieux de savoir si elle pourra être à la hauteur de la tâche, si elle possède cette candeur sexy qu'exigent les prochaines publicités. « On lui a fait enfiler un jean et Calvin est tombé amoureux d'elle, aussi sec. Elle est devenue la fille CK par excellence [55] », racontera Fabien Baron.

Le couple sulfureux, Moss et Wahlberg, est convoqué pendant l'été. Sur le plateau, l'ambiance tourne au vinaigre. Mark précise gracieusement qu'il préfère les femmes avec un peu plus de viande sur les os. Kate laisse entendre que le côté bourrin de son partenaire ne lui sied guère. La campagne, qui vante sous-vêtements et ligne de jeans, les révèle pourtant collés l'un à l'autre, sa finesse de brindille enroulée autour de son corps musculeux de jeune bouledogue. Elle démarre en septembre avec les affiches et publicités signées Demarchelier, suivie au mois d'octobre du spot télévisé réalisé par Herb Ritts. Le contraste entre eux s'avère parfait, et l'on remarque deux choses : l'entrejambe particulièrement avantageux de Marky Mark, notamment sur un célèbre cliché où il empoigne à pleine main son caleçon moulant, et la minipoitrine nue de Kate Moss. Encore.

Au même moment, précisément le 21 octobre, est publié le livre très explicite de Madonna, *Sex*, avec des photographies de Steven Meisel et une direction artistique assurée par Fabien Baron – le monde est petit –, où apparaît aussi Naomi Campbell. De par le choc qu'il provoque, *Sex* agrandira l'étroit enclos où les femmes sont autorisées à jouer avec l'érotisme. Mais Madonna, qu'on le veuille ou non, est une artiste. Et Kate Moss une figure de réclame qui se doit d'être délicatement suggestive, pas agressive.

Après quelques jours, le spot Calvin Klein est banni des grandes chaînes de télévision. Des féministes ont hurlé, Claudia Schiffer a osé attaquer la semi-nudité de sa jeune rivale, des chroniqueurs se sont indignés. Comme prévu. Les images restent visibles dans les rues de New York et sur MTV, touchant ceux à qui elles sont destinées : les jeunes – ce qui, à l'époque, est déjà une appellation englobant les trentenaires.

Parfaitement orchestrée, la campagne est l'occasion d'une synergie sans limite avec le *Harper's Bazaar*. Six mois plus tard, en juillet 1993, Kate Moss fait une fois de plus la une du magazine dont le directeur artistique, Fabien Baron, exerce toujours ses talents de consultant pour Calvin Klein. Kate Moss y apparaît habillée d'un pull CK, et l'on précise que son shampooing est aussi du CK ; à l'intérieur, un sujet sur les secondes lignes des créateurs permet d'évoquer CK, puis un autre article en parle aussi, avec une photo de Moss portant du CK et parfumée, est-il ajouté, par *Obsession* de CK. La marque, évidemment, s'en trouve relancée.

La mode est un univers où publicité et journalisme s'entremêlent de manière très floue ; les magazines existent grâce aux annonceurs, et les annonceurs sont des *world companies* qu'il est préférable de ménager. L'anecdote Klein/*Bazaar* est un exemple, parmi d'autres, d'une confusion qui va jusqu'au vocabulaire. Dans le jargon de la fashion, un mannequin posant pour la série mode d'un périodique fait un « éditorial ». On voit mal le lien avec la définition usuelle – le billet d'actualité signé par la rédaction en chef d'un journal – sinon que les « éditoriaux », orchestrés par les rédactrices et stylistes, représentent l'un des principaux apports « journalistiques » de cette presse magazine, en regard des publicités qui y abondent. Ajoutant à l'enchevêtrement, rédactrices, stylistes ou directeurs artistiques, comme Fabien Baron, vendent parfois leurs conseils aux grandes marques : les publicités auxquelles ils contribuent se retrouvent alors dans leur propre journal, à côté d'éditoriaux qu'ils réalisent, en partie, avec les vêtements des marques en question. La collusion est infinie. Pour un mannequin, l'éditorial est mal payé par rapport au jackpot que représente un cachet publicitaire ; il peut néanmoins lancer une carrière, et aider à décrocher des contrats.

C'est la voie royale qu'a suivie Kate Moss, intronisée petite reine de la Grosse Pomme. Nous sommes à l'aube de l'année 1993. Elle vient de fêter ses dix-neuf ans au Sound Factory, la célèbre boîte de nuit new-yorkaise que quelques dizaines de ses amis londoniens ont ralliée pour l'occasion. En ce mois de janvier, comme s'il lui avait fallu partir pour être enfin aimée en son pays, le sacre commence dans les magazines anglais ; une première apparition dans *Vogue,* suivie du *Elle* en février et la première couverture de *Vogue* en mars, photographiée par Corinne Day en bustier Chanel. L'explosion. Et pourtant Kate Moss s'effondre.

C'est son premier coup de pompe. Malgré l'appartement loué à Londres, elle habite souvent, depuis son arrivée à New York, avec Mario chez la mère de celui-ci, la photographe Francesca Sorrenti, un appartement où vivent aussi les deux autres enfants de Francesca, Davide l'apprenti photographe et Vanina la styliste. L'exubérance italienne, la chaleur de Francesca, ses petits plats et son côté maman poule, qu'on imagine un peu envahissant, la changent du détachement de ses parents à Croydon. Les Sorrenti deviennent une seconde famille, leur adresse de la 12e Rue un nid. Et Mario, porté par la réussite de Kate, travaille autant qu'elle. Avec elle. Il se retrouve à fréquenter les sphères racées des grands magazines, le *Bazaar* est son repaire et les contrats s'accumulent. « On a bossé aussi dur que l'on pouvait, racontera-t-il. C'était une responsabilité énorme pour des gens si jeunes, on n'avait pas le temps de réfléchir. L'aventure avait quelque chose de très rock'n'roll. On logeait dans des hôtels de luxe, on volait en première classe, on allait à Berlin, Londres ou Paris[56]. » Et Sarah Doukas de se rappeler, entre rire et effroi, cette période où sa protégée fit jusqu'à trois voyages transatlantiques dans la même semaine. « Nous étions de vrais esclavagistes[57]. »

Kate Moss a le sentiment d'être pressée comme une orange ; soudain, tout lui paraît pesant. Les avions, le travail permanent, la solitude. Elle qui avançait sans regarder en arrière finit par céder ; elle pleure, a des crises de panique, se sent « terrifiée[58] ».

Avec ce premier coup de blues, l'adolescente presque trop tranquille prend enfin chair. L'angoisse dessine sur ses épaules comme des petites entailles de réel, celles qu'on porte tous et qu'elle n'avait pas eu l'occasion, jusqu'alors, de récolter. Est-elle capable d'analyser sa carrière naissante ? De percevoir le danger du décalage constant, celui qui sépare l'ébullition d'une session photo de l'anonymat d'une chambre d'hôtel ? De comprendre que, ce décalage se faisant de plus en plus grand, elle devra courir de plus en plus vite pour que sa vie jamais ne s'amollisse ?

Probablement pas. Elle est trop jeune, déjà entourée depuis tant d'années. Et que pourrait-elle faire d'autre ? Retourner à Londres, y devenir une vieille mannequin et finir par ouvrir une boutique à Croydon ?

Un matin chez les Sorrenti, vraiment abbatue, elle n'arrive plus à sortir de son lit. Le médecin lui prescrit du Valium mais Francesca s'insurge, en bonne mamma protectrice, et met sous clés les cachets, ne lui octroyant chaque jour qu'un bout de la dose prescrite.

Sa vraie famille est bien loin. Avec les parents, les contacts se font par téléphone, on se voit rarement. Kate dira : « Des fois, je pense qu'ils auraient préféré que je travaille dans une banque à Croydon, parce que ma mère saurait où je suis et ce que je fais. Mon métier lui plaît quand même : elle archive mes articles et mes photos dans un classeur ; quant à mon père, il est ravi de me dire qu'il connaît les noms de Steven Meisel et de Bruce Weber[59]. »

Le lien le plus fort, et le plus incongru, se tisse avec son frère Nick, seize ans – toujours à l'école de Riddlesdown –, que Mario Sorrenti et Sarah Doukas ont convaincu de se lancer dans le mannequinat. Il n'a pas la beauté de sa sœur ; un nez fort, des cheveux noirs jusqu'aux épaules, le visage aussi grossier que celui de Kate est diaphane. Qu'importe. Probablement grâce à sa qualité de petit frère, il pose pour Versace ou le *Harper's Bazaar*, et il apparaîtra bientôt dans un clip des Rolling Stones. Lors d'une interview qu'ils donnent tous les deux, photographiés par Sorrenti avachis sur un canapé, elle a ces mots durs : « Nick était plutôt moche mais ça s'arrange ; après ses premiers contrats mode, il a pris la grosse tête, c'était gênant de le voir frimer avec Linda ou Naomi. Il reste un mec cool qui aime les frites et les hamburgers ; dommage qu'il soit si feignant, sans aucune volonté d'arrêter la cigarette ou l'alcool, car il aurait pu être footballeur professionnel. Au fond, je n'ai jamais su ce qu'il pensait, et je ne l'appellerais pas si j'avais des soucis ; peut-être se rapprochera-t-on plus tard[60]. » Il répond : « La carrière d'un mannequin n'est pas éternelle ; Kate en est consciente et je sais que ça l'effraie ; je suis persuadé qu'elle enchaîne un maximum de jobs parce qu'elle réalise que ça ne durera pas[61]. » C'est donc cela qui la motive, la grande sœur, la peur de manquer, le besoin d'accumuler, au cas où ? Sûrement. Au fil de sa carrière, elle parlera souvent de son travail sous l'angle pécuniaire – ou l'argent comme sésame de la liberté.

Pendant quelques saisons, le frère et la sœur se croiseront au hasard des fashion weeks, elle prenant toute la lumière, lui restant dans l'ombre. Interrogée sur les destins de Mario Sorrenti et de Nick Moss, elle dit bientôt : « Mon frère, je n'en sais rien ; Mario, j'ai toujours senti qu'il deviendrait un grand photographe[62]. »

Avec Mario, quand les emplois du temps le permettent – ce n'est pas si fréquent mais peut-être plus en ces moments de cafard new-yorkais –, Kate vit simplement. Flemmarder le dimanche, manger ce que Mario cuisine, boire du vin rouge, jouer au backgammon, regarder des cassettes vidéo. « Ce n'est pas très folichon, concède-t-elle, mais on passe une bonne journée[63]. » Sinon, on retrouve les copains avec qui discuter en écoutant les Rolling Stones, Radiohead, Suede et le Velvet Underground, on fait du shopping, « mon activité principale », dit-elle, qui aime Galliano, Helmut Lang, Martin Margiela et Vivienne Westwood. Cette dernière lui offre de nombreux vêtements, notamment une petite robe en mohair rose qu'elle met avec ses Adidas pour sortir au restaurant ou en boîte. Et de continuer, aussi, l'éducation commencée avec Corinne Day. Feuilleter les livres de mode et de photographie, apprendre les images, les références, s'imprégner du passé d'un monde dont elle incarne l'avenir. Avec Mario se révèle quelque chose d'essentiel : sa capacité à elle de s'imprégner de ses amants-pygmalions, de s'enrichir de leurs savoirs, attitudes, réflexions, connaissances.

La minidépression close en quelques semaines, Kate revient dans le cirque, évidemment. Elle aura d'autres absences, plus tard et parfois plus sévères, qui se solderont chaque fois par un retour. Elle y prend goût, à cette vie. Au photographe Nick Knight qui lui demandera pourquoi elle fait ce métier – par exhibitionnisme, pour l'art ou comme une drogue – elle dira ceci : « Je n'étais pas une crâneuse par nature. Je pense qu'on se retrouve embarqué dedans même quand on est timide, et là, ça devient une drogue[64]. »

Calvin Klein est son fournisseur officiel d'émotions fortes. D'argent. De controverse. Fin 1992, elle signe avec lui un contrat d'exclusivité de six ans. Contre 1,5 à 3 millions d'euros annuels selon les estimations, elle sera l'emblème de la marque, et il faudra attendre quelques mois avant de découvrir *Obsession*, la nouvelle campagne qui fera fureur. Selon les termes du contrat, Kate Moss n'a plus le droit de poser pour d'autres maisons. Mais les éditoriaux et les défilés, eux, lui sont permis. Elle en profite pour découvrir un univers jusqu'ici inconnu : les podiums, l'excitation des shows, l'amusement jusqu'au bout de la nuit.

Les défilés

Chaque printemps et chaque automne, les fashion weeks rassemblent des centaines de personnes venues de la planète entière, qui forment le *« fashion circus »*. Elles vont de ville en ville, Milan, Londres, Paris, New York, au gré des défilés qui se succèdent et des fêtes qui n'en finissent pas. L'allure excentrique et débraillée est aussi courue que le minimalisme japonais, les conversations sont d'une futilité joyeuse et les motifs de vexation infinis – ne pas être placé au premier rang par exemple.

Il règne en ces semaines-là une effervescence qui peut être électrisante comme assommante, à force, quand le monde réel se rappelle à quelques-uns des suiveurs de la caravane : il ne s'agit que de vêtements, après tout. Mais pour la plupart des membres de l'attelage, le monde réel n'existe pas. Ou alors très loin, telle une chose exotique uniquement là pour les distraire de l'ennui, de temps à autre. Au cœur du zoo paradent les mannequins ; assurées et dessalées, sublimes et vaniteuses, elles vivent sur une autre planète où la prodigalité est infinie. Alcools de luxe, voitures de luxe, hôtels de luxe.

Parmi les plus connues, Naomi Campbell et Christy Turlington voient arriver avec amusement cette gamine qui commence à leur faire de l'ombre sans avoir jamais mis les pieds dans l'arène, et décident de s'en faire une copine. D'autres, de devoir côtoyer cette petite trop acclamée, tordent en un rictus leur moue habituelle. Kate Moss en a conscience, qui avoue avec une naïveté mordante : « Ce doit être bizarre pour elles d'entendre dire que le look d'"enfant abandonnée" est la nouvelle tendance, quand elles ont le corps, le visage et le reste de parfait ; de réaliser que quelqu'un de pas parfait du tout leur pique le boulot[65]. » Mais elle n'est pas dupe, elle sait que si sa taille, 1,70 mètre, n'est pas un problème pour les sessions photo, les grandes ont bien meilleure allure sur un podium. Dans la vie aussi, parfois : « Je ne me sens pas vraiment belle. Ça dépend avec qui je suis. Si je traîne avec Naomi et Christy pendant plusieurs jours, j'ai l'impression d'être une merde[66]. »

En cet automne 1992, Kate Moss fait ses premiers pas sur les podiums, notamment avec John Galliano, on l'a vu, qui lui offre son baptême du feu parisien lors du show Anastasia. Elle revient dans la capitale française fin janvier 1993, cette fois-ci pour la haute couture. Chanel, Versace, Valentino, Saint Laurent. Et c'est un autre monde, le saint des saints de la planète mode.

Quand Galliano, à l'époque, est un excentrique fauché, les grandes maisons, elles, proposent un faste étourdissant. Des créations uniques, des décors somptueux, des débauches de savoir-faire. Ici, la fabrication d'une robe peut durer des semaines, nécessiter des centaines d'heures de broderies invisibles parce que appliquées sur la doublure, offrir des détails d'une finesse telle qu'on les remarque à peine sur le dos des filles. Voilà, peut-être, la définition ultime du luxe : le beau qui a le luxe de ne pas se montrer – ce serait vulgaire.

Et Kate Moss, la gamine insouciante d'hier, prend peur, parfois, face à l'organisation militaire, l'impératif d'être parfaite, les heures d'attente, les essayages, l'adrénaline des quelques secondes où l'on arpente la piste. Elle garde un vif souvenir des répétitions avec Gianni Versace, où elle croise sûrement sa sœur

Donatella, qui deviendra une de ses proches : « Il est à l'autre bout de la scène avec un mégaphone, n'hésitant pas à faire arrêter la musique, changer les lumières et recommencer ; et vous passez devant tout le monde qui vous regarde, les Naomi, Christy, Helena Christensen, et c'est bien plus flippant qu'un vrai show, parce que le couturier vous scrute, et si vous ne lui plaisez pas, au revoir[67]. »

On s'aperçoit que c'est là, début 1993, sur ces podiums qu'elle quittera pourtant assez vite, six ans plus tard, que la gamine nonchalante se découvre une volonté, un ego, une fierté. Avant Kate s'en fichait mais plus ça va, plus elle est contrariée que les choses ne se règlent pas en un claquement de doigts : Valentino par exemple la déteste, elle en est certaine, bien qu'il l'ait rappelée au dernier moment. Hier elle riait et maintenant moins, parce que le succès entraîne la pression et qu'on a envie d'être bon dans ce qu'on fait, bien que le risque, à vouloir tout réussir, soit de provoquer la jalousie, ou de la ressentir. Ses aînées, dit-elle, espèrent peut-être qu'elle tombera sur le podium ; on la regarde bizarrement, c'est certain : « Les filles arrivaient aux essayages en Chanel ou Alaïa, moi j'avais mes frusques habituelles. Je n'ai jamais porté l'uniforme chic parce que, la plupart du temps, ces vêtements ne me plaisaient pas ; je préférais chiner dans des boutiques de fripes[68]. »

Pourtant, au fil des fashion weeks à Paris, Milan, Londres ou New York, l'amitié avec Naomi et Christy, avec Amber Valletta et Shalom Harlow se consolide. Kate propose à Christy, qui manque défaillir, de venir passer les fêtes de Noël à Croydon ; elle la trouve fantastique parce qu'« elle ressemble à ma mère[69] », précise-t-elle. La petite bande a des choses en commun à part le mannequinat, comme « sortir et s'amuser[70] ». Elles sont réputées pour leur consommation d'alcool, gin-tonic et vodka, et le trio Kate-Naomi-Christy partage le surnom de *« wagon »*, un terme irlandais signifiant « ultra-saoule », qui en dit long sur leur endurance ; pour elle, l'entraînement du sud de Londres, à coup sûr.

En 1993, Linda Moss fait ses premières apparitions aux défilés de sa fille, à Paris. Pas plus qu'hier, on ne saura ce qu'elle pense. Seuls détails : elle a assisté au show de Vivienne Westwood, parmi d'autres, et Kate lui a offert une paire de chaussures

Manolo Blahnik que John Galliano lui avait donnée. « Ma mère est tellement drôle ; elle me demande toujours de lui récupérer un beau sac. Je l'adore[71]. »

Peu à peu, Kate Moss goûte le frisson que lui procurent ces semaines où la mode fait la roue, où les mannequins sont les reines du monde. « Ah, les shows Galliano c'est merveilleux, on vous dit juste avant "tu es tel personnage", vous entrez dedans parce qu'il y a tant d'énergie autour et vous filez sur le podium[72] », racontera-t-elle.

Les extravagants défilés de John, ceux d'hier et ceux qu'il concocte aujourd'hui pour Dior, incarnent parfaitement la démesure propre à ce milieu. Talent, hystérie, frivolité, brillance. L'ambiance de la « cabine », cet endroit en coulisses où les mannequins se préparent dans les vapeurs de laque, le brouhaha des assistants et la tentation du champagne à volonté, est irrésistible. Les filles qui hurlent parce qu'une habilleuse leur pince un bout de chair ; les petites vanités d'ouvrir le show ou n'être qu'au milieu ; l'adrénaline qui monte parce que tout peut changer à chaque instant ; la crainte permanente de glisser sur les talons vertigineux ou de recevoir du créateur un « daaaarling » moins appuyé que les voisines.

La mode est ce spectacle de précieuses ridicules fascinant autant que grotesque, au service de la futilité ultime devenue machine de guerre commerciale.

Kate Moss y trouve vite sa place.

L'excitation, c'est aussi ce qui se passe après ; chaque soir une fête où aller alors qu'on se lève à six heures du matin, mais l'enivrement de se sentir membre d'un gang, les regards admiratifs et les fous rires font rester debout. « Je n'oublierai jamais cette année 1993 à Paris, c'était fou et tellement drôle. J'avais ma chambre entre celles de Naomi et Christy, et ce n'était que limousines, Ritz et ce genre de choses[73]. »

Naomi Campbell est un personnage clé de la galaxie Moss. Née en 1970 à Streatham, juste au-dessus de Croydon, la top d'origine jamaïquaine et chinoise promène déjà une sacrée réputation, on la dit capricieuse et peu amène. Pourquoi prend-elle la petite nouvelle sous sa protection ? Parce qu'elle décèle en elle, probablement, un même attrait pour l'amusement et le rock'n'roll. Campbell est apparue dans un clip de Bob Marley à l'âge de huit ans ; une fois adulte, ce seront ceux de George Michael, Madonna ou Michael Jackson, et on la dira liée à nombre de musiciens dont Adam Clayton, le bassiste de U2. Au fil de leurs carrières, Kate et Naomi partageront énormément de *parties* et quelques aventures rocambolesques – on y reviendra. En 2008, malgré plusieurs incidents judiciaires dus à un tempérament plus que sanguin, Campbell est toujours dans la course, toujours proche de sa cadette ; c'est aussi l'une des seules qui s'en approche, en termes de célébrité mondiale.

Chaperonnée par Naomi et les autres, Kate Moss passe haut la main l'épreuve du bizutage. Tenir le choc. Encaisser sans broncher les horaires démentiels, les boissons, les cigarettes et le manque de sommeil. Se montrer disponible tout en commençant à s'affirmer. Reçue avec les félicitations du jury, elle est admise dans la classe des « grandes ».

Sa vie s'emballe. C'est désormais l'existence d'une top model telle qu'on l'imagine. Un tourbillon de visages, de luxe et d'aéroports. « C'était du non-stop, boulot et plaisir. Le travail à n'en plus finir, photos ou défilés. Et toujours une soirée à laquelle se rendre. Toujours un dîner où aller. Toujours des tonnes de gens autour [74]. »

On en ressort grisé, forcément, et les dîners « pasta » chez les Sorrenti, le backgammon avec Mario et les cassettes vidéo au fond du lit perdent de leur saveur. Surtout que ces moments deviennent rares. Éloignés par le travail, Kate et Mario, lorsqu'ils se retrouvent, se chamaillent sans cesse. L'amour et la jalousie font tenir leur histoire. Elle s'enquiert souvent, lorsqu'il est loin sur un shooting, d'à quoi ressemble la mannequin et il fait de même, pas très heureux qu'elle sorte sans lui. Il est de plus en plus hanté par elle qui se donne avec délices à sa nouvelle existence. Qui entre dans la danse pour de vrai, pour toujours. Oublié le coup de fatigue qui l'avait abattue quelques mois plus tôt. Remontée à bloc. Kate Moss a dix-neuf ans, un petit copain, de nouvelles copines et une vie tourbillonnante quand réapparaît une vieille amie, Corinne Day.

Les polémiques

Trois ans après ses clichés dans *The Face*, Corinne Day est contactée par Alexandra Shulman, responsable du *Vogue* anglais. Voudriez-vous photographier Kate Moss pour une série de sous-vêtements, avec carte blanche et publication en juin 1993 ? La photographe accepte et arrive à New York pendant la fashion week de printemps, où Kate triomphe. Est-ce l'ambiance, cet argent, ce glamour, cette fausseté ? Day se sent maussade, fuit les défilés, visite plutôt les boutiques de fripes et réalise que l'ambiance de Londres serait bien plus propice. Elle se montre convaincante. Les voilà reparties pour l'Angleterre.

La photographe et son modèle s'installent dans l'appartement quasiment vide de Kate. On y prépare une session entre intimes puisque le copain James Brown, de Croydon, s'occupe de la coiffure. On sort les dessous en dentelle achetés dans un sex-shop new-yorkais et une poignée de tee-shirts Agnès b. et Damart. Aucune trace, en revanche, de griffes astronomiquement chères.

La désinvolture affichée par Corinne Day sur ce sujet ultrasensible est aujourd'hui impensable. Les « crédits » des vêtements qui mentionnent, en petits caractères au bas des photos, les marques utilisées, sont une publicité déguisée et quasiment la raison d'être de tout éditorial. L'exercice requiert, chez les stylistes des magazines choisissant telle pièce de telle maison de luxe, un sens aigu de la diplomatie et une bonne connaissance des rapports de force économiques ; personne ne doit être oublié. C'est l'une des règles du jeu des journaux de mode, *a fortiori* dans le plus puissant d'entre eux, *Vogue* : respecter l'équilibre marchand sur lequel s'appuie le « rêve » ; le magnifier par un minimum de beauté et d'éclat.

Corinne Day balaie tout ça, point par point. L'appartement à l'ouest de Londres n'est pas enjolivé pour l'occasion, on se satisfait de son décor plus que minimal – déprimant : un dessus-de-lit en nylon, une télécommande, des murs nus, une moquette grise, des fils qui pendent, une cassette de Lou Reed qui traîne, des radiateurs et un pull qui sèche. Sur les huit photos pleines pages de la série, titrée *Under exposure,* Kate Moss n'est ni maquillée ni « arrangée ». Les yeux encore rougis par les larmes d'une dispute avec Mario, resté à New York, elle s'y offre mince comme un fil mouillé, l'air abattu, morne ou totalement absent.

Même si le sujet ne fait pas la une de *Vogue*, en juin 1993, il déclenche, en Grande-Bretagne et aux États-Unis, des réactions d'une fureur inouie.

Maigreur et jeunesse sont les thèmes de la vindicte anti-Moss, anti-mode. Avec en arrière-plan, plus ou moins formulé, le spectre de la drogue planant sur cette nouvelle tendance qui joue sur le fil du rasoir, avec l'allure grunge et l'absence de glamour. On appelle ce style l'*« heroin chic »*, et Kate Moss avec son air de *waif*, d'enfant abandonnée, en est propulsée l'emblème. Les photos de Corinne Day, aujourd'hui, paraissent datées tant cette minutie du réel a été copiée. Elles sont un peu tristes aussi, et le malaise éventuel que l'on ressent vient plus de cette tristesse diffuse – Day qui voulait faire œuvre de documentariste a réussi, capturant une Kate Moss déprimée – que d'une quelconque vulgarité, que d'une apologie de la maigreur, de la pédophilie ou de la drogue.

Et pourtant, une journaliste du *Guardian*, déplorant que les seins aient « complètement disparu », se demande si les « mannequins d'aujourd'hui créeront les anorexiques de demain » ; une consœur de l'*Independent* estime que *Vogue*, « la bible du style anglais » qui a tant d'influence culturelle, stylistique et sociale, a choisi de façon « irresponsable » ces images qui évoquent la « sexualisation des enfants », semblant par là approuver cette « terrible réalité de notre époque » ; l'éditrice de *Cosmopolitan*, Marcelle D'Argy Smith, juge les photos « hideuses et tragiques ; elles ne peuvent plaire qu'aux pédophiles ; si j'avais une fille qui ressemblait à ça, je l'emmènerais voir un médecin » – des années plus tard, D'Argy Smith ajoutera qu'on « regardait Kate Moss comme les amoureux des chiots contemplent les animaleries crasseuses où ils végètent : avec horreur[75] ».

Dans cette avalanche d'avis péremptoires se glissent quelques rires ; les humoristes Dawn French et Jennifer Saunders – la créatrice d'*Absolutely Fabulous* – tournent un sketch où French, de nature plutôt enveloppée, dit que Rubens aurait pu faire son portrait « en utilisant Kate Moss comme pinceau ». Cette dernière dut apprécier l'hommage puisqu'elle apparaîtra à quatre reprises dans des épisodes de *French & Saunders*, en 1996.

De l'autre côté de l'Atlantique, le *New York News* suggère que la brindille soit « attachée et nourrie de force par intraveineuse » quand l'écrivain Naomi Wolf, auteur en 1990 de *The Beauty Myth*[76], où elle accusait les industries de la mode et de la beauté d'exploiter les femmes, voit là matière à illustrer sa thèse. « Les gens en bonne santé ne ressemblent pas à ces "enfants abandonnées" ; les créateurs semblent jouer, plus que jamais, avec l'extrême maigreur et les images des camps de concentration[77]. »

Sous le discours féministe et les autres critiques pointe la condamnation de l'*heroin chic*. L'allure efflanquée, les cernes sous les yeux et le regard chargé de Kate Moss font terriblement peur, en même temps qu'ils convoquent tout un imaginaire musical, littéraire et cinématographique. Les écrivains Klaus Mann et William Burroughs ; les jazzmen Billie Holiday et Chet Baker, les rockers Janis Joplin et Keith Richards : la liste est longue de ceux qui ont consommé, qui se sont consumés. L'héroïne accompagne, pour le pire, quelques-uns des destins les plus flamboyants du siècle. Si on la pensait associée aux seventies et dépassée par la cocaïne des yuppies, la publication en 1993 de *Trainspotting*, le livre de l'Écossais Irvine Welsh, remet le « smack » au cœur de l'actualité ; ces aventures d'une bande de copains d'Édimbourg aux prises avec le sida et l'héroïne sont un succès et un scandale majeurs – trois ans plus tard, l'adaptation cinématographique fera autant de bruit que d'argent.

C'est dans ce contexte qu'éclate ce qui devient l'affaire Kate Moss ; à l'aune de ce nouveau romantisme entourant la drogue qu'est jugée son allure de petite junkie. La fascination indignée pour les substances illicites et la jeunesse qui semble en abuser marqueront une bonne partie de la décennie, comme un miroir au succès grandissant de la fille de Croydon. En 1995 sort le film *Kids* du photographe Larry Clark – à qui Corinne Day fut comparée –, la chronique du désœuvrement d'une bande d'adolescents new-yorkais qui traînent dans les parcs, font du skateboard, s'essaient à la drogue et au sexe sans capotes. Des acteurs du film se détache Chloë Sevigny, dont la grâce fut louée par le romancier Jay McInerney, et qui devient en quelque sorte l'illustration de la *Génération X* de Douglas Coupland. Sevigny offre son visage énigmatique à l'interrogation des adultes interdits par l'apparition de cette génération désenchantée, et à la curiosité des journalistes avides d'en comprendre la désillusion. Comme Kate Moss, Chloë Sevigny possède cette blondeur mousseuse, cette lascivité lasse, ces yeux troubles, ce désir flou et ce détachement qui font tant parler.

Dans la tourmente qui entoure alors Kate Moss, et même si des proches comme Fabien Baron la défendent, expliquant qu'elle sert de bouc émissaire, qu'elle est bien plus naturelle que les supermodels d'avant, l'heure est suffisamment grave pour qu'une tête tombe. Celle de Corinne Day. Pendant presque dix ans, jusqu'au début des années 00, elle n'aura plus aucun contact avec sa copine Kate, sur injonction de Storm, précise-t-elle. Elle sera également bannie de *Vogue* pour avoir osé ces images-là – pour avoir aussi osé, probablement, mettre en péril la carrière de Kate Moss. Et cette dernière avait changé, dira Day qui l'a senti pendant la session photo : moins souriante, moins drôle, Kate n'est plus la meilleure amie de Corinne, elle s'est transformée en une mannequin qui a pris conscience de sa beauté. « Et moi, je ne l'ai plus trouvée jolie du tout[78]. »

La photographe eut aussi une lecture plus vaste de l'affaire. « Le look grunge, ainsi que les gens décrivaient mon style, consistait simplement à montrer des filles naturelles. J'ai été choquée quand le *Vogue* américain a publié mes photos à côté de celles de Larry Clark, avançant que c'était la même chose alors que lui photographiait des gens dans la rue, vraiment défoncés à l'héroïne. Évidemment, le grunge, qui n'avait pas besoin de fric pour avoir l'air cool, n'était pas bon pour les annonceurs ; il n'a jamais fait vendre une robe à 1 000 dollars. Et je pense que les professionnels lui ont collé l'étiquette "drogue" pour s'en débarrasser[79]. »

En 2003, celle qui est toujours rédactrice en chef du *Vogue* anglais, Alexandra Shulman, reviendra sur cet épisode qui, dit-elle, « définit[80] » sa carrière. Elle raconte qu'on lui avait déconseillé de publier les clichés de Corinne Day. Pourtant, avec le recul, ils représentent un moment clé : le tournant entre le glamour des eighties et le luxe plus sobre des nineties. « Chaque fois qu'il s'agit d'évoquer l'évolution du style à ce moment-là, conclut-elle, ce sont ces photos qui ressortent[81]. »

Kate Moss vient de traverser ses premiers tumultes. Le vent est encore violent qu'une seconde tornade grossit déjà, qui s'achèvera en cyclone. Bientôt, son nom sera connu du monde entier, malgré elle.

Tout se télescope au début de l'année 1993. Après les premières publicités Calvin Klein et le contrat d'exclusivité signé dans la foulée, après les premiers défilés à Paris et New York, après les premières apparitions dans les magazines américains et anglais, il y a cet engagement pour Calvin Klein, d'une portée inouïe. Le roi du *casual chic* veut utiliser la beauté de son égérie pour la nouvelle campagne du parfum *Obsession*. Le photographe Richard Avedon en avait réalisé les spots originels en 1985, avec les slogans « L'amour est un jeu d'enfant une fois que l'on connaît *Obsession* » ou « Entre folie et amour repose *Obsession*. » Huit ans plus tard, Kate Moss semble la personne idoine pour incarner ces affects *« borderline »* ; Kate *et* Mario. Les avoir vus s'aimer, ces gamins de dix-neuf et vingt et un ans, les avoir observés travailler ensemble et se laisser piquer par la jalousie, avoir feuilleté l'album intime rempli d'écrits et de photos érotiques de sa chérie que Mario lui a montré, donne au vieux renard de Klein l'idée de mettre en scène leur histoire. « C'était parfait pour *Obsession* – la totale obsession de Mario pour Kate. On sent l'amour qu'il a pour cette fille ; je me suis dit : qu'il filme ses sentiments[82] ! »

Fin mai 1993, les deux amants s'envolent pour Jost Van Dyke, un bout de terre minuscule dans l'archipel des îles Vierges, aux Caraïbes. Quelques caméras et des boîtiers photographiques, un minimum de bagages, la mer autour et cet amour à illustrer.

Pendant six jours ils restent seuls, avant d'être rejoints par une équipe de maquilleurs, coiffeurs, accessoiristes, qui resteront bras croisés tant les images de Mario sont réussies. Elles le sont parce qu'on « y croit ; et les gens veulent cette réalité-là [83] », dira Klein.

Et ses héros ont quand même une sacrée dégaine. Sauf qu'on se demande pourquoi ils tentèrent l'aventure. Un pari, sûrement ; un gros chèque, on l'espère ; du narcissisme, à coup sûr. Pour eux, comme pour ceux qui sont prêts aux pires humiliations télévisées du moment qu'ils sont vus, donc reconnus, donc vivants, l'image devient le révélateur d'existences dont on cerne de moins en moins les contours. Est-ce pour consolider leur amour, aussi, que Mario et Kate ont dit oui ?

C'est l'effet contraire. Les Robinsons se battent comme des chiffonniers dans la maison de la plage sur ce bout de Jost Van Dyke, neuf kilomètres carrés. Mario vit les choses au premier degré, tenant absolument à exposer émotion et intensité, Kate résiste : « Il disait "tu dois être à poil, c'est une question de pureté", et je répondais "quelle différence ça fait si je porte une culotte ?", mais à la fin c'est lui qui gagnait [84]. » L'image la plus connue la montre à plat ventre, nue sur un canapé noir, regardant l'objectif d'un air à la fois absent et énigmatique. Ce fameux air qui nous est aujourd'hui familier suggère alors, dans ce contexte romantique et cette pièce abandonnée dont la peinture s'écaille, quelque chose de plus poignant – la réticence puis l'abandon.

On regarde ces photos comme celles de Corinne Day trois ans auparavant, avec une pointe de voyeurisme, autant fasciné que gêné par cette fille qui exprime sa retenue face à la nudité, et qui finit encore à poil. « Je n'ai aucun problème avec ça du moment qu'il s'agit d'une démarche artistique, bien qu'il soit plus facile d'enlever mes vêtements devant Mario. Mon corps est toujours à moi mais parfois, j'aimerais vraiment rester habillée [85]. »

Le spot destiné à la télévision s'avère aussi touchant que risible. Beaucoup de noir, de gris et de blanc, une image presque tremblée. Kate Moss évolue sur la plage vêtue d'un bas de bikini puis cadrée serrée, sans maquillage ni apprêts d'aucune sorte, sur une bande-son qui mélange le bruit des vagues, des oiseaux et les mots de Mario, prononcés d'une voix sourde et haletante : « Je t'aime Kate, je t'aime, l'amour est un mot qu'on ne peut expliquer. »

Ce n'est pas cette intimité qui dérange, on y est accoutumé. De nos jours, les célébrités vont jusqu'à jouer leur propre rôle, souvent peu flatteur, dans des films publicitaires où l'humour naît justement d'une distance ironique par rapport à l'état d'esprit supposé des stars et leur ego – Kate Moss aux abois après l'affaire de la cocaïne pour Virgin Mobile, on le verra ; Madonna imbuvable pour BMW. Ce qui dérange ici, outre l'absence totale de recul, est le décalage que l'on perçoit entre elle et lui, entre la reddition lasse et la passion aveugle. Elle dira s'être moquée de lui lorsqu'il enregistrait la phrase « Je t'aime Kate... », elle dira l'avoir traité de « fou » ces jours-là[86].

Mais les photos et le spot existent, vibrants de réel. Ils sont lancés en septembre 1993. Une fois de plus, Calvin Klein colle parfaitement à l'époque. Il pose les bases d'une télé-réalité qui n'existe pas encore, sauf sur MTV avec *The Real World* programmé l'année précédente ; et cette chaîne n'est-elle pas le meilleur indicateur des goûts d'une jeunesse à qui l'on va, de plus en plus, proposer l'impudeur, l'exposition de l'intime, la starification des anonymes et la gloire démesurée des superstars ? Il faudra attendre 1999 et *Big Brother*, aux Pays-Bas, pour que le monde entier s'entiche de la vie d'inconnus ; en France, *Loft Story* arrivera en 2001 et ce genre d'émissions deviendra l'un des emblèmes, avec le téléphone portable et Internet, d'un nouveau millénaire « dés-intimisé ».

Pour Kate Moss et Mario Sorrenti, l'aventure fut éprouvante. Leur amour s'étiole au moment même où il s'expose publiquement et déclenche un énorme intérêt. La responsable des relations publiques de Calvin Klein avance : « Il s'agit d'une sorte de cinéma-vérité pour la génération MTV[87]. » De la télévision aux arrêts de bus, des magazines prestigieux aux embryons de sites Internet, on ne voit que Kate Moss, sa nudité et sa silhouette gracile.

Après l'épisode *Vogue*, trois mois auparavant, c'en est trop. Dans la caisse de résonance médiatique, aux États-Unis et en Grande-Bretagne, les deux affaires semblent se multiplier l'une l'autre, le second feu étant d'autant plus vif que le premier n'est pas éteint. Là aussi on parle maigreur, faiblesse, passivité ; là aussi, avec l'œil du XXIe siècle, la charge paraît disproportionnée puisque la « brindille » n'est pas si maigre – ou s'est-on, depuis, habitué à bien pire ? A-t-on perdu toute capacité d'indignation – ou celle-ci était-elle exagérée ?

Quoi qu'il en soit, la charge est féroce.

Les féministes de l'association américaine Media Watch critiquent les poses de cette « femme nue qui a l'air de souffrir ». À New York, les affiches d'*Obsession* sont barrées des mots « anorexie » ou « donne-moi un cheeseburger ». Le magazine *Esquire* publie une fausse publicité, « Nourrissez les *waifs* », avec la photo de Kate Moss. Le texte précise : « Pour 39 cents par jour, moins que le prix d'une tasse de café, vous pouvez maintenir cette fille, et d'autres dans son genre, en vie. » Deux mille personnes auraient appelé.

Kate Moss devient le sujet, et l'illustration, de débats sociétaux. En septembre 1993, le magazine populaire américain *People* lui consacre sa une, titrée « La Peau et les os ». Se demandant à quel moment « la maigreur va trop loin », le journal interroge la responsable d'un centre médical spécialisé dans les désordres alimentaires. Elle explique avoir soigné, la semaine précédente, « une anorexique qui voulait être comme Kate Moss ; beaucoup d'entre elles l'érigent en idéal. Je n'avais jamais vu ça avec un autre mannequin[88] ». Et un chirurgien esthétique tenant cabinet privé à New York raconte qu'il a reçu, au fil des mois, plus de cent patientes brandissant la photo de Kate Moss, qui rêvent du même look fantomatique. Le médecin précise que ses opérations, baptisées « lifting *waif* » ou « lifting Kate Moss », évitent à ses patientes de suivre de dangereux régimes amaigrissants[89].

L'héroïne d'*Obsession* inspire jusqu'à la journaliste américaine Susan Faludi, qui a publié en 1991 *Backlash : la guerre froide contre les femmes*[90]. Pour Faludi, l'allure *waif* est un « fantasme masculin consistant à réduire les femmes à des proportions qui leur sont confortables. Ce look équivaut à être très faible et passive. C'est une conception victorienne des femmes, qui sont si diminuées qu'elles peuvent à peine se lever de leur chaise longue pour rejoindre la maison de repos ».

La question féministe, bien sûr, traverse la vie de Kate Moss. Après tout, c'est elle qui a rendu obsolètes les supermodels et leur pouvoir dérangeant, au profit de ce corps chétif qui se prête à des mises en scène qu'on ne peut guère qualifier de progressistes ; c'est elle, écrivent les chroniqueuses du *New York Times* et d'autres journaux, qui sert de contrepoint aux femmes qui réussissent, dans une société occidentale qui en a peur. Mais c'est elle, aussi, qui s'est faite toute seule. Grâce à des femmes. On y reviendra plus tard, quand son pouvoir vacillera de nouveau avec *« Cocaine Kate »*, quand la question de sa représentation dans l'imagerie féminine se posera avec plus d'acuité encore.

La voilà accusée, « l'enfant abandonnée », de mauvaise influence – sur la jeunesse qui plus est ; l'opprobre est d'ordinaire réservé aux groupes de rock sales et méchants. Souvent, on ne s'en remet pas. Dans le cas de Kate Moss, qui dévoile pour la première fois sa nature de phénix renaissant de ses cendres, cela ne fait qu'augmenter la notoriété. Et sa colère. « Qu'attend-on de moi ? Que je devienne grosse ? Quand Cindy Crawford était au top, il paraît que tout le monde voulait des implants en silicone et de gros seins. Maintenant on dit que l'anorexie va faire des ravages parce que des mannequins sont minces ? Je ne pense pas que les femmes soient si stupides [91]. » Et aussi : « On me blâme pour des maladies dont je ne suis pas responsable. Les adultes préfèrent me pointer du doigt plutôt que de s'interroger sur leur propre responsabilité dans l'anorexie de leurs enfants. Je n'en peux plus. Quand je suis au restaurant des gens viennent me dire “oh je suis déçu que vous mangiez” [92] ! »

En 1999, avec six années de recul, elle dira : « J'étais vraiment sur la défensive. Je me demandais de quoi l'on parlait, j'étais indignée d'être un bouc émissaire. J'ai eu beau dire et redire que je n'étais pas anorexique, personne ne m'a crue. Parce que tout le monde voulait que l'inverse soit vrai. Et ça, c'était encore plus révoltant [93]. » Elle donnera même, lors d'une interview, son menu quotidien : solide petit déjeuner avec œufs et bacon, déjeuner léger et dîner de petite ogresse, la plupart du temps italien ou thaï[94].

Néanmoins, le mal est fait. Trop de scandale. Trop de mauvaise publicité. L'allure grunge ou *waif* sombre en moins d'un an. Les décideurs de la mode, dans l'une de ces volte-face qui les caractérisent, célébreront dès 1994 les couleurs et les fards à joues, confirmant ce que disait Corinne Day – le grunge, ce n'est pas bon pour l'industrie. Pas assez de glamour, donc pas assez de ventes, donc pas assez de publicités. C'est Anna Wintour, la patronne du *Vogue* américain, qui sonne le retour du beau. « Le grunge ça ne marchait pas parce que la petite robe-combinaison et les baskets, c'est trop difficile ; et l'absence de maquillage, les cheveux sales, ce n'est pas ce que les Leonard Lauder [patron d'Estée Lauder, un gros annonceur] du monde entier veulent voir[95]. »

En bon caméléon, Kate Moss s'en remettra. Elle portera bientôt du rouge à lèvres sur les publicités de Calvin Klein.

À l'automne 1993, l'histoire d'amour avec Mario Sorrenti se termine. Ces enfants de la jet-set moderne ont encore déménagé, ce qui va vite quand toute la vie tient dans une valise. Lui habite à Londres, Kate Moss loue un appartement à Paris, vers Montmartre. Elle se débrouille bien en français et raconte ses délices à découvrir les restaurants de la Butte. Dans une interview elle parle d'un « break » avec Mario mais l'histoire est déjà finie[96]. On saura plus tard que l'Italien se posait en macho, qu'il voulait un enfant parce qu'il pensait ainsi coller son amoureuse à la maison, à la cuisine ; « et j'étais bien trop jeune pour cela[97] », dira Kate.

Elle part pour Croydon y passer les fêtes de fin d'année, seule. Elle reste souvent chez sa mère où il lui arrive, en regardant la télévision d'un œil distrait, de tomber sur le spot d'*Obsession* – « c'est très bizarre[98] », lâchera-t-elle.

Revenir là, c'est rechercher la famille, le réconfort du sapin décoré, les copains et le souvenir de l'insouciance. Même si elle sait être humble, ne pas trop la ramener devant ceux avec qui, hier encore, elle fumait derrière l'école de Riddlesdown, le choc est rude. « Ils travaillent dans des banques, des boutiques ou à la campagne. D'une certaine façon je les envie parce que leur existence est normale, et pourtant je ne pourrais plus supporter de faire la même chose tous les jours. Après trois mois quelque part, ça me démange d'aller ailleurs. C'est étrange de raconter à mes camarades d'enfance que je dois prendre des avions, ils disent "oh la pauvre, aller à New York". Et encore, ils n'ont aucune idée de mon quotidien : des aéroports chaque jour, voyager seule, se retrouver sur des shootings dans des pays étrangers où je ne connais personne[99]. »

Kate Moss est riche, elle est célèbre, elle est célibataire, elle est belle. Celle qui s'explique dans les magazines, pourtant, dit détester l'idée d'être un sex-symbol ; elle précise vouloir des enfants et ne s'imagine pas mannequin dix ans plus tard, ni vieillir sur les plateaux comme Lauren Hutton. Elle ne sait pas ce qui, à part ça, pourrait nourrir sa vie ; la photo ? Lorsqu'on lui demande de se décrire, voilà la réponse : « Oh mon Dieu, je ne sais pas. Je peux avoir un joker ? Je ne dirais pas que je suis sexy. Je ne crois pas non plus être si drôle, même si mes amis pensent le contraire ; ça m'arrive peut-être de temps en temps[100]. » Elle aimerait qu'on la voie comme une fille pas anorexique, normale, même si le succès l'a changée, forcément, puisque autour tout change, les attentions des gens et leur regard.

Au fond dit-elle, « je suis la même[101] ». Une fille de Croydon ?

Au début de l'année 1994, elle retourne à New York où se préparent les festivités de l'association des couturiers américains, le CFDA – *Council of fashion designers of America*. Lors du gala qui se tient au théâtre du Lincoln Center, Calvin Klein doit être nommé « créateur de l'année » pour ses lignes masculine et féminine. Comment ne pas penser que le thème choisi cette fois-là, « le pouvoir lucratif de l'industrie », explique en partie le couronnement de Klein ?

Le soir du 7 février 1994, l'employée porte-bonheur de Calvin Klein est à son bras lors du gala au Lincoln Center, puis de la fête au Café Tabac, un bar à la mode tenu par un ancien mannequin. L'endroit est le repaire des jeunes gens branchés de l'East

Village et des top models chics, où une jeune serveuse nommée Madonna travailla un jour, où Bono et Donald Trump passent parfois.

« Nous sommes entrés pour boire un verre et il était là [102] », racontera Kate Moss. Le coup de foudre. « Nous étions ensemble dès la seconde où nous nous sommes rencontrés [103]. »

Ses souvenirs à lui diffèrent quelque peu : « Ça n'a pas été spécialement romantique. J'y allais pour boire un café. Elle était attablée avec des amis et comme je connaissais l'un d'entre eux, je les ai invités à me rejoindre [104]. » Elle a vingt ans, il va lui faire découvrir un autre univers, Hollywood, les paparazzis, William Burroughs.

Cet homme s'appelle Johnny Depp.

III

Welcome to the jungle
1994-1999

« Je pense qu'il est pitoyable que le monde entier considère les gens patients au comportement posé comme des citoyens modèles. »

Kurt Cobain, *Journal*[1].

Les débuts avec Johnny

Né le 9 juin 1963 à Owensboro, une ville du Kentucky qui s'affiche capitale mondiale du barbecue, Johnny Depp est le dernier enfant d'une fratrie de quatre. Son père ingénieur et sa mère, serveuse dans un café « qui jurait comme un charretier, fumait des cigarettes et jouait aux cartes[2] », ont bien du mal avec le petit Johnny. Il se sent à l'étroit dans la vie pavillonnaire de ses parents, avec la maison blanche au jardin bien taillé et la voiture garée devant. Il préfère s'identifier aux Indiens – son grand-père paternel est cherokee – plutôt qu'aux cow-boys fondateurs du mythe américain. Quand il a sept ans, les Depp déménagent pour une ville ouvrière près de Miami, en Floride, et jusqu'à l'adolescence du benjamin logeront dans une quarantaine de maisons ou hôtels différents, la bohème au gré des emplois du père.

Johnny chasse les lucioles et compte les pourboires de sa mère le soir, grandissant entre la perspective d'un avenir de pompiste et celle, bien plus exaltante, d'être une rock star. S'ennuyant sec à l'école, il expérimente à corps perdu ; à l'âge de quatorze ans on compte déjà le sexe, la cigarette et les drogues, dont les plus dures. L'année d'après, ses parents se séparent, coupant leur famille en deux comme l'ont fait ceux de Kate Moss – l'une des filles part vivre avec le père, les autres enfants, dont Johnny, restent avec la mère.

Il commence sérieusement à se mettre au rock'n'roll et à la vie qui lui paraît aller avec. Dormir dans une voiture abandonnée, voler dans les magasins, rêver de gloire. Pour sa tenue de scène, il emprunte à sa mère des gilets de velours et des pantalons pattes d'éléphant. Au croisement du punk et de U2, son groupe s'appelle les Kids et se produit en première partie des Talking Heads, des B-52's ou d'Iggy Pop – lors de cette première rencontre bien alcoolisée, Depp se souvient d'avoir lancé un furieux « va te faire foutre » à celui qui était pourtant son idole[3].

En 1983, il se marie avec une fille un peu plus âgée, une musicienne de vingt-cinq ans qui s'appelle Lori. Il veut croire, contrairement à l'exemple de ses parents, que les histoires d'amour peuvent durer. Les Kids s'étant bâti un petit nom en Floride, pourquoi ne pas voir plus grand à Los Angeles ? En Californie, Depp, sa femme et ses amis déchantent vite ; des dizaines de groupes courent déjà le cachet dans les clubs plus ou moins miteux de West Hollywood. Malgré une date avec Billy Idol, Johnny Depp doit se résoudre à vendre par téléphone des horloges à des petits vieux, quand ce ne sont pas des stylos à des entreprises ; il faut bien survivre et la ville californienne en a vu passer, des jeunots à la recherche de leur étoile. Par l'intermédiaire de son ex-épouse Lori – le mariage fut bref –, il rencontre l'acteur Nicolas Cage. Qui l'envoie chez son agent, qui lui propose un premier film : *Les Griffes de la nuit*, de Wes Craven, en 1984.

Dix ans plus tard, après avoir tourné le dos à l'image de playboy pour gamines que lui valut la série télévisée *21 Jump Street,* Johnny Depp s'est établi en acteur rétif au joli lustrage hollywoodien grâce à ses choix de films décalés : *Cry Baby* de John Waters, *Edward aux mains d'argent* de Tim Burton, sur lequel il rencontra sa petite amie Wynona Ryder, ou *Arizona dream* d'Emir Kusturica. À la sortie de celui-ci, un critique de cinéma écrivit à propos de Depp : « C'est le délinquant rêveur qui refuse de se plier aux critiques des adultes[4]. »

En février 1994, le délinquant rêveur finit de traverser un drame. Quatre mois plus tôt, le 31 octobre 1993, le jeune acteur River Phoenix mourait devant le Viper Room, un club dont Depp est le copropriétaire sur Sunset Boulevard. Lui qui faisait déjà la une des tabloïds fascinés par sa liaison, et sa rupture, avec Wynona Ryder, se retrouve accusé d'être pour de vrai le *« bad boy »* qu'il n'incarnait jusqu'alors qu'à l'écran. Une overdose et pourtant Depp est pointé du doigt, presque accusé d'avoir laissé faire – les dealers, la drogue, la mort de Phoenix.

Il en est là quand Kate Moss entre au Café Tabac, et dans sa vie.

Johnny Depp, dira sa partenaire d'*Arizona dream* Faye Dunaway, est « resté très pur dans son approche de l'amour[5] ». C'est un romantique, qui y croit dur comme fer chaque fois. Et Kate Moss, avec son accent du sud de Londres, sa naïveté et sa jeunesse – elle a onze ans de moins que lui –, le regarde avec les yeux d'une gamine qui semble se retrouver, une fois encore, spectatrice de sa propre vie. Son absence d'ambition, hier sauvée par le hasard, l'est désormais par le destin. « Quand je travaillais pour Calvin Klein, le photographe avait recouvert le studio de portraits de Johnny, voulant retrouver le genre de truc qu'il dégageait. Et quelques mois plus tard, je rencontre Johnny ! Récemment je lisais ce roman dans l'avion, *The Celestine prophecy*[6], qui dit qu'il faut être attentif aux coïncidences parce qu'il n'y a pas de coïncidences. Ma carrière a commencé parce que j'étais coincée dans un aéroport ; ma relation avec Johnny parce que j'étais coincée dans une chambre d'hôtel. Il y a vraiment des choses qui doivent se produire, non[7] ? »

Après la soirée au Café Tabac, elle l'avait raccompagné jusqu'à son hôtel en minijupe et talons hauts lorsqu'il s'était mis à neiger ; une telle tempête qu'elle dut attendre qu'arrivent, sept heures après, des habits chauds envoyés par ses amis. Peut-être serait-elle partie plus vite, peut-être n'y aurait-il eu qu'un dernier verre ; mais il avait neigé, et le couple Moss-Depp allait naître là. Comment ce qui aurait pu ne s'avérer qu'une passade les fit s'aimanter dès cette nuit, on ne le sait pas ; lui était déjà avare de confidences, elle le deviendra. Seule certitude : ils étaient tous deux célibataires, leurs précédentes histoires ayant pris fin quelques mois auparavant. Probablement rêvaient-ils d'un nouvel amour ; elle confiera à quel point la solitude est ennuyeuse, « tragique » même, et qu'il est tellement mieux « d'avoir quelqu'un avec qui rigoler[8] ».

Après un concert de la star country Johnny Cash, et deux apparitions à des premières de films – un court-métrage de Depp sur les dangers de la drogue puis *Serial Mom* de John Waters, à New York –, le duo est presque officiel.

Pourtant, Linda Moss, à Croydon, n'est pas informée d'emblée. Une journaliste qui interviewe Kate en ces mois de printemps 1994 raconte une conversation téléphonique entre mère et fille : Linda veut savoir si les magazines disent vrai à propos de Johnny, Kate nie avec culot, *« Mum, you'd be the first to know »* – « tu serais la première à le savoir » –, alors que dans l'entretien, elle parle de son amant sans retenue[9].

Sûrement poussés hors des États-Unis par une météo peu propice aux prémices d'une histoire, les amoureux s'offrent des vacances. On les voit parcourir les îles Caraïbes de Saint-Barth et Saint-Martin. Sur le yacht de location, ils s'explorent beaucoup l'un l'autre, et les photos illustrent les périodiques du monde entier. Depp est rompu à la surexposition, Kate Moss le sera à son contact, ajoutant à sa notoriété de papier glacé celle, plus prolétaire, d'habituée des tabloïds. C'est un nouveau rôle. Jusqu'ici, la seule raison qu'avaient ces journaux de parler d'elle était sa maigreur.

Avec Depp, elle devient une « people ». La fille de Croydon qui devait feuilleter ces magazines-là, adolescente, a forcément trouvé ça drôle, au début. Depuis, on la découvre chaque mois ou presque, qu'il vente ou pleuve à Paris, Londres et Moscou, arpenter les mers les plus chaudes, les plages les plus blanches – dans son univers, le paradis n'est jamais bien loin.

Par cet étalage toujours renouvelé de maillots de bain et de serviettes nonchalemment agitées, Kate Moss se reconnecte, d'une certaine façon, à ses origines. Car la presse à sensation qui est aussi, de nos jours, une lecture d'un snobisme amusant, se destine avant tout aux classes moyennes, aux femmes des banlieues, aux serveuses de pub, aux Linda Moss.

Et Linda, une fois au courant – on ne sait ni quand ni comment –, adore son nouveau « gendre ». Elle le trouve charmant lorsque Kate l'emmène à Croydon et qu'ils débarquent à l'improviste chez elle où, se relevant d'une petite opération, elle ne peut ni ranger ni faire la cuisine – pour changer ; elle le trouve encore plus craquant lorsqu'il l'invite à les rejoindre sur une île des Caraïbes entièrement louée par lui. À l'occasion du séjour facilité par l'hélicoptère privé, les cuisiniers, les bonnes et la cohorte de gens invisibles qui rendent les choses plus belles, Linda goûte pour la première fois aux fantastiques avantages que peut lui procurer le statut de sa fille. Elle aimera que l'expérience continue et Kate, oublieuse de la désinvolture de sa mère, que celle-ci en profite. « Ce que je préfère avec l'argent, c'est envoyer des chèques à ma mère [10] », dira-t-elle. Une mère qui ne « fait rien » à l'époque : « Elle était barmaid mais elle s'est fait virer. Ouh, elle va être furieuse que j'en aie parlé, elle ne veut pas que ça se sache [11]. »

Peter, le père qu'elle a suffisamment gâté les mois précédents pour qu'il monte sa propre agence de voyages, se tient plus en retrait. À des journalistes anglais, il confie que Kate lui a dit que Johnny était un chic type, et puisque sa fille n'est pas une idiote, ajoute-t-il, ce doit être vrai.

Fille aimante parce que hier lointaine ? Elle a fait, quelques mois plus tôt, la revue de ses défauts : « Ne pas savoir dire non ; ne jamais rappeler personne ; avoir coupé les ponts avec ma famille [12]. » Et Nick, le frère qu'elle continue de croiser dans les coulisses de la mode, dit que oui, Kate a des côtés *« bitchy »*, peau de vache, mais qu'elle a bon cœur et n'est pas égoïste [13]. Voir sa vie changer la rapproche-t-il des siens ? En tout cas, l'enthousiasme pour son nouvel amour est tel qu'elle a envie de le partager, y compris dans les tabloïds britanniques comme le *Daily Mail* : « Je n'arrive pas à y croire, il ne m'était jamais arrivé un truc pareil. J'ai su tout de suite que cette histoire serait différente. Elle ne ressemble à rien de ce que j'ai déjà connu. Je savais que c'était le bon [14]. »

Pour la deuxième fois, après son minicoup de blues new-yorkais deux ans auparavant, Kate Moss se montre humaine. Et même plus : joyeuse, vivante. Quand, à l'autre bout des États-Unis, un homme se suicide.

Kurt Cobain, le chef de file du mouvement grunge dont Kate Moss fut l'un des petits emblèmes à l'époque *The Face,* est retrouvé mort dans sa maison de Seattle le 8 avril 1994. Un coup de pistolet et c'en est fini du chanteur de Nirvana, épuisé par l'héroïne qu'il prenait, notamment afin de calmer d'atroces douleurs d'estomac, épuisé par les tournées, l'attention des foules et cette vie de star après laquelle il n'avait jamais couru.

Kate Moss non plus, du temps de Croydon. Mais elle s'y est faite, coulée dans le moule à sa manière, la possibilité de rébellion d'un top model étant de toute façon aussi maigre que son squelette, et l'existence tellement délicieuse. Alors que lui, le punk-rocker, méprisait le marketing de l'industrie musicale par lequel Nirvana était devenu si vendeur, haïssait l'Américain blanc moyen, sa misogynie et son homophobie, et se rangeait toujours, comme son héros John Lennon, du côté des opprimés et des laissés-pour-compte. À mille lieues du monde du luxe que Kate Moss représentait, il disait des choses que personne n'avait plus exprimées depuis longtemps, depuis Lennon, justement. Je ne veux pas être un gourou. Ouvrez les yeux. N'acceptez aucune compromission. Quand on aimait le rock'n'roll, qu'y avait-il d'autre ?

De la même manière qu'elle n'avait guère été attirée par l'acid-house du *Summer of love*, en 1990, la fille de Croydon ne fut pas transportée par le grunge. Sans être hippie, elle aime plus que tout les années 70, les Jimi Hendrix, Janis Joplin et David Bowie d'une décennie qui se résumait, selon elle, à « prendre du bon temps ; pas de sida, l'amour libre, la drogue [15] ». Ce n'est pas la déclaration anodine et insouciante d'une fille de vingt ans ; cela révèle au contraire quel sera son style de vie, les choix qu'elle fera. Le rock'n'roll, mais vu du bon côté ; la fête, mais pas l'overdose ; les excès, mais en s'arrêtant quand il faut ; les belles chansons, mais pas les slogans politiques.

En Grande-Bretagne émergeaient pourtant, au début des années 90, PJ Harvey et Björk, dont les musiques crues et novatrices donnaient un coup de vieux à Madonna et son *entertainment* sexy. À croire que les filles voulaient montrer leur grande gueule plutôt que leur petite culotte – Kate Moss, elle, a toujours fait les deux. Et la scène de Manchester avait vécu ; trop d'ecstasy, d'héroïne et de grandiloquence. Sur ses cendres fumantes poussaient deux mouvements qui relancèrent le rock anglais. À Bristol le trip-hop dont *Massive Attack* fut l'avant-garde avec *Blue Lines* en 1991, ouvrant la voie à Portishead et *Dummy* en 1994 puis Tricky et *Maxinquaye* en 1995 ; à Manchester la brit-pop incarnée par Oasis, dont le premier album *Definitely maybe*, à la fin de l'été 1994, les consacra nouveaux héros des guitares racées. Pour les dégaines qui claquent, il faudra plutôt compter sur Blur, Suede ou Pulp. Bientôt, ces groupes-là plairont à Kate Moss et les « lads » qui les composent – ces garçons qui traînent, un peu voyous – deviendront ses amis, notamment les frères Gallagher d'Oasis.

Tout cela était plaisant, voire excitant. Néanmoins, avec la mort de Cobain, les quelques rêves révolutionnaires d'une génération X ou Y ou Z, qui avait raté les années 60 magnifiées ou détestées par leurs parents, venaient de s'écrouler. Place au marketing. Au cynisme. Le chanteur de Nirvana était l'ultime rempart derrière lequel on aimait s'abriter pour espérer que l'hyperconsommation, et son injonction à être « cool », ne devienne pas l'unique horizon de la jeunesse occidentale. Il fallait croire en Kurt Cobain pour qu'une Kate Moss ne gagne pas.

Mais il avait disparu et elle deviendra le cheval de Troie d'une industrie de la mode qui faisait assaut des adolescences rétives sans arriver à les soumettre ; et qui va réussir, en partie, grâce à l'image tellement accessible de la fille de Croydon. Les marges d'hier occuperont peu à peu le champ du *mainstream*, il sera vite impératif d'être un rebelle. Musicalement, il faudra attendre le début de ce millénaire pour qu'apparaissent les chansons rageuses et poétiques de Pete Doherty, un autre étranger au système, qui sait également en jouer quand il faut.

Dans son genre, arty et incontrôlable, Johnny Depp a aussi, en ces années 90, l'étoffe de la chanson de Lou Reed, *Walk on the wild side*.

Il collectionne les insectes exotiques, les squelettes, les manuscrits de Jack Kerouac et les peintures de clowns effrayants ; il dira que Tim Burton l'a engagé pour *Edward aux mains d'argent* parce que son regard semblait lourd de plus d'années qu'il n'avait vécues, il est rétif aux confessions, se tient à distance de ses admirateurs qui veulent l'embrasser, regarder ce qu'il y a dans son sac, savoir la pointure de ses chaussures, repartir avec son chapeau. Johnny Depp rêve d'une île déserte où emmener ceux qu'il aime, car la plupart du temps l'intimité n'existe plus, encore moins la normalité du quotidien – des années plus tard il finira par l'acheter, son bout de sable et de rochers, dans les Caraïbes.

En ces premiers mois de 1994, il voyage beaucoup avec Kate. À Paris où elle louait un appartement – l'a-t-elle toujours ou vont-ils à l'hôtel, on ne sait pas ; à Los Angeles où elle défile pour la première fois sous ses yeux, un show d'Isaac Mizrahi qui la plonge dans l'embarras tellement c'est chargé et extravagant – elle craint qu'il trouve cela ridicule mais ne dira pas ce qu'il en a pensé ; et après la semaine de la mode à Milan, direction Nashville où, par l'intermédiaire de Johnny, elle s'essaie à un rôle de composition, muet, de trois minutes trente pour la vidéo de *Delia's gone* de Johnny Cash : elle est la petite amie du vieux chanteur qui l'attache, la tue et l'enterre.

Aux trente et un ans de Depp, en juin, elle lui offre une bague en platine incrustée de perles noires. L'amour se mesure aussi en cailloux et elle porte bientôt un collier de diamants, ainsi qu'à son poignet gauche le tatouage d'un petit cœur noir. Et rapidement se répandent les rumeurs de fiançailles, mariage, grossesse. « Je ne suis pas enceinte précise-t-elle. J'avais une session photo prévue à Saint-Barth et les gens du magazine m'ont conseillé de prendre cinq kilos pour en finir avec l'image d'enfant maladive, d'anorexique. Avec Johnny, j'ai mangé comme une ogresse à Paris et d'un seul coup, à Londres, on a dit que je pesais cinquante-sept kilos, les cancans ont commencé [16]. »

Sa célébrité, circonscrite jusqu'alors au statut de mannequin maigre et *successful*, devient quelque chose qui dépasse son entendement. La traque est permanente. Autour d'eux les appareils photo forment une nuée, les articles fantaisistes se succèdent. Elle croise

Johnny dans un aéroport, entre deux vols, et le baiser n'est pas assez appuyé ? Aussitôt la presse en déduit qu'ils sont au bord de la rupture. Elle réserve à l'hôtel sous le nom « Kate Moss Depp » ? D'emblée les tabloïds se font l'écho de l'union possible, puis du fait que Johnny aurait été furieux de sa petite fantaisie à elle.

On ne sait pas à quel moment elle prend conscience que cette existence en perpétuel mouvement – il s'agit aussi, indiquera Depp, de fuir les paparazzis – n'est pas vraiment *normale*. Peut-être le 13 septembre 1994, lors d'un incident qui montre la tornade médiatique les entourant, à chaque instant. Les faits se déroulent à l'hôtel Mark de New York, et rappellent les grands moments de la geste rock'n'roll : la chambre mise à sac. Keith Moon, le batteur des Who, en était passé maître au cours des années 70. Parmi d'autres.

Johnny Depp est en ville pour la promotion de *Ed Wood,* le film de Tim Burton dans lequel il campe ce metteur en scène travesti dont les longs-métrages, au début des années 50, lui valurent le surnom de « pire réalisateur du monde ». Avec Kate Moss, il partage la suite numéro 1410 à 1500 euros la nuit, quand vers cinq heures du matin le vigile de l'hôtel est appelé par l'occupant d'une chambre contiguë qui se plaint du tapage. L'ironie veut que ce voisin-là soit Roger Daltrey, l'ex-chanteur des Who comme quoi le vieillissement ne va pas aux rockers. Selon le vigile qui inspecte la suite, sont détruits « les cadres d'un tableau et d'une gravure datant du XVIIe siècle, le pied d'une lampe en porcelaine, un pot chinois, un dessus-de-table en verre, des étagères en bois, un vase, un fauteuil de bureau rouge ». Sans oublier les « brûlures de cigarettes sur la moquette [17] ». Bon prince, l'acteur offre de rembourser mais le vigile exige son départ immédiat. Johnny Depp refuse, la police est appelée. Le lendemain, les tabloïds montreront la star hollywoodienne quittant l'hôtel menottée, l'allure totalement rock'n'roll avec bonnet de tricot sur cheveux mi-longs, lunettes Ray Ban Aviator, blouson de cuir, jeans et bottes. Kate Moss trouvera, elle, refuge chez sa copine Naomi Campbell.

Quelque temps après, Depp revient sur l'histoire qui lui a coûté presque 7 000 euros en dommages et intérêts et qui le poursuit encore – c'est l'un des passages obligés de tout article le concernant. Il confie avoir été au bout du rouleau, « je suis un être humain, il m'arrive de me mettre en colère comme tout le monde », et se dit révolté qu'un incident mineur – « on est en train de parler d'un acteur accusé d'avoir agressé des meubles » – ait pris tant d'importance dans les journaux. À d'autres moments il choisit la farce, expliquant au *Sunday Times* qu'un « teckel », puis au magazine *Empire* qu'un « tatou », puis au journal *Sky* qu'un « cafard de la taille d'une batte de base-ball », avaient fait irruption dans la chambre [18].

Lors d'un entretien à *Esquire*, le réalisateur John Waters, qui avait lancé la carrière cinématographique de Depp avec *Cry Baby* et dont la filmographie montre, de *Hairspray* à *Serial Mom*, qu'il s'y connaît en analyse sarcastique de la pop culture, déclarera : « L'arrestation lui allait bien, j'ai particulièrement aimé les menottes ; ça marche toujours. Star de cinéma criminelle, c'est un bon look pour Johnny. La réussite de la casse d'une chambre d'hôtel devrait se calculer en fonction des dégâts causés divisés par la longueur des coupures de presse [19]. » Ou comme disait Andy Warhol : « Ne lisez pas les articles vous concernant, pesez-les. »

L'ambiance new-yorkaise était déjà pimentée ; pour Kate Moss néanmoins, le vrai choc se produit lors de son premier séjour à Los Angeles. « Je me suis aperçue dans quoi je m'embarquais. Je savais que Johnny était célèbre, je n'avais pas idée à quel point [20]. »

Qui est exactement Kate Moss lorsqu'elle découvre la Californie, en cette fin 1994 ? Depuis ses débuts londoniens, on l'a vue user ses fonds de culotte sur les sièges première classe des avions, en coulisses des défilés et sur les canapés des sessions photo, élève d'une école de la mode peuplée d'individus certes curieux et lettrés, mais dont la culture, outre le fait qu'elle se dissimule volontiers sous une superficialité de rigueur, n'est pas destinée à nourrir la cervelle des jeunes mannequins. Une tête bien faite, voilà ce qu'on leur demande, qu'elle soit bien pleine importe peu, au contraire.

Elle racontera cette prise de vues où elle s'était risquée à émettre quelques idées de stylisme, quand le photographe l'avait coupée : « Les top models n'ont pas d'opinion, tu n'as rien à dire[21]. » Même si les références historiques donnent du poids à la futilité, les créateurs s'inspirant volontiers du Paris des années 20, de telle jet-setteuse américaine de l'entre-deux-guerres, du romantisme XIXe ou du constructivisme russe, les mannequins connaissent mieux le nom des maquilleurs et des coiffeurs de la planète mode que celui de Jack Kerouac, le héros beatnik. À une journaliste qui lui demande quelles sont ses lectures, Kate répond : « Jack Kerry... Jack Karri... enfin, vous voyez. » « Jack Kerouac ? » suggère l'intervieweuse. « Oui c'est ça ! Johnny me l'a conseillé[22]. »

Pourtant, ce serait une erreur de la prendre pour une idiote. Elle ne l'est pas, et se montre plutôt lucide pour une fille de vingt ans à qui tout réussit – Corinne Day lui trouvait déjà, à quinze ans, le mérite d'avoir les pieds sur terre. Ainsi, elle s'étonne qu'on lui dise de ne pas changer. « Mais je le dois, parce que je grandis ! [...] Je ne suis ni pure ni innocente comme le croient les médias. Si quelqu'un est salaud avec moi, je peux l'être aussi. Et je deviens plus dure qu'avant parce que je comprends mieux le business. Il faut s'imposer ; si vous demandez les choses gentiment, elles n'arrivent jamais[23]. » À ce moment-là – c'était avant de rencontrer Johnny Depp – ses films préférés sont *Abigail party* de Mike Leigh, *Paris, Texas* de Wim Wenders, *Delicatessen* de Caro et Jeunet ; quant aux romans, si elle a aimé *Entretien avec un vampire*, la lecture de *Lolita* ne l'a pas « impressionnée[24] ».

L'adolescente qui faisait de l'indolence une vertu se construit peu à peu. On ne connaît pas ses sentiments à l'orée de la gloire ; la seule chose que l'on sait alors, contradictoire avec son travail et le regard des gens posé sur elle, concerne sa réticence absolue à être un objet de désir – rien que d'y penser la met si mal à l'aise, dit-elle, que « ça ne me traverse jamais l'esprit[25] ». Bientôt, d'ailleurs, elle freinera ses engagements de sex-symbol.

Kate Moss est aux portes d'un monde, Hollywood, qui symbolise le pire et le meilleur de la culture occidentale. Avec Johnny Depp, elle va en embrasser le meilleur.

Le climax de Johnny

Il est le prince récalcitrant de la Cité des anges, d'autant plus courtisé qu'il affiche des goûts recherchés. En 1994, Johnny Depp tourne dans *Don Juan de Marco* avec la star vieillie Marlon Brando puis *Dead Man*, le western ralenti de Jim Jarmush où il joue un jeune homme fantasque qui traverse l'Ouest américain du XIXe siècle en s'identifiant au peintre et poète anglais William Blake. Ses idoles d'hier sont désormais ses amis – Brando, Iggy Pop, bientôt l'écrivain Hunter S. Thompson. Johnny Depp est passionné par l'art avec un grand A. Kate Moss, elle, est passionnée par son nouveau pygmalion. « Je n'ai jamais ressenti le désir d'être plus éduquée parce que avant, je pensais connaître des choses. Là, je veux me mettre à lire, à découvrir[26]. »

Après Kerouac, il l'initie à Francis Scott Fitzgerald – une étape majeure dans son apprentissage. Au fil des interviews qu'elle donne, se révèle une jeune femme de plus en plus curieuse. Est-ce pour faire sa fière qu'en compagnie d'un journaliste de *The Face* elle achète *I need more*, l'autobiographie d'Iggy Pop, et la vidéo de *Cet obscur objet du désir* ? Quelle mise en abyme, la star fantasmée par la planète entière qu'on imagine regarder le film de Buñuel où sûrement, telle hier dans la lecture de *Lolita*, elle cherche à comprendre un mécanisme intime.

Depp l'introduit aussi dans l'univers des mégastars ; Jack Nicholson, Mickey Rourke puis Bob Dylan, devant qui elle manque défaillir – on se prend à rêver qu'elle lui demanda comment il fit pour modeler sa légende quitte à en inventer des bouts, comment il sut se retirer du jeu, parfois ; mais on en doute. Ou encore Frank Sinatra pour le dîner de ses quatre-vingts ans, et le vieux crooner qui vint faire du gringue, lui coller un baiser sur les lèvres sans savoir, confiera-t-elle, à qui il avait affaire : « Je devais lui plaire, c'est tout[27]. »

Rien que de fréquenter ce monde-là, dit-elle, donne de la sophistication. Elle dira aussi, même si « aucun homme » ne l'a jamais influencée, que de côtoyer Johnny Depp l'a rendue plus glamour. « J'ai toujours aimé m'habiller chic. Sauf qu'avant je n'avais pas de soirées, pas de premières de films où aller[28]. »

Il lui apporte cela, l'ouverture sur un autre univers, mais elle ? La légèreté, écouter Barry White et se tortiller sur *Dancing Queen* d'Abba, le faire rire, lui mettre une raclée au gin-rummy, une variante du rami, et à toutes sortes de jeux de cartes qui les occupent beaucoup. Depp précise, avec la sincérité teintée d'ironie qu'on retrouve dans tous ses entretiens : « C'est une fille formidable, très intelligente. On forme une bonne équipe parce qu'elle a le sommeil léger ; même frappé avec une batte de base-ball, je ne me réveillerais pas, alors qu'elle entendrait une épingle tomber ; je me sens protégé[29]. »

À Croydon, Peter Moss suit de loin les aventures de sa fille, grâce aux tabloïds et à quelques coups de fil, et celui que l'on ne convie pas à ces agapes lance tout fiérot dans un magazine : combien se retrouvent à dîner avec Nicholson ? Étranges que ces relations familiales hier si libérales, aujourd'hui presque resserrées par l'entremise de la presse à sensation – et Kate Moss d'évoquer en riant la gronderie de Linda : « La prochaine fois que je te vois en photo avec une cigarette à la main, je te tue[30] ! »

Elle se fera souvent critiquer, par des ministres ou des médecins, pour sa tabagie qui donne un si mauvais exemple ; jamais elle n'arrêtera. Cela fait partie du personnage : comment pourrait-elle freiner, comment pourrait-elle ne pas adorer cette vie qui fonce à cent à l'heure ? Le magazine *Playboy* les sacre, elle et Johnny, « roi et reine du jeune Hollywood » : « Ils sont beaux, maigres, archifumeurs, avec cet air de sexe et de tragédie[31]. » La phrase pourrait aussi bien s'appliquer au couple qu'elle formera avec Pete Doherty. Des garçons entourés d'un halo de danger, qui se distinguent par leur allure de dandy et leur mépris des convenances, capables de la plus grande prodigalité et de la plus vaste inconstance.

Pour l'instant, l'acteur lui fait découvrir les collines qui plongent dans le Pacifique.

Johnny Depp et Kate Moss s'installent dans une vie hollywoodienne qui sait être normale bien qu'ils descendent le plus souvent à l'hôtel, la maison de Depp dans Laurel Canyon ayant été endommagée par le tremblement de terre de janvier 1994.

Ils vont manger des glaces et des Big Macs, faire du shopping, ils se découvrent un goût similaire pour les parcs d'attractions où l'on crie à perdre haleine quand on a peur, et celui de Magic Mountain avec ses montagnes russes ultrarapides, fréquentées tôt le matin pour ne pas avoir à signer trop d'autographes, leur plaît particulièrement.

On ne les voit pas, en revanche, offrir aux paparazzis les clichés de la star californienne lambda, sortant d'un club de sport en survêtement ou d'un supermarché le Caddie plein de céréales et de bières. Peut-être ont-ils des gens pour faire leurs courses, peut-être n'aiment-ils pas le sport ; Kate Moss n'a jamais dit sa passion de l'exercice physique hormis, plus tard, le yoga. Le fait est qu'ils observent, par hasard ou réticence, une réserve qui les maintient tout en haut de l'échelle du style. Celui de Johnny Depp mélange le cuir et le jean, les grosses bottes et les colifichets, le regard de rebelle et la pilosité savamment négligée : cheveux mi-longs et barbe de quelques jours. Celui de Kate Moss est plus décontracté encore ; distinction bohème, fripes, cuir.

Un style qui s'affirme dans le négligé étudié, une histoire d'amour avec un acteur sombre et romantique ; est-ce cela qui fait de la Néo-Californienne, éloignée pourtant des centres névralgiques de la mode, la fille que tous les magazines se disputent ? Les derniers mois de 1994, on compte : le *Harper's Bazaar* ; *Allure* à trois reprises ; le *Elle* anglais ; des shootings aux Seychelles, à Rome, à Paris, à Londres, au Mexique. Il y a les défilés, aussi, la transhumance des fashion weeks pour laquelle on perd de l'intérêt : « Quand j'ai commencé, je voulais être la meilleure ; maintenant que les choses arrivent plus facilement, je ne sais plus trop ce que je désire au fond, parce que je n'ai plus à batailler autant[32]. »

Surtout, la mode a un goût bien fade comparée à Hollywood. D'après l'ami James Brown, les gens l'invitent à dîner et les fax arrivent sans cesse, qui lui proposent des rôles importants pour des sommes vertigineuses. Elle décline toujours, dit-il, « parce que le cinéma entraîne un tout autre degré de notoriété ; et cette gloire-là n'intéresse pas Kate[33] ». Quoique noble, l'explication mérite d'être nuancée. Linda Moss n'était-elle pas persuadée que sa fille, à l'âge de dix ans, rêvait de devenir actrice ? De 1993 à 1999, Kate Moss évoquera souvent cette possibilité. Du bout des lèvres néanmoins. Comme si elle avait conscience des limites de son talent. Comme si elle savait que sa nonchalance affichée, qui lui a permis d'atteindre les sommets du mannequinat, ne suffirait pas, cette fois-ci. En 1992, on lui avait demandé d'auditionner pour le rôle de Lucy dans le film de Francis Ford Coppola, *Dracula*, rôle qui échut finalement à sa future meilleure amie, l'actrice anglaise Sadie Frost. Ne pas être retenue ne l'étonna guère : ce métier est « quelque chose qu'on doit vouloir plus que tout[34] ».

À Hollywood, la donne change. On est au cœur de l'industrie, elle y vit avec un acteur. Fred Vermorel raconte qu'un réalisateur l'avait convaincue de tourner dans son film, et Johnny soutenue, mais qu'elle s'était rétractée quelques jours avant le tournage, ne se sentant pas prête. L'histoire, jamais commentée par Kate Moss et dont il n'existe aucune trace, est-elle véridique ? Si oui, outre le fait d'informer sur son caractère, pas si fanfaron, ça en dirait long sur le basculement d'époque : dans les années 00 de Paris Hilton, où le compte en banque et le mode de vie permettent de s'improviser star de la chanson ou du cinéma, qui aurait pu résister à une tentation pareille ?

Peut-être la fréquentation de Johnny Depp, et son intégrité, l'ont-elles influencée. Pourtant, le couple ne parle pas de ses désirs de cinéma à elle si ce n'est, entre deux encouragements, pour les étouffer. « Johnny m'a dit : tu ne vas pas nous faire le coup du "je veux être actrice" ? Il pense que ce serait passer d'un boulot de marionnette à un autre[35]. » Belle vision de son travail à elle ; de l'avenir de sa chérie devant la caméra ; de sa propre conception, aussi, du métier d'acteur.

Après leur séparation, l'envie de films restera. En 1999, elle répétera une pièce de David Mamet avec deux amis, un comédien et un réalisateur ; les résultats, confiera-t-elle, sont « encourageants[36] ». La même année, alors qu'elle ambitionne de jouer dans un film aussi dense que *Breaking the waves* de Lars Von Trier, un journal anglais annoncera son apparition dans la comédie *Blow Dry* ; elle aurait « charmé » le producteur Harvey

Weinstein lors d'une fête[37] ; le long-métrage, néanmoins, se fera sans elle. Il y aura aussi, en 2004, quelques cours donnés par Gwyneth Paltrow et une proposition, semble-t-il, de jouer dans un film de Stephen Fry, également déclinée. En 2006, on l'annoncera au casting des *biopics* de Michael Hutchence puis de Dusty Springfield – aucune suite, là encore.

Elle se contentera de plus léger : après celui de Johnny Cash, les clips de Primal Scream, Elton John, Robbie Williams, Marianne Faithfull ou des White Stripes ; les participations à la série *French & Saunders* et à *Little Britain*, une comédie très populaire en Angleterre. Une fois remisés ses rêves de cinéma, elle dira : « Un mannequin, c'est définitivement ce que je suis[38]. »

Johnny Depp ne la pousse peut-être pas à changer de carrière, mais il sait se montrer attentionné. Après des vacances de fin d'année dans la neige d'Aspen, au Colorado, il organise, le 16 janvier 1995 à Los Angeles, un anniversaire surprise pour les vingt et un ans de Kate Moss. Elle ne se doute de rien quand il lui demande de mettre une jolie robe ; « mais je n'en ai pas », répond-elle, finissant par en dénicher une, longue, en soie rouge, que Johnny raccourcit à la hâte avec des ciseaux[39]. Aucun soupçon non plus quand il doit, avant d'aller dîner, passer à son club, le Viper Room. Elle le suit et les rideaux s'ouvrent, théâtralement, dévoilant des dizaines d'intimes venus d'Europe grâce aux largesses de l'acteur ; son émotion est telle qu'elle ira se calmer en coulisses pendant dix minutes, les jambes tremblantes.

Il y a sa mère et son père – son frère Nick est retenu par une session photo –, le copain James Brown, les copines Naomi Campbell, Helena Christensen et Elle Macpherson, le créateur John Galliano et quelques stars pour divertir l'assemblée. Sur scène, Michael Hutchence, le leader d'INXS, reprend *Gloria* de Van Morrison avec Depp à la guitare, puis Gloria Gaynor chante un *I will survive* mélangé de *Happy Birthday*. Un peu plus tard, Depp fait montre d'imagination pour pimenter le moment, d'habitude convenu, de la remise du cadeau ; l'entraînant à l'écart, il lui dit que quelque chose le gratte sous la ceinture, elle y met la main et en retire un collier de diamants. Peu après, son commentaire à elle : « Il est vraiment fou. Mais gentiment fou. Je n'ai pas envie de le dompter. Johnny ne cesse de me surprendre, c'est un vrai romantique[40]. »

On compte aussi, parmi les invités, le jeune premier australien Jason Donovan, acteur du soap opera *Neighbours*, ex-fiancé de Kylie Minogue et chanteur à minettes. Déjà chargé de cocaïne en arrivant, il enchaîne les allers et retours jusqu'à son hôtel pour s'y faire des lignes, et finit par s'évanouir d'une mini-overdose pendant *Gloria*. Un peu plus d'un an après la mort de River Phoenix, ça tombe mal. Donovan racontera, dans son autobiographie, comment Michael Hutchence le fouilla avant que n'arrivent les secours, pour s'assurer qu'il n'avait pas de drogues sur lui. Après quelques heures à l'hôpital, Jason revient présenter ses excuses à Kate Moss et Johnny Depp, qui lui dit : « Freine un peu, mec. » Donovan précisera : « J'essayais de jouer dans la cour des grands, d'être rock'n'roll ; quelle illusion, moi qui n'étais qu'un gamin de Melbourne avec ses hits sucrés[41]. »

Dans la cour des grands, la gamine de Croydon tient désormais son rang et, à l'inverse de Jason Donovan, ne s'y sent pas déplacée. Grâce à Johnny Depp, et à la distance qu'il met par rapport à sa propre starification, Kate Moss parvient à forger sa carapace de petite vedette. Son détachement à lui la rend admirative, aussi. Pour en prendre la mesure, il faut avoir vu cette rarissime et courte interview qu'ils donnèrent en 1995 à une chaîne anglaise, dans l'équivalent de *Télé-matin*, pour soutenir War Child, une organisation d'aide aux enfants victimes des guerres[42]. Calé au fond du canapé, un bonnet de tricot enfoncé jusqu'aux yeux, pas réveillé ou seulement grognon d'être là, malgré la bonne cause, Johnny Depp marmonne. À son côté, Kate Moss tente d'expliquer en quoi consiste War Child, mais ça reste vague. On remarque sa voix, haut perchée, et ses manières d'adolescente. Elle n'arrête pas de se tourner vers lui qui joue au type indifférent, le dévore des yeux comme une amoureuse de quatorze ans. Pas maquillée, pas coiffée, son rire fréquent dévoile ses dents pointues, un peu chevauchantes ; une fille presque ordinaire, heureuse.

Son travail continue ; fashion weeks et voyages au Japon ou en Europe. Il y a aussi l'engagement avec Calvin Klein, chaque saison, et les éditoriaux. Demandée partout, elle dit oui souvent, du moment que c'est facile, rapide, amusant. On la voit dans une publicité télévisée pour des préservatifs suédois, et elle fera en 1995 la couverture de dizaines de magazines : *Allure*, quatre fois, *W*, quatre fois, *Vogue*, deux fois, *Mademoiselle*, deux fois, et *The Face* – pour les plus connus. À quoi pense-t-elle devant l'objectif ? « Au moment où je rentrerai à la maison[43]. » La réponse est la même qu'à Londres, quelques années auparavant ; comme si, passé les premiers frissons de la célébrité, elle (re)commençait à s'ennuyer.

C'est pourtant ce qu'elle préfère – devenir quelqu'un d'autre. Elle y montre une qualité de caméléon de premier ordre, méconnaissable suivant les clichés tout en restant elle-même, d'un naturel rare. En studio, elle donne du *darling* à chacun, inconnu ou pas, elle se plie aux désirs du metteur en images sans être passive et surtout, elle sait comment bouger. « Kate est totalement cool quand beaucoup de mannequins ne sont pas à l'aise, même si elles le cachent bien[44] », dit le photographe Jürgen Teller. Réaliser un éditorial d'une dizaine de pages prend, en général, deux à trois jours. Au début, dans le brouhaha des assistants, stylistes, coiffeurs et maquilleurs, le photographe explique au top model son « scénario » – s'il s'agit d'être une fée poursuivie par des lutins, une maîtresse sadomaso ou une pauvre petite chose romantique. Et peu à peu, Kate Moss posera d'emblée la question : *« What's the story ? »* – Quelle est l'histoire imaginaire, que je m'y glisse. Cela paraît simple, il n'en est rien. « Certaines ne font que porter les vêtements ; des filles comme Kate leur donnent vie. Elle est totalement concentrée, totalement disponible, elle s'offre énormément[45] », dit Willy Vanderperre, qui travaillera plus tard avec elle.

Il y a quelques années, le photographe Nick Knight racontait une session qui dura huit heures, où elle devait prendre mille et une positions, perchée sur un trapèze en ayant l'air absolument décontractée. « C'est un boulot très physique ; elle interprète les choses à merveille et connaît si bien son corps[46]. » Essayez donc, ajoute Knight, de garder une moue sexy pendant cinq heures devant un gigantesque ventilateur qui gonfle vos cheveux, ou tentez le coup du trapèze, vous verrez !

Si pliable et agréable soit-elle, Kate Moss a cependant un défaut ; elle n'est pas forcément à l'heure. Les autres l'étant encore moins qu'elle, ça passe. Question du photographe David Bailey : « Ça fait partie du métier d'être en retard, ou c'est d'instinct ? » Elle : « Je pense que c'est inné, ma mère est ainsi ; mais je le suis d'une heure quand Naomi, beaucoup plus ! » Bailey : « En effet, j'ai travaillé avec elle, trois jours de retard ! Et le matin, vous vous dites, "Bailey, je le ferai patienter des heures" ? » Elle : « Non, c'est juste que ça arrive, comme ça[47]. »

Parce qu'on a d'autres choses à faire, parce qu'on est tellement certaine qu'on vous attendra, quoi qu'il arrive.

On ne fait pas que l'attendre, on la sollicite. Une maison d'édition londonienne, Pavilion, propose à Kate Moss de publier un livre. Carte blanche, elle aux commandes. Elle hésite ; que dire, si jeune ? Mais c'est tentant. Ses apparitions dans des clips vidéo indiquent le désir de n'être pas « que » mannequin, même si elle ne le formule pas aussi clairement qu'elle le fera plus tard. Échapper au statut d'objet, pour une fois, et devenir sujet.

Puisqu'elle s'entend si bien avec les photographes, ce sera donc une recension de leurs clichés, des plus glamours aux plus intimes. Dans cette partie-là, des polaroïds où l'on éclate de rire à l'adolescence, et plus tard avec Vivienne Westwood, Naomi Campbell ou Marianne Faithfull – on ne sait pas quand eut lieu la rencontre avec la chanteuse, qui deviendra une amie proche, ni par qui se fit la connexion ; probablement Johnny Depp.

Les deux pages d'avant-propos de *Kate : the Kate Moss book* lui permettent de s'expliquer, de rendre les hommages qu'il faut – Sarah Doukas notamment –, et de régler quelques comptes. Extraits : « L'idée d'une rétrospective me mettait mal à l'aise. [...] Dire que c'est un livre sur moi est ridicule ; il s'agit plutôt d'une célébration des photographes, du changement, du fait de grandir. Je me sens incroyablement chanceuse d'en être là, je ne sais pas pourquoi c'est arrivé. À mon âge, vingt et un ans, j'ai déjà parcouru le monde entier et tant appris de cultures différentes – une éducation que ne dispense aucune école. [...] Bien sûr, il y a un revers à la médaille ; des quantités de ragots ont été colportés à mon sujet, j'ai été rudement traitée par les journaux. Ce qu'ils ont écrit était tellement idiot que je n'ai jamais pris la peine de répondre. Je peux seulement dire que la meilleure des revanches est le succès. Et que plus ils me rendent visible, plus je deviens invisible[48]. »

Cette dernière phrase est capitale. Fondatrice et emblématique de la tactique « mossienne ». Être vue partout, dévoilée nulle part. Si elle l'appliquera à la perfection en 2008, tout commence en 1995. Précoce.

Dédié à *« Mum & Dad »*, maman et papa, le livre est préfacé par Liz Tilberis, la rédactrice en chef du *Harper's Bazaar*, qui conclut sa présentation élogieuse sur ces lignes : « Même cernée par la fureur médiatique, Kate Moss est toujours restée cool. » Témoins de la décontraction, des fac-similés d'articles sont placés en fin d'ouvrage, qui moquent sa tabagie ou son allure dépenaillée avec baskets et sac plastique à la main, sous le titre : « Il paraît que c'est l'une des plus belles femmes au monde. » Sa plastique occupe bien évidemment les trois quarts du livre, capturée par les plus grands photographes du moment que sont Corinne Day, Mario Sorrenti, Jürgen Teller, Paolo Roversi, Ellen von Unwerth, Roxanne Lowit, Helmut Newton, Patrick Demarchelier, Steven Meisel, Nick Knight ou Glen Luchford. Des images parfois présentées sous forme de planches-contact, le plus souvent en pleines pages, extraites d'éditoriaux et de campagnes de publicité – celles d'*Obsession* signées Sorrenti sont précédées par la phrase, cynique ou naïve : « Pour l'amour, pas pour l'argent. »

Afin de promouvoir le livre, où Johnny Depp n'est mentionné qu'à la quinzième ligne des remerciements, elle se résout à une journée de promotion, cet automne 1995 : vingt-sept interviews à la chaîne. Elle dira par exemple : « Je hais ce sous-titre, *The Kate Moss book* ; c'est évident que c'est un bouquin, et il y a déjà écrit Kate au-dessus, et en plus on voit ma photo ; beurk[49]. » Un journaliste du *Guardian* raconte son entrevue, sans intérêt, écrit-il, hormis l'ambiance : elle est pieds nus, Marlboro Light en main, entourée de son agent qui monte la garde et de ses copines. Chacun joue son rôle à la perfection ; l'agent rit aux blagues de Kate et les copines lèvent les yeux au ciel dès qu'une question un peu audacieuse est formulée, comme le font des gamines de dix ans à qui on demande si elles ont un petit ami [50]. Parfois, elle dit des choses plus profondes : « J'essaie de m'éduquer, vraiment. Apprendre des choses sur l'art, comprendre dans quoi je suis impliquée [51]. »

On découvre aussi, dans ce livre, que Kate Moss mange. Elle termine son introduction par ce post-scriptum : « Je vais dîner d'un énorme steak, avec des tonnes de patates bien grasses et des tonnes de beurre. » On imagine que, venant de la fille accusée d'encourager l'anorexie, ce n'est pas indiqué par hasard. À son crédit, la vie avec Johnny Depp semble plus relâchée, plus gourmande ; des parenthèses dans un quotidien de mannequin fait d'ultra-contrôle.

À New York, le lancement de *Kate* se fête le 11 septembre 1995 dans la galerie chic de James Danziger, à SoHo. Les amis sont là, Naomi Campbell, Helena Christensen, Marc Jacobs, et les membres du zoo mode admirent avec une exaltation multipliée par l'alcool les photos XXL de la petite chose britannique. Arrivée tard, elle passe dire à chacun des invités à quel point il est *« beauuutifuuul »* : on se croirait dans un épisode de la série télévisée *Absolutely fabulous.* Avec son copain Iggy Pop, Johnny Depp s'isole dans une pièce, à l'arrière, le temps de gribouiller une affiche qui condamne les essais nucléaires français dans le Pacifique. Quand ils ressortent et font leur petit sketch, Kate Moss applaudit et se met à crier : « N'achetez pas français, n'achetez pas français ! », avant de réaliser qu'elle tient l'un de ses accessoires favoris, une coupe de champagne. « Merde, tous les champagnes sont Français, non ? » Puis : « Pas forcément, ce n'est qu'un vernissage [52]. »

Les soirées de ce style se succèdent, auxquelles on se rend parce que rien n'est aussi excitant ; ne dit-elle pas qu'une fois les défilés terminés le plus drôle est de « traîner dehors pour s'amuser [53] » ? En novembre, le couturier anglais Tayna Sarne donne une *party* pour célébrer Halloween dans un immeuble abandonné au sud de Manhattan. Sur quatre étages, les cracheurs de feu, charmeurs de serpents et femmes à barbe, pour certains ultra-tatoués, côtoient les stars venues contempler ce petit moment de décadence. On y voit Marc Jacobs, le nouvel entrepreneur du hip hop Russell Simmons, la jeune étudiante Sofia Coppola, qui arrive sans invitation, Harvey Keitel ou Naomi Campbell. Lorsque Kate Moss et Johnny Depp font leur entrée, note avec malice le chroniqueur des nuits du *New York Times*, c'est sous d'extravagants masques qui ne préservent évidemment pas leur anonymat.

On dirait du Fitzgerald, l'écrivain qui semble avoir existé, aussi, pour livrer aux jeunes gens pressés de la fin du XXe siècle de flamboyantes destinées auxquelles il est si tentant de s'identifier même si, et surtout si, ces destinées se consument en trop de luxe et petits matins de cendre froide. Dans *Tendre est la nuit* il est écrit, à propos des amours de l'héroïne, Nicole : « Les gens qui l'attiraient, des révoltés pour la plupart, l'angoissaient et lui étaient néfastes. Elle était à l'affût de cette force vitale, qui avait fait d'eux des indépendants, des créateurs ou des têtes brûlées, mais elle la recherchait en vain. Car le secret de cette force vitale était enfoui au plus profond de leur enfance, au milieu de combats qu'ils avaient eux-mêmes oubliés. De leur côté, ce qui les attirait en elle était son charme, l'harmonie de ses traits, sa beauté extérieure[54]. »

Kate Moss s'est-elle identifiée à Nicole ? On reparlera de Fitzgerald, son auteur préféré ; au fil des années, ses livres seront le miroir dans lequel elle tentera de déchiffrer son existence et de lui donner du lustre, à défaut, peut-être, d'y trouver un sens.

Gaie et insouciante, elle vit, sans s'en rendre compte, les meilleurs instants de son histoire américaine. La suite sera moins éclatante.

L'ennui avec Johnny

Les fêtes de la fin 1995 se déroulent à Aspen, comme l'année précédente, et Nick Moss est là pour les accompagner sur les pistes de ski. Puis ce sera la Jamaïque avec entre-temps une fête à Londres à l'occasion des vingt-deux ans de Kate, quarante personnes dans un restaurant et l'addition réglée par Johnny Depp – y compris celle d'une journaliste du *Daily Mirror*, alertée par l'établissement, qui arrive en plein milieu de la soirée pour faire sa paparazzi et finit à leur table. Une anecdote parmi les milliers d'un quotidien constamment scruté, espionné, trahi. Kate Moss boycottera le lieu pendant deux ans avant d'y revenir : « Quelle est la solution ? Rester fâché pour toujours ? Si on commence à avoir ce genre de ressentiment, ça veut dire que les tabloïds ont gagné[55]. »

Sur les plateaux de cinéma, Johnny Depp, qualifié depuis ses débuts d'acteur décalé, rentre presque dans le rang avec le thriller *Donnie Brasco*, qu'il tourne début 1996 dans les rues de Manhattan. Les cheveux ras, la moustache et un petit polo qui le changent de son habituelle dégaine grunge, il interprète un agent du FBI infiltrant la mafia new-yorkaise. À la sortie du film, les gens du métier expliqueront qu'enfin, Depp joue un rôle d'homme. « Je n'ai pas vraiment compris ce que ça voulait dire, confiera-t-il. Pourquoi était-ce un rôle d'homme ? Parce que j'ai démoli deux types ? Parce que j'ai embrassé une fille et fait l'amour ? Je crois que c'est pour ça. J'avoue que ça m'a fasciné[56]. »

Outre son allure de tous les jours, qui ne correspond pas aux canons de la virilité bien dégagée derrière les oreilles, Johnny Depp est un homme qui se pose la question de la masculinité, à l'instar d'un Kurt Cobain hier : comment être un garçon à la fin du xxe siècle sans enfiler l'habit de macho porté par les pères et une bonne partie du « sexe fort », sans appartenir aux catégories marketing que seront bientôt les « métrosexuels » ou « übersexuels », inventées, parie-t-on, pour soumettre le dernier bastion rétif à la consommation de mode – les hommes. Après Depp, les deux grandes amours de Kate Moss seront de la même trempe ; Jefferson Hack, l'éditeur au physique d'elfe blond, au caractère posé et réservé ; Pete Doherty, le chanteur au physique d'elfe brun, qui eut des aventures avec des garçons et dont le comportement, pour explosif qu'il soit, s'avère aussi très sensible.

Dans son genre, Kate Moss n'est pas si marquée, si féminine non plus. Malgré les petites blouses et les minishorts, malgré les robes grand style, elle échappe au chichi vestimentaire qui semble parfois inhérent à son sexe. Quand elle porte des volants, c'est avec des bottes de cuir ; un perfecto, avec des ballerines – casser l'uniforme, toujours.

Côte à côte, à moins qu'ils ne fassent des efforts pour une soirée de gala, on prendrait Johnny et Kate pour des frère et sœur, membres d'un groupe de rock en perpétuelle tournée mondiale. Ils en ont le tempérament. Elle s'est affirmée grâce à la mode, elle a appris à dire non. Lui savait depuis longtemps. Leurs caractères sont explosifs, et si ni l'un ni l'autre ne font jamais état de batailles, les journaux populaires, ainsi que les plus sérieux, tiennent la chronique d'affrontements fracassants. À une journaliste, Kate Moss explique qu'elle « ne veut pas détailler » leurs « légendaires hauts et bas, ruptures et réconciliations [57] ». Une autre journaliste, qui les rencontra plusieurs fois, dira qu'ils étaient « aimantés par une obsession mutuelle, nourrie de jalousie et de disputes, émaillée de ruptures en chambres d'hôtels et de retrouvailles désespérées – tous deux dévorés par l'angoisse [58] ».

Quand les humeurs sont paisibles et que Johnny ne travaille pas, la vie est « fantastique » affirme Kate : « Nos potes passent, on sort sans cesse, on s'amuse [59]. » Mais il travaille beaucoup. Peu à peu, leur quotidien devient celui de l'absence ; les emplois du temps ne coïncident guère, les coups de fil ne pallient pas le manque. Lorsqu'elle lui reproche son éloignement sur les tournages et trouve sa vie si « ennuyeuuuuuse », il répond : « Eh bien, va faire du shopping [60] ! »

Bientôt, les fripes de Los Angeles sont une distraction qui lui permet d'approfondir son sens du style ; c'est là, bien plus que dans les grands magasins qui ne proposent, dit-elle, « que des panoplies d'*executive women* [61] », qu'elle peaufine le mélange des genres qui sera sa marque, des années plus tard. Elle s'occupe aussi, quand elle n'a pas d'engagements, à des « déjeuners merdiques entre filles [62] » et quelques mondanités. La palette du superficiel qui comble l'existence des femmes riches et délaissées. Mais elle n'est pas assez âgée, ou fataliste, pour se glisser dans ce confort-là. Le vague à l'âme la submerge : « Moi qui ne suis pas quelqu'un de dépressif, j'allais vraiment mal [63]. »

Il est temps de faire autre chose, de replacer pour de bon ce corps dans l'univers où il est roi, la mode.

En 1996, Kate Moss se partage entre New York, où elle et Depp louent vers Washington Square un appartement pour lequel elle a couru les boutiques de décoration et rapporté un énorme ours en peluche, et Los Angeles, où il a fini par acheter une maison biscornue qui appartenait à Bela Lugosi. Connu dans les années 30 pour son rôle-titre dans *Dracula* et d'autres films d'épouvante, l'acteur tomba ensuite dans un oubli dont le sortit, à peine, le vrai Ed Wood le temps de quelques longs-métrages. La vieille demeure, qui servit de décor à plusieurs scènes du *Magicien d'Oz*, est hérissée de petits toits pointus, et ses fenêtres dissimulées derrière de grandes arabesques en fer forgé blanc. Et pour souffler il y a Paris, la ville dans laquelle Johnny aime se fondre parce que sa magie, dit-il, est comparable à celle de Kate.

En mars ils se retrouvent à New York ; lui tourne *Donnie Brasco,* elle arrive pour la fashion week après un mois de transhumance mode. « J'ai fait Londres, Milan, Paris sur un rythme fou. En arrivant ici, j'ai cru que j'allais craquer et j'ai dit aux couturiers : “Désolée, il faut vraiment que je m'en aille.”[64] » Sur un coup de tête, Johnny l'emmène à Chicago y admirer John Malkovitch dans une pièce de théâtre ; deux jours de parenthèse avant de revenir, plus légère, honorer ses derniers défilés.

Comme quatre années auparavant et le coup de blues des débuts américains, à force de trop d'engagements et de voyages, Kate Moss ne supporte plus ce qui la définit : ce statut de super-mannequin. Éloignée des podiums, elle tournait en rond et se cherchait un but ; de retour, elle se lasse aussi vite. Toute sa carrière sera marquée par ce jeu entre l'ombre et la lumière : la volonté de s'accomplir en dehors de la mode, la nécessité d'y revenir par confort ou par défaut et, à chaque reprise, la sensation de s'y sentir décalée. Elle lâche alors, à propos de son ouvrage paru l'année précédente : « Je ne me sens pas à l'aise avec le fait de me “vendre” en tant que top model ; et pourtant je ne peux que dire, encore et encore, que je suis mannequin[65]. »

Kate Moss est prise à son propre piège. Maintenant qu'elle est devenue la meilleure, affichant un contrat avec Calvin Klein, un livre remarqué, les éditoriaux les plus courus, un amoureux que tout le monde lui envie, que lui reste-t-il à accomplir ? Ces mois de 1996 marquent un tournant : c'est la première fois que s'expose aussi franchement le paradoxe au cœur de la vie de Kate Moss. Peut-on se passer de la célébrité quand on n'a connu que cela ; et surtout, comment exister autrement qu'en image de papier glacé ? En 2008, l'âge aidant, elle commencera à trouver une réponse au dilemme, se retirant mais pas tant que ça – elle sera alors sa propre entreprise, ce sera plus facile.

Juste après la saturation new-yorkaise, on lui demande : pourquoi continuer ? « Pour l'argent et parce que c'est amusant d'habiter, entre mannequins, dans le même hôtel[66]. » Elle pourrait faire semblant, et parler de la joie de collaborer avec des couturiers mais non : son implication se résume au portefeuille et aux *« hang out »* – les sorties. La fille célébrée par la mode avouant ne s'intéresser qu'aux largesses du milieu, quelle franchise, rare. S'il y a bien un mot d'elle qu'on retrouve à chaque interview, c'est celui-ci : le *« fun »*. « Je devenais dingue pendant les fashion weeks, à courir partout et mal manger. La plupart des filles rentraient se coucher et je n'y arrivais pas, je voulais continuer. Je retrouvais les copines, on traînait la nuit avec neuf shows à assurer le lendemain. C'était une sorte de cirque[67]. »

Ses rapports avec le monde de la fashion sont ambivalents : quand on est la préférée des magazines, il faut savoir plier, quitte à en sortir mécontente. En mai 1996, elle raconte une mésaventure survenue le mois précédent en couverture du *Vogue* anglais, consacré aux marques de vêtements bon marché qu'on appelle *« High street »* en Grande-Bretagne parce que ces marques-là, comme Topshop, occupent les rues principales – *high streets* – de chaque ville britannique. « Je leur avais dit que je n'aimais pas ce genre de créations ; que je préférais les fripes ou alors un beau pull en cachemire griffé ; ils m'ont répondu qu'ils allaient quand même écrire que je portais ces fringues, et ils l'ont fait[68] » – le journal démentira l'affaire, et elle n'en reparlera plus. Dans ce numéro de *Vogue*, Kate Moss délivre aussi ses conseils puisque la mode l'intéresse lorsqu'il s'agit de choisir quoi mettre. On apprend qu'elle possède une centaine de paires de chaussures Manolo Blahnik et qu'elle collectionne « les pièces des années 20, les vieilles dentelles et les robes des années 30 ». Les habits, précise-t-elle, « sont une extension de ce qu'on est ; ça peut paraître superficiel mais les gens regardent ce qu'on porte ; c'est une façon très forte d'exprimer sa singularité [69] »

Selon les gens du métier et les stylistes des magazines « elle est fascinée par l'architecture des vêtements », s'y connaît mieux que la plupart de ses consœurs et sa liste des « in » et « out », quoique peu révolutionnaire, a déjà valeur de commandement : « Mélanger les univers – vintage, basique, couture – ; oser des choses inattendues ; faire attention aux détails ; ne pas se laisser trop influencer par les tendances [70]. » Culotté pour quelqu'un qui tire son occupation, et sa fortune, du renouvellement incessant des tendances. Entre sincérité et cynisme, on parie pour une franchise un peu naïve.

Cette année-là, malgré ses réticences, Kate Moss est plus que jamais au cœur du système : outre les défilés, une publicité pour Versace où elle apparaît les cheveux frisés, photographiée par Richard Avedon ; une autre pour les produits laitiers Milk, avec la lèvre supérieure ornée d'une fine moustache de lait – quelques rares exceptions autorisées par le contrat d'exclusivité qui la lie à Calvin Klein. Les photographies illustrant la campagne de saison CK, justement, créent un miniscandale. À nouveau. On la voit parmi d'autres jeunesses, l'air ce qu'il faut d'envapé. Ces images-là sont vite surnommées *« heroin kids »*, et suscitent leur lot de remarques indignées. Comme prévu.

Kate Moss y est abonnée. En avril 1996, le magazine *Playboy* publie un vieux cliché d'elle cigarette à la main. Les réactions sont démesurées. On affirme, dans une émission de télévision, qu'elle donne le mauvais exemple ; une représentante de l'Association américaine de lutte contre le cancer explique au *New York Daily News* qu'elle exerce une terrible influence sur la jeunesse. Ayant déjà été accusée d'encourager la maigreur, la drogue et la pédophilie, Kate Moss dit : « Non seulement je provoque l'anorexie, semble-t-il, mais aussi le cancer du poumon. Des types comme Stallone tuent des centaines de gens dans les films, et c'est moi qui représente un danger. Pour quelle raison devrais-je être irréprochable ? Demande-t-on la même chose aux rock stars ? Non[71] ! »

Elle n'a pas compris qu'une icône de papier glacé se doit d'être figée dans la perfection. Les supermodels ont beau doucement disparaître, la plupart des marques restent persuadées que les consommateurs ne s'identifient qu'à des figures impeccables. À moitié nues bien sûr, mais fondamentalement saines. Kate Moss sera l'un des indicateurs du changement d'ère : finie la respectabilité, bonjour le trash. Elle s'apercevra que les polémiques construisent sa légende, qu'exprimer ses humeurs augmente son crédit auprès d'une industrie qui a flairé, assez vite, le retournement de mentalité. Bientôt, les stars qui se tiennent au centre de la machine culturelle et capitaliste clameront qu'elles ne sont ni dupes ni vendues, et cette posture s'étendra à l'entière société du spectacle – chanteurs, plasticiens ou mannequins : on y gagne un vernis de rebelle cool. Et pour le commerce, c'est un argument de vente supplémentaire : en embauchant des idoles iconoclastes, en récupérant la contestation des mouvements alternatifs avec des publicités « modernes » – graffitis intégrés, humour au quatrième degré et images « laides » –, les marques prouvent qu'elles sont dans le coup.

En 1996, le premier degré domine encore ; Kate Moss aidera les annonceurs à passer au second. Ils vont utiliser sa trangression connue de tous – les photos osées ! les polémiques ! – pour séduire des générations, jeunes ou moins jeunes, habituées à ce que le scandale permanent s'affiche dans l'espace public par le biais des émissions télévisées, de la presse à sensation, des anecdotes intimes complaisamment étalées. Qui pourrait toucher les consommateurs mieux que ce mannequin pas comme les autres, qui ne fait pas semblant puisque chacun de ses excès se retrouve, chaque semaine, dans chaque magazine people de chaque pays ? Est-ce pour saluer ce basculement, et récompenser l'omniprésence boudeuse de Kate Moss, que la chaîne musicale VH1, qui appartient au groupe MTV, la consacre « mannequin de l'année » 1996 ? Probablement.

À l'automne, elle est en Europe pour les fashion weeks quand Johnny Depp réalise son premier film, *The Brave*, dans le désert de Mojave. Éloignés, encore.

Sent-elle que l'amour se défera dans quelques mois, que ce sera l'heure des bilans ? Dresse-t-elle déjà la liste de ce qu'elle a appris en Amérique ?

Qu'un « bad boy » cassant une chambre d'hôtel sera toujours pardonné, c'est même inhérent au concept de mauvais garçon. Aux « bad girls » l'absolution est moins facilement accordée, on leur tient rigueur d'être sorties de la douceur. L'opprobre passé, l'amour du public revient en même temps que l'intérêt de l'industrie du cinéma, ou de la mode, pour ces hors-la-loi au fabuleux potentiel commercial – Johnny Depp et Kate Moss, chacun à leur façon, valent très cher à la bourse pop moderne. Première leçon : on se relève toujours ; *I will survive*, comme chantait Gloria Gaynor pour ses vingt et un ans.

Elle apprend aussi qu'il faut savoir se taire. Elle découvrira l'ascendant incroyable du silence sur le brouhaha – on n'entend que lui. Au fil des interviews que Kate Moss donne ces années-là, on découvre une pipelette très franche qui s'emploie, peu à peu, à dompter sa parole. Johnny Depp est un bon professeur. Il déclare par exemple : « Ma relation avec ma petite amie n'est pas quelque chose que je partage volontiers, et surtout pas avec un type armé d'un magnétophone. Ça ne regarde que nous. Je préfère raconter à la presse que je baise des chiens, des chèvres ou des rats plutôt que de compter sur elle pour écrire quoi que ce soit de réel sur notre histoire[72]. »

L'acteur se laisse aller, malgré tout, à quelques confidences. Un jour, Kate est « l'être humain qui se rapproche le plus du chat[73] », un autre, on lit que leur relation est toujours « fantastique, très drôle, très naïve[74] » – pour la première fois, lors de cette interview à *Vanity Fair* réalisée peu avant leur rupture, Johnny Depp autorise le journaliste à contacter Kate Moss : a-t-elle des choses à raconter sur lui ? Elle fera savoir par l'intermédiaire de son agent : rien, c'est privé, je ne parle pas.

Même dans ses accès de sincérité, Johnny Depp maîtrise son récit ; il se maîtrise moins quand rôdent les paparazzis, ces envoyés du diable qu'il moleste de temps à autre, ça doit le défouler. Sur ce terrain, il est l'exact opposé du fiancé rocker de

Kate Moss dix ans plus tard, Pete Doherty. Engagé dans une danse hasardeuse avec la célébrité, Doherty considérera parfois les échotiers et voleurs d'images comme des amis qui édifient son mythe, ou les témoins de sa déchéance à qui demander de l'argent ; parfois comme des rapaces fondant sur sa pauvre carcasse. Et Kate Moss en pâtira, ô combien, alors qu'occupée à appliquer la deuxième leçon apprise avec Johnny Depp : bâtir soi-même son image de personnage public, et si la presse people brode, laisser dire.

Elle s'aperçoit, aussi, que son amoureux ne semble vivre que pour le cinéma. La réalisation de *The Brave*, qui raconte l'histoire d'un jeune Amérindien dans un bidonville d'Arizona se retrouvant mêlé, pour survivre, à la production de snuff-movies, n'en finit plus. Le tournage l'occupe entre seize et dix-sept heures par jour, et Johnny Depp dira de cette expérience qui l'a rendu « dingue » : « Ma copine était à Londres ou ailleurs, sans la moindre idée de ce que je traversais [75]. »

À Londres ou ailleurs, Kate Moss comprend qu'à vingt-deux ans, il est trop tôt pour se contenter d'un foyer désert. Elle flirte depuis toujours avec la musique ; désormais sa vie sera vraiment rock'n'roll. Elle a les connexions qu'il faut pour ça. À New York elle fréquente Marlon, le fils du Rolling Stones Keith Richards ; à Londres ou Ibiza sa copine s'appelle Jade Jagger, la fille de Mick qui règne sur la jet-set de l'île espagnole. Elle est aussi l'amie de Noel Gallagher, le guitariste d'Oasis, et de sa femme Meg Matthews. Avec eux et Johnny, elle a passé des vacances sur l'île Moustique quelques mois auparavant, pendant l'été 1996. Plusieurs jours d'étalage de serviettes et de crèmes bronzantes avant de se rendre, tous ensemble, à Londres pour la reformation des Sex Pistols, un concert où le chanteur Johnny Rotten lança : « On est gras, quadragénaires, et de retour [76] ! » Cette tranche d'histoire anglaise – les Pistols ! –, pour émouvante ou pathétique qu'elle soit, la touche moins que la « brit-pop » qui enflamme le royaume. Les guitares sont de retour, les groupes jouent une pop inspirée des sixties, les garçons d'Oasis sont ses copains et elle fait imprimer, pour ses proches, des tee-shirts *« Jarvis is Jesus »* – du nom du chanteur de Pulp, Jarvis Cocker.

Troisième et dernière leçon : se comporter comme une rock star, à défaut d'en être une.

À mesure que Kate Moss explore le rock'n'roll, sa cotation people, déjà élevée de par son lien avec Johnny Depp, s'envole. Dorénavant, on la verra plus souvent en « civil » dans les magazines de célébrités qu'en top model pour journaux féminins. Cette transition est décisive : de mannequin au goût reconnu par les professionnels de la mode, elle devient une figure populaire qui développe un style observé par la terre entière – jeans et lunettes mouches, pièces couture et habits vintage.

L'icône qu'on connaît aujourd'hui est en train de naître. Et Johnny Depp de disparaître ; *The Brave* à peine terminé, il redevient acteur pour l'un de ces projets grandioses et compliqués qui lui plaisent tant : l'adaptation de *Las Vegas parano*, le livre écrit dans les années 60 par Hunter S. Thompson, reporter pour le magazine *Rolling Stone*, qui inventa ce qu'on appelle le style « gonzo » : pour la première fois, la narration des faits, largement déformée par la prise de drogues, se déroule à la première personne. *Las Vegas parano* raconte son voyage sous acides dans la capitale du Nevada pour y suivre une course de motos. Lu par des générations de hippies et de rockers, le roman est l'un des préférés de Depp. Plus méticuleux qu'un élève de l'Actors Studio, il prépare son rôle pendant des mois, rendant visite presque chaque jour à Hunter S. Thompson, lui posant mille et une questions, lui empruntant des vêtements, son allure, son phrasé.

Quand vient le festival de Cannes, en mai 1997, Johnny Depp et Kate Moss s'y rendent ensemble. L'accueil réservé à *The Brave,* guère enthousiaste, le froisse d'autant plus que le projet lui était si personnel. Cela contribue-t-il à la fin de leur histoire ? Le fait est qu'elle se termine juste après. Suppose-t-on. Si les journaux en font état avec force détails – dans la même ville ou le même hôtel, ils ne se croisent pas ; Kate aurait un nouveau boyfriend, etc. –, eux ne diront rien, publiquement, de leur rupture avant un an.

Peut-être Kate Moss a-t-elle précipité les choses, appliquant le « meilleur conseil » que lui ait jamais donné sa mère : « Ne laisse pas les hommes te traiter comme de la merde[77] » – on imagine bien Linda, entre son époux Peter et son amant Geoff, suivre la phrase à la lettre.

Johnny Depp, qui confiera que Kate est partie par sa faute, semble endosser la plus grande part des responsabilités. « Je peux être pénible et me comporter de façon très énervante, surtout quand je suis sur un film et que ça ne se passe pas comme prévu[78]. » Sauf qu'autre chose a compté, avance-t-il : son désir à lui d'avoir des enfants. « J'ai cru qu'elle serait ravie, j'avais tort. La maternité n'était pas à son programme. Ce fut un vrai choc pour moi[79]. » Kate Moss n'a jamais commenté ces déclarations. En matière de réserve et d'élégance, l'élève a dépassé le maître. Les tabloïds, pendant des années, écriront qu'elle ne se remet pas de Johnny ; elle dira, en 1999, qu'il fut le seul homme dont elle ait jamais été amoureuse : « Ça n'a pas marché pour des tas de raisons, je pense, des deux côtés[80]. »

Les mois suivant la séparation, ils se retrouvent parfois ; un concert des Rolling Stones à New York pour son vingt-quatrième anniversaire à elle, le 16 janvier 1998 – ils finissent la soirée avec Marlon Richards, Ron Wood et Helena Christensen ; la première de *Las Vegas parano* au festival de Cannes, la même année. À ce moment-là, Depp révèle officiellement la rupture, dit qu'ils se sont quittés, qu'il est « seul » quoique toujours proche d'elle, une « fille fantastique, pure, douce et aimante[81] ».

Puis il se rend à Paris tourner *La Neuvième Porte* de Roman Polanski et croise à l'hôtel Costes une jeune gloire française, Vanessa Paradis, un soir de juin 1998. La fille de *Joe le taxi*, celle qui sifflotait dans sa cage dorée pour la publicité Chanel, celle qui jouait au cinéma et inspirait Serge Gainsbourg, celle qu'avait initialement choisie Calvin Klein en 1993, avant de se rabattre sur la fille de Croydon : elle deviendra vite sa compagne, lui fera deux enfants et en 2008, partage encore sa vie.

Fred Vermorel avance que Vanessa Paradis, au milieu des années 90, avait réalisé tous les rêves de Kate Moss. Qu'elle était une sorte de Kate, en mieux. Vu d'Angleterre peut-être. Comme nul n'est prophète en son pays, on dira plutôt, vu d'ici, que Johnny Depp a rendu crédible le personnage de Vanessa Paradis. Il lui a donné une aura cool et rock'n'roll qu'elle avait peut-être avant, mais que, selon nous, Kate Moss possédait mille fois plus.

L'intermède américain touche à sa fin. Dans le sillage de Kate Moss en partance pour l'Europe, la mort d'un jeune homme à la beauté fragile déclenche une ultime controverse.

Le 4 février 1997, Davide Sorrenti, le jeune frère de Mario, succombe à New York d'une overdose d'héroïne. Il avait vingt ans, il avait vécu sous le même toit que Kate Moss quand celle-ci habitait chez les Sorrenti, il était en train de devenir le petit chéri de la fashion new-yorkaise qu'il aimait photographier, comme son frère, avec une acidité mélancolique. La nouvelle ne fait pas grand bruit jusqu'à ce qu'Amy Spindler, la journaliste mode du *New York Times,* publie le 20 mai un article retentissant. Selon elle, l'industrie de la mode vit depuis des années dans le « déni », celui qui consiste à dire que l'usage de l'héroïne n'a aucun rapport avec le style *heroin chic* qui envahit les pages des magazines.

Après la mort de Davide, qui apporte la preuve de cette hypocrisie, les choses vont peut-être changer, écrit-elle. Et de citer une réunion de photographes chez *i-D*, le mensuel britannique qui, bien avant d'autres, a fait éclore une nouvelle génération adepte d'une représentation du réel si crue qu'on l'associe aux drogues – Jürgen Teller, Terry Richardson, Craig McDean ou David Sims. Une réunion à l'issue de laquelle il est dit : « On ne recherche plus d'images liées à l'héroïne. » Cachez ces clichés qu'on ne saurait voir ! Les photographies de Kate Moss signées Corinne Day, puis Mario Sorrenti, avaient donné naissance à ce courant dont la plus jeune figure, Davide, venait de mourir. Avec le recul, Mario expliquera : « On essayait juste de faire quelque chose d'inédit, d'apporter du réalisme. Et d'un seul coup c'est devenu l'*heroin chic.* J'ai vu des images qui reflétaient vraiment ça, la prise de drogues, je me disais que ces photographes étaient fous. Et il y avait d'autres clichés à côté, les nôtres, qui n'avaient rien de commun avec ça. Les gens, hélas, n'ont pas fait la différence[82]. »

Francesca Sorrenti, la mère de Davide et de Mario, elle-même photographe de mode, connaît les pirouettes de l'industrie pour se protéger. Elle n'est pas tout à fait d'accord avec Mario, elle sait que : « L'*heroin chic* n'est pas ce qu'on projette, c'est ce qu'on est. Notre business est devenu l'*heroin chic.* Celui qui réalise des photos de ce genre sait forcément ce que sont les drogues dures[83]. »

Davide Sorrenti prenait de l'héroïne depuis six mois. Il était aussi atteint d'une maladie génétique, la thalassémie majeure, qui affectait ses globules rouges ; il était transfusé deux fois par semaine et son frère Mario racontera en 2002, dans un livre intitulé *The Machine*[84], l'appareil auquel Davide devait se brancher depuis l'enfance pour recevoir des injections médicamenteuses. D'après Mario, la quantité d'héroïne trouvée lors de l'autopsie était faible, insuffisante pour tuer quelqu'un en bonne santé, mais fatale pour ce garçon à qui l'anomalie sanguine donnait cet air pâle, cette complexion chétive. « Il était devenu le chouchou de New York parce qu'il avait l'air si jeune[85] », expliquera sa mère.

La mort de Davide, quelles qu'en aient été les raisons, devient l'emblème d'une dérive inacceptable. Le lendemain de la parution de l'article d'Amy Spindler, le président américain Bill Clinton condamne l'industrie de la mode. Lui qui avait courageusement exprimé son refus des drogues, jurant n'avoir jamais inhalé la fumée des joints de marijuana, dans sa jeunesse, déclare à la Maison Blanche : « On n'a pas besoin de "glamoriser" l'addiction pour vendre des vêtements ; des créateurs admettent que certaines images produites ces dernières années ont montré l'héroïne sous un jour sexy et cool. La glorification de cette drogue n'est pas créative, mais destructive. Ce n'est pas beau mais hideux. On ne parle pas d'art, mais de vie et de mort. Et glorifier la mort n'est pas bon pour la société[86]. »

L'admonestation résonne fort aux oreilles des vendeurs de rêve. « Il a dit une evidence, explique le responsable éditorial du magazine *W*, et quand c'est le Président qui le dit, on l'entend plus fort ; cela aura forcément de l'effet[87]. » Début juin 1997, l'association des couturiers américains, le CFDA, met sur pied un comité chargé d'y réfléchir, avec autant d'entrain que les fédérations de créateurs, aux États-Unis, en France ou en Angleterre, mettront à se pencher sur l'anorexie, dix ans plus tard. Et le New-yorkais Marc Jacobs de résumer le sentiment qui prévaut dans le milieu : le discours de Clinton est « ridicule », parce que « la mode n'est pas un centre de soins. Que voulez-vous voir ?

Une couverture de *Vogue* avec un mannequin qui boit du jus d'orange[88] ? »

Après le grunge, victime de ses guenilles antiglamour, c'en est pourtant fini de l'*heroin chic*, victime de son glamour tendancieux. Il faudra attendre Tom Ford, un designer pour qui le sexe et l'outrage sont les composantes essentielles d'une bonne communication, afin que d'autres scandales éclatent. Il prendra les rênes de Gucci puis de Saint Laurent, et trônera au tournant des années 00 sur une mode déshabillée et agressive qu'on baptisera *« porno chic »*.

Mais cette fois-ci, Kate Moss ne sera pas de la partie.

Le retour à Londres

La parenthèse refermée sur ses cinq années d'Amérique, qui depuis 1992 l'ont vue grandir et devenir célèbre, Kate Moss rejoint son royaume, l'Angleterre. Elle n'a jamais vraiment habité Londres. Elle y a acheté, puis revendu, des appartements laissés vides qu'elle n'aérait qu'entre deux avions, valise ouverte à même le sol, déjà prête à repartir. Elle n'a jamais eu de « chambre à soi » puisque les siennes étaient partout, ni de maison où l'on ait envie de rester quelques jours avant de recommencer les hôtels, les décalages horaires, les fêtes à l'autre bout du monde. Il est temps.

Alors qu'un nouveau Premier ministre accède au pouvoir, Tony Blair, qui pose avec une guitare au 10 Downing Street et dit aimer le rock'n'roll – une révolution –, la princesse du peuple s'éteint. Le 31 août 1997, au sortir de l'hôtel Ritz à Paris, la voiture de Diana s'écrase contre un pylône de béton ; celle qui avait été le symbole, parmi d'autres mais plus que tous les autres, d'une décennie obsédée par les célébrités, vient de mourir après une dernière course-poursuite avec les paparazzis. La grande île se transforme en torrent de larmes.

La tentation est grande, aujourd'hui, d'établir des comparaisons entre la Kate Moss de 2008 et Diana Spencer ; les commentateurs de la modernité ne s'en privent pas. Leurs points communs ? Blondes, rayonnantes, habituées du Ritz, proies d'une vie amoureuse exposée et d'une popularité démesurée. L'une était de par son mariage une vraie princesse, qui s'est opposée à l'hypocrisie de sa famille d'adoption ; l'autre est une fausse princesse intronisée par les gardiens du temple consumériste, grandes marques et tabloïds, qui s'est opposée à l'hypocrisie de son milieu. Hormis cela, leurs destins ne se ressemblent pas. Diana Spencer était une célébrité malgré elle quand Kate Moss, en dépit de son détachement, fit tout pour le devenir, et le rester ; Diana, après avoir été la cible de la presse, sut l'utiliser à merveille lors d'interviews entrecoupées de pleurs quand Kate, au contraire, alla vers le silence ; Diana se fit la championne des causes humanitaires quand Kate limite pour le moins son implication dans la douleur du monde.

Diana Spencer morte, Kate Moss va occuper la place laissée vacante en devanture des kiosques à journaux ; celle de petite reine pop du Royaume-Uni.

Dans le pays endeuillé, le fond de l'air n'est pas très rock'n'roll. Les bravades d'Oasis et leur guéguerre contre les rivaux Blur, qu'ils insultent à longueur d'articles, ne font plus rire personne. Le son de Bristol, incarné par Massive Attack, Portishead et Tricky, semble presque daté quand arrive la drum'n'bass de Goldie. Les Spice Girls, ce groupe de filles nunuches, vendent des millions d'albums et David Bowie délivre l'un de ses albums de pop électronique, *Earthling*, qui n'intéresse quasiment personne. Les Irlandais de U2 triomphent à travers le monde avec leur tournée *Pop* au moment où Madonna, après des années de purgatoire, devient presque une artiste branchée par la grâce de *Ray of light* et que Björk, avec ses poses de fée sous acide, semble incarner l'avenir de la musique. Rien de bien exaltant.

On ne sait pas comment Linda, Peter et Nick, sa famille, accueillent Kate Moss à son retour d'Amérique. Les occasions de se voir seront forcément plus nombreuses ; en profitera-t-on vraiment ? Peter a refait sa vie, il sera bientôt père d'une petite fille, Charlotte, et Kate Moss rendra parfois visite à cette demi-sœur en âge d'être son enfant ; si Nick a arrêté le mannequinat, on ne sait guère à quoi il occupe son temps ; quant à Linda, la plus proche de Kate depuis toujours, elle fréquentera assidûment défilés et soirées de gala – lors de l'une d'elles, sa fille lui présentera les McCartney, la copine Stella et le père Paul, ex-Beatles. Après les poignées de main, l'ex-barmaid de pub dira : « Je ne me lave plus[89] ! »

Bien plus qu'en Amérique, Kate Moss est suivie par les tabloïds – parce qu'elle est une fille du pays, parce que les journaux y sont plus mordants que là-bas. À l'époque de leur histoire d'amour, l'aversion de Johnny Depp pour le vedettariat faisait écran à la surexposition, ou du moins la célébrité marchait en couple ; désormais Kate est seule, dans une île qui s'empare d'elle comme d'un trésor repris à l'ennemi.

La presse people, et la plus sérieuse aussi, écrivent bientôt *« Our Kate »* – notre Kate – pour désigner celle qui fait partie des emblèmes nationaux. Ce « truc tourbillonnant », ainsi qu'elle appelle la furie médiatique qui la poursuit depuis Johnny, elle en avait pris la mesure quelque temps auparavant, arrivant à Londres pour un concert d'Oasis : les fans, les paparazzis ou les curieux étaient si nombreux à l'aéroport qu'elle dut engager un garde du corps. « Je savais que les gens connaissaient mon nom et qu'il y avait des trucs sur moi dans les magazines, mais je pensais avoir l'air suffisamment normal pour me balader dans la rue sans problème[90]. »

Son rapport à la notoriété a toujours été ambivalent ; il le restera les années suivantes. Se plaindre de la traque tout en s'intéressant aux ragots quand ils concernent d'autres que vous. Une journaliste raconte comment, en passant devant un kiosque, Kate Moss se dévisse presque le cou à lire la une de l'*Evening Standard* qui annonce : « Le plus gros divorce de Hollywood. » Commentaire : « Le divorce de qui ? Je dois absolument lire ça[91] ! »

Lorsqu'elle est concernée, le regard change ; elle confie, à propos de son image partout dans les tabloïds : « J'aimerais dire que ça ne m'ennuie pas, mais des fois si. Enfin, ça dure depuis tant d'années que la plupart du temps je m'en fiche[92]. » À l'instar des clichés volés, les photos de travail suscitent le malaise : « Quand je contemple les affiches géantes de moi sur les murs, je ne me vois plus ; je vois quelqu'un qui essaie de faire de la publicité, et c'est triste[93]. »

Comment être au cœur de l'attention et garder son coin d'ombre ; comment rester la reine sans en payer le prix, un prix que l'on déteste souvent ?

L'ambiguïté rejaillit jusque dans ses propos ; on raconte qu'elle a les pieds sur terre et la réputation d'être normale ? Éclats de rire : « Normale ? Qu'est-ce que ça veut dire ? Chacun a sa propre normalité. "Tu n'es pas normal", disent-ils dans *Quadrophenia* [le long-métrage tiré de l'opéra-rock des Who]. J'adore ce film[94]. » Malgré tout, elle insiste pour se présenter comme quelqu'un de « normal », qui mène une vie normale et à propos de qui Linda, la mère, avance : « Je la vois bientôt mariée avec des enfants[95]. »

Ses premiers mois d'Angleterre, pourtant, disent le contraire ; elle s'étourdit plus que jamais dans la sphère des célébrités.

En octobre 1997, Kate Moss devient propriétaire d'une maison située dans une petite impasse au nord-ouest de Londres. Il est aisé de repérer le numéro 8A de Melina Place : les paparazzis se relaient devant la bâtisse d'époque victorienne, entre briques et peinture blanche, comportant trois chambres et un jardin. Le quartier s'appelle Saint John's Wood, à deux pas de l'Abbey Road des Beatles.

L'opulence ne s'y affiche pas mais chaque construction, un peu arty ou discrètement moderne, sent l'argent gagné sur la planète de la mode, des plateaux de cinéma et des scènes de concerts. En 2008, les magasins vendent des vins fins et des fripes hors de prix, les pubs se font rares ou ils sont reconvertis en « gastropubs », la nouvelle tendance anglaise au bien manger, les restaurants français ou italiens jouxtent une multitude d'agences immobilières, les 4 x 4 disputent les trottoirs aux décapotables.

De l'autre côté du parc de Primrose Hill – la Colline aux primevères – d'où l'on domine la capitale, s'étend le quartier de

Primrose Hill à proprement parler, délicatement planté d'arbres et d'échoppes à la mode. Les puces de Camden ne sont pas loin mais c'est un autre monde, plus interlope. Les jours de soleil à Primrose, les bistrots étendent leurs terrasses jusque sous les platanes, les trentenaires et quadragénaires, légèrement débraillés comme l'exige leur richesse, y dégustent cafés et croissants, les échoppes bio sont peintes de couleurs vives ; on pourrait se croire dans un village.

Réunis par la Colline aux primevères, Saint John's Wood et Primrose Hill sont l'épicentre d'une nouvelle jet-set anglaise. Celle qui sacre les enfants désormais adultes des vieux rockers, les jeunes acteurs, mannequins et musiciens, les artistes provocateurs, les descendants des sangs bleus et ceux des grandes industries, tous réunis par le même désir de s'amuser, de se lever à Ibiza pour déjeuner à Londres ou dîner à New York, tous occupés à faire, sur les plages, dans les night-clubs et aux premiers rangs des défilés couture, de leur vie une œuvre d'art.

L'élite de cette Angleterre moderne est vite surnommée « Cool Britannia » – à l'origine, le nom d'une glace Ben & Jerry's : vanille, fraise et copeaux de chocolat. L'expression sera popularisée par la presse et la publicité, auxquelles l'allant de Tony Blair, les promesses du New Labour et l'effervescence de la scène artistique rappellent le *« Swinging London »* des années 60. Aux côtés des frères Gallagher d'Oasis, de l'artiste Damien Hirst ou du couturier Alexander McQueen, Kate Moss – qui les connaît tous – fait figure d'emblème de la Cool Britannia. Posant drapée dans l'Union Jack, elle se dira « fière d'être anglaise », même si « peu importe d'où l'on vient quand on s'étale en affiches géantes dans les villes du monde entier[96] ».

En France, ces années-là, sa notoriété est bien moindre. Et la vision qu'on a d'elle assez limitée, en aucun cas aussi sulfureuse et populaire qu'en 2008. Les journaux qui traduisent ses interviews données à des publications anglo-saxonnes sont masculins comme *Entrevue*, destinés aux adolescentes comme *Jeune et jolie*, dans la sphère généraliste et people comme *Paris-Match* ou *Ohla !*. Rien ne ressort encore de cette célébrité grandissante, hors norme, qui l'entoure de l'autre côté de la Manche et de l'Atlantique.

Elle et ses copains de la Cool Britannia deviennent la référence d'une certaine Angleterre des années 90 décrite par le journaliste Richard Benson du magazine *Arena*, un ancien de *The Face* : ils inspirent une décontraction inédite aux nouvelles générations, les *« flexecutives »* – « décideurs flexibles », ainsi que les appelle Benson. Contrairement à leurs aînés yuppies des années thatcheriennes, qui ne voulaient que luxe et pouvoir, les *« flexecutives »* s'habillent suivant les codes de la rue, n'ont pas de travail fixe mais nombre de projets parmi lesquels fonder des sites web, conseiller les grandes marques quant aux goûts adolescents, organiser des soirées et ouvrir des galeries. Ils n'ont aucune croyance si ce n'est en leur propre destin ; leurs distractions consistent à sniffer de la cocaïne et parcourir le monde à la recherche d'authenticité et de spiritualité. Ils sont cool puisqu'ils incarnent eux aussi la Cool Britannia, à une ère où le cool devient l'argument publicitaire par excellence, le mètre-étalon de chaque produit culturel et commercial.

Au nord-ouest de Londres, les voisins de Kate Moss sont Noel Gallagher et sa femme Meg, l'actrice Sadie Frost et son boyfriend de l'époque, Jude Law – Frost se révèle une amie très fidèle, elle l'est encore aujourd'hui. On se voit assidûment, on vit fiévreusement. S'agrègent peu à peu d'autres noms qui s'intégreront au *« Moss's Posse »*, le « gang de la Moss » – les tabloïds disent aussi *« Primrose Hill Set »* ou *« PHS »*, la « coterie de Primrose Hill ». Il y a Bobby Gillespie, le chanteur de Primal Scream ; Liam Gallagher, le frère de Noel et chanteur d'Oasis ; Nellee Hooper, le producteur de Björk et Madonna ; Jade Jagger, Stella McCartney ; Davinia Taylor, la flamboyante héritière d'un magnat anglais du papier toilettes et ex-actrice du soap opera *Hollyoaks* ; Goldie, le prince de la drum'n'bass ; quelques lords et vicomtes tel le mannequin occasionnel Dan Macmillan ; l'acteur Daniel Craig, futur James Bond ; ou encore l'ex-membre des Clash Paul Simonon, dont la femme Tricia est une très bonne copine de Kate – et Kate la marraine des deux enfants du couple. C'est la « jeune » génération, avec qui elle voit l'aube se lever au sortir des night-clubs.

Kate Moss fraie aussi avec des icônes plus âgées. Ces revenants marqués par les drogues, la démesure des années 60 et 70, auprès de qui elle apprend, en fille putative, le poids des mythes, le secret des résurrections. Elle se retrouve au cœur de la plus légendaire des galaxies : celle des Rolling Stones. Il y a Marianne Faithfull, l'ex-compagne de Mick Jagger, à la carrière entrecoupée de dépressions et d'albums magnifiques, que Kate Moss présente comme son « mentor[97] » ; puis Ron Wood, le guitariste des Stones, et sa femme Jo, qu'elle a connus lors d'une soirée chez les Gallagher et dont elle fréquentera brièvement le fils, Jesse ; et l'ex-mannequin Anita Pallenberg, ancienne compagne du guitariste des Stones Keith Richards dans les années 60 – le couple eut deux enfants dont Marlon, que Kate avait rencontré à New York. Bien plus que Jagger, Bowie ou Dylan, Keith Richards incarne le rock des fins de nuit, rebelle et magnifique. Il a la figure tavelée, les yeux cernés de khôl, le corps efflanqué d'un pirate en maraude sur le Styx, le fleuve des enfers de la mythologie grecque.

Le photographe Mick Rock, qui suivit notamment les Stones et David Bowie dans les années 70, confiera à propos de sa copine Kate Moss : « Elle voulait être le Keith Richards de la mode ; elle y est arrivée[98]. » Elle-même n'a jamais parlé de cette aspiration-là, qui dans sa tête signifiait sûrement avoir la liberté de faire ce qu'on veut, quand on veut, et tant pis pour ceux que ça choque. Selon Bobby Gillespie, de Primal Scream : « Elle vit sa vie comme devrait la vivre une star du rock[99]. » Et à Mick Rock avançant, par taquinerie, qu'elle n'aurait pas eu l'endurance des Stones, cette réponse : « Quoi ? Je suis restée quatre nuits entières à traîner avec Keith Richards[100] ! » On ne sait pas quand, ni à quelle occasion ; on sait en revanche que le guitariste mélangeait tellement cocaïne et héroïne, au cœur des années 70, qu'il pouvait veiller des jours durant avant de s'effondrer de sommeil, parfois plus de vingt-quatre heures d'affilée.

Kate Moss sort du même moule. On ne parle pas des drogues, plutôt du désir constant de s'amuser : c'est l'un de ses traits essentiels. « Je n'aime pas me coucher, confiera-t-elle. J'ai toujours eu une sorte de phobie par rapport à ça, la peur de rater quelque chose ; probablement un truc d'enfant. Sur ce plan je n'ai pas grandi, quoique ça aille mieux. Désormais je peux rester chez moi, même si je rôde encore à boire du thé et manger des toasts[101]. » Comme Keith Richards elle possède aussi, ce qui est plus rare, la santé qui va avec l'envie du dehors, la capacité à tenir debout, à endurer cette existence chaotique sans en payer le prix du corps, épaissi ou fatigué.

Donc des fêtes, nombreuses. De la plupart on n'a aucun détail, soit qu'elles se déroulent dans les maisons des uns ou des autres, soit que leurs participants, même en des lieux publics, observent un mutisme absolu – et les narrations caricaturales des tabloïds en sont la conséquence : quand on ne sait rien, il est tentant d'inventer.

Le récit d'une de ces soirées, à l'époque, nous parvient cependant grâce à Marianne Faithfull. Elle et Kate se connaissent depuis des années, et partagent malgré la différence d'âge le goût des discussions entre filles « où on parle des dernières rumeurs en se faisant les ongles[102] », dira la chanteuse. Le 11 décembre 1997, elles se rendent au vernissage de l'exposition Versace, organisée au Metropolitan Museum de New York. « Après le gala, racontera Marianne, nous avons continué en petit comité dans l'incroyable maison de Donatella. Il y avait notamment Rupert Everett et Cher, on s'est mis à parler de Gianni qui venait de disparaître, de la mort en général, tout en buvant du champagne. Et puis Kate a décidé qu'on devait rendre hommage à Gianni en chansons ; j'ai choisi une vieille rengaine irlandaise et Donatella a pleuré. Kate s'est ensuite tournée vers Cher puisque c'était son tour ; je connais Cher depuis des années, c'est quelqu'un de merveilleux mais elle n'est pas vraiment spontanée. Je nous revois dans ce palais, allongés dans des fauteuils recouverts de tissu léopard, sous un vaste hall en marbre avec colonnades et fontaines, quand Cher s'est levée et mise à chanter, et Dieu sait que, chirurgie esthétique ou non, elle était sublime. Quand elle eut fini, nous étions tous bouleversés[103]. »

C'est donc cela que cherche Kate Moss ? Ces moments de fragilité où entouré de luxe on ressent le poids des choses, où une fois délivré des obligations – les défilés parisiens d'octobre, une publicité pour L'Oréal – on apprend le prix de la vie et de la mort avec ceux qui le connaissent mieux que d'autres, parce qu'ils gardent en eux la marque des tragédies.

Consciemment ou non, Kate Moss a toujours choisi des figures tutélaires de poids, qui correspondaient à son désir de s'inscrire dans une lignée artistique et rock'n'roll. Pour parachever sa tournée des légendes, il y a forcément Elvis. Quand la marque anglaise de téléphones portables Mercury demande à des jeunes stars, pour une série de publicités, avec quel illustre défunt ils aimeraient discuter, un footballeur dit Martin Luther King, d'autres choisissent des scientifiques, Kate Moss, elle, s'empare d'Elvis Presley. « Parce qu'à vingt et un ans, en 1956, il était juste MAGNIFIQUE [104]. » Elle raconte sa visite de Graceland, la vieille demeure du King à Memphis. La date n'est pas précisée, ce devait être à la fin de son séjour américain, 1996 ou 1997. « J'y suis allée avec un copain, et Graceland s'est avéré terriblement émouvant bien qu'avant ça, Elvis ne m'intéressait pas trop. On entre dans son bureau où une vieille télévision diffuse les reportages réalisés à son retour de l'armée : il était si poli, si charmant. À cette minute, je me suis prise de passion pour lui, j'ai acheté tous ses disques, y compris ceux de Las Vegas. Il était fantastique [105]. »

La midinette rock'n'roll est tellement connue, au début de l'année 1998 en Grande-Bretagne, que deux campagnes d'affichages utilisent son image sans son accord, comme si elle était tombée dans le domaine public. Une chaîne du câble invente ce slogan : « Ne serait-ce pas formidable si Kate Moss était grosse ? », puis les jeunes Conservateurs détournent l'une des photographies d'*Obsession* où elle est allongée nue sur un canapé, avec la phrase : « Vous seriez en meilleure posture avec les Conservateurs. » De cela, et de l'intérêt des paparazzis, elle dit : « Je ne peux rien y faire. De toute façon, ce n'est que de la merde [106]. »

Tout va très vite, trop vite. Elle est partout, et n'a aucune envie de s'arrêter. Le tourbillon prendra fin quelques mois plus tard, avec son effondrement dans une clinique londonienne. En attendant, fonçons.

Kate Moss envisage le travail et l'amitié comme faisant partie d'un même ensemble, joyeux et décontracté. On travaille avec ses amis ; on devient amie avec ceux qu'on rencontre en travaillant. Ce début d'année 1998 la voit célébrer ses vingt-quatre ans, et ses dix ans de métier. Deux anniversaires qui sonneraient, selon les règles de la mode 2008, l'heure de la retraite.

Les mœurs du siècle dernier sont plus douces. Et Kate Moss n'a aucune envie de jeter son sceptre puisque les sollicitations arrivent toujours aussi nombreuses – au hasard cette année-là : la une du premier numéro du *Vogue* russe, deux pour le *Vogue* anglais, trois pour *Allure* et autant pour le *Harper's Bazaar* ; des publicités pour Calvin Klein et Prada. Les sessions photos se déroulent dans des lieux invariablement enchanteurs, et entre deux, les destinations de week-end le sont pareillement. En juillet 1998, l'hebdomadaire *Paris-Match* la montre s'offrant du bon temps avec ses copines, au bord d'un lac près de New York. Il y a Marianne Faithfull, Stella McCartney et Lucie de La Falaise, une mannequin franco-galloise de chez Storm – la fille de Loulou de La Falaise, égérie d'Yves Saint Laurent, et épouse de Marlon Richards, le fils de Keith et copain de Kate depuis ses années new-yorkaises. La cabane appartient au photographe Bruce Weber qui fixe pour le magazine *W* les fous rires, les feux de camp, les tenues quasi hippies et les parties de tennis.

Kate Moss s'amuse beaucoup et la mode, à nouveau, lui offre la même légèreté. C'est une affaire de hasard. Un peu de la même manière qu'en 1993 avec leur prise d'assaut de New York, les Anglais règnent sur Paris. John Galliano vient d'être nommé, en 1997, directeur artistique de Dior, Alexander McQueen prend la tête de Givenchy, Stella McCartney arrive aux commandes de Chloé. Trois créateurs talentueux, trois amis de Kate Moss. Galliano fut le premier à lui offrir un défilé quand elle avait quinze ans ; McQueen la soutiendra vaillamment lors de l'affaire de la cocaïne ; et McCartney évoluait dans le cercle doré des jeunes nantis lorsqu'elle rencontra Kate Moss. Cette dernière participa même, en 1995, au défilé marquant la fin des études de la fille Beatles à la prestigieuse école de mode londonienne, Saint Martins.

L'arrivée de ces trois couturiers secoue le milieu parisien ; on parle d'invasion. Si Galliano et McQueen perpétuent une certaine idée de l'extravagance, McCartney est plus jeune, moins explosive, qui veut imaginer une mode accessible – « je pense à mes clientes parce que je suis une fille [107] », dit-elle. Néanmoins, son patronyme suscite la méfiance. Celui qu'elle remplace chez Chloé, Karl Lagerfeld, jamais avare d'une remarque cinglante, confie : « Je pensais qu'ils choisiraient un grand nom. C'est le cas en musique, pas en mode. Espérons qu'elle soit aussi douée que son père [108]. »

Elle le fut, contribuant au nouvel essor de Chloé avant de passer le relais à son assistante Phoebe Philo, et de revenir fonder sa propre marque à Londres ; McQueen créera aussi sa griffe après une expérience en demi-teinte chez Givenchy ; seul Galliano est toujours en place, tel le Roi-Soleil d'un empire Dior presque étouffé par sa prospérité. Malgré les années et les fortunes diverses, les copains londoniens restent soudés ; à la question de savoir quels sont ses créateurs préférés, Kate Moss donnera, en 2003, ces trois mêmes noms [109].

Le rock'n'roll, la mode, les amis. En cette année 1998, Kate Moss a tout pour être heureuse. Les séjours dans les pays exotiques deviennent même, une fois achevées les longues heures de travail en maillot de bain, l'occasion de rencontrer les grands de ce monde. De se frotter au pouvoir, au vrai.

Pour cela, elle fait deux fois équipe avec sa copine Naomi Campbell, et leurs aventures sont peu glorieuses.

L'agence Storm prospère tant, grâce à la manne Kate Moss et à d'autres, que Sarah Doukas décide d'ouvrir une antenne en Afrique du Sud. Le pays est immense, assez pauvre pour donner envie aux jeunes filles de s'essayer au mannequinat, et suffisamment contrasté, ethniquement, pour que ces adolescentes soient des beautés – même si, sur ce plan-là, ce n'est pas le Brésil.

En février, Kate Moss et Naomi Campbell s'envolent pour Le Cap inaugurer la filiale de Storm. Elles doivent aussi participer à un défilé de charité, organisé par Campbell et Versace, au profit de l'association d'aide à l'enfance de Nelson Mandela. Les quelques jours s'écoulent de fêtes en obligations, parsemés d'épisodes rocambolesques. Tout au long de la visite, les deux stars sont chaperonnées par un certain Gavin Maselle, le représentant de Storm en Afrique du Sud. Et Maselle dira : Kate Moss n'était pas en pleine possession de ses moyens. Ou plutôt : chargée à bloc.

Gavin Maselle n'ayant recouvré la mémoire qu'en 2006, et dans un tabloïd britannique encore, participant ainsi à la tornade de révélations scabreuses qui suivit l'affaire de la cocaïne, fin 2005, on se doit d'observer la plus grande prudence. Néanmoins, celui dont la parole fut probablement encouragée par un arrangement financier avec *The Sun* en échange de ses confidences, est très précis [110]. Âgé de trente-six ans au moment de l'interview, Maselle se présente comme « un ami [111] » de Kate Moss depuis huit ans.

Est-ce parce qu'ils étaient proches que Kate Moss lui aurait confié ses frasques ? A-t-il entendu une conversation entre les deux mannequins ? Ou alors : a-t-il tout inventé ? Il y eut cette fois, raconte-t-il, où Moss, Campbell et lui-même attendaient Mandela dans sa maison du quartier de Bishop's Court, au Cap. Le vieux héros allait arriver quand Kate Moss, prise d'une envie subite, aurait couru aux toilettes pour se faire une ligne de cocaïne. Il y eut cette seconde fois, jour du lancement de l'agence, où Kate Moss, que Maselle décrit comme « insatiable », aurait eu une autre envie. Les toilettes, encore, mais rien où étaler la coke sinon par terre, avance-t-il.

Maselle dit aussi : ce n'était pas que de la cocaïne, elle consommait également de l'ecstasy et du rohypnol. Trois drogues qu'elle a l'habitude de transporter au gré de ses voyages, révèle l'« ami », dans un œuf Fabergé à 90 000 euros. Ça semble cocasse. Et surtout, trop extravagant pour être vrai : des stupéfiants dans une pièce d'orfèvrerie russe hors de prix ? Sans compter les douanes – qu'en fait-il, Maselle ?

Si elle a admis, en 1993, avoir fumé de la marijuana, Kate Moss a toujours nié l'usage de drogues dures. Ni héroïne, ni cocaïne. À demi-mot, lors d'un entretien croisé avec David Bowie, en 2003, elle reconnaîtra qu'elle en fit l'expérience. Question de Bowie : « Tu as frayé avec les drogues, non ? À moins qu'il faille éviter le sujet ? En tout cas, il semblerait que tu aies arrêté, tu n'as pas l'air droguée... Te souviens-tu de cette période avec tendresse [112] ? » Réponse : « Oui, enfin non... Jouer avec, ça va, mais quand j'étais pile dedans, ce n'était pas très drôle parce que ces choses-là démultiplient le mal-être, et c'était une spirale. Si je bois toujours, je ne me drogue plus [113]. » Elle dira aussi, revenant sur l'époque tumultueuse : « Je m'entourais d'amis qui partageaient le même style de vie que moi ; je n'ai jamais pris d'héroïne, mais nous avions un côté très voyou. Pour être honnête, flirter avec les interdits faisait partie de l'excitation [114]. » Jamais elle ne battra sa coulpe. Même après l'enregistrement vidéo de 2005 et le scandale de la cocaïne qui s'ensuivit, son communiqué d'excuses sera laconique, en aucun cas traversé de culpabilité ni d'aveux.

En cette année 1998, son attitude est totalement décomplexée. Interviewée à la télévision britannique pour un documentaire, elle a cette phrase sublime : « Je ne me drogue pas plus que n'importe qui [115]. » La clé du mystère tient à ce « n'importe qui » – ma voisine de palier ou une rock star ? – qui déclenche une pluie de commentaires acides en Grande-Bretagne. Elle n'a pourtant pas tort : ravivé par l'électrochoc du film *Trainspotting*, l'intérêt des Anglais pour les consommateurs de drogues est au plus haut, et ses usagers sont légion. En 1997, l'écrivain Will Self, l'un des jeunes espoirs des lettres britanniques, s'était fait pincer prenant de la cocaïne dans l'avion du Premier ministre John Major, dont il suivait la campagne contre Tony Blair pour le compte du journal *The Observer* – le scandale fut retentissant.

Lors d'un entretien avec *The Face*, Kate Moss louera la décontraction de Londres et de la France, endroits bénits où l'on peut « fumer de l'herbe toute la journée [116] ». Et à un journal allemand, le *Süddeutsche Zeitung*, elle dira, non sans humour . « Tout le monde consomme des drogues, la plupart des gens que je connais. Mais peut-être devrais-je dire, comme Bill Clinton, que je n'ai jamais inhalé [117]. » Voilà comment Kate Moss s'exprimait avant de s'inventer un destin de mutique : franche et piquante.

Quelques semaines ont passé depuis l'Afrique du Sud quand la fine équipe Moss-Campbell se rend à Cuba. Le prétexte est cette fois-ci plus classique, un éditorial pour le *Harper's Bazaar*, quoique l'événement soit historique : c'est la première fois qu'un magazine américain organise une session photo au pays de Castro – pour l'anecdote communiste, Kate Moss vient juste de poser en une du numéro un du *Vogue* russe.

Dopées, peut-être, par le souvenir de Mandela, les deux Londoniennes demandent une audience à Fidel Castro. Après deux jours d'attente et un interrogatoire mené par un type sérieux qui boit du café et s'enquiert de leurs activités de mannequins, elles sont introduites dans l'antre du vieil homme à barbe. En quarante ans de treillis vert bouteille, il n'a guère eu le loisir de s'intéresser à la mode. « Il a parlé de la révolution, racontera Kate Moss, commentant une à une les clichés d'un gros bouquin. On ne lui a pas posé de questions parce qu'il menait la conversation. Même si on avait voulu, il reste un dictateur peu ouvert à la discussion [118]. »

L'entretien dure une heure et demie, agrémenté de thé et de petits gâteaux, à l'issue duquel il offre à chacune un livre – la dédicace dit : « Pour Kate Moss, amitiés et fraternité, Fidel Castro » –, les raccompagne jusqu'à l'ascenseur et leur adresse le salut militaire. Malgré la raideur du moment, Kate est sous le choc. « Le frisson de l'avoir rencontré m'a donné l'impression d'être sur des montagnes russes. Je hurlais dans l'ascenseur, puis dans la voiture qui nous ramenait à l'hôtel [119]. » Le Lider Maximo dira qu'il était « très spirituel » de les rencontrer [120], mais la palme des commentaires revient à Naomi Campbell. « C'est un rêve qui se réalise. Je n'arrive pas à y croire. Il est très, très intelligent. Lui et Mandela sont deux hommes qui se sont battus avec intégrité pour défendre leurs idéaux, ils sont une inspiration pour tout le monde [121]. » Et d'expliquer comment, à son avis, Castro les a perçues. « Il savait que j'avais été la première femme noire à apparaître en couverture de *Vogue*, et que Kate avait lancé la tendance des petits mannequins. Je suppose qu'à ses yeux, on était des révolutionnaires [122]. » L'année suivante, le *Harper's Bazaar* devra néanmoins payer une amende de 31 000 dollars au gouvernement américain, pour violation de l'embargo avec Cuba.

À leur décharge, d'autres stars, comme les cinéastes Steven Spielberg ou Oliver Stone, se laissèrent séduire par la rusticité castriste. L'aventure des deux stratèges des podiums, grotesque ou audacieuse selon les convictions, dévoile surtout une Kate

Moss différente. En roue libre. On comprend mieux qu'ensuite elle choisisse le silence ; l'image d'une ravissante idiote n'est pas forcément séduisante. Privée de pygmalion, sans cadre très solide, on dirait qu'elle retrouve l'inconséquence de ses quatorze ans, quand elle est entrée dans la bulle des célébrités. Un lieu où l'insouciance et les excès n'ont aucune limite. Les ragots non plus. Méthodiquement, à cette époque, les tabloïds tiennent le compte de ses liaisons, apparemment nombreuses et fugaces, avec tel rocker ou acteur. Les noms de Jack Nicholson et Evan Dando circulent ; dès qu'elle en a l'occasion, elle nie. On continue de la poursuivre parce que ses frasques valent de l'or, parce qu'elle n'en est pas économe. Et 1998, cet *annus horribilis*, n'est pas fini.

Au mois de mai, elle se rend au festival de Cannes, missionnée par L'Oréal dont elle est l'une des figures de proue. Son hôtel n'est pas un vulgaire palace de la Croisette mais celui du Cap, à Antibes, un rêve pour millionnaires stressés au bout d'une minipéninsule, entre les rochers et l'eau azur. On y plonge directement dans la Méditerranée, on évolue entre gens du même monde aspirant aux mêmes choses. Luxe, calme et volupté.

Kate Moss trouve peut-être que l'endroit manque d'atmosphère. Une nuit, elle organise une fête avec des amis : alcool, disques, et plaintes des voisins à cinq heures du matin. Elle finit dans une voiture, renvoyée dans un hôtel moins chic et qualifiée d'indésirable à jamais. Bien sûr, l'excommunication ne durera pas, elle est riche et célèbre, et reviendra donc au Cap, notamment avec Pete Doherty. Pour sa défense, elle raconta que, sa chambre étant près du bar où passait de la musique, elle croyait ne déranger personne. Il n'y eut aucune destruction de meubles à la Johnny Depp mais quand même, une expulsion à l'aube, ça donne des galons rock'n'roll.

Fin septembre, le contrat qui la liait depuis six ans avec Calvin Klein n'est pas reconduit – la nouvelle ne sera annoncée que cinq mois plus tard. En octobre, après un défilé Versace à Milan où elle apparaît les cheveux teints en rose vif, ce qui accentue encore son air pâlot, elle part pour un trek en Inde.

Elle n'a pas dû y trouver les bonnes vibrations, ou l'ashram dépaysant comme celui qui accueillit les Beatles à Rishikesh en

1968, puisque à son retour londonien, début novembre, Kate Moss n'en peut plus. Au lendemain d'une soirée au restaurant avec ses amis Noel Gallagher, Meg Matthews et Alan McGee, le patron du label Creation qui publie Oasis, c'est le déclic. « J'en avais marre de me sentir comme Dracula. Je voulais revoir la lumière du jour, et pas seulement à six heures du matin[123]. » Elle se fait admettre à la clinique Priory, dans le quartier de Roehampton, au sud-ouest de Londres.

La raison officielle ? « Épuisement. »

Le breakdown

La clinique Priory est le genre d'endroit très sélect où les riches et les superstars se remettent d'un rythme de vie trépidant. On y soigne la fatigue de trop de fêtes, l'abus d'alcool et de drogues. Kate Moss y fait une entrée remarquée avec ses lunettes noires, son mutisme et sa moue antipaparazzi, avant de prendre conscience que la panoplie habituelle est superflue : « Pour une fois, je rencontrais des gens "normaux" qui se fichaient de qui j'étais, et avec qui je pouvais être moi-même[124]. »

Pendant les cinq semaines de réclusion volontaire, le programme ne varie pas. De huit heures du matin à vingt-deux heures, des ateliers, des promenades, des thérapies, et guère de visites. Elle relit les sept tomes des *Chroniques de Narnia*, la saga new age de C. S. Lewis qu'elle avait dévorée enfant et que Marianne Faithfull lui fait parvenir.

La méthode analytique à laquelle elle se soumet est régressive, il faut revenir au moment où l'alcool a commencé, « parce qu'on arrête de grandir quand on se met à boire, on ne se confronte pas à la douleur[125] ». La boisson, rappelle-t-elle, ce fut « dès l'âge de quatorze ans, ivre morte dans les pubs de Croydon[126] », et ni l'entourage ni le travail n'ont à voir avec l'addiction « puisque c'est si ancien, si constitutif[127] ».

Les quelques mois précédant l'hospitalisation, où elle fonçait droit sur son destin et semblait faire n'importe quoi, n'étaient pas « la vraie vie » ; « je ne sentais plus rien », dira-t-elle, probablement parce que « je ne voulais pas ressentir les choses[128] ».

Quelle angoisse cherchait-elle à enterrer ? Elle ne le précise pas et les tabloïds ressortent du placard Johnny Depp, récemment père d'une petite fille avec Vanessa Paradis. La rumeur court qu'il lui a fait livrer, devant la clinique, une BMW ; elle démentira. Et s'il s'agissait, plus simplement, du ventre noué à voir son existence filer, savoir qu'il faut freiner et en avoir peur ? « C'était toute une mécanique, vraiment. Je vivais trop vite, je me disais : "Pourquoi dormir, pourquoi ne pas continuer ? Il y a tant à faire, tant d'endroits où aller." Je travaillais, je voyageais beaucoup, je jouais et n'arrivais plus à m'arrêter[129]. » Elle dira encore : « Je ne faisais plus grand-chose de ma peau, parce que la vie sociale avait tout envahi[130]. »

Son séjour à Priory est de notoriété publique, lourdement commenté dans la presse populaire, et ailleurs. Selon le vieil ami James Brown : « Plein de gens semblaient ravis qu'une fille aussi vernie puisse tout fiche en l'air ; mais Kate est une vieille âme au fond, quelqu'un d'heureux, et rien ne pourra jamais le lui enlever[131]. »

Elle quitte la clinique juste avant les fêtes de Noël, qu'elle passe avec son bon copain Twiggy, le guitariste de Marilyn Manson, à regarder les vidéos de *Star wars* et *Starship troopers*. Puis le programme habituel, fait d'avions et de jet-lag, reprend. Une session photo à New York pour Versace, le nouvel an à Dublin avec Marianne Faithfull, des vacances à Marrakech.

Et direction Paris pour son anniversaire, le 16 janvier 1999. Elle a vingt-cinq ans. Organisée par Donatella Versace, la fête se tient au Ritz et se poursuit aux Bains-Douches, avec Naomi Campbell, Eva Herzigova et Catherine Zeta-Jones en copines d'honneur qui présentent, à l'heure dite, un gâteau en forme de diamant orné de vingt-cinq bougies. Les Daft Punk et Mushroom, de Massive Attack, sont les DJs de cette soirée où Kate Moss, pour la première fois de son existence, boit de l'eau minérale sous les yeux de sa mère qui la surveille comme un faucon.

On rit peut-être moins qu'avant, mais quelle énergie : « Je suis en pleine forme ; être sobre me rend heureuse, je sais où je veux être et ce que je veux faire. C'est incroyable le nombre d'heures qu'il y a dans une journée quand on n'est pas déchirée[132]. »

Kate Moss reste à Paris le temps des défilés de haute couture, à la fin du mois de janvier. Pour célébrer sa nouvelle conduite, elle accorde de nombreux entretiens. *The Face*, *Interview*, *Vogue*, *Dazed & Confused*. Chaque fois, elle se montre bavarde et enjouée, chaque fois, et c'est le cas depuis ses débuts, elle est décrite comme la fille qui *« giggles a lot »*, « qui pouffe souvent », tant elle passe son temps à ça, pouffer en vraie gamine. Elle détaille ses aventures avec une franchise désarmante – rien de la star mutique, ou difficile, qui se plierait à l'exercice de mauvaise grâce.

Ce sera pourtant sa dernière salve de paroles. Depuis lors, cela fait dix ans, pratiquement plus rien. Sauf exceptions : une poignée d'interviews en 2001, quand il s'agira encore de se démarquer des podiums ; deux en 2003 dont l'une, très confidentielle, publiée sur un site Internet consacré à la mode ; quelques autres, plutôt creuses, pour le lancement de sa ligne Topshop en 2007 ; deux ou trois articles agrémentés de citations dans *Vogue*.

Mais la sincérité aura disparu. Comme si, sa notoriété s'affirmant, il fallait peu à peu lui couper le sifflet. Parce qu'elle rapportait tant d'argent, lui a-t-on intimé, à cette fille directe et sans censure, de ne plus risquer de mettre en péril l'entreprise, d'adopter la posture Garbo – l'éloignement et le silence ? À ce propos, l'un des responsables de son agence Storm évoquera une « stratégie », bien plus tard ; on y reviendra.

Sachant le mutisme à venir, la rencontre avec le reporter de *The Face* n'en est que plus précieuse. La scène se passe au bar Hemingway de l'hôtel Ritz, son repaire, fin janvier 1999. Elle conseille au journaliste de goûter son cocktail favori, champagne, gin, citron, sucre, quand elle se contente d'un soda. Offert par sa mère, le chien Sid, un cocker nommé d'après Sid Vicious des Sex Pistols, rôde dans les parages. Elle est d'humeur à se confesser, à parler de son goût pour l'alcool. « En dix ans, je n'ai jamais défilé à jeun. Il y avait toujours du champagne, même à dix heures du matin. J'étais dans le déni, je refusais d'aller en cure de désintoxication parce que je ne voulais pas me retrouver dans la situation de ne pas pouvoir prendre un verre – la preuve de l'étendue du problème[133]. » L'année précédente, elle avoue avoir mal fait son travail, les défilés et les contrats publicitaires. Et même si ça ne s'est pas vu, assure-t-elle, « je n'étais pas complètement dedans [134] ».

Au fil de l'interview, elle reçoit trois coups de fil. Immensément chics. Le guitariste de Marilyn Manson, Twiggy ; le bassiste de U2, Adam Clayton, et Marianne Faithfull. Elle semble un peu gênée de cette avalanche de célébrités quoique avec Faithfull, rien d'extravagant : la conversation roule sur *Eastenders*, le soap opera télévisé qui captive les Anglais. « Pour moi, *Eastenders* est un truc de réconfort, un peu comme des haricots sur un toast ; le paradis [135]. »

Dans sa petite mallette à CD se trouvent les Stones, Happy Mondays, Blondie, Janis Joplin, Hole, Nirvana, Patti Smith et Marilyn Manson. Des artistes plutôt sombres, plutôt drogués, dont l'univers est à mille lieues de ses nouvelles obligations : rendez-vous avec un psychanalyste chaque semaine, réunions des Alcooliques et des Narcotiques anonymes, dès qu'elle peut.

Comme si elle cherchait d'autres raisons à sa dérive que son propre comportement, Kate Moss raconte aussi un étrange épisode. Elle qu'on ne savait pas croyante, encore moins superstitieuse, a fait désenvoûter sa résidence de Saint John's Wood : dans la vieille demeure qui fut, paraît-il, celle des maîtresses des rois d'Angleterre, viennent d'officier un curé anglais et une prêtresse venue de Thaïlande. Deux méthodes pour un même but, débusquer le mal. « Ils ont prié dans chaque pièce et découvert qu'il y avait l'esprit d'un homme en colère dans la cuisine, et celui d'une petite fille triste quelque part dans la maison [136]. » Une bâtarde de sang royal, ou elle-même ? Si la seconde hypothèse lui a traversé l'esprit, confie-t-elle au reporter de *The Face*, elle préfère ne pas y penser, trop occupée à jouer son rôle à la perfection, celui d'une femme « clean ».

Mais on ne chasse pas le naturel à coups d'eau minérale. « J'aime vraiment les livres qui parlent de sexe, de drogues et de rock'n'roll. Henry Miller, Anaïs Nin, Oscar Wilde. Je ne les mets pas de côté parce que je change de style de vie. J'ai toujours aimé ça. La différence, c'est que je ne peux plus y goûter [137]. » Comme la Zelda mélancolique de Francis Scott Fitzgerald, elle se remémore ses hauts faits d'armes, quand elle était vaillante et attirée par la décadence des années 20.

Notamment ce dimanche matin de l'été 1998. Elle avait fait la fête toute la nuit, et l'aube se levait sans l'envie de dormir. Un coup de fil à lord Cholmondeley, un ami, pour le convaincre de se rendre dans sa maison de campagne : d'accord, fit-il, rendez-vous à l'héliport de Battersea, à Londres. Elle enfila une robe de Galliano, jeta une tiare dans son sac à main et partit pieds-nus. Dans l'hélicoptère, ils burent du champagne et fumèrent des cigarettes. L'atterrissage, à Haughton Hall, se fit sous une légère brise, parmi les biches, les paons, et le soleil qui montait dans le ciel.

« Oh mon dieu, se souvient-elle avoir pensé, je suis dans *Gatsby*.

— Ça n'a pas très bien fini pour Gatsby, fait remarquer le journaliste.

— Je sais, mais c'était un style de vie.

— C'est justement ça qui ne marche pas.

— Je sais que ça ne marche pas. Pour moi non plus. Mais c'était grandiose quand ça arrivait. »

Kate Moss a vingt-cinq ans. Elle expérimente une chose inédite : la somptuosité s'effaçant devant le besoin de normalité.

C'est là qu'entre en scène l'un des hommes les plus délicats de la nouvelle Angleterre pop, Jefferson Hack.

IV

I JUST DON'T KNOW WHAT TO DO WITH MYSELF

1999-2004

« La vérité, la voilà, nous voulons de l'argent, et puis...
— Et puis ?
— Encore de l'argent. Pour la plupart des gens, nous sommes des révolutionnaires. À mon avis, nous serions plutôt des bouffons. C'est cela : nous sommes des bouffons à la Cour du Grand Monde. »

John Lennon, 1965 [1].

Jefferson arrive, l'icône aussi

Quel magazine peut publier dans un même numéro une interview de Pamela Anderson, la première page de *La Métamorphose* de Kafka annotée par Nabokov et un poster central où le corps d'une rousse, qui présente les signes d'une *rigor mortis* avancée, est sur le point d'être dévorée par des chats affamés ? C'est le télescopage distingué d'*Another Magazine*, que dirige Jefferson Hack, un garçon tout pâle depuis les yeux bleu clair jusqu'aux cheveux blond cendré, et maigre comme un lacet. Son élégance britannique se repère à ses vestes étriquées, ses grandes écharpes fines, ses mocassins souples ou ses Converses, parmi la foule des fashionistas qu'il croise le temps des défilés. Toujours au premier rang mais suffisamment distant du brouhaha du zoo, il tient à montrer qu'il n'en goûte guère les effusions trop chaleureuses.

Jefferson Hack a l'ambition des jeunes gens pressés. Né en 1971, il a passé une partie de son enfance à suivre ses parents de par le monde – son père travaillait pour l'industrie du tabac – avant d'intégrer, au sortir de l'adolescence, une école d'art londonienne. Il y rencontre un jeune Écossais, Rankin Waddell, avec qui il crée en 1991 le mensuel *Dazed & Confused*, d'après la chanson de Led Zeppelin. Ils ont vingt ans et des poussières, et débarquent dans la coterie pop anglaise comme des hussards qui auraient retenu les meilleures leçons de leurs prédécesseurs – *The Face*, *i-D* ou *Interview*, le journal d'Andy Warhol –, tout en ayant la prétention de faire mieux encore. Mode, musique et art sont traités d'une manière presque expérimentale, dérangeante, qui coïncide avec l'apparition, en Grande-Bretagne, de deux nouvelles vagues culturelles : la brit-pop des Oasis, Blur ou Pulp, et les Young British Artists des Damien Hirst ou Jake et Dinos Chapman, qui prétendent renouveler l'art contemporain. Versant mode, Alexander McQueen fait office, occasionnellement, de responsable éditorial. Malgré ces indices de pertinence stylistique, *Dazed* se veut le creuset de l'audace sous toutes ses formes et non le lieu d'une vulgaire « branchitude », celle qui dicte quoi mettre et qui écouter.

Le pari est atteint ; à la fin des années 90, le journal devient l'un des référents de la modernité, et ses créateurs de petits entrepreneurs. Ils ouvrent une galerie d'art, organisent des soirées sélectes, lancent d'autres journaux. En 2001 sortira le premier numéro d'*Another Magazine*, qui paraîtra deux fois l'an. Ce monstre de 450 pages comprendra une section littéraire en fin de journal, et présentera un aréopage de stars – Patti Smith, Jodie Foster, Wynona Ryder, Kate Moss – dans des mises en scène sophistiquées. Ce qui excite Jefferson Hack, c'est de « marcher très exactement sur la ligne qui sépare l'avant-garde du grand public, et œuvrer pour que les deux zones s'influencent mutuellement[2] ».

Au tout début de l'année 1999, il rencontre Kate Moss. Elle doit faire la une de *Dazed* en février, et pendant le long entretien qu'elle lui accorde, s'entend poser cette question : « Beaucoup d'hommes ont été récemment mentionnés dans votre vie. Mais aucune relation sérieuse. N'y a-t-il personne d'assez bien pour vous ? » Elle répond : « Je n'ai juste trouvé personne avec qui passer un long moment. Je ne pense pas m'être totalement remise de mon histoire avec Johnny Depp[3]. »

Jefferson Hack n'est peut-être pas aussi imprévisible que l'acteur, pas aussi rock'n'roll que Jesse Wood, le fils de Ron que Kate Moss fréquentera bientôt ; sa qualité à lui, c'est l'intelligence. Après ce premier épisode, ils se croisent régulièrement dans la sphère de décontraction huppée qu'ils fréquentent tous les deux, à Londres.

L'amitié s'installe, l'amour attendra encore.

Sa cure à la clinique Priory aurait pu laisser Kate Moss ébranlée, perplexe quant à ses désirs. Elle ne montre rien de tel, ni dans les nombreuses interviews qu'elle vient de donner, ni dans sa vie.

S'il y a une chose qu'elle réussit mieux que tout, c'est le retour d'entre les limbes. On la croit au bord de l'oubli quand elle réapparaît, immarcescible figure de proue d'un monde, la mode, qui chérit pourtant le tourbillon des nouvelles têtes. Ce qui, à l'automne 1998, semblait un coup dur – la non-reconduction de son contrat avec Calvin Klein – s'avère une aubaine quelques mois plus tard. « Kate n'a pas été virée, explique l'attachée de presse de Storm, Paula Karaiskos, en février 1999. On a eu plusieurs rendez-vous pour renégocier et ça n'a pas abouti. Elle pense qu'il est temps de passer à autre chose[4]. » Si Kate Moss doit une large part de sa renommée, notamment aux États-Unis, à ces six années de publicités provocantes pour Calvin Klein, l'accord d'exclusivité la réduisait – hormis quelques dérogations, Versace par exemple – à n'être qu'une « CK girl ». Flatteur à ses débuts new-yorkais, le rôle ne lui correspond plus. Son image est devenue bien trop pointue, *« edgy »* comme disent les Anglo-Saxons, pour qu'elle se contente de promouvoir les jeans et sous-vêtements Calvin Klein. L'ère du *casual chic* a vécu, celle du luxe s'annonce.

La marque emblématique de l'Angleterre, Burberry, avec ses trench-coats à la doublure écossaise, ses parapluies et ses chapeaux, est une institution plutôt datée lorsque sa nouvelle patronne, Rose-Marie Bravo, voit en Kate Moss la quintessence de l'Anglaise dans le vent. Auréolée par sa cure de désintoxication qui lui donne, encore plus qu'avant, cette touche de romanesque tellement vendeur, elle devient le cœur de la Cool Britannia que Burberry cherche à mettre en scène. L'idée : s'afficher en griffe *« trendy »*, à la fois jeune et racée. Les photographies montrent Kate Moss parmi les héritiers de l'aristocratie rock ; ils ont une vingtaine d'années, parfois moins, et l'arrogance tranquille de leurs origines – les pères s'appellent Bryan Ferry, Mick Jagger ou Keith Richards.

Ce contrat, qui court sur plusieurs saisons, est un tournant dans la carrière de Kate Moss. Il signe son changement de statut. Elle qui avait quitté l'Angleterre où elle n'était presque rien pour l'Amérique, qui l'a consacrée, revient en Europe avec cette aura de fille ultra-branchée, glamour et sulfureuse que les maisons, désormais, solliciteront pour se (re)donner du lustre.

Dans le même temps, une autre femme la contacte, Donatella Versace. Après la mort de son frère Gianni, assassiné à Miami en 1997, elle a repris les rênes d'un empire vacillant. Pour son second défilé en tant que patronne de l'enseigne milanaise, fin janvier 1999, Kate Moss, l'un de ses mannequins préférés, est sur le podium – Kate dont le premier engagement post-cure fut une session photo pour Versace à New York, Kate dont le vingt-cinquième anniversaire, on l'a vu, fut organisé par Donatella à Paris.

Avec son allure de grande sœur de Courtney Love, la créatrice italienne est une rescapée de la même trempe que les vieux rockers qui entourent Kate Moss. Elle a survécu à la mode démesurée et sexy de son frère Gianni, à la mauvaise fortune de la maison Versace qu'elle mit des années à redresser, à la ribambelle de fêtes et de drogues dont elle abusa autant d'années. À l'issue d'une cure de désintoxication, elle révélera en 2005 que la cocaïne, c'est fini : « Avant je pleurais, riais, pleurais, dormais ; je ne comprenais rien à ce que je disais, et les gens ne me comprenaient pas plus[5]. »

Par la grâce de Rose-Marie et de Donatella, Kate Moss retrouve, début 1999, sa place de choix dans le cirque de la mode qui recommence son numéro, *« straight »* ou *« loaded »*, propre ou chargé. Une fois encore, après les crises de 1992 et 1996 à New York, après celle de 1998 à Londres, on revient à ce qu'on a détesté, on succombe à ce qu'on sait être la tentation suprême ; ce rythme de vie surhumain.

L'année 1999, outre ces deux campagnes de publicité et un engagement pour L'Oréal, outre les couvertures de *Dazed & Confused*, *The Face*, *Interview* et du *Vogue* anglais, Kate Moss apparaît en une des *Vogue* français et américain, des magazines *W*, *Harper's Bazaar* et *Loaded*. À mesure que sa renommée explose, elle dit : « Je n'ai jamais pensé que ça durerait aussi longtemps ; j'ai toujours cru qu'un jour, on en aurait marre de moi. Même si ça s'arrêtait, ce serait la fin de quoi ? De me voir sans cesse dans les journaux ? En ce qui me concerne, le meilleur est à venir[6]. »

Ce « meilleur », elle ne précise pas en quoi il consiste. Vivre différemment ? Pendant plusieurs mois, de fait, l'alcool est banni. Au sortir de la clinique Priory, elle avait confié avoir cerné, grâce à la thérapie, son tempérament d'« addict » : « Et c'est une maladie. » Les confidences s'arrêtèrent là : « Je devrais trop me dévoiler si j'en parlais. J'ai l'impression que tout le monde s'attend à ce que je replonge[7]. » Tout le monde peut-être pas ; ceux et celles qui ne souffrent ni son goût pour la fête ni sa langue trop pendue, sûrement. Car, sobre ou pas, Kate Moss ne mâche pas ses mots.

Ça ressemble à une tempête dans un verre d'eau. L'incident qui éclate au printemps 1999, faisant les délices des échotiers, renseigne pourtant sur une dramaturgie d'ordinaire discrète : les crêpages de chignon des stars des podiums. Si la proximité entre mannequins et acteurs, ou rockers, est une vieille lune de l'entreprise pop, elle est plus rugueuse entre top models. Kate Moss a de bonnes copines, Naomi Campbell ou Helena Christensen, et quelques solides inimitiés, dont « la » Schiffer aux mensurations et au style de vie à l'exact opposé des siens.

L'Allemande s'était dite choquée, en 1993, par la nudité de la jeune anglaise sur les publicités Calvin Klein. En ce mois de mars 1999, Kate Moss dégaine la première dans un quotidien allemand. Elle accuse Schiffer de mener une relation amoureuse « bidon » avec le magicien David Copperfield, l'essence de l'affaire étant, d'après elle, la notoriété : « Vous rencontrez un VIP et lui dites : "Tu es connu, moi aussi, mettons-nous ensemble" ; c'est sans intérêt, mais Schiffer et Copperfield marchent comme ça[8]. » Vexée, la grande Claudia réplique : « Il y a une clique, dans la mode, qui sort tous les soirs jusqu'à cinq heures du matin. Je ne sais pas comment ils font. Je ne serais pas capable de me lever, d'avoir l'énergie de poser pour les photographes. Kate a toujours appartenu à cette clique. C'est une honte, pour elle, que les choses aient été si loin[9]. »

La mode est un univers où l'humour et le sarcasme sont un art de vivre, où l'ironie des flamboyants homosexuels qui le peuplent transforme chaque phrase en saillie mémorable. Si les comptes se règlent en répliques assassines et en coups bas, c'est entre soi. On ne s'engage pas dans des joutes publiques. Qui sortit vainqueur de celle-ci ? Déjà en retrait de la fashion, Claudia Schiffer la supermodel si parfaite eut ensuite deux enfants et sut garder quelques gros contrats, comme Mango ou L'Oréal. En 2007, elle fit son retour, bien qu'elle ne fût jamais vraiment partie, dans une campagne Dom Pérignon filmée par Karl Lagerfeld.

Kate Moss, elle, n'a pas déserté la scène. Gagnante par défaut ? Sur le ring du verbe, en tout cas. Elle a appris, en dix ans, la leçon du cinglant. La fille pas vraiment gourde à l'ère de Croydon est devenue vive et mordante, qui sait se défendre, qui sait attaquer, qui peut tout se permettre.

Désormais, les filles peuvent tout se permettre.

En cette année 1999, des chanteuses dessalées fascinent l'Occident. Elles sont jeunes et jouent les Lolitas mais on ne retrouve guère, dans leur attitude, l'innocence capturée par Corinne Day neuf ans plus tôt. Christina Aguilera pourtant, et surtout Britney Spears, vont changer la culture pop. Leurs tenues suscitent le fantasme, du costume d'écolière au survêtement qui découvre le nombril percé, aguicheur, de Spears dans *Baby one more time.* La chanson se vend par millions et toutes les filles, d'un coup, ont l'air de petites garces. En 2001, *I'm a slave 4 U* – une chanson extraite de son troisième album en trois ans – montrera l'Américaine, le corps luisant, se déchaînant dans un entrepôt parmi des danseurs à moitié nus. Les parents s'affolent, les magazines rock se désolent mais Britney Spears représente bien un nouvel horizon « féministe » : abandonner l'injonction ancestrale, savoir se tenir, pour une nouvelle, tout aussi impérieuse, savoir se lâcher.

Les Spears et Aguilera, bien plus qu'une Madonna en plein assagissement qui déserte le terrain de la gourmandise sexuelle, vont influencer les adolescentes des villes et des champs en créant l'uniforme « string, petit top et pantalon à taille très, très basse », en leur donnant aussi l'envie, mieux que n'importe quelle campagne de publicité, de consommer cette mode de pétroleuse qu'on commence à trouver dans les boutiques H & M et Zara. Plus tard, Britney Spears et ses frasques donneront matière à la saga contemporaine de la déchéance, décrite par les tabloïds en toutes langues et dévorée par des millions de lecteurs friands de voir ces ultra-idoles, elle ou Kate Moss, choir de leur piédestal.

Pendant ce temps, Kate Moss continue son extravagante routine de par le monde, entourée de sa « clique ». Les amis la suivent avec prévenance et les petits amis, à en croire les magazines, se succèdent. Antony Langdon, le guitariste du groupe Spacehog, fin 1999, est remplacé par Jesse Wood, le fils du Stones Ron Wood. Avec l'un elle part pour Ibiza, avec l'autre pour la Thaïlande ou pour la Barbade. On approche de l'an 2000, les Cassandres prédisent l'apocalypse informatique, le monde est effrayé mais Kate Moss non. Il y a des valeurs sûres.

Elle célèbre le millénaire dans la famille de Ron Wood. Les journaux raillent le vin rouge, ou est-ce du jus de tomate, qui remplit à nouveau ses verres. En mars 2000, alors qu'elle est sur le départ pour Dubaï avec Jesse, Kate Moss retourne à l'hôpital. Une infection rénale, explique son agence d'ordinaire discrète, due à une prise désordonnée d'antibiotiques. Soit. Elle voit le printemps éclore de ses fenêtres, sommée de rester tranquille ; pour elle, quel cauchemar.

L'ennui la submerge tant qu'elle prend une décision cruciale dans la vie d'une mannequin. Changer de tête. « Je n'arrêtais pas de dire, dois-je me faire couper les cheveux, oui ou non ? Et mes proches répondaient, mon Dieu, ferme-la et vas-y [10] ! » Le copain de Croydon, James Brown, se rend à l'hôpital. Sous ses ciseaux, la coiffure longue et peu peignée d'hier fait place à un casque ras, blond platine. Une autre fille est née, et peu importe ce qu'en penseront les employeurs, les photographes, les stylistes. « Quelques mois plus tard, cette nouvelle image fut un détonateur pour sa carrière. Mais ce n'était pas calculé ; à l'époque, elle voulait tout arrêter [11] », dira Brown.

Le casque platine, explique Kate Moss, est inspiré par l'une de ses héroïnes, Edie Sedgwick – à d'autres moments elle citera, au nombre de ses références esthétiques, Charlotte Rampling, Jane Birkin ou Emmanuelle Seigner.

Jolie et riche Américaine des années 60, bien née et mal tournée, Sedgwick commença une carrière de top model qui n'alla pas bien loin. Le milieu de la mode était effrayé par ses accointances musicales et supposément droguées, même si Diana Vreeland, la célèbre patronne du *Harper's Bazaar* puis du *Vogue* américain, la qualifia d'incarnation de « la jeunesse de notre époque [12] ». Edie tourna plusieurs films, dont *Poor Little Rich Girl*, avec Andy Warhol qui en fit l'une de ses muses, fut liée à Bob Dylan, inspira au Velvet Underground la chanson *Femme fatale,* et après de multiples hospitalisations pour des problèmes psychiatriques et des abus de drogue, mourut en 1971, à vingt-huit ans.

Si Kate Moss est fascinée, comme tous les amateurs de rock, par ces figures décadentes dont on guette la chute autant qu'on prie pour leur salut, par cette propension au tragique coulant dans les veines des plus grands carbonisés de l'histoire « jeune », elle n'a pas tendance à l'autodestruction. Son modèle est l'inoxydable Keith Richards plutôt que la fragile Edie Sedgwick, les excès parce qu'on aime la fête plutôt que le flirt avec la mort.

Et les fêtes n'en finissent pas ; en avril 2000, elle se rend à Dublin pour la première d'un film, accompagnée par Sadie Frost et Jesse Wood ; en mai à l'inauguration d'un club londonien aux côtés de Jerry Hall, l'ex-mannequin et encore épouse de Mick Jagger, et de Jude Law, le mari de Sadie Frost. « Quand Kate dit "sortons quelque part", racontera sa copine artiste Tracey Emin, je sais qu'on ne se couchera pas à minuit mais à trois ou quatre heures du matin ; je sais qu'il y aura beaucoup de danse, de musique et de rires [13]. » Encore faut-il tenir et Jesse Wood, manifestement, n'a pas la santé d'un noctambule. Il rend les armes en quelques mois. Son père laissera entendre, bien plus tard – la phrase a du piquant venant d'un Stones – qu'aucun homme n'est capable, selon lui, « de suivre le rythme de Kate Moss[14] ».

Alors que sa vie déroule le scénario de la décadence et de l'artifice, Kate Moss s'apprête à devenir l'attraction d'un nouveau cirque, l'art contemporain. Elle pourrait, également, être l'héroïne fin de siècle d'auteurs new-yorkais.

Bret Easton Ellis et Jay McInerney publient au tournant du millénaire des romans qui sont comme des parts de gâteau tranchées dans le grand cake de la modernité. Mode, sexe, drogues, people et terrorisme en sont les ingrédients. Sorti en 1998, *Glamour attitude* de McInerney s'intéresse au sort de Connor McKnight, responsable des potins d'un journal à sensation. Quand sa fiancée mannequin le quitte, il se retrouve à traverser des orgies, à explorer le monde des superstars et de l'argent.

L'année suivante, Bret Easton Ellis frappe plus fort avec *Glamorama.* Il se définit comme un satiriste et ses créatures presque morbides, autour du top model Victor Ward, sont les spectateurs las de leur propre vacuité. « Nous avons mangé des tomates dans des gratte-ciels vides et commandé des rouleaux étranges dans des bars à sushis [...], nous avons passé trop de temps au bar du Four Seasons et pas assez à la plage. » On dirait la vie de Kate Moss. Le livre finit sur des actions terroristes pour briser l'ennui oppressant, à force de trop de luxe.

Des centaines de noms de marques, ou de gens connus, émaillent *Glamorama.* D'après Ellis, ce *« name dropping »,* critique voilée de la culture des célébrités gagnant le monde, n'a d'autre justification que de provoquer telle ou telle réaction chez ses personnages. Sous sa plume, ces noms se transforment en entités abstraites que les héros citent pour épater la galerie en ayant l'air cool. L'air est glacial, Victor Ward et les siens avalent du Xanax sans se souvenir de rien. *« We'll slide down on the surface of things »* – on se laissera glisser à la surface des choses, disent-ils.

Après la sortie du roman, Bret Easton Ellis expliquera qu'il se sentait atteint, pendant l'écriture, par « l'obligation de perfection physique que continue de nous vendre la société. Et à l'encontre de notre instinct, on se laisse avoir. Selon moi, il y a un lien entre la mode et le terrorisme : le fait d'angoisser les gens. Je ne sais pas si les objets de consommation sont oppressants. Peut-être en sommes-nous tellement inondés qu'on ne le remarque même plus [15] ».

Si l'écrivain se méfie de la notoriété et de la frénésie consumériste, d'autres en font le socle de leur travail : les *« Young British Artists »* ou « YBA », dont Kate Moss va devenir, pour nombre d'entre eux, une muse.

Les « jeunes artistes britanniques » sont nés comme naissent souvent les artistes : parce qu'ils étaient fauchés, et qu'ils voulaient poser un autre regard sur leur époque. En 1988, Margaret Thatcher est encore la Dame de fer quand seize étudiants d'une école d'art participent à une exposition intitulée *Freeze* (« Gel »), dans un entrepôt désaffecté des Docklands, à Londres. En même temps que l'acid-house de Manchester, l'Angleterre découvre les travaux anticonformistes des futurs YBA, dont ceux de leur chef de file Damien Hirst. Ce dernier accédera à la gloire grâce, aussi, aux réactions scandalisées des tenants d'un certain classicisme : ses œuvres tournent autour du thème des animaux morts exposés dans des panneaux de formol. L'un des visiteurs de *Freeze* est Charles Saatchi, cofondateur de l'agence de publicité Saatchi & Saatchi et collectionneur d'art contemporain, qui s'emploie, dès lors, à soutenir ces ultramodernes. Eux qui vivaient et exposaient à l'est de Londres, dans les coins bohèmes de Hoxton et Shoreditch, voient leurs œuvres achetées par un millionnaire et accrochées aux murs de sa galerie, une usine désaffectée de Saint John's Wood – le quartier chic où habitera bientôt Kate Moss.

Ils sont d'autant plus ravis du mécénat qu'ils n'adoptent en rien la posture du créateur maudit ou reclus, s'offrant volontiers aux reportages télévisés et aux articles de presse. En parallèle à la Britpop arrogante et novatrice, leur mouvement est surnommé « Britart », qui s'épanouit notamment dans les colonnes du *Dazed & Confused* de Jefferson Hack. Les années passent et

Sarah Lucas, Tracey Emin ou Damien Hirst – qui reçoit en 1995 le Turner Prize, la plus prestigieuse distinction britannique dans le domaine des arts plastiques – divisent plus que jamais les critiques, la scène culturelle, le pays. Ils font tout pour. Leurs œuvres néo-conceptuelles sont des lits défaits jonchés de sous-vêtements sales et de préservatifs usagés ; des cadavres de vaches découpés ; des amoncellements de nourriture, cigarettes et dessous féminins. En 1997, l'exposition *Sensation* à la conservatrice Royal Academy les consacre au milieu du tumulte : démission de trois des vénérables membres de l'Academy, des centaines de milliers de visiteurs et leurs cotes qui s'envolent.

Les YBA sont de leur temps. Des cousins, en quelque sorte, des héros de Bret Easton Ellis. On les accuse d'incarner l'ère de l'Art-gent – *« art-money »* –, et en effet ils conçoivent leur travail comme un produit de consommation ultime. Ne pas séparer célébrité et art ; n'avoir aucune pudeur face au marketing ; utiliser les médias du mieux possible – voilà leurs convictions. Aussi : frayer avec la jeune élite anglaise qui accueille à bras ouverts ces garçons et filles tellement semblables à eux mais qui, en plus, ont la parure de l'artiste.

Kate Moss avait déjà inspiré, en 1996, l'un des seize membres originels des YBA, Gary Hume. Intitulé *Kate*, son tableau tentait d'immortaliser une figure reproduite des millions de fois par la photographie. Pari intenable ? Du moins tenu dans l'abstraction. Le buste était juste esquissé d'un soutien-gorge et un ovale dénué de traits tenait lieu de visage – sorte de page blanche sur laquelle chaque spectateur projetait ses propres fantasmes.

Est-ce par le biais de Gary Hume, de Jefferson Hack, ou simplement parce qu'elle fréquente la scène londonienne dans le vent, et eux aussi ? Le fait est que Kate Moss, qui courait les amitiés rock, se met, en 1999, à cultiver celles des avant-gardistes. Ce nouveau monde, diantre, représente le summum du chic. Sur elle, il a un impact encore plus grand que Hollywood : celui de reléguer la mode au rang d'une occupation certes nécessaire – les engagements publicitaires, les éditoriaux, ce par quoi on vit confortablement – mais tellement moins excitante. Celui, aussi, de lui donner la sensation, elle qui a quitté l'école à seize ans, d'être au cœur de l'art et de la culture.

Avec ces artistes qui exposent à deux pas de chez elle, on se croise dans les mêmes pubs de Primrose Hill, le Clifton ou le Hawley Arms, dans un club privé de SoHo, le Groucho, on devient amis. Parmi les intimes, les filles Sam Taylor Wood et Tracey Emin, les frères Jake et Dinos Chapman. Ces derniers sont des audacieux, des tranchants. À côté de leurs tableaux, *Le Jardin des délices,* de Jérôme Bosch, a l'air guilleret. Ils peignent des pieuvres monstrueuses ou des bébés avec des couteaux dans les yeux, et leur chef-d'œuvre, qui sera détruit au milieu des années 00 dans un incendie, s'appelle *L'Enfer.* Jake Chapman a une vision de l'art sans rédemption, c'est un métier comme un autre où l'on doit devenir capitaliste pour survivre ; un métier qui ne délivre ni romantisme ni message particulier, déclara-t-il en 2005. « On mystifie l'objet d'art comme quelque chose de religieux et d'iconique, on perd de vue la notion que l'art est un objet bourgeois, faux et décoratif. [...] Je suis un prostitué de la bourgeoisie, mais il y a de pires formes de prostitution[16]. » On pourrait remplacer l'art par la mode, Kate Moss approuverait certainement.

Devenir une muse est l'ambition de toute groupie, et elle en est une, des temps modernes. À la fois super-groupie et inspiratrice d'une coterie en forme de mouchoir de poche où se mêlent création, argent, mode et rock. Elle rêve de crédibilité, eux de glamour. Ils sont forcément charmés par celle qui en représente l'apothéose, celle dont la notoriété grandit de manière exponentielle grâce à une couverture médiatique qui recouvre même, et surtout, ceux qui ne créent rien. Qu'a fait Kate Moss, sinon être cette image connue du monde entier ? Et elle se laisse charmer, évidemment. Pour une fois qu'elle a l'occasion d'être autre chose qu'un portemanteau.

Le *Vogue* anglais a une qualité, déjà remarquée lors de la session photo controversée de Kate Moss et Corinne Day, en 1993 : être pile dans l'époque. Au début de l'an 2000, le magazine demande à sept des jeunes artistes britanniques de « créer Kate », c'est le titre du dossier, et l'élue des arts est aussi celle de *Vogue*, dont elle fera la couverture quatre fois cette année-là, son record.

Selon la responsable du projet, ces artistes « comprennent la célébrité parce qu'ils sont devenus eux-mêmes des gens célèbres ; si leur travail est notamment une façon d'explorer autrement la "réalité", alors Kate Moss est le sujet idoine : la *"girl next door"* devenue l'emblème de la beauté réelle malgré l'artifice extrême de la mode et de la publicité [17] ». Dans le numéro qui paraît en mai, on retrouve Sam Taylor Wood – qui la photographie en Madone, les cheveux voilés et la larme roulant sous l'œil –, Tracey Emin, Gary Hume ou Marc Quinn. Ce dernier la fait poser habillée en Alexander McQueen pour une sculpture de glace destinée à fondre en quelques mois : « C'est la métaphore parfaite de la façon dont nous consommons sa beauté ; à mesure que la glace fondra, Kate s'évaporera dans la galerie, et les gens pourront littéralement la respirer [18]. »

La journaliste de *Vogue* qui suivit Kate Moss les quelques jours où elle se rendit d'un atelier londonien à un autre décrit une fille charmante, intimidée, malléable. Les frères Jake et Dinos Chapman, raconte-t-elle, installent Kate face à un miroir, crayon en main. Elle doit esquisser son portrait, ce qui semble compliqué : « Je ne sais pas du tout dessiner », dit-elle avant de s'y mettre, très concentrée. Les Chapman lui demandent ensuite, afin de compléter son ébauche par des petits dessins naïfs, quelle est sa vision de l'enfer. « L'enfer, répond-elle doucement, c'est d'être pourchassée par les paparazzis, ou qu'on me prenne en photo dans une pièce pleine d'étrangers qui vérifient si oui ou non ma coiffure et mon maquillage sont parfaits, qui ne se soucient jamais de me parler ou de découvrir qui je suis. Avec vous, c'est une sorte de paradis : travailler avec des gens qui m'incluent, qui s'enquièrent de ce que je pense [19]. »

Ce qui signifie : au sein de mon monde habituel, la mode, voilà ce que j'endure, ce regard inquisiteur et pourtant indifférent. Une façon, encore, d'exprimer lassitude et frustration par rapport à la carrière de mannequin, de « marionnette », disait Johnny Depp. Pour la première fois, la donne change. Sa plastique ne lui sert pas à vendre des sacs à main, elle lui permet d'accéder au statut d'égérie. Celles qui s'inscrivent dans le temps, comme son héroïne Edie Sedgwick ou sa grande amie Marianne Faithfull. Celles qui font créer à d'autres des choses remarquables.

Acerbe, un journaliste du quotidien *The Independent* écrit : « La mode et le Britart sont embarqués dans le même business ; et ce business est celui de la pure célébrité[20]. » On pourrait élargir le constat à la musique et au cinéma, tant les gens de la fashion se passionnent aussi pour les chanteuses et les actrices, de Courtney Love à Scarlett Johansson, leur offrant des contrats publicitaires et de beaux habits. L'art, néanmoins, reste le meilleur exemple de cette fascination réciproque et intéressée. Avec le numéro spécial de *Vogue,* Kate Moss a montré, en termes d'image, combien chaque partie avait à y gagner. Elle une touche arty inestimable, les artistes une pointe de modernité un peu vulgaire – frayer avec un mannequin !

Aujourd'hui, ce « modèle » économique a pris de l'ampleur, il trône au cœur de la machinerie culturelle. La mode, troquant financement contre prestige, est l'un des banquiers de la création. Nombreux sont les couturiers, et les groupes de luxe, à se parer de distinction artistique. C'est parfois sensé et sincère, comme Nicolas Ghesquière, le designer de Balenciaga, qui travaille avec l'artiste et photographe Dominique Gonzalez-Foster pour la conception de ses boutiques. Ça peut également devenir une stratégie ; grâce à l'art, les marques brouillent le périmètre du commerce et augmentent leurs profits. Quand l'entreprise Louis Vuitton expose, dans son mégastore parisien, des artistes conceptuels telle la provocatrice Vanessa Beecroft, la démarche rejoint celle d'autres maisons embauchant Kate Moss : il s'agit d'intégrer les rebelles, ça fait élitiste *et* cool.

Un bel exemple de collaboration/confusion concerne Vuitton et un artiste japonais ultracoté, Takashi Murakami. À ce roi de l'avant-garde tokyoïte « néo-pop », qui s'inspire des mangas, la griffe française proposa une première mission en 2003 : dessiner un imprimé. Des cerises rouge vif sur fond blanc ornèrent une ligne de bagages, et les ventes furent à la hauteur de l'investissement publicitaire. La notoriété de Murakami grandissant, il eut les honneurs d'une rétrospective au MoCa, le Musée d'art contemporain de Los Angeles, fin octobre 2007. Outre qu'elle s'intitulait *©Murakami,* avec le signe du copyright pour ceux qui n'auraient pas saisi la modernité de la démarche, l'exposition accueillait une « œuvre » parmi d'autres : une miniboutique

Vuitton où l'on pouvait acheter portefeuilles et sacs signés Takashi. Des sourcils se haussèrent, des critiques critiquèrent. Était-ce encore de l'art ou déjà trop de « business » ? Une chose est sûre : Duchamp et Warhol sont dépassés. Les pop artistes du XXIe siècle, estampillés par le luxe, n'hésitent pas à embrasser le commerce, le marketing et la notoriété.

Avec Kate Moss dans le rôle d'une muse, tout aussi décomplexée.

Aux portes de l'été 2000, elle comprend que sa vraie vie est ailleurs. Dans un studio avec des conceptuels à lunettes, dehors sur le pavé des villes ou le sable des plages, mais pas sur les podiums. Quelques mois après, elle en donnera la raison : « Je détestais ce putain de boulot. Ça engourdit l'esprit de faire toujours les mêmes choses. Je ne voulais plus jamais avoir à dire : "Je suis mannequin."[21] » Les responsables de l'agence Storm encaissent avec sérénité la défection de leur trésor. Peut-être savent-ils qu'il faut la laisser respirer puisqu'elle y revient toujours. Et puis, comme dirait Johnny Depp, à chacun ses moments creux.

Elle passe une partie de l'été à Ibiza avec Stella McCartney dans la bande, parce qu'il est l'heure de recommencer à s'amuser. Au fil des semaines, l'air moite, le goût des cocktails ou l'ennui, à force, des crépuscules en bord de mer, lui font oublier ses énièmes résolutions. Une fois de plus.

À l'automne, quand elle revient sous les projecteurs, Kate Moss a quelque chose de nouveau à vendre. Une allure moins grunge avec ses cheveux courts, et plus respectable grâce à l'art. Son dégoût du milieu n'aura que peu duré ; le temps de la transformation en elfe blond du nouveau millénaire même si, comme le disait James Brown, « rien n'était calculé[22] ». L'adolescente maigre a disparu, la bohémienne aussi. C'est une *glamour girl*, voire une *executive woman*, qui pose pour Gucci, Louis Vuitton, Burberry.

Elle signe ce nouveau faste par une brillante sortie. Trois ultimes défilés, en octobre 2000, et pas les moindres : Saint Laurent et Balenciaga à Paris, Gucci à Milan. Ce sont ses dernières apparitions sur les podiums ; elle descend de la caravane, tient somme toute une partie de sa promesse. « Le cycle Paris-Londres-Milan-New York, je n'en peux plus [23] », dira-t-elle. Hormis un effort pour Burberry, trois ans plus tard, parce qu'elle est sous contrat et que le créateur Christopher Bailey est un intime, jamais plus Kate Moss ne se mêlera aux girafes russes, ne se déhanchera devant le mur de photographes, ne connaîtra l'effervescence des cabines, l'hystérie des filles et les odeurs de laque.

C'est un moment charnière de sa carrière. Elle ne fera plus que des éditoriaux et des publicités ; de mannequin, elle est devenue un nom, bientôt elle sera une marque.

L'aventure Balenciaga intrigue forcément. Fin 2007, sept ans après, Nicolas Ghesquière, qui s'est imposé à la tête de la maison parisienne fondée par l'Espagnol Cristobal Balenciaga comme l'un des plus doués créateurs de sa génération, se rappelle l'épisode.

La première fois qu'il croisa Kate Moss, c'était à la fin des années 90 sur un défilé ; il était assistant chez Jean Paul Gaultier, Kate déjà une star. « Parmi les Christy Turlington et Linda Evangelista, on ne voyait qu'elle, plus petite, plus mince, désarmante de naturel [24]. » Chez Balenciaga, son talent s'établit sans l'aide des mannequins superstars. « Je n'aimais pas vraiment les top models des années 90, et j'ai toujours trouvé assez pathétique ces maisons qui sélectionnaient les plus connues. Une manière de dire : regardez l'argent qu'on a.

« Mais c'était surtout une question de silhouette, et en ça Kate Moss détonait. Enfin une fille rock, androgyne. À cette époque, je savais qu'elle aimait les habits Balenciaga ; parce qu'elle les achetait, parce qu'elle demandait à les porter pour des éditoriaux. Un jour de cette année 2000, son agent m'appela en me disant qu'outre Gucci et Saint Laurent, elle rêvait de défiler chez nous. Comme elle avait une exclusivité pour Tom Ford et Gucci, il a fallu négocier avec Tom ; enfin, disons qu'elle l'a décidé et voilà [25] ! »

Le jour dit, au Petit Palais, Kate Moss est arrivée pile à l'heure. C'était une collection d'été avec des robes de mariées un peu trash, et la bande-son comportait une chanson de Stéphanie de Monaco. Du décalé. Elle aussi l'était. « Elle m'a dit qu'elle se sentait vieille, qu'elle ne connaissait plus personne en

1. Kate Moss à l'aube des années 90. À peine découverte par Sarah Doukas, tout juste repérée par la photographe Corinne Day, elle est encore une gamine de Croydon, banlieue sud de Londres.

2 Peter Parks © AFP

3 Dafydd Jones © WireImage

4 Eric Ryan © Getty Images / AFP

5 Dave M. Benett © Getty Images / AFP

6 Dave M. Benett © Getty Images / AFP

2. En septembre 1996 avec Calvin Klein, qui l'a rendue célèbre aux États-Unis par une succession de campagnes controversées.

3. Avec Corinne Day, photographe qui l'a révélée en juillet 1990 dans *The Face*.
Dix-sept ans plus tard, elles participent à l'inauguration de l'exposition « Face of Fashion », au Victoria & Albert Museum de Londres, le 12 février 2007.

4. Avec Alexander McQueen, en mars 2004.

5. Avec John Galliano, en septembre 2007. Il fut le premier à la faire défiler à Londres, puis à Paris, fin 1992.

6. Avec Vivienne Westwood, la créatrice de mode favorite de l'adolescente Kate Moss, en mars 2004.

Lors du finale du show Burberry, en septembre 2003 à Milan, Kate Moss marche en tête, [p]our l'une de ses seules apparitions sur les podiums depuis 2000.

8. Le 20 avril 1995, Kate Moss présente son livre. Pour en assurer la promotion, elle donnera, quelques mois plus tard, vingt-sept interviews dans la même journée.

9. Avec Johnny Depp et Benicio Del Toro, les acteurs de *Las Vegas Parano* de Terry Gilliam, au Festival de Cannes en 1998. Bien que séparés, Kate et Johnny sont encore proches ; c'est à Cannes qu'il officialisera leur rupture.

10. Au commencement de leur histoire, à Londres, en 1994. Ils ne se connaissent que depuis quelques mois.

11. Avec Naomi Campbell, la grande copine avec qui faire les quatre cents coups, en vacances, le 27 mai 1995.

12. Patchwork de publicités et de couvertures de magazines, septembre 2006.

13. Avec Marianne Faithfull, l'une de ses « mentors », au défilé Chanel printemps-été 2004, à Paris.

14. Avec Jefferson Hack, éditeur de *Dazed & Confused* et père de sa fille Lila Grace, et son ami photographe Mario Testino, au premier rang du défilé Burberry, le 23 février 2006 ; à cette époque, Jefferson et Kate ne sont plus ensemble, elle fréquente déjà Pete Doherty.

15. Avec Jefferson Hack et Lila Grace, trois ans et demi, dans les Cotswolds, près de son cottage de Little Faringdon, en mars 2006.

16. Avec sa mère Linda Moss, qui porte sa petite-fille Lila Grace. Les trois générations Moss sont à Aspen, Colorado, pour les fêtes de fin d'année 2005. Kate Moss sort tout juste de sa cure en Arizona, qui a suivi le scandale de la cocaïne.

17. Kate Moss en jeune vamp sur lavabo, le 1er juin 1994. À cette époque, elle vit aux États-Unis et son petit ami, depuis quatre mois, s'appelle Johnny Depp.

18 © Young / Rex Features / Sipa

19 © Ezio Petersen / Upi / Gamma

20 Nick Harvey © WireImage

21 © Christian Maury / Gamma / Evedea

22 © Tim Graham / Getty Images

23 Gregory Pace © FilmMagic

18. Avec, entre autres, Naomi Campbell et Donatella Versace, lors d'une soirée co-organisée par Versace et les diamantaires De Beers en juin 1999.

19. La première personne dont Kate Moss, adolescente, acheta un disque : Debbie Harry, la chanteuse de Blondie. Ici à New York, le 18 mai 2004, pour le lancement d'un livre de photographies consacré à Blondie, et signé Mick Rock.

20. Avec Courtney Love et l'une de ses grandes copines, Stella McCartney, à l'occasion de la présentation de la collection Adidas de McCartney à Londres, le 20 septembre 2007.

21. Le 30 juin 2001 à Barcelone, Kate Moss à l'époque de sa coupe « Edie Sedgwick » assiste avec Elle Macpherson à la conférence de presse précédant le concert « Frock'n'roll », organisé par Naomi Campbell au profit de la Fondation Nelson Mandela.

22. Deux princesses de l'Angleterre, Lady Di et Kate Moss, se rencontrent à New York chez Christie's, le 23 juin 1997. Diana Spencer mourra trois mois plus tard, le 31 août.

23. Avec David Bowie et sa femme, l'ex-mannequin Iman, le 6 juin 2005. L'un des premiers posters qu'eut Kate Moss dans sa chambre fut celui de Bowie, période *Aladdin Sane*.

24. Queen Moss pose pour Agent Provocateur, juste avant Noël 2006, pour soutenir les ventes de la marque de lingerie.

25. Kate sens dessus dessous à l'issue d'un concert de Pete Doherty et de son ex-complice des Libertines Carl Barât au Hackney Empire de Londres, le 12 avril 2007. La guitare qui dépasse est celle de Doherty.

26. Avec Pete Doherty au festival rock de Glastonbury, en Angleterre, le 25 juin 2005. Il pleut, comme presque chaque année. Les photos de ce jour-là font le tour du monde : sa robe mini à elle, son chapeau à lui, leur allure à tous les deux.

27. Avec Pete Doherty, élégant quand il porte le costume, à l'occasion d'une fête d'*Another Magazine*, le journal dirigé par l'ex de Kate, Jefferson Hack, le 11 septembre 2005 à New York. Quatre jours avant que n'éclate « Cocaine Kate ».

28. Kate Moss au meilleur de sa forme stylistique – lunettes mouche, pantalon slim gris, boots, blouson de cuir, cabas en python – quittant la maison de sa grande copine Davinia Taylor pour aller faire du shopping à Notting Hill, à Londres, le 10 février 2006.

Gareth Cattermole © Getty Images / AFP

29

© Darren Starling/EZ National Pictures / MAXPPP

30

© e30 / KPA / Gamma / Eyedea Presse

31

29. Kate Moss est aussi une icône de cire : sa statue est inaugurée le 13 février 2007 au musée de Madame Tussaud, à Londres, pendant la fashion week. Les visiteurs peuvent se faire photographier sur le canapé, à côté d'elle.

30. Avec James Brown, l'ami coiffeur qu'elle connaît depuis l'adolescence à Croydon, lors du lancement de leur ligne de produits capillaires « James Brown London », le 10 octobre 2007 à Londres.

31. Kate en mannequin de vitrine, l'événement a duré exactement douze secondes. C'était le 31 avril 2007 dans le magasin Topshop d'Oxford Street, à Londres, lors du lancement officiel de sa collection de vêtements pour le géant anglais du prêt-à-porter chic et populaire.

32. Kate Moss en l'an 2000.

33. Le 20 novembre 2007 à Londres, avec Jamie Hince, des Kills, son dernier petit ami en date ; comme les précédents, il possède une parfaite dégaine rock.

33

© Wenn / Sipa

© Dan Charity / The Sun / Sipa

34. La première semaine de juillet 2007, Kate Moss est lâchée par Agent Provocateur, Burberry, et surtout Pete Doherty, qui vient de la tromper, affirment les tabloïds anglais. Kate Moss rompt, annule sa participation au défilé des 60 ans de Dior à Versailles, et file se refaire une santé à Marbella, entourée de quelques amis dont Kelly Osbourne, la fille d'Ozzy, le chanteur de Black Sabbath.

s. De la gamine de Croydon à l'effigie des bus parisiens. En mai 2006, huit mois après le scandale e la cocaïne, Kate Moss est l'emblème d'une quinzaine de marques, dont le maroquinier français ongchamp. Un record.

36. Kate vue par le chanteur Bryan Adams, reconverti dans la photographie.

cabine[26]. » Lors des essayages, il est d'usage que chaque mannequin se fasse photographier, de face et de profil, avec les tenues qu'elle portera. L'ensemble des Polaroïds est ensuite affiché sur un mur, permettant à tous, maquilleurs, habilleurs, régisseurs, de connaître l'ordre de passage et le menu du show. « Pendant les prises de vue, et ce sont des choses qu'on fait à la va-vite, continue Ghesquière, j'ai réalisé que c'était une fille d'une autre ère, au bon sens du terme, par sa manière de prendre ça au sérieux. Elle aurait été en face de Richard Avedon ou d'Irving Penn, ç'aurait été pareil. Quand nous avons répété, c'est encore elle qui me posait le plus de questions : comment veux-tu que je marche, que j'entre, que je sorte. Kate Moss, c'est un drôle de mélange ; une fille extrêmement séductrice qui parle de tout ; une super-professionnelle ; une grande angoissée[27]. »

Après ce défilé, elle et Ghesquière se sont revus, de loin en loin, dans les fêtes officielles ou privées qui rythment la mode. « Elle aime s'amuser mais elle n'est pas *dark*, pas aussi trash, finalement, qu'on peut le penser[28]. » Aux yeux d'un designer sollicité comme Nicolas Ghesquière, Kate Moss a une particularité : l'élégance du portefeuille. « Quand elle vient faire du shopping à la boutique Balenciaga, à Paris, c'est seule, ou avec des copines, sans se faire annoncer, sans demander à ce qu'on ferme la boutique, sans exiger de réductions. Aujourd'hui, elles se comptent sur les doigts d'une main, les filles de sa notoriété à agir ainsi[29]. »

À l'issue du show, Kate Moss avait quand même emporté quelques vêtements, ces cadeaux se pratiquent avec les stars, ainsi qu'un sac, l'un des premiers dessinés par Ghesquière. Elle l'adopta et le sac, qui n'avait même pas de nom tant sa production était restreinte, fit un malheur. En quelques semaines, la planète fashion avait baptisé ce nouveau hit « Bicker » ou « Arena ». « On s'est rendu compte, concrètement, à quel point son influence était énorme, et mondiale. » Plus largement, Ghesquière estime qu'avec sa dégaine, « elle a redonné une légitimité à l'allure rock, tout en gardant un truc familier qui lui est propre et qui fait que les filles se reconnaissent en elle. N'importe quel habit, n'importe quel accessoire est "katemossisé", passé à la machine Kate Moss. En ça, elle montre que le plus important n'est pas la mode et ce qu'on porte, mais comment on le porte. Ça s'appelle le style[30]. »

En cette année 2000, son minois blond se fait parfois souriant, ses frasques n'alimentent plus les gazettes, remplacées par un compte rendu minutieux de ses tenues, qui immanquablement provoquent des tornades de shopping.

Outre le sac Balenciaga, elle est photographiée avec les fameuses bottes qu'elle aime depuis l'adolescence, les Pirates de Vivienne Westwood, une paire vintage achetée dans une petite boutique londonienne. Sitôt les clichés publiés, le vendeur sera harcelé par plusieurs centaines de fashionistas prêtes à tuer pour les mêmes, si bien que Westwood finira par en relancer la production.

Ce que met Kate Moss, bien sûr, est la plupart du temps reçu gratuitement : des monceaux de robes, de bijoux, de chaussures, de jeans, de chapeaux, de chemises, de produits de beauté, livrés chez elle. Les créateurs iraient jusqu'à lui baiser les pieds afin qu'elle choisisse, un matin dans ses armoires, un de leurs tee-shirts ou pantalons. Pour le succès d'une marque, et grâce aux paparazzis qui campent chaque jour devant chez elle, à Saint John's Wood, cela vaut dix fois plus qu'une campagne de publicité : ses nouveaux atours sont constamment analysés sur les sites Internet, les blogs et les magazines du monde entier.

C'est ainsi qu'on devient l'icône d'une génération. Celle des vingt ans et quelques, des trente ans et des poussières, ces jeunes femmes du monde occidental qui veulent suivre les tendances sans avoir les moyens des marques de luxe pour lesquelles pose Kate Moss. Le transfert est d'importance ; à défaut des Gucci ou Burberry, on se rabat sur son style à elle, qu'on tente de copier. Ce rôle d'inspiratrice, accessible et branchée, ne fera que grandir, finissant par déboucher en 2007 sur la création de sa propre collection chez Topshop.

Elles sont pourtant nombreuses, mannequins, actrices et chanteuses, à recevoir des vêtements en avant-première, à se faire aider par des stylistes personnels. Pourquoi est-ce invariablement Kate Moss, seule comme une grande, qui pioche la bonne pièce au bon moment ? « C'est un truc de goût, dit-elle, il est bon ou mauvais, ça n'a rien à voir avec les origines ni l'endroit d'où on vient[31]. »

Quand on évoque les bottes Pirates renaissant par son biais, elle plaisante : « Oh, ça veut dire que je ne pourrai plus les mettre[32]. » Sinon, cela fait quoi de se découvrir « l'icône d'une génération[33] » ? Réponse embarrassée : « Je ne sais pas. Étrange[34]. »

Être un objet de désir l'effrayait déjà ; être scrutée par des inconnus ou mitraillée dans la rue, également ; on apprend qu'inspirer les autres, ce qui est quand même moins lourd à assumer, la met mal à l'aise, aussi. Probablement parce qu'elle se fantasme plus que jamais en fille bohème, en esprit libre comme Marianne Faithfull et Keith Richards, en artiste. Ou du moins en muse. Et lorsqu'on se rêve ainsi, il doit être « étrange », en effet, de se voir ramenée sans cesse, par les engagements publicitaires et les questions des journalistes, à ce qu'on est vraiment : un portemanteau. Hors norme évidemment, mais portemanteau quand même.

En cette fin d'année 2000, une fois prise la décision d'arrêter les défilés, que reste-t-il des liens avec la mode ? Le minimum, avec panache. La couverture du numéro de Noël du *Vogue* anglais, *« The Gold Issue »*, la montre nue, recouverte d'or.

Kate Moss, à bientôt vingt-six ans, mène la vie qu'elle veut – dorée ou vernie, comme on dit.

Jefferson et Lucian

Depuis leur rencontre en janvier 1999, ils se sont souvent revus dans le cercle, riche et décontracté, de la jeunesse londonienne où ils ont les mêmes amis : Stella McCartney, Sadie Frost, Meg Matthews, qui vient de divorcer de Noel Gallagher. Où se sont-ils croisés, comment se sont-ils plu, on ne connaît aucun détail tant ils ont su rester discrets, à ce moment-là et après. Début 2001, l'information est officielle : Kate Moss et Jefferson Hack sont un couple. La presse, y compris les gazettes respectables, répercute la nouvelle, interloquée ; l'une des plus célèbres femmes au monde fréquente un éditeur seulement connu des milieux chics ! À croire que la pique lancée à Claudia Schiffer visait juste : les people devraient donc n'évoluer qu'entre eux ?

Sauf que Jefferson Hack n'est pas un misérable berger séduisant la princesse. Bien qu'il soit forcément moins riche comparé à elle, il montre dans son magazine, chaque mois, l'étendue de son flair d'avant-gardiste, il évolue dans les sphères artistiques qui fascinent Kate Moss, il est aussi, à sa manière élégante et réservée, un Rastignac du gang des jeunes gens branchés – toujours à sortir là où il faut, à fréquenter qui il faut. Il permettra à Kate Moss, déjà ennoblie par son rôle de muse, de s'emparer du trône d'« icône du cool ». Mais ce n'est pas encore le moment.

Avec lui, elle se repose dans une histoire confortable pour la première fois de son existence. Il n'est pas le genre d'homme à traîner dans les pubs ; ses goûts le portent plutôt vers les films expérimentaux et les manifestations alternatives. Il n'est pas, non plus, le genre d'éditeur de presse fumiste qui encombre un milieu versatile et sensible aux grandes gueules. Dans les médias et chez les happy few, on s'accorde là-dessus : Jefferson Hack est un garçon sérieux qui connaît son affaire. Sa seule faiblesse le porte vers les jolies filles, si possible sanguines.

Au cours de l'année 2001, Kate Moss l'ex-oiseau de nuit ne voit plus beaucoup poindre l'aube. Le brouhaha des fêtes s'éloigne dans le confort cotonneux, protecteur, de sa maison de Saint John's Wood où Jefferson Hack a pris ses quartiers. La salle de bains couleur bleue a beau être décorée des photographies de ses idoles – les Rolling Stones, Sid Vicious, Bowie en Aladdin Sane –, le reste devient ordonné, réfléchi. Bien que subsiste cette grande bouche qui, quand elle se décide à l'ouvrir, parle vif.

En février, elle donne une interview, la première depuis deux ans et l'une des dernières si franches, où le monde de la mode est passé au lance-flamme. Seul un cocktail incessant de champagne, de vodka et de drogues, dit-elle, lui a permis de supporter son « travail idiot[35] » : « Dans ce milieu, quoi que les gens en disent, l'excès n'a pas de but créatif, il représente un moyen d'évasion. C'est la seule façon de faire face à tout ça, de sortir soir après soir, de se rendre à ces dîners horriblement ennuyeux.

Vous travaillez toute la journée et vous devez encore avoir l'air de quelqu'un qui prend du plaisir, parce que c'est un péché de se sentir fatiguée[36]. »

Elle dit aussi ne plus souffrir que les mannequins soient prises pour de belles plantes stupides. Ou l'impossible équation du top model, réussir à faire marcher ses neurones quand tout ce qu'on vous demande est : « Sois belle et tais-toi. » Quelque temps auparavant, elle avait montré la même irritation. « Les gens ne m'entendent pas parler, parce que personne ne s'attend à ce que je le fasse. Pour eux, je ne suis qu'un corps ou un visage, car un mannequin n'est probablement pas censé avoir de cerveau – un présupposé dû au sexisme et à l'ignorance[37]. » Encore une fois, le décalage est immense entre sa carrière et ses aspirations, entre ce qu'on perçoit ou sait d'elle – passive et portemanteau –, et la manière dont elle se sent ou s'imagine – active et artiste. La colère à être vue comme une coquille vide, on comprend : ses déclarations sur la mode, particulièrement fermes puisqu'elle y attaquait la vacuité du système, qu'elle y dévoilait d'autres désirs, n'ont-elles donc servi à rien ?

Le fait est qu'après cela, conséquence de la vexation, qui sait, elle prend le parti du mutisme, sauf quelques rares exceptions – on y reviendra. C'est au moment où s'installe le silence que, paradoxalement, l'intérêt des médias grandit. Ils la sollicitent de plus en plus, jusqu'à friser l'obsession : en 2008, l'agence Storm recevra chaque mois des dizaines de demandes d'interviews, sans cesse déclinées.

Malgré ces énièmes charges contre son milieu, Kate Moss s'accroche. Continuer le cirque, d'accord, mais à ses conditions, et ne plus s'obliger aux choses pénibles : « J'ai fait des erreurs, et j'ai retenu la leçon[38]. » À la vraie question, pourquoi s'obstiner, ses réponses pourraient être : parce qu'il n'y a rien d'autre ; un peu pour l'argent ; car Jefferson permet, comme Johnny hier, de prendre du recul. Et aussi : qu'une fois arrivée là, tout en haut, il serait idiot de laisser le trône à d'autres. « On pense qu'il suffit d'avoir une belle gueule pour réussir, or ça va vite de se faire dégager. On doit toujours être en tête si on veut rester dans la course[39]. » En cette année 2001, pourtant, personne ne la menace. Les anciennes tops ne sont plus là, aucune n'émerge vraiment. Ça ne l'empêche pas de sortir les griffes.

Sous couvert de l'anonymat, une mannequin française raconte une anecdote survenue alors. Elle connaissait déjà Kate Moss, croisée peu avant sur une session photo, qui s'était montrée charmante et attentionnée. La seconde fois, en cabine d'un show londonien, ce fut une froideur agressive : « Soit, se dit-elle, peut-être ne m'a-t-elle pas reconnue[40]. » Au cours du défilé, la jeune Française devait récupérer, pour son second passage sur le podium, les chaussures que portait Kate Moss. Malgré les efforts de l'habilleuse, rien ; introuvables. « Et j'ai vu Kate les dissimuler dans son sac[41]. » Quelques minutes plus tard, lors du traditionnel finale où toutes les top models reviennent sur scène, Kate lui décrocha, l'air de rien, dit-elle, « un grand coup de coude ». Une hostilité jamais comprise, jamais discutée, jamais élucidée. Aujourd'hui cette mannequin lance : « Je pense que Kate Moss est une marionnette qui a vendu son âme au diable. Ce n'est pas une personne vivante[42]. »

Une attitude pour le moins mesquine ; la gamine de Croydon, qui à ses débuts imaginait que les plus âgées n'attendaient que sa chute pendant un défilé, se met-elle à ressentir ses vingt-sept ans comme une faiblesse ? Écarte-t-elle avec le toupet d'une star toute concurrence possible, à l'instar d'une Naomi Campbell longtemps en guerre contre Tyra Banks ? « Pour être honnête, c'est compliqué la célébrité, dit Kate. Non que je ne veuille pas être gentille. Je sais seulement que tout le monde s'attend à ce que je me comporte en diva[43]. »

Dans un mélange d'insécurité et de toute-puissance, c'est ce qu'elle fait. Et pourquoi s'en priverait-elle ? Personne n'a jamais rien osé lui dire, ce n'est pas maintenant que les choses vont changer.

Au cours de ces premiers mois de 2001, la nouvelle commence à circuler : Kate Moss veut un enfant. Jusqu'à l'arrivée de Lila Grace, fin 2002, elle mènera une vie moins trépidante. Soit, pour n'importe quel être humain, l'équivalent d'un rythme d'enfer. Ce n'est pas tant la mode qui l'occupe ; seulement deux couvertures de magazines cette année-là, *i-D* et *Vogue*, et aucune descente de podium puisque c'est fini ; les défilés désormais, on y va en spectatrice, en star du *« front row »* au bras de Jefferson Hack.

La plupart du temps, ils sont inséparables. On les voit aux shows milanais, au premier rang de Chanel à Paris. Ailleurs aussi, ils paradent en vedettes : au festival du film de Berlin et à celui de Cannes, à une énorme fête donnée à Londres par le chanteur Bryan Adams. On s'offre également des escapades plus bucoliques, comme ces vacances dans la campagne anglaise à faire du cheval.

Et il y a les bonnes œuvres. Elle s'était déjà engagée en 1995 pour War Child aux côtés de Johnny Depp, et en 2000 dans une campagne lancée par Twiggy, la mannequin des sixties, contre le cancer du sein. Au début de cet été 2001, c'est un concert de charité qui l'occupe, organisé par Naomi Campbell au profit de la fondation de Nelson Mandela. L'événement s'appelle « Frock and Roll » – *« frock »* signifie robe en argot anglais –, et se tient au Palau Sant Jordi de Barcelone. Des stars de la musique et des podiums s'alliant pour le salut des enfants sud-africains : l'affiche est émouvante. Mais l'émotion ne suffit pas à séduire les foules. Malgré Bono et Wyclef Jean des Fugees, malgré Mandela et Campbell rejoignant sur scène Elle Macpherson, la maîtresse de cérémonie, malgré un mini-défilé de mode, malgré Kate Moss et les créations d'Alexander McQueen, le stade est presque désert : seulement trois mille spectateurs sur une capacité de dix-sept mille. Le quotidien espagnol *El Pais* raille l'entreprise, « ce petit caprice de quelques gens célèbres tellement imbus d'eux-mêmes qu'ils n'ont pas voulu annuler la soirée, bien que les gens de Barcelone ne fussent guère impressionnés [44] ».

On les comprend : quel était l'intérêt de voir des mannequins parader entre les performances de chaque artiste ? Tout cela avait-il un sens ? Et : Kate Moss fait-elle désormais partie du club des super-people à super-conscience ? Certainement pas, elle y est allée pour sa grande copine Naomi Campbell ; avant cela et après, elle est toujours restée à l'écart de la sensiblerie – ou de la générosité – à moins que ça ne la touche de près.

L'événement barcelonais, en soi, n'a guère d'intérêt. Il s'y est cependant joué, en coulisses, un événement décisif – une histoire de drogues, de coma, de scandale –, dont la révélation publique conduira, quatre ans plus tard, à l'affaire de la cocaïne. On y reviendra.

À l'été 2001, Kate Moss n'imagine pas que ces quelques jours la feront vaciller. Elle est loin sous un autre soleil, aux Caraïbes avec Jefferson Hack, quelques mois après avoir dit sa lassitude des fêtes et des substances illicites.

À l'automne, elle apparaît dans un clip de Marianne Faithfull, *Sex with strangers*, sous la direction de Roman Coppola. La chanson, composée par Beck, est extraite de l'album *Kissin time* où collaborent également Jarvis Coker de Pulp, Damon Albarn de Blur et Billy Corgan des Smashing Pumpkins – la fine fleur du rock anglo-saxon. Le tournage dans la campagne anglaise est détendu. Il y a notamment le copain James Brown qui s'occupe des coiffures et, entre deux fous rires, fait la lecture de l'horoscope des Capricorne puisque, comme Kate, Marianne l'est aussi. Cette dernière parle de ce qui la lie à ces « gamins » : « Mon truc, dans la vie, est de faire croire que les choses difficiles sont réalisées sans effort. Et ça les fascine, Kate, Billy ou Jarvis, parce qu'ils sont assez mûrs pour réaliser que les existences qu'ils ont choisies sont compliquées, et ils sont à des moments clés où ils apprennent à les mener à la perfection. Ça équivaut à se tenir sur les mains en jonglant avec des tisons ardents à l'aide de ses pieds, tout en sifflotant l'air de rien[45]. »

Ainsi donc, Kate à la nonchalance affichée, qui semble n'avoir jamais bataillé, s'identifie à la distance élégante et un peu feinte de Marianne, parce qu'elles deux, en réalité, ont dû pareillement lutter ? Quant aux « moments clés » de l'existence, quels peuvent être les conseils de l'ex-muse des sixties à celle du nouveau millénaire ? Préférer, à la mode, le destin débutant d'égérie des arts, probablement. Et aussi : se dire que Jefferson Hack est l'homme idéal auprès de qui calmer l'attrait du dehors.

On demande ensuite à Marianne Faithfull si elle représente, pour cette jeune garde, une figure fascinante parce qu'ayant frôlé le gouffre : « Oh non, ce n'est pas une question importante ; si les gens veulent vraiment se détruire, ils le font et vous n'y pouvez rien[46]. » Ailleurs elle dira : « J'aime regarder Kate et Naomi Campbell, car j'ai toujours eu un très grand intérêt pour la beauté ; mais je ne me prends pas pour leur mère et ne veux rien d'elles, ni les photographier ni faire l'amour ; juste être une copine[47]. »

À ce moment-là, en compagnie peut-être de Marianne, Kate Moss écoute des groupes qui vont secouer le rock. Les White Stripes, les Strokes. Ils sont jeunes, ils sont fiers, ils mettent plein de guitares dans leurs chansons.

Fin 1998, un blanc-bec de vingt ans, Julian Casablancas, fils du fondateur de l'agence de mannequins Elite et d'une top model danoise, se distrait d'un passé de petit garçon riche qui a grandi dans des écoles privées américaines et suisses en formant un groupe de rock avec trois copains. Les Strokes ont la musique rugueuse qui respire l'asphalte new-yorkais, un « rock garage » à l'odeur de soufre et de sueur des fils à papa. Quand ils sortent leur premier album, *Is this it ?*, à l'été 2001, les garçons et filles en cuir noir se sentent moins seuls : avec ce groupe de petites frappes qui sonne comme le Velvet Underground, le prisme musical, enfin, s'élargit au-delà de l'alternative Britney Spears/Radiohead.

L'album se classe en tête des meilleurs disques de l'année et pousse, comme le Velvet trente ans auparavant, d'autres jeunes loups à suivre la piste des chansons serrées en deux minutes trente. À Londres, un certain Pete Doherty fait déjà la même chose avec son groupe The Libertines ; malgré les concerts et les premières maquettes, les maisons de disques n'y croient pas, l'affaire traîne en longueur. Avec l'émergence des New-Yorkais, l'industrie anglaise saute dans le train saturé de guitares, piquée au vif par cette presque injure : que le retour du rock soit l'œuvre de quatre petits branleurs d'Amérique.

Les Strokes imposent aussi une élégance qui se décline en pantalons cigarettes, bottes noires et blousons étriqués, qui rappelle aux oublieux que le rock fut souvent, depuis cinquante ans, une question de style. Relayée par Hedi Slimane, le directeur artistique de Dior Homme, cette allure sera bientôt l'uniforme des villes occidentales, et Kate Moss son emblème féminin à côté d'un Pete Doherty aux ongles noircis par le crack en costume Dior.

Elle n'y est pas encore. À l'automne 2001, elle est occupée à triompher. Son passé suffisamment sulfureux, éclairci d'une respectabilité due aux collaborations artistiques, lui vaut de décrocher le contrat *Coco Mademoiselle* de Chanel. Le nouveau parfum de la maison parisienne vise les jeunes femmes plutôt que leurs mères, et Kate Moss lui apporte ce petit côté frémissant que les marques recherchent tant ; l'idée de la transgression, mais chic, et l'idée seulement.

À ce moment-là, elle représente également Gucci, Burberry, Loewe et les cosmétiques anglais Rimmel, pour qui elle est « la quintessence de la Londonienne cool, dont la beauté est née dans la rue [48] ». Sa découvreuse et patronne de Storm, Sarah Doukas, explique : « Je pense que Kate s'est métamorphosée. Elle a franchi un cap. La campagne Chanel la montre plus mûre, plus sophistiquée [49]. » À propos de la pause estivale de l'année précédente, des déclarations tranchées dans *Time out*, de la lassitude et de la volonté, désormais, de faire les choses différemment, Doukas ajoute : « Quand vous menez une carrière aussi longue, sans temps mort, vous pouvez en avoir marre. C'était son cas. Elle revient plus forte que jamais. Cette fois-ci, ça va décoiffer [50]. »

En décembre 2001, le *Vogue* anglais propulse la fille de Croydon en couverture d'un numéro spécial, *A royal salute,* consacré aux Windsor. Photographiée par Nick Knight, Queen Moss est négligemment assise en robe rouge, couronne sur la tête et sceptre à la main.

Ce même mois, avant de partir célébrer la fin de l'année sur une plage thaïlandaise avec Jefferson Hack, la jeune reine du cool rencontre un vieux roi de la peinture. Il la veut, elle, dans son atelier.

En 1999, lors de l'interview à *Dazed & Confused*, Kate Moss avait dit son envie de poser pour Lucian Freud, le petit-fils de Sigmund et l'un des plus grands portraitistes au monde. Il a la réputation, à soixante-dix-neuf ans, d'être un homme à femmes et de choisir, comme sujets de ses peintures, des proches plutôt que des modèles professionnels. « Je peins les gens, dit-il, non pour ce à quoi ils ressemblent, non en dépit de ce qu'ils ont l'air, mais pour ce qu'ils sont [51]. »

La légende veut que Lucian Freud, ayant lu *Dazed* – ce qui montre sa curiosité intellectuelle, à soixante-dix-neuf ans –, aurait appelé Kate Moss et, après quelques déjeuners, lui aurait proposé de poser pour lui. Lorsque le peintre, également réputé pour sa lenteur, précise que la collaboration peut prendre un temps infini, elle répond avoir la patience nécessaire. Depuis les Young British Artists, elle est rompue à l'exercice même si, comparé à cette aventure-là, son investissement personnel à elle, et leur notoriété à eux, étaient minuscules. Que ressent-elle, la fille du sud de Londres aux dents pointues, qui glousse sans arrêt, à se retrouver choisie par une légende de la peinture ? Se compare-t-elle à la Dora Maar de Picasso ? Réalise-t-elle qu'elle s'apprête à entrer, vraiment, dans l'histoire ?

Lucian Freud vient de terminer un portrait de la reine d'Angleterre, un petit tableau serré sur son visage, peu flatteur en ce sens qu'Elizabeth II n'y est pas belle et qu'il n'a pas voulu la rendre belle – un critique du *British Art Journal* écrit qu'elle ressemble à l'un de ses chiens corgis après un infarctus. Avec Kate Moss, Freud s'attaque à une autre figure du royaume, tout autant photographiée et presque aussi figée que la reine dans son rôle d'emblème national.

Découvrir, par le biais de la peinture, qui sont ces deux femmes au regard de Joconde représente certainement un défi amusant pour Lucian Freud. Habitué aux inconnus, aux « vraies gens », que peut-il voir en elles, au-delà de ce que le monde entier connaît déjà ? Le vieil artiste a un credo, la nudité. Si elle fut impossible à imposer à la reine, et pour cause, Kate Moss s'y résout volontiers, elle est habituée et le maître convainquant : « Je suis attiré par le côté animal des gens ; c'est pour ça que je les préfère nus. Parce que je peux mieux voir en eux, parce que je veux qu'ils se sentent aussi à l'aise que des animaux [52]. »

Au début de l'année 2002 les séances commencent et le rituel est souvent celui-ci : rendez-vous dans le quartier londonien de Kensington où Freud habite, puis travail à l'atelier de dix-neuf heures à deux heures du matin, trois fois par semaine, pendant huit mois. Ont-ils parlé de peinture, de mode ? Ont-ils légèrement flirté comme le sous-entendent les tabloïds, tant Freud a la réputation d'un *« womanizer »*, un homme à femmes ? Jefferson Hack, dira-t-elle, n'est pas jaloux, il sait que c'est pour l'art.

Kate Moss se plie aux longues heures de pose allongée sur un sofa, les jambes légèrement ouvertes, le bras gauche posé sur un oreiller blanc. La performance est de taille pour une fille d'un naturel si nerveux qu'elle a « du mal à rester assise dans une pièce[53] ». Pour une fille enceinte, de surcroît. Le jour où elle l'apprend, en janvier ou février, elle arrive avec dix minutes de retard. Pas question, cependant, de renoncer à l'entreprise freudienne. Elle ne manque aucune rencontre, et Lucian peint sa métamorphose au fil des mois.

Naked Woman 2002 est le portrait d'une femme au ventre rebondi et aux cuisses généreuses, dont le visage, en haut du tableau, ressemble au museau chiffonné d'un petit animal. Même si on est tenté de les rapprocher, le travail de Lucian Freud n'a rien à voir avec la célèbre photographie de Demi Moore affichant sa grossesse en une de *Vanity Fair*, nue sous l'objectif d'Annie Leibovitz en 1991, ou celle de Cindy Crawford pour le magazine *W*, en 1999. Là où une actrice et un mannequin dévoilent leur maternité, frontalement, sur un cliché, *Naked Woman 2002* est la représentation, transfigurée par l'art, d'une femme de pouvoir exposant le plus grand des pouvoirs ancestraux, celui d'enfanter.

Paradoxalement, on a la sensation que cette puissance, une fois (sur)exposée, paraît moins menaçante. La preuve qu'un jour ou l'autre, même les filles les plus extravagantes rentrent dans le rang, ne serait-ce que pour neuf mois.

En février 2005, le tableau sera mis aux enchères chez Christie's, à Londres. Un acheteur anonyme l'emportera pour 3,93 millions de livres, soit 5,7 millions d'euros.

Ainsi, Kate Moss est enceinte. À vingt-huit ans, *the waif*, l'enfant abandonnée d'hier, s'apprête à rejoindre le club des mères. Elle qui s'était tôt affranchie de la tutelle de Linda, qui avait si peu pâti de sa rigueur maternelle et tant de son dilettantisme, va devoir grandir. Devenir responsable. Fonder une famille quand la sienne est éparpillée. On ne sait pas comment Linda, ni Peter récemment père d'une petite Charlotte avec sa nouvelle compagne, ni le frère Nick réagirent à la nouvelle. Heureux, parie-t-on. Kate l'est en tout cas, y compris de sa transformation physique : « C'était bien de se sentir grosse pour une fois, même si ma tête semblait transformée en ballon de basketball[54]. »

Maintenant que Kate Moss ne parle plus, il est difficile d'avoir une idée de sa vie intime, de disposer des menus détails qui pimentaient les interviews d'hier. La vie avec Jefferson Hack semble transparente, les rapports avec sa famille également. Seules les photos volées ou les histoires racontées par les magazines à sensation donnent de la chair à une existence hors d'atteinte. Par la conjonction de ces deux facteurs, le mutisme de Kate et la personnalité réservée de Jefferson, la période allant de 2001 à 2004 est pour le biographe la plus secrète.

On apprend des choses, malgré tout. Nick Moss, après le mannequinat et quelques apparitions dans des vidéo-clips, travaille dans un centre d'appels pour téléphones portables, quand il retrouve une petite gloire par le biais des tabloïds. L'histoire est banale, un enfant qu'il n'a pas voulu reconnaître, et la mère de l'enfant, Stephanie, une coiffeuse, qui veut toucher de l'argent tout en disant ne pas vouloir celui de Kate. On ne connaît pas l'issue de l'affaire, peut-être a-t-elle reçu un chèque de cette « belle-sœur » en pleine grossesse, une Kate Moss au ventre rond qui désormais doit se comporter avec grâce, abjurer son passé chaotique. La presse populaire l'y enjoint constamment.

Chaque sortie, chaque photo est scrutée afin de vérifier ce qu'il en est de ses accessoires fétiches, verre d'alcool et cigarette. Sa tabagie, surtout, devient l'objet de controverses : et la santé du bébé ? Elle qui fume jusqu'à quatre paquets par jour devient la cible des gazettes et des organisations antitabac. La société hygiéniste est en marche et Kate Moss est sa tête de turc. Mais comment la princesse mondiale du chic légèrement décadent peut-elle honorer sa mission, rester élégante et rock'n'roll, alors qu'elle est enceinte et donc plus aussi svelte, sans une tige ornant sa bouche ?

Elle a pensé arrêter, ainsi que l'imaginent tous les fumeurs un jour. Et n'a jamais essayé. En 1995, elle déclarait qu'il y avait trop à attendre dans son métier, trop d'heures à tuer pour se priver de ses Marlboro Lights : « J'ai tellement d'énergie et je suis si nerveuse, ce serait atroce sans ça[55]. » Admettant qu'il s'agit de « son pire défaut », elle promet chaque année de réduire la cadence[56]. Sa mère ne lui avait-elle pas dit, en 1994 déjà, qu'elle la tuerait si elle la voyait encore une clope à la main ?

Des efforts sont faits une fois le ventre rond, et des proches comme Tracey Emin disent publiquement le ralentissement. Pour les journaux, cela tourne au défi de prouver le contraire. En février, elle assiste au vernissage d'une exposition à la National Portrait Gallery, celle de son grand ami le photographe Mario Testino. Cigarette au bec, elle parcourt les salles où son image, parmi les Madonna ou Lady Di, s'affiche plusieurs fois, notamment celle où elle fume lascivement appuyée contre une voiture. Quand un gardien s'approche d'elle et lui demande d'éteindre sa cigarette, rapporte le *Guardian*, elle répond sans l'ôter de ses lèvres : « Dégage[57]. » L'anecdote lui vaut les félicitations d'une association de fumeurs, Forest, qui compte l'artiste David Hockney et l'acteur Stephen Fry parmi ses soutiens, et qui lui promet le titre de « fumeuse de l'année ».

Sa sortie était peut-être d'une sublime inconscience qui fait les rebelles mais l'anticonformisme a des limites, même pour Kate Moss. L'agence Storm explique qu'elle est « horrifiée » par cette récompense dont elle ne veut pas, et les paparazzis s'amusent plus que jamais à la saisir en flagrant délit de nicotine : en mars lors d'un shopping avec sa copine Meg Matthews ou pendant l'entracte d'une pièce de théâtre ; en avril au volant de sa Mercedes 280SL avec Jefferson à ses côtés ou quittant une boutique paquet en main, et jusqu'en Espagne où elle passe des vacances au mois de juin.

Après les rivages de la Méditerranée, les paparazzis se calment sur la question du tabac, et on ne sait rien du reste de son été. Calme probablement, sur des plages exotiques ou dans la fraîcheur de Londres.

Le 28 septembre 2002, alors qu'elle déjeune avec Jude Law et Sadie Frost dans un restaurant de Primose Hill, Kate Moss ressent ses premières contractions. Elle accouche le lendemain de Lila Grace et dira ensuite, sobrement, que c'était le plus beau jour de sa vie, qu'il y avait des bougies dans la chambre et une bouteille de Cristal Roederer, son champagne préféré[58].

Par la suite, aucun cliché de naissance ne sera monnayé, ni accordées de ces interviews grandiloquentes qui célèbrent parfois le bonheur des stars récemment parents. Jefferson Hack expliquera : « Nous n'avons pas donné d'interviews ni de photos sur la naissance de Lila parce que nous voulions préserver notre vie privée. [...] C'est bien de cela qu'il s'agit avec Kate. Elle ne joue pas le jeu des relations publiques[59]. »

Ça ne préserve pas du harcèlement au bout de monde. Quand Jefferson, Kate et Lila, âgée de trois mois, partent fêter la fin de l'année à Phuket, en Thaïlande, avec Jude Law et Sadie Frost, les gazettes internationales rendent compte du séjour, ainsi qu'à leur habitude. Si la petite troupe n'y fait plus guère attention, Jefferson Hack demeure distant. Il est toujours le garçon derrière la photo, celui qui tient à dire : « Je n'ai pas changé, je ne me prends pas pour quelqu'un d'important[60]. » Sa longue mine blonde un peu chagrine gêne les paparazzis qui lui demandent parfois de sortir du cadre[61]. Nombre de commentateurs anglais, raillant ses supposées demandes en mariage, apparemment toutes déclinées, écrivent qu'il n'a pas trouvé sa place parmi la cour de Kate Moss. Une pièce rapportée, trop lisse et bien mise, manquant de relief, voire de vantardise. Un discret maître d'hôtel qui glisserait à la surface de la vie agitée de sa compagne. Elle, fêtant ses vingt-neuf ans au début de l'année 2003, se sent un appétit d'ogresse.

Il est temps de remonter sur scène. De renaître en beauté.

Kate Moss désormais mère, son statut d'égérie est plus que jamais recherché. La maternité ne rabote pas son aura ; elle la renforce. À croire que, avec l'enfant, son obstination pour le rock'n'roll s'avère tellement remarquable qu'elle en prend de la valeur ?

Celle qui a toujours aimé la musique revient par la musique. En mai 2003, la une du *Vogue* anglais dédié au rock la montre grimée en David Bowie époque *Aladdin Sane*, le visage cadré serré et lézardé des éclairs rouges et bleus. Quelques semaines plus tard, l'ami Bobby Gillespie la fait chanter avec son groupe Primal Scream. Leur reprise de *Some velvet morning*, la chanson de Lee Hazlewood et Nancy Sinatra, hautement codée et sexuelle, se termine par ces mots susurrés : *« Look at us but do not touch »* – regardez-nous, mais pas touche.

Ça lui fait quoi d'entendre sa voix sur un disque, de s'inventer ailleurs, ne serait-ce que trois minutes trente ? Est-elle contente ou pas satisfaite ? Insatisfaite, parie-t-on. Lors de la fashion week londonienne, à l'automne, elle rejoint Gillespie sur scène qui donne un concert. Un défi tel qu'elle engagea un répétiteur vocal longtemps avant, travaillant chaque jour pour être parfaite, du moins pas ridicule. Elle y arrivera.

On a beau aimer cela, la compagnie des rockers, on sait que leurs cheveux sales et leurs mines brouillées n'aident qu'en partie à construire un mythe. Si les cuirs vieillis plaisent à Kate Moss, il lui faut aussi le pinceau des artistes. Trois ans après le numéro de *Vogue*, un an après Lucian Freud, une occasion incroyablement flatteuse s'offre à elle.

Le magazine de mode américain *W* décide, comme parfois ces journaux à l'emballement démesuré, de lui consacrer un numéro entier, celui du mois de septembre 2003. Intitulé « Le triomphant retour d'une superstar », il est publié avec neuf couvertures différentes : Kate Moss photographiée par Mario Sorrenti, Jürgen Teller, Craig McDean, David Sims, Bruce Weber, Inez van Lamsweerde & Vinoodh Matadin, Michael Thompson, Mert Alas & Marcus Piggott, Steven Klein. Des compagnons des débuts londoniens jusqu'aux stars montantes. À l'intérieur, sur quarante pages, la brindille de Croydon est déconstruite par d'autres photographes et une pléthore d'artistes.

Kate est notre muse, explique Dennis Freedman, l'un des responsables de *W* ; elle est apparue quinze fois en une du magazine avant cette édition, pour la simple raison qu'elle est si complexe. Une femme, un enfant, un garçon manqué ; une créature sexy, intelligente, drôle, gentille et méchante à la fois [62]. » Le mensuel veut attraper un air du temps dont Kate Moss serait l'exemple, à la fois arty et consumériste, comme ses camarades des Young British Artists ou le Japonais Takashi Murakami, celui de Vuitton, qui collabore au numéro. Abolir la distance entre commerce et art, ou plutôt : faire de la notoriété, qui est l'instrument du commerce, une œuvre d'art.

« La portée de Kate est universelle, à l'instar des McDonald's[63] », dit le rédacteur en chef de *W.* La référence au roi du fast-food se ressent dans la photographie de Chuck Close, qui révèle une mannequin sans apprêt, à la peau qu'on dirait abîmée par une cure forcée de Big Macs. « Mes daguerréotypes ne sont pas flatteurs, avoue Close, et j'ai pensé qu'elle pourrait en être vexée, or elle m'a dit : "J'ai déjà eu mon compte de jolies photos." Cette absence de vanité m'a plu ; elle est probablement l'une des plus belles femmes qui soient et l'une des plus ordinaires. C'est ce qui la rend fascinante[64]. »

Au fil du numéro, Kate Moss s'avère un caméléon pour plasticiens aussi malléable qu'elle est changeante, et pourtant reconnaissable, dans les publicités sur papier glacé des magazines. C'est bien elle, mais chaque fois différente, différente également des premières années dans *The Face* où elle n'était que sourcils froncés et taches de rousseur. Elle a désormais l'audace d'une fille des rues rompue aux usages de la haute société, avec cet air asiatique dans le visage qui pourrait la faire passer pour une descendante de Gengis Khan.

En ce mois de septembre, une anecdote illustre drôlement son transformisme. Kate Moss assiste au mariage de Stella McCartney dans une petite île écossaise, où quelques fermiers ont été engagés pour transporter les invités en calèche. L'un d'eux embarque Kate Moss sans la reconnaître et lui suggère d'essayer le mannequinat, ajoutant : « Il paraît que Kate Moss est sur l'île mais franchement, elle n'a rien de spécial. » Elle répond : « Kate Moss ? Waouh, je me demande à quoi elle ressemble sans maquillage. » Lui : « Pas terrible, vous êtes beaucoup plus jolie. » Quand, éclatant de rire, elle finit par révéler son identité, il n'en croit rien : « N'importe quoi, vous n'êtes pas Kate Moss, je la reconnaîtrais à des kilomètres[65] ! »

On comprend la confusion du fermier écossais. Dans le numéro de *W,* se pliant aux fantasmes des artistes, elle apparaît toujours changeante. En tenancière d'un ersatz de McDonald's, encore, pour Tom Sachs ; en figure blonde et presque chevaline pour le peintre Alex Katz ; en femme enceinte pour Takashi Murakami, qui l'entoure d'un graphisme de bande dessinée – il précise qu'elle l'intéresse parce que capable de se « maintenir à ce niveau aussi longtemps[66] » ; en mariée rougissante pour les photographes trentenaires Inez van Lamsweerde et Vinoodh Matadin. Selon eux, « elle est vraiment la muse de notre génération. Il n'y a personne d'autre à qui on aimerait ressembler[67] ». Comment résister à ces louanges qui visent à l'immortalité ?

En septembre toujours, un autre événement flatte son ego. Le mensuel musical anglais *Q* organise, pour sa parution d'octobre 2003, une interview croisée entre elle et David Bowie. Ils sont photographiés par Ellen von Unwerth, et d'emblée Kate Moss, en bonne midinette qu'elle est restée, dit que ses copines Stella McCartney et Liv Tyler – la fille du chanteur d'Aerosmith –, pourtant dotées de pères glorieux, ont « hurlé » de jalousie quand elle leur a annoncé sa rencontre avec le Thin White Duke. Durant l'entretien, qui se déroule à New York, chambre 606 de l'hôtel Mercer, Bowie s'avère un excellent débatteur. Il parle franchement de ses addictions à la drogue et au sexe, dont il était un « touriste ayant tout essayé[68] ». Il pose des questions tout aussi franches à Kate Moss qui ne peut les éviter, pour une fois – à supposer que ce genre de questions, il était possible de les oser avant.

C'est là qu'elle reconnaît, on l'a déjà vu, avoir consommé de la drogue : « Y toucher ça allait, après ce n'était que de la misère[69]. » Aujourd'hui dit-elle, « si je bois toujours, je ne me drogue pas[70] ». Elle fume aussi comme un pompier, Bowie le remarque gentiment – pas bon pour la santé ma petite –, et il excelle à chatouiller sa fierté. Lui l'outsider contre elle l'« insider », la fille qui adore être remarquée, qui se trouve au cœur de la machine mode. « C'est n'importe quoi ! Je ne fais pas partie du système, pas du tout ! Je ne suis pas d'un naturel extraverti, je suis trop petite et j'ai les jambes arquées. Je n'étais pas destinée à être là[71] ! »

Il lui demande si elle aime son métier de mannequin. « Actuellement oui. Je le détestais, je passe par des phases[72]... » Elle lâche que les défilés sont sans intérêt « dans 99,9 % des cas » mais qu'elle veut encore « gagner de l'argent et collaborer avec des gens fantastiques, des artistes[73] ». Sur l'importance du compte en banque : « Je ne base pas tout là-dessus. La preuve : je suis ici depuis trois semaines et je n'ai pas gagné un sou[74] ! » Bowie se moquant, elle précise : « C'est vrai, je dois payer ce putain d'hôtel et le room-service ! Alors quand on m'offre une grosse somme pour une photo, d'accord[75]. » Quant aux moments de satisfaction et de « maîtrise » qu'elle a de son travail, ce plaisir toujours vif d'être « un caméléon accompli », Bowie avance : « Pourquoi se glisser dans ces identités qu'on vous impose ? Une façon de capter l'affection des gens ? » Réponse : « Oh... ! Je ne sais pas. Peut-être[76]. »

Elle avait beau suivre une thérapie à la clinique Priory et même après, s'était-elle jamais demandé ça ? Avait-elle réalisé que se plier aux désirs des autres, et toucher de gros chèques, était les seuls moteurs, finalement ?

Malgré sa fille Lila, « ma seule préoccupation », dit-elle à Bowie[77], malgré son amoureux Jefferson Hack, qu'on ne voit plus tant à ses côtés, Kate Moss, un an après son accouchement à la lueur des bougies, reprend son ballet fitzgeraldien. En un peu moins chic. On la voit écroulée sur des trottoirs londoniens à des heures tardives, on la voit fumer trois cigarettes en même temps. Ce dernier incident ajoute une médaille à son uniforme de générale de la nuit au plastron bien encombré. Se lasse-t-elle de la vie de famille ? Pourrait-elle dire, comme du temps de Depp éloigné par le cinéma : « Ma vie est si ennuyeuuuuuse » ?

Début août 2003, elle allie l'utile à l'agréable. Le baptême de Lila est l'occasion d'une énorme fête dans un petit village du Gloucestershire où Marianne Faithfull, parmi des dizaines d'invités, arrive habillée d'un tailleur rose. Les bacchanales provoquent la colère des propriétaires du cottage qui retrouvent, affirment-ils aux tabloïds, l'endroit dévasté : mégots, bouteilles d'alcool, bazar dans chaque pièce. Le parrain de Lila Grace est Bobby Gillespie, sa marraine Sadie Frost. Deux des piliers d'un gang, celui de Primose Hill, qui se désagrège. Noel Gallagher et sa femme ont divorcé, Sadie et Jude Law sont en train. Les héros du tourbillon d'hier se calment, font des enfants ou se séparent.

Mais l'Edie Sedgwick londonienne veut que la fête n'en finisse pas. Elle continue de sortir avec Sadie Frost et les éléments encore vaillants de la bande, fréquente assidûment Bobby Gillespie. Elle se prête à beaucoup de choses, le meilleur comme le pire. On la retrouve dans une vidéo des White Stripes, *I just don't know what to do with myself*, où elle se livre à une scène de « lap dance » lascive, enroulée autour d'une barre verticale et filmée par Sofia Coppola ; à une vente de charité au profit d'un organisme de lutte contre le cancer, où les poésies de stars sont vendues à l'encan. Voici la sienne : *« Please let me tell you in brief/what has always been my belief/though you many have a passion/for beauty and fashion/what matters is what's underneath »*, ce qui se traduit par : « Laissez-moi brièvement vous dire ce qui a toujours été ma conviction ; bien que beaucoup d'entre vous aient une passion pour la beauté et la mode, ce qui importe est à l'intérieur. »

Qu'y a-t-il à l'intérieur de Kate Moss, sinon l'envie d'oublier le vide en vivant toujours plus ? À sa mère l'avertissant, adolescente, qu'elle ne pouvait pas s'amuser tout le temps, elle répondit : « Pourquoi, bordel, je ne pourrais pas m'amuser tout le temps[78] ? »

Fin septembre, elle défile à Milan par amitié envers son ami Christopher Bailey, le directeur artistique de Burberry, et visite en spectatrice la fashion week parisienne. Elle y donne une *party*, tout de même, avec Stella McCartney, pour célébrer l'anniversaire de Chrissie Hynde, la chanteuse des Pretenders. Puis ce sera New York, où elle assiste au concert des Red Hot Chili Peppers avant de faire la fête avec eux, à l'hôtel Mercer.

Le rock'n'roll circus. Et Marianne Faithfull n'est jamais loin. Elles se rendent à des vernissages, partent en vacances ensemble, s'apprennent l'une et l'autre à survivre. C'est Faithfull, apparemment, qui lui fait lire *Les Heureux et les Damnés*, un roman de Francis Scott Fitzgerald, à qui Johnny Depp l'avait initiée. Elle l'a tant aimé, ce livre, qu'elle pense en faire le thème de l'anniversaire de ses trente ans, bientôt.

Il faut aussi gagner de l'argent, disait-elle à David Bowie, ne serait-ce que pour payer le room-service. Et elle en gagne beaucoup. En 2003, la liste des plus riches Anglais, établie chaque année par le *Sunday Times*, la révèle au 33e rang des « jeunes fortunés » du pays avec un patrimoine estimé à 12 millions de livres – 16 millions d'euros. L'essentiel provient des campagnes de publicité ; cet hiver-là, outre Missoni et Stella McCartney, elle pose pour Zara, le géant espagnol qui s'inspire des collections les plus inventives – Balenciaga ou Chloé – pour proposer de la *fast fashion*, cette mode de masse chic et pas chère. Pour Kate Moss, c'est un moment décisif. La muse de l'underground devenue vamp des groupes de luxe s'acoquine, pour la première fois, avec une marque populaire accessible à la femme de la rue. Réalise-t-elle l'impact phénoménal de ce genre d'opération ? Saisit-elle que ses accointances élitistes dans la mode ou l'art ne lui apporteront jamais cela : la notoriété stratosphérique, la sympathie des fashionistas lambda, et plus d'argent encore ? On le parie ; c'est ce qui la mènera, plus tard, jusqu'à Topshop.

À l'autre bout du spectre, elle continue sa collaboration avec Burberry, qui cultive l'image d'une Angleterre noble et *gentry*. Le summum de la distinction outre-Manche. La tasse de thé, les parterres de roses et les lévriers sont le décor des après-midi au château, quand les adolescents rêvassent en fumant des cigarettes. Voilà ce que met en scène le photographe Mario Testino, un raffinement d'autant plus travaillé que les vrais et faux accessoires Burberry sont l'étendard préféré de la classe populaire. Ces chav, qui aiment autant le football et la bière que les survêtements blancs et fiche le bordel dans le royaume. Ces chav, qui pullulent dans les banlieues et qui peuplent Croydon. Kate Moss n'est plus de cette engeance, elle pose entourée des fils de Mick Jagger et de Richard Branson, du petit ami de la fille de Mick Jagger, des filles de Keith Richards. Commentaire de Mario Testino : « Une campagne de publicité, c'est comme créer un club privé avec des gens qui en seraient les membres idéaux [79]. »

Dans son couple, en revanche, Kate Moss n'est plus la compagne idéale. Les tensions avec Jefferson Hack se font jour. Un article sarcastique, paru en décembre 2003 dans *The Observer*, le qualifie d'homme ultramoderne : « Rester à la maison s'occuper de Lila quand Kate sort le soir, c'est tellement romantique [80]. » D'autres journaux notent qu'ils semblent séparés par un gouffre, d'autres encore rapportent que, par ses amis à elle, Jefferson est surnommé « le baby-sitter ».

Une rumeur extravagante court aussi sur ses trente ans. Un avion privé serait loué pour emmener soixante-quinze invités, sans compter les cuisiniers et un groupe de rock – Primal Scream – dans un hôtel grand luxe en Jamaïque. La rumeur est à moitié vraie. Il y aura bien une virée sur l'île rasta, début janvier 2004. À quelques-uns seulement.

La vraie fête se déroulera à Londres. Totalement extravagante.

Une vie de Zelda

En 1922, un jeune Américain, Francis Scott Fitzgerald, publie son deuxième roman, *The Beautiful and Damned – Les Heureux et les Damnés*[81]. Il est un écrivain déjà connu, de ceux qui symboliseront la « génération perdue » des années 20, et vient de se marier avec une beauté blonde de l'Alabama, Zelda, aussi gâtée que futée. Ils habitent à New York et *Les Heureux* s'avèrent le miroir assez fidèle de leur existence. Mondaine, virevoltante, noyée sous l'alcool et les cigarettes. Les héros des *Heureux*, Anthony et Gloria, évoluent entre magnificence et pauvreté, attendant l'héritage d'un grand-père qui se refuse à mourir, pratiquant l'oisiveté comme un art. Les amants passionnés se déchirent peu à peu sous les coups de l'ambition inachevée de l'un, Anthony, écrivain laborieux puis soldat lâche en garnison lointaine, et des fêtes ininterrompues de l'autre, Gloria, abandonnée à son sort de déesse new-yorkaise. Une Gloria à propos de qui Fitzgerald écrit : « Elle considérait toutes les choses de la vie comme sa propriété particulière, qu'elle pouvait choisir et distribuer à son gré ; on eût dit qu'elle prélevait sans cesse des cadeaux sur un comptoir inépuisable[82]. »

Le personnage est agaçant et charmant, futile et souvent spirituel. Kate Moss s'identifie-t-elle à Gloria, à Zelda ? Les deux vieilliront mal, Gloria dans la fin amère du roman, Zelda mourant en 1948 dans l'incendie de l'hôpital psychiatrique où elle était enfermée depuis plusieurs années, schizophrène. Peut-être

Kate Moss n'a-t-elle aimé que la brillance de Fitzgerald, ces phrases où il écrit : « Gloria allait avoir vingt-six ans au mois de mai. Elle ne désirait rien, disait-elle, sauf de rester longtemps jeune et belle, d'être gaie et heureuse et d'avoir beaucoup d'argent et d'amour[83]. »

Quatre-vingt-deux ans plus tard, l'héroïne de Croydon file sur ses trente ans avec le même idéal. Elle décide que la fête se déroulera sous les auspices des *Heureux et les Damnés* – ce qu'elle en perçoit correspondre à sa vie : la nuit fiévreuse, la jeunesse qui n'en finit pas de brûler. Même si elle sait que l'ivresse ne dure qu'un temps, celui de la beauté et du cœur qui pulse, il est trop tôt pour se poser de vraies questions, pour lire les livres jusqu'à la dernière page.

Le 16 janvier 2004, Kate Moss est la reine du monde. Ses invités sont priés de s'habiller dans le style années 20 du roman. C'est à qui aura la plus belle robe ou le plus beau serre-tête d'époque, orné de pierres. On repère Naomi Campbell, Stella McCartney, Ron Wood, sa femme Jo et sa fille Leah, Gwyneth Paltrow et son mari Chris Martin, le chanteur de Coldplay – qui arrive en pantalon et veste informes, peu fitzgeraldiens –, Alexander McQueen, Chryssie Hynde, Grace Jones, Sadie Frost.

La célébration se déroule en trois endroits de Londres, pour lesquels le mot de passe est le chiffre trente. Tout commence par un déjeuner à l'hôtel Mandarin Oriental, où Kate Moss apparaît vêtue d'une robe jaune et d'un imperméable en imprimé léopard, les cheveux frisés et le teint hâlé par le soleil de Jamaïque. Il n'y a que les intimes, et le champagne, dit-on, descend sec. En fin d'après-midi, la troupe se rend au Claridge's, un hôtel de luxe, où deux suites sont réservées au septième étage, raconte Fred Vermorel : l'une décorée en blanc, la seconde en rouge.

Le temps de se changer, elle surgit en robe lamée bleu nuit avec un collier de diamants autour du cou, envoyé par la maison Louis Vuitton. Dans une salle adjacente s'amoncellent les cadeaux des amis et des grandes marques, Dolce & Gabbana, Cartier, Tiffany ou Calvin Klein. Au total, estiment les envieux, il y en a pour 1,5 million d'euros. Fidèle à lui-même, Jefferson Hack est plus sobre : il lui offre une étoile baptisée Kate, et un télescope pour la regarder. Le dîner au Claridge's rassemble cent trente invités à qui sont proposés, par trente serveurs en livrée, trente sortes de poissons pêchés au bout du monde, trente *pounds*, soit quinze kilos, de caviar Beluga, et trente caisses de champagne Cristal.

En milieu de soirée, Kate Moss et sa cohorte se transportent jusque dans le West End pour la *party* proprement dite, chez ses copines Sam Taylor Wood, l'artiste, et Serena Rees, la patronne de la marque de lingerie Agent Provocateur. Une des maisons est baptisée *« Beautiful »* et l'autre *« Damned »*, adjacentes et reliées par un jardin privatif. Les pièces sont inondées de pétales de roses et d'invités de haut vol.

Habillé tout en blanc, Jefferson Hack ressemble au Major Tom de Bowie, égaré sur une planète inconnue. Il règle de menus détails ou discute avec la mère et le frère de Kate. Si son père Peter est là, les paparazzis ne l'ont pas reconnu. Il est curieux d'inviter sa mère à un anniversaire si extravagant, mais Linda a depuis longtemps l'habitude, le goût et l'absence de pudeur de ces fêtes-là. À Paris pour les vingt-cinq ans de sa fille, ne surveillait-elle pas sa consommation d'alcool en vraie chaperonne ?

Ce soir-là, de mesure il n'est pas question. Plusieurs journalistes affirmeront s'être glissés dans la fête et l'une racontera, dans le *Mail on Sunday,* ce qui ressemble à une orgie romaine. Kate Moss courant partout avec une bouteille de champagne à la main, chantant à tue-tête sur *Summertime,* s'enfermant avec un inconnu dans une salle de bains. Et ces chambres dont on pousse les portes pour découvrir plusieurs personnes dans un même lit ; et ces gens qui demandent des capotes à la cantonade. Il paraît étrange, connaissant la manie du contrôle de la reine de la soirée, d'imaginer des inconnus évoluer parmi ses amis. À moins qu'elle n'ait été si défaite ?

À minuit, deux hommes nus apportent un vertigineux gâteau fait de profiteroles. Elle souffle ses bougies et continue de virevolter. Vers deux heures du matin, quand la police fait couper le son après les plaintes du voisinage, une quarantaine des plus résistants retourne au Claridge's. Sadie Frost est tellement éméchée qu'un de ses seins sort de sa robe et Kate Moss concède se sentir plus *« damned »* que *« beautiful »,* ce à quoi Jefferson Hack, l'esseulé galant, répond : « N'importe quoi ! Tu es magnifique[84]. »

Vers sept heures du matin, dix-huit heures après avoir commencé, la fête se termine.

Au printemps 2004, Jefferson et Kate se séparent. L'éditeur n'a pas tenu le tempo, dirait Ron Wood, et le couple maintiendra le contact autour de Lila Grace, qui reste vivre avec sa mère. Désormais libre, peut-être en mal d'attaches, Kate Moss veut s'enraciner. C'est une Anglaise des pieds à la tête, des haricots sur la tartine au feuilleton *Eastenders*, de l'accent de banlieue à la dégaine de pilier de pub distingué. Elle cherche ce qu'on cherche d'habitude en couple, passé la barre des trente ans : une maison de campagne. Sauf qu'elle est seule à rêver de champs d'un vert aveuglant, de salons de thé aux napperons coquets, d'échoppes d'antiquités – comme un fantasme de rocker mûr, qui contemplerait ses disques d'or sur la cheminée en pensant au bon vieux temps.

La région des Cotswolds, où elle avait loué une maison pour le baptême de sa fille, lui plaît ; elle y achète une ancienne ferme au cœur d'un petit village de l'Oxfordshire, Little Faringdon, pour 3 millions de livres – 4 millions d'euros. C'est un ensemble de plusieurs bâtiments comptant six chambres, cerné de jardins mais sans les clôtures, les hauts murs ou les chiens méchants qui signalent la superstar.

Pour la première fois ancrée loin de Croydon – Londres, si liée au travail, ne comptant pas vraiment –, pense-t-elle à ses vieux jours, à ce qu'elle fera une fois le métier fini, les pinceaux de lumières éteints ? Peut-être pas : ses contrats lui assurent toujours un faste à faire tourner la tête : Chanel, Burberry, Rimmel, Stella McCartney, Louis Vuitton, mais aussi Missoni et Cacharel, dont elle est l'emblème pour *Anais Anais,* le parfum des jeunes filles en fleur – belle ironie du marketing. En 2004, elle devient la top model la mieux payée du Royaume-Uni, sa fortune est estimée à 14 millions de livres, 18 millions d'euros, selon le recensement annuel du *Sunday Times*.

Cette année-là, Tom Ford quitte Gucci avec fracas, après avoir transformé la mode, cette vieille lune d'excentriques, en un secteur ultra-rentable où priment la finance, les calculs, les images dénudées. Toutes choses bien éloignées de l'imagination d'une Coco Chanel ou d'un Yves Saint Laurent. À l'ère des paillettes qui habillent les femmes des jeunes milliardaires russes ou les héritières des dynasties américaines, Kate Moss symbolise la star ultime : mondialisée, décadente, sexy.

Elle est surtout devenue une marque aussi connue, voire plus connue, que celles dont elle assure la promotion. Associé à une entreprise, le « label Moss » lui confère immédiatement une aura démesurée puisque le nom de Moss, ces anciens vendeurs de légumes du Surrey, convoque dans l'imaginaire du public une multitude d'images : l'icône du style, la *« girl next door »*, Lucian Freud, le caméléon, l'*heroin chic*, *The Face*, Johnny Depp, la *« party animal »*, la désintoxication.

Pour gérer cette notoriété exponentielle, et en collaboration avec Storm qui assure l'intendance des contrats, elle possède sa propre structure, Skate Enterprises, dont le chiffre d'affaires de l'année précédente, 2003, est rendu public : 1,7 million d'euros[85]. Kate Moss en est l'unique actionnaire et la copédégère avec son père Peter, celui qu'on ne voit jamais, qui ne goûte ni anniversaires ni mondanités mais qui sait être là, travailleur et avisé, afin de verrouiller le coffre-fort de sa fille. À Peter l'ombre, à Linda la lumière. Les rôles des parents Moss sont immuables.

Au printemps, et on imagine leur fierté, là-bas à Croydon, un événement la couronne en reine du cool et capitaliste de son temps : Kate Moss fait partie d'une centaine de ces Anglaises *« successful »* en l'honneur de qui Elizabeth II, la reine, la vraie, donne une réception. Parmi les autres convives, Vivienne Westwood, Twiggy, la créatrice de *Harry Potter* JK Rowling, Margaret Thatcher ou Cherie Blair, Kate Moss paraît engoncée et mal à l'aise dans sa robe longue de soie bleue. Ce 11 mars 2004, à quoi pense-t-elle, la fille de la classe moyenne, face à celle dont le titre officiel dit : « Élisabeth II, par la grâce de Dieu, reine du Royaume-Uni de Grande-Bretagne et d'Irlande du Nord et de ses autres royaumes et territoires, chef du Commonwealth, défenseur de la foi » ?

Elle est forcément tétanisée puisque des plus coriaces qu'elle, des moins midinettes, le furent. En 1965, les Beatles étaient décorés par la même reine, et John Lennon, qui rendra sa médaille quatre ans plus tard, dira : « On a beau ne pas croire à la royauté, on ne peut pas s'empêcher d'être impressionné. C'était un rêve, c'était beau. Les gens jouaient de la musique, je regardais le plafond... Pas mal, le plafond. C'était historique, comme être dans un musée[86]. »

Riche, célèbre, respectable. Et seule. À la fin du printemps, Kate Moss entame une histoire avec l'acteur Daniel Craig dont le visage de brute blonde sera, plus tard, celui de James Bond. Ils sont vus à New York, ils reviennent à Londres, elle repart pour Manhattan juste après, seule, y fêter la publication de *Picture this*, un livre consacré à son héroïne Debbie Harry et son groupe Blondie, photographiés par son copain Mick Rock. La routine. Il y a également ces dizaines de cocktails, ces voyages aux Baléares ou à Moustique, chaque événement vécu à fond et avec la même ferveur qu'un croyant égrène son chapelet de prières. Les siennes, de prières, sont peut-être plus profondes qu'on le pense mais peu importe. Il s'agit avant tout de meubler une vie qui n'a connu que ça, qui s'effondrerait certainement sans ses béquilles dorées à Ibiza, New York ou Londres ; 2004 file ainsi, remplie de ces rendez-vous futiles qui peuplent l'existence d'une supermodel supercool.

Tandis que l'affaire Daniel Craig s'arrête et que Jefferson Hack n'est jamais loin pour s'occuper de Lila, d'autres liaisons commencent, dit-on, et certaines jamais, malgré ses efforts. Les tabloïds rapportent qu'elle se fait éconduire par le guitariste de Kasabian puis par le chanteur de Franz Ferdinand – deux groupes au plus haut de l'engouement, car elle sait les choisir.

Au festival de Glastonbury, fin juin, une jeune actrice lui vole la vedette. Elle est blonde et rock bohème, elle s'appelle Sienna Miller et fréquente de surcroît Jude Law, l'ex-mari de sa grande copine Sadie Frost. Le look de Sienna fait la couverture des journaux tout l'été, et tant pis, ou tant mieux, si elle copie Kate. Il y a matière à rivalité, la jalousie est là, la guerre déclarée –

qui dure d'ailleurs jusqu'à aujourd'hui. À l'automne, la presse populaire et celle de la mode se demandent si Miller n'est pas « la nouvelle Moss » : elle pose en une de *i-D* puis de *Vogue*, en décembre, qui la sacre « fille de l'année » quand Kate Moss, elle, n'est apparue qu'une fois au fronton de *Vogue*, numéro de septembre.

Est-elle sur le déclin ? Pas encore. Il lui en faudrait plus, bien plus. Mais dans la douleur, probablement. Le 26 décembre, son agent parisien chez Marilyn, Samantha Archer Fayet, est emportée avec son bébé de six mois, Ruby Rose, par les vagues du tsunami sur une plage de Thaïlande. Sam était « l'une de mes plus anciennes et plus proches amies [87] », dira Kate, qui aidera ensuite à la création d'une association en mémoire de Sam et Ruby.

Elle passe Noël avec Jefferson et Lila avant de s'envoler vers d'autres plages, aux Caraïbes, pour la fin d'année.

Autour d'elle, la mort avait déjà rôdé. La chroniqueuse mode du *New York Times*, Amy Spindler, qui avait dénoncé l'*heroin chic* au moment du décès de Davide Sorrenti, décédait d'une tumeur au cerveau début 2004 ; Liz Tilberis, sa découvreuse du *Harper's Bazaar*, qui avait préfacé le *Kate Moss Book*, succombait à un cancer en 1999 ; et avant cela, l'ex-grande amie Corinne Day avait frôlé la tombe, une tumeur au cerveau opérée avec succès en 1996.

De ces deuils, Kate Moss apprend-elle la fragilité et la prudence ? Si oui, elle réagit en appuyant sur l'accélérateur. Vivant plus intensément, plus inconsciemment.

La flamboyance à venir prend forme le 8 décembre 2004, dans une salle de concerts londonienne. Selon Fred Vermorel, elle assiste avec son gang habituel, Stella McCartney, Tracey Emin et Sadie Frost, à un concert des Charlatans, qui ce soir-là ont invité Ron Wood sur scène.

Parmi le public se détache un grand garçon efflanqué. Il ne la quitte pas des yeux et demande à une connaissance commune de les présenter.

Kate Moss salue sans trop y prêter attention.

Il s'appelle Pete Doherty.

V

Real wild child
2005-2007

> « Elle et lui ressemblaient à des vedettes sur scène, chacun jouant pour un auditoire de deux personnes. La passion qu'ils apportaient à leur fiction lui créait une réalité. Elle constituait une expression de soi portée à sa quintessence. »
>
> Francis Scott Fitzgerald, *Les Heureux et les Damnés*[1].

Pete Doherty, le bad boy

Adorer par-dessus tout Genet, Baudelaire ou Oscar Wilde ; profiter du fait que son meilleur ami est à l'étranger pour cambrioler son appartement ; prôner l'amour libre et l'expérimentation en tous domaines ; lire l'écrivain anglais du XIXe siècle Thomas De Quincey et essayer l'héroïne à des buts créatifs, comme lui ; en devenir dépendant puis multiplier les cures et les arrestations ; avoir la beauté des junkies au regard fiévreux ; se dire socialiste dans un pays qui prône le capitalisme ; porter mieux que quiconque les costumes Dior Homme ; écrire des poèmes avec son sang ; s'avérer l'un des songwriters les plus doués d'Angleterre qui pourtant n'en manque pas ; vouloir être une star ; publier gratuitement ses chansons sur Internet ; conduire des Jaguars ; les abandonner dans la rue ; se prostituer avec de vieux homosexuels pour payer sa drogue ; aimer les femmes ; avoir un enfant déjà ; ne pas s'en occuper ; être adoré de beaucoup, détesté d'autant.

Être Pete Doherty, aussi vil qu'irrésistible.

Son père est un officier de l'armée britannique, un homme issu de la *working class* à qui rigueur et travail ont permis de se bâtir une situation. Toute sa vie, Peter Doherty Senior a contenu le monde dans un étroit périmètre ; toute sa vie, Peter Doherty Junior voudra embrasser le monde en dehors de tout cadre.

Il est né le 12 mars 1979 à Hexham, au nord de l'Angleterre, cinq ans après Kate Moss. Il a douze ans quand son père le rudoie au retour d'une surboum qui n'était que limonades et gamineries, persuadé qu'il a bu de l'alcool. Il nie, paralysé, le père insiste, il pleure, le père lui demande de marcher sur une ligne imaginaire pour vérifier. « Et je n'y suis pas arrivé[2] », racontera-t-il. Le père craignait jusqu'à l'obsession ce que craignent les parents stricts : qu'il devienne alcoolique, drogué, homosexuel. Peter Doherty Junior a beau être un excellent élève et chanter dans la chorale de la paroisse, il grandit sous le joug de cette « éducation dictatoriale, presque fasciste[3] ». À d'autres moments – Kate Moss et lui partageant la manie de réaménager leur passé au gré des humeurs –, il dira que « ce n'était pas si terrible que ça », notamment grâce à sa mère, une infirmière de l'armée qui le protège des fureurs paternelles[4].

Comme celles de Mario Sorrenti, de Johnny Depp ou de Jefferson Hack, la famille Doherty déménage souvent. Au gré des affectations militaires, ce sera Liverpool, Londres, Belfast, Coventry, Birmingham, Leicester et même l'étranger, Chypre et l'Allemagne. Le père combat lors de la guerre du Golfe. En 1991, il est décoré pour sa bravoure quand son fils, sage et reclus, s'invente des mondes imaginaires, passe au travers de Nirvana et Radiohead qui secouent la jeunesse anglaise, et se découvre une passion pour la poésie et le football.

À quinze ans, alors que Kate Moss s'éprend de Johnny Depp en Amérique, Pete Doherty devient un supporter acharné des Queens Park Rangers (QPR), une équipe de football des alentours de Londres qui joue le plus souvent en deuxième division, et dont le seul éclat a été de remporter la Coupe de la ligue en 1967. Il leur consacre, à lui tout seul, un fanzine baptisé *All quiet on the Western avenue,* une référence au livre de l'écrivain allemand Erich Maria Remarque *À l'ouest rien de nouveau* – en anglais : *All quiet on the Western front*. L'initiative déroute les amateurs du club puisque Doherty s'amuse à comparer tel joueur à tel poète du XVIIIe siècle ou à écrire des pastiches de l'écrivain P. G. Wodehouse. Dès qu'il peut, il effectue le trajet en train des environs de Birmingham jusqu'au stade londonien, adolescent intrigant avec son écharpe des QPR autour du cou quoi qu'il arrive, et un livre du marquis de Sade à la main. « J'ai grandi en tant d'endroits différents que je n'avais pas de racines ; l'équipe m'a donné une identité [5] », dira-t-il.

À quinze ans, il ressent aussi son premier choc musical. *I've started something I couldn't finish*, un single des Smiths datant de 1987, « a tout changé pour moi, dira-t-il. J'aurais pu vivre dans cette chanson. C'était comme un trip, même si je ne prenais pas de drogue à ce moment-là, et j'ai compris que je devais commencer à créer. J'ai compris qu'en trois minutes, tu pouvais sauver le monde ou trouver une fille, devenir quelqu'un d'autre, faire n'importe quoi, tu pouvais escalader des montagnes ou dégringoler dans les égouts, tu pouvais te noyer dans tes rêves et croire en eux. La musique a rendu réel ce que je sentais en moi-même sans être capable de le définir [6] ».

À seize ans, l'âge où les garçons aiment bomber le torse à des jeux de garçons, il remporte un concours de poésie dont le premier prix est un voyage en Russie, la terre natale de ses ancêtres maternels. Six décennies auparavant, la jeune Frances Farmer, celle qui influença notamment Kurt Cobain, remportait une récompense similaire avec son poème *Dieu est mort*, et de Seattle embarquait pour l'empire communiste sous les huées qui ne cessèrent de ponctuer, ensuite, son parcours d'actrice hollywoodienne maudite.

À la fin de sa scolarité, Pete Doherty s'inscrit en littérature anglaise à l'université de Londres. Il a déjà tout lu, avec un goût prononcé pour le romantisme et la noirceur ; Oscar Wilde et Jean Genet, les poètes Emily Dickinson et Lord Byron, Shelley, Keats ou Baudelaire, dont *Les Fleurs du mal* est son livre de chevet. La fac est un carcan pour lui qui veut écrire, qui apprend à jouer de la guitare et qui punaise, sur les murs de sa chambre, des posters de Kate Moss – à l'époque, 1997, elle s'apprête à se réinstaller dans la capitale anglaise.

Pete Doherty sait qu'un destin l'attend, mais où ? La bohème à laquelle il se frotte en passant derrière le comptoir du Filthy McNasty's Whiskey Café, près de King's Cross, le fait s'aguerrir. On y déclame de la poésie, on y joue du rock'n'roll, on s'y effondre sous les chaises de trop d'alcool. Les écrivains Irvine Welsh et Will Self, l'ex-chanteur des Pogues Shane McGowan, sont des habitués.

En ces années 90 finissantes, Pete Doherty devient l'ami d'un beau dandy à mèches brunes, Carl Barât, son aîné d'un an. C'est à qui sera le plus flamboyant, le plus cultivé. Ils partagent un appartement miteux sur Camden Road où Barât l'« initie à la musique [7] », dira-t-il. Les Beatles, le Velvet Underground et les Doors quand lui-même, remontant le fil des Smiths, écoute les Buzzcocks, les New York Dolls et les Stooges. Ils composent ensemble, ils vivent de petits boulots, et Doherty tapine à l'occasion dans les arrière-salles des pubs ou au domicile des michetons, vendant sa jeunesse tumultueuse à des messieurs qu'il qualifiera de « vieilles tantes solitaires et dépressives », ajoutant : « Il n'y avait pas de honte à ça [8]. »

Après plusieurs mois de tâtonnements, de noms différents, de musiciens différents, les Libertines naissent à l'aube du nouveau millénaire.

Les clubs et les bars de Londres voient tourner ce groupe furieux qui se cherche un futur, et qui finit par signer chez Rough Trade fin 2001, quand Kate Moss, elle, fait la couverture du *Vogue* anglais consacré aux Windsor, et s'apprête à travailler avec Lucian Freud. Pendant qu'elle offre sa grossesse au regard du peintre, les Libertines enregistrent leur premier album, *Up the bracket*, qui sort en octobre 2002. Les critiques sont élogieuses, le public sous le charme. Produit par l'ancien Clash Mick Jones, qui comme son ex-comparse Paul Simonon est un ami de Kate Moss, le disque possède, selon l'hebdomadaire *NME*, « la dextérité textuelle des Smiths, l'énergie des Jam, les mélodies brutes des Strokes [9] ». Les chansons claquent comme l'Union Jack par grand vent sur une jeunesse qui se désolait de ne plus avoir de rock star à vénérer. Venez voir le sang et la sueur !

Pete Doherty suit déjà les préceptes exposés par Thomas De Quincey en 1822 dans *Confessions d'un opiomane anglais.* Même si l'écrivain expliquait avoir goûté l'opium pour se soulager de terribles douleurs rhumatismales et stomacales, il tenait la drogue comme l'expérience ultime, celle qui permet d'accéder au pouvoir créateur. Sous cet angle éminemment romanesque, l'apprenti songwriter du XXIe siècle consomme de l'héroïne et du crack, à hautes doses.

Avec Barât, Doherty développe aussi une fièvre patriotique. L'Albion, qui est l'ancien nom de l'Angleterre, désigne dans leur vocabulaire intime et musical le nom d'un vaisseau voguant vers l'Arcadie, une contrée grecque de l'âge antique symbolisant, dans nombre de mythologies modernes, un pays idyllique, champêtre et dégagé de toute contrainte. De plus en plus, le fils de militaire sans racines qui déclare « ne pas avoir de chez lui [10] » plonge dans la psyché britannique, son langage et ses accents, son argot et ses auteurs. Il chérit le peintre et poète anglais William Blake qui, à cheval entre le XVIIIe et le XIXe siècle, laissa une œuvre travaillée par l'angoisse, l'enfer et le paradis – ce même Blake qui inspira le personnage de Johnny Depp dans *Dead Man*.

Malgré son charisme et sa grande taille – il mesure 1,90 mètre – Pete Doherty n'a guère l'armure dont on fait les divas du rock. La flamboyance oui, pas l'arrogance ni la distance. Il veut un contact direct avec son public, dédaignant maisons de disques et marketing ; sur le site Internet du groupe, il poste messages, poèmes et chansons telles ces *Babyshambles sessions*, mises en ligne gratuitement ; en concert, il invite les fans à envahir la scène, il leur donne son numéro de téléphone et les convie, contre dix livres, à des shows improvisés. Ces *« guerilla gigs »* se déroulent dans des pubs ou des appartements, notamment chez Doherty et Barât qui ont posé leurs maigres valises à une nouvelle adresse, baptisée les *« Albion rooms »*.

Le fils d'officier expérimente l'utopie communiste, le voyeurisme-exhibitionnisme à l'extrême et le happening d'art contemporain, tout à la fois, sans frontière entre vie privée et publique. Les *Albion rooms* sont le théâtre d'intrigues sentimentales et sexuelles, de piqûres d'héroïne, de création, du ballet permanent de vingt ou trente personnes qui vont et qui viennent, qui possèdent les clés puisqu'il s'agit de vivre et d'inventer ensemble.

Kate Moss aurait-elle pu assister à l'un de ces concerts-là ? Probablement pas : trop de promiscuité pour son rang de people. En revanche, connaître les Libertines, forcément, de par son côté groupie et sincèrement curieuse de rock'n'roll. « Elle est du genre à aller voir un groupe dont je n'ai jamais entendu parler, et quelques semaines plus tard c'est celui qu'il faut absolument écouter. La dernière fois que je l'ai croisée, elle partait découvrir un petit groupe à Islington avec Liv Tyler [11] », raconte son ami Alexander McQueen.

Alors que les Libertines rencontrent un succès de plus en plus grand, Pete Doherty dégringole. Malgré des cures de désintoxication à la clinique Priory où Kate Moss séjourna en 1998, et dans un monastère thaïlandais, malgré les menaces d'expulsion du groupe et les bagarres de loubard avec Barât, rien n'y fait. Il s'est transformé en l'impossible caricature de lui-même, adorable et menteur, traversé de génie et toujours chancelant. Du fond de son caniveau d'idéaliste, il raille les tentations chics de Carl Barât qui se met à fréquenter, *via* Bobby Gillespie de Primal Scream, quelques membres du Primrose Hill Set, notamment Sadie Frost. Tout ce qu'il exècre ; le snobisme des riches et célèbres, leur vacuité, leur vie en cercle fermé quand lui, raffiné et attiré par les bas-fonds, aura toujours une tendresse pour les *working class heroes* à la Lennon.

À l'été 2003, alors que les Libertines tournent à l'étranger, alors que Kate Moss est couronnée égérie des arts dans *W*, Doherty cambriole la maison de Carl Barât – ils ne logeaient plus ensemble –, emportant une guitare, un ordinateur et des disques. Des six mois de prison il n'en fera finalement que deux, au moment où sa petite amie Lisa Moorish, une chanteuse, accouche de leur fils Estile. Un tour à l'hôpital et s'évapore. C'est sa spécialité. Il rate ses propres concerts, ses rendez-vous, ses engagements et réapparaît quand on ne l'attend plus. L'éditeur du magazine *Mojo* le compare à Bartleby, le personnage de Herman Merville qui « disparaît du texte ; il est l'absence au cœur de l'histoire. En se retirant, il attire l'attention de tout le monde [12] »

En 2004, alors que Kate Moss se sépare de Jefferson Hack, Pete Doherty est l'enfant terrible du royaume. Cible des tabloïds qui le traitent systématiquement de « rocker junkie », voire de « sac à merde », il est adoré par la presse musicale et les passionnés de rock'n'roll qui le tiennent pour le plus grand des sauvages et des poètes, le seul à mettre sa tête sur le billot pour quelques notes. Un deuxième album, *The Libertines,* sort presque malgré lui, accompagné du dernier ultimatum de Barât : arrêter la drogue ou partir. Bien sûr il partira, vexé par la menace, fonder un nouveau groupe appelé Babyshambles – le « bordel enfantin ».

Au mois de décembre, le *NME* vient de le sacrer « Icône cool de l'année » lorsqu'il rencontre Kate Moss. Il l'admire depuis longtemps même si l'univers dont elle est l'emblème lui fait horreur. « Le capitalisme fait naître l'inégalité partout dans le monde, sans exception. Les écarts se creusent, et les riches sont plus riches que jamais [13] », disait-il à la *Socialist Review.* Avec elle, il va pourtant apprendre le luxe, les hôtels cinq étoiles et la célébrité planétaire.

Passé le concert des Charlatans du 8 décembre, se revoient-ils avant son anniversaire à elle, le 16 janvier 2005, qui signe le début de leur histoire ? Non, avance le biographe Fred Vermorel, quand ceux de Pete Doherty racontent un scénario bien différent ; pas de Charlatans ni de Doherty intimidé, mais un autre concert, donné par les Babyshambles dans un pub londonien, en novembre ou décembre, auquel Kate Moss assistait avec ses copines, incognito, semble-t-il. Parmi la foule, Doherty aurait reconnu celle dont il punaisait les posters dans sa chambre ; il en serait sorti émerveillé et elle aussi, qualifiant, paraît-il, le show de « plus excitant » qui soit, et disant vouloir « courir après Pete [14] ». Sans surprise, chacun des biographes met son sujet en valeur dans le rôle de la star. Les deux scénarios étant pareillement plausibles et les principaux intéressés n'ayant jamais éclairci le mystère, il reste entier.

Le 16 janvier 2005, Kate Moss fête ses trente et un ans. L'anniversaire est plus discret que celui de l'année précédente. Son cottage des Cotswolds se prête à l'entre-soi. L'écurie attenante à la maison est aménagée en bar et scène de concert, les murs sont recouverts de tissus rouge, noir et blanc sur lesquels un portrait géant de Keith Richards, de profil avec cigarette, jouxte des calicots reproduisant le logo du *Rock'n' roll circus*. C'est le thème de la nuit, un hommage à la longue performance du même nom que les Rolling Stones enregistrèrent pour la télévision anglaise en décembre 1968, avant d'en empêcher eux-mêmes la diffusion tant les prestations étaient chaotiques. La vidéo ne fut visible, et commercialisée, qu'en 1996. D'où légende, réputation grandiose et odeur de soufre. Quelques héros des sixties partageaient l'affiche des Stones, déguisés en artistes de cirque pour filer la métaphore, assez facile, de la folie rock'n'roll. Il y avait les Who, Jethro Tull, Marianne Faithfull, ainsi que John Lennon et Yoko Ono – qui apparaissaient ensemble pour la première fois. Cacophonique et intense.

Trente-sept ans plus tard, l'entreprise est plus intime. Les invités, dont les fêtardes Sadie Frost et Davinia Taylor, l'actrice Samantha Morton ou la mère de Kate Moss, Linda, sont accessoires ; les morceaux des Stones repris par Bobby Gillespie, avec les ex-Clash Paul Simonon et Mick Jones, aussi. Le seul intérêt de la soirée est ce précipité de romanesque pop qui survient : le coup de foudre entre Kate Moss et Pete Doherty.

Ce dernier est arrivé en compagnie de son producteur Mick Jones, avec dans la poche un cadeau charmant quoiqu'un peu déplacé : griffonnees sur une enveloppe, les paroles de la chanson des Libertines *What Katie did*, composée pour une autre
il en écrira la suite avec les Babyshambles, *What Katie did next*, qui cette fois-ci la concerne, où il chantera : « S'il y a bien une chose que j'ai apprise/c'est qu'à jouer avec le feu on se brûle. » Doherty a le visage rond et blanc comme la lune, les ongles noircis dépassant d'un costume, Dior peut-être, l'allure dégingandée d'un jeune héron à qui l'on aurait posé un chapeau trop petit sur le crâne. Kate porte un short jaune et une brassière incrustée de perles, toute à son habituelle excitation rock'n'roll.

La princesse de la mode et le poète maudit, *La Belle et la Bête*, la muse et son chanteur. L'affaire est fréquente depuis que les rockers regardent claquer les talons des filles sur les podiums, depuis que ces filles tiennent les rockers pour les assistants du diable, et la liste n'est pas exhaustive : Anita Pallenberg et Keith Richards ; Patti Hansen et Keith Richards ; Christie Brinkley et Billy Joel ; Stephanie Seymour et Axl Rose ; Jerry Hall et Mick Jagger ; Iman et David Bowie ; Naomi Campbell et Adam Clayton, de U2 ; Helena Christensen et Michael Hutchence, d'INXS.

Les journalistes des tabloïds qui campaient devant le cottage ce soir-là, citant les propos des éternels quoique mystérieux « proches », raconteront que l'attirance entre eux fut immédiate, qu'ils ne se quittèrent pas de la soirée, qu'ils passèrent la nuit puis la journée du lendemain ensemble, puis qu'ils rentrèrent à Londres.

Le cirque, le vrai, pouvait commencer.

« Prends-moi dans tes bras et rien d'autre ne compte... Mais ta délicate odeur, ton corps et ta peau, doux et souples, et moi en plein désordre, te fatiguant avec mes histoires de junkie... Écrire encore et faire l'amour tout le jour avec ton magnifique toi – allongée là, contre moi, intraitable dans ton défi. Eh bien va te faire foutre, je t'aime, je t'aime et je t'aime [15]. » Au printemps, Pete Doherty tient, dans l'un de ses carnets qui seront publiés en juin 2007 sous le titre *The Books of Albion*, la chronique de son amour pour Kate Moss. Il en est fou, et le monde entier est au courant.

Depuis janvier 2005, les montagnes russes de leur histoire sont un régal pour les tabloïds. On dit qu'elle le présente à ses parents juste après leur rencontre, un dimanche midi, que Peter et Linda le traitent de *« junkie »* et que Kate rompt aussitôt. On la croit sensible aux conseils de ses proches qui lui suggèrent d'en rester là. On lit les déclarations supposées de Sadie Frost – « Pete n'est pas le genre de type qu'on souhaite à sa meilleure amie » – ou de l'ex-petite copine de Pete – « la rencontre Moss-Doherty est un pacte scellé en enfer ». On voit dans les magazines une photographie de Doherty se droguant dans son appartement, on apprend qu'il a agressé l'auteur du cliché et qu'il passe pour cela quatre jours dans la prison de Pentonville – il en fera une chanson. On regarde sa longue interview le 17 février à la télévision britannique : « Je pense que ça va durer. Elle me fait du bien parce qu'elle a une belle âme et que je peux lui faire confiance. Je la crois quand elle dit qu'elle m'aime, et j'y crois quand je lui dis que je l'aime. On s'est fait tatouer nos initiales entourées d'un petit cœur. Et je laisse tomber la drogue pour elle [16]. »

Kate Moss, elle, vaque à son quotidien entre Paris et New York. Assister aux fashion weeks, voir ses amis, faire la fête. Sur son nuage de luxe et de jet-lag, elle n'est pas encore éclaboussée par la fange dans laquelle Doherty se complaît. Elle en retirerait même une nouvelle pureté. Les *« redtop rags »*, les journaux à sensation anglais que l'on reconnaît à leur bannière rouge – *The Sun, The Daily Star, The Daily Mirror* – ainsi que l'hebdomadaire *News of the World* et les quotidiens *Daily Express* et *Daily Mail*, ces deux derniers étant les moins mauvais – mettent en scène une drôle de chasse où Doherty est le sinistre prédateur et Moss la blanche colombe.

Son passé à elle de *party animal* est accessoire, ses frasques d'hier paraissent si légères qu'on les a pardonnées. Les tabloïds promettent, en lettres capitales, de tout révéler sur les « mutilations, orgies et drogues » du *« junkie scumbag »* – « l'ordure junkie » –, comme ils l'appellent, et implorent : « Kate, que lui trouves-tu ? » ; « Kate, laisse-le tomber ! » Pas une semaine sans que les amants terribles ne fassent la une de cette presse réactionnaire et populiste, qui tient là une saga en or. Oubliés Lady Diana, Charles et leurs liaisons, puisque le chanteur et sa mannequin jouent leur partition discordante pour des millions de lecteurs avides de fausses notes. Artistes, riches et dépravés, ils sont les coupables rêvés désignés à la vindicte, des poupées de foire où le peuple enfonce ses couteaux.

Pour l'un comme pour l'autre, il y a beaucoup à perdre.

Au fil du temps, Kate Moss a bâti un empire cerné de hauts murs dont elle ne sort, le jour, qu'en voiture aux vitres fumées, le regard caché par de grosses lunettes de soleil. La nuit et les fêtes la révèlent bien plus charnelle mais inaccessible, toujours. Elle met une distance immense entre son image reproduite par millions et sa propre chair, protégeant sa vie privée comme aucune autre célébrité de son rang. Les gardes du corps, l'assistante, les agents de chez Storm et les intimes verrouillent le système Moss. Pas de fuites dans les journaux ni de confessions d'anciens employés, aucune interview de sa part depuis des années, ni de scandales hormis ceux causés par son style de vie : alcool, cigarettes, garçons sauvages.

Elle maîtrise tout, enfin. Elle a atteint ce point d'équilibre à l'exacte intersection des rumeurs tapageuses et de la respectabilité. Sa cote est au sommet. En 2005, avec en moyenne un million d'euros par contrat, elle pose pour Burberry, Chanel, Dior, Rimmel, H. Stern, Roberto Cavalli, David Yurman, Fred, Gloria Vanderbilt et H & M – qui l'embauche afin de promouvoir la ligne Stella McCartney à l'automne.

Son allure de tous les jours, ce mélange de pièces de créateurs et de fripes, de jeans et de chiffons hippies, subit plus que jamais l'analyse des magazines féminins et people : elle fait figure de guide suprême de la révolution ou d'impératrice mondiale des tendances, maintenant que la mode est un conglomérat d'empires prospères et hégémoniques.

Le 6 juin, le CFDA, l'association des couturiers américains, lui décerne l'équivalent d'un Oscar pour « son influence sur la mode ». Lors du gala new-yorkais, elle est tellement pompette, rapportera *Vanity Fair* [17], qu'elle peut à peine articuler les initiales de l'association. Mais ça reste anecdotique, presque charmant, *« so Kate »* – ce « tellement Kate » qui recouvre autant sa propension aux excès que son instinct à esquiver les mauvais coups.

Que lui dicte son instinct à ce moment-là ? Elle s'était barricadée jusqu'à la rencontre avec cet homme sans barrières, qui dit : « Se mettre à nu est ce qu'exige le rock'n'roll ; ouvrir les portes et être honnête avec les gens [18]. » Avec lui, elle sait que son armure se fendille, elle prend conscience de l'hypothèse, vertigineuse, de sa propre chute. Côtoyer quelqu'un d'aussi flamboyant, c'est risquer de perdre le contrôle, de voir des choses intimes révélées, de ternir sa réputation à la bourse du luxe. Elle joue avec le feu, tout le monde lui dit y compris Sadie Frost, la plus proche de ses amis, dont elle s'éloigne un temps, paraît-il, furieuse. Comment renoncer au panache d'une histoire qu'on dit perdue d'avance ? Dans un genre moins saillant que Doherty,

Kate Moss est une figure romanesque, et de là fascinante ; qui d'autre mettrait sa carrière en danger pour un pareil amant ?

« Tu as touché mon cœur et mon âme, petit enculé, j'espère que tu ne sonneras pas à ma porte, maintenant va, je pourrais t'embrasser encore et flotter ainsi. Tu me fais planer, mon chéri, ma peau frissonne, qui désire ardemment être entourée de toi [19] », lui écrit-elle en ces moments – une note qu'il reproduira dans ses *Books of Albion*. Kate Moss est amoureuse, prête à quasiment tout, sauf à sombrer avec lui.

Dès le début, elle lui demande d'arrêter l'héroïne. Peut-être se souvient-elle des phrases de Marianne Faithfull dans son autobiographie : « L'héroïne était différente de toutes les drogues que j'ai pu essayer. Les autres étaient une quête de sensations, celle-ci est l'arrêt de toute sensation. Ce qu'il y a de si séduisant avec l'héroïne, c'est l'absence totale de douleur, physique notamment. Le problème ? Ça n'est fantastique que la première fois. Après, vous essayez de retrouver cette sensation, sans succès [20]. » Pete Doherty sait forcément ces effets, et il tient à Kate Moss. Avec la promesse d'arrêter, il part en cure et en ressort un implant dans le ventre payé par elle, dit-on, qui diffuse de la naltrexone, une molécule censée combattre la dépendance aux opiacés.

C'est le printemps, et les Babyshambles vont enregistrer leur premier album au pays de Galles. Enfermé par la maison de disques dans un studio en pleine campagne, d'où Doherty essaie bien sûr de s'enfuir, le groupe travaille à *Down in Albion*, qui comportera un duo entre les deux amants, *La Belle et la Bête*. Kate Moss y répète : *« Is she more beautiful than me ? »* – *«* Est-elle plus belle que moi ? » Cette « elle » n'est pas une rivale de chair et d'os, mais l'héroïne.

Pete, la drogue est-elle plus belle que moi ?

Pete Doherty, lui aussi, a beaucoup à perdre. Son intransigeance ne risque-t-elle pas de faiblir dans les draps de soie, sa crédibilité de s'effriter au contact de celle qui, *a priori*, incarne l'extrême opposé du punk-rock, et son équilibre de s'effondrer sous les attaques des tabloïds ? Sauf que Doherty participe aussi de cette folie médiatique, il en est la victime autant que le pourvoyeur. Nombreuses sont les rumeurs selon lesquelles lui et son entourage, pour payer leurs drogues, vendent informations et photos à une presse occupée à attiser les braises ; Doherty y apparaît plus que jamais en démon grimaçant, Moss en proie innocente.

Ce n'est pas si simple. La thèse de la faible femme malmenée par son homme n'est guère défendable. Elle a un sacré caractère quand le sien à lui, certes fantasque, varie en fonction des drogues ; elle a de quoi assurer ses arrières, lui beaucoup moins ; elle est rompue aux mœurs les plus extravagantes de la mode et se frotte à la rouerie depuis des années, quand lui ne peut y opposer que sa candeur et ses maladroits calculs. Et elle est, quand même, de cinq ans son aînée.

Sur le plan privé, Kate Moss est un mystère, forcément. On sait ses engouements d'hier pour Johnny Depp et son caractère de teigne, à l'occasion ; on sait son attirance pour les *bad boys* et son aplomb, aussi, à évoluer dans tous les milieux ; on sait que « le sens de l'humour[21] » est ce qui l'attire le plus chez ses amants, elle qui en manque parfois drôlement lorsqu'elle dissimule en coulisses d'un défilé les chaussures d'une rivale.

Avec Doherty, dont on ne connaît pas l'étendue du sens de l'humour, elle se montre midinette puisque attirée par l'impossible – et cependant, à en croire Pete, se découvrira bientôt furie. Le personnage de Kate Moss, ce qu'elle en affiche et ce que les autres en révèlent, semble toujours osciller entre chaleur et retrait. Parfois terriblement attachante, parfois glaciale.

Comment s'articule la paire Moss-Doherty ? Qui profite de qui ? Selon un influent créateur parisien, proche des deux amants, Kate y aurait gagné plus que Pete. La crédibilité rock et une nouvelle virginité, contre la surexposition et la raillerie : l'idée est séduisante, à l'opposé du verdict des tabloïds. On pourrait ajouter : Doherty donne de la vie, même brinquebalante, à cette fille qu'on finissait par ne plus croire humaine. Elle qui avait pris chair avec Johnny Depp avant de retourner à son château de papier glacé en ressort enfin, se frottant à la sueur et au tintamarre des soap operas.

Même si l'existence de Pete Doherty ressemble à un grand n'importe quoi, l'homme est terriblement doué. Face à ceux qui l'insultent et le traitent de tous les noms – Roger Daltrey des Who, Damon Albarn de Blur, les frères Gallagher d'Oasis, les Arctic Monkcys ou Sharon Osbourne, la femme d'Ozzy – quelques-uns le saluent.

Le 6 mai 2005, le directeur artistique de Dior Homme, Hedi Slimane, est invité par le quotidien *Libération* à transformer le journal : il a carte blanche et choisit d'en faire une ode à Doherty. « Je viens de passer plus d'un an à le photographier, lui et son nouveau groupe, les Babyshambles. [...] Il est sans doute l'icône incontournable de cette génération. Adulé ou haï, il reste à part, une sorte d'antihéros romantique, en danger permanent, égrenant sa poésie aux rythmes des émeutes et de ses concerts improvisés[22]. »

Le boyfriend de Kate Moss se retrouve en une du quotidien où son visage, de profil sur fond noir, est souligné du titre *London calling* – une audace quand presque personne, en France, ne le connaît encore. Les contributeurs d'un jour, tels le rédacteur en chef du *NME* ou Alan McGee, fondateur du label Creation et ancien manager des Libertines, dressent le décor. Selon eux, Pete Doherty, ce « ménestrel errant, ignorant des plans marketing », est l'héritier du punk, il en a le talent « explosif et très sexuel ». Ils ajoutent : les Libertines, comme les Sex Pistols avant eux, ont « libéré une génération », celle de la nouvelle scène anglaise, les Franz Ferdinand, Razorlight, The Rakes, The Others ou Paddingtons qui apparaissent aussi dans *Libération* sous forme de contributions et de reportages, payant leur dette à un Doherty dont on découvre un cliché pleine page de l'appartement, les murs couverts de poèmes écrits avec son sang. Certains lecteurs de *Libération* sont peut-être hostiles au croisement entre mode et rock'n'roll, mais l'écho de ce numéro hors normes retentit jusqu'en Angleterre : le paria qu'on adore détester ressuscitant dans un journal français par le biais du plus stylé de ses admirateurs. Durant l'été, Slimane publie un recueil de photographies intitulé *London birth of a cult*, qui chronique la furie entourant Doherty, ses fans énamourés et sa photogénie singulière. Grâce à Dior, quelle ironie, l'amoureux drogué de Kate Moss retrouve l'habit du « performer » talentueux[23].

Au mois de juin 2005, après quelques jours de vacances sur la Côte d'Azur, après un concert à Dublin où elle monte sur scène à trois heures du matin pour chanter avec lui *La Belle et la Bête,* après des week-ends dans le cottage des Cotswolds et un quotidien qui s'écrit en pointillé depuis leurs débuts, haché par ses engagements à elle et ses concerts, désintoxications et arrestations à lui, Kate Moss et Pete Doherty s'apprêtent à faire une apparition qui marquera les esprits des amateurs de musique comme de style. La scène se déroule à Glastonbury, le plus célèbre des festivals rock anglais, réputé pour la qualité de sa programmation et la boue qui colle aux pieds du public. La photo de leur déambulation entre deux scènes, altiers, fait le tour du monde : il est grand et maigre dans son costume, avec un chapeau et des bottes de cuir ; à ses côtés, les cheveux blonds au vent, elle marche aussi en bottes, mais de caoutchouc, avec une tunique fluide couleur or, ultra-mini et tenue aux hanches par une grosse ceinture couleur chocolat. L'image est parfaite, qui incarne le cool, l'amour et la conscience d'être soi, un peu arrogante et rock'n'roll. Qui pouvait offrir pareille mystique ? Les vieux rockers sont trop vieux et les jeunes trop sages – sauf Amy Winehouse, la néophyte décadente, on y reviendra.

Le même week-end, ils s'unissent pour rire dans une chapelle au milieu des champs, l'une des attractions de Glastonbury, on s'y épouse le temps du festival. Ce n'est pas la première fois qu'on parle de « monsieur et madame Doherty », et c'est lui, toujours, qui détaille aux journalistes sa volonté d'engagement, expliquant que Kate est ravie, qu'elle porte une bague, qu'ils vont le faire bientôt, qu'ils l'ont fait, que c'est imminent, qu'ils s'aiment tant.

La liste est longue de ces fiançailles et mariages repoussés, démentis. Comment expliquer ce besoin de fanfaronner et de risquer le ridicule, sinon par un romantisme invétéré, enfantin en diable ? Le désir de paraître n'est qu'accessoire. Avant tout, Doherty se livre en pâture dans la guérilla qu'il mène contre lui-même et les autres. « Vous me voulez ? » semble-t-il dire ; vous m'aurez jusqu'à la lie. Par là, il nourrit constamment la bête qui le mord, les tabloïds. Ses frasques ou confessions, souvent monnayées pour acheter héroïne et crack, entretiennent la légende. « Je suis même déçu quand j'ouvre la rubrique des faits divers et que je ne suis pas dedans[24] », dit-il. Dépendant à la drogue, à Kate Moss, à la célébrité.

Début juillet, la paire Moss-Doherty est désignée par le magazine de la bonne société britannique, *Tatler*, comme la plus courue du royaume : invitée partout puisque tout le monde veut approcher l'appareillage incendiaire. Le 5 du mois, ils se rendent à Paris pour l'anniversaire de Hedi Slimane, une fête ultra-privée dans un club du IIe arrondissement. Vers trois heures du matin, un peu ivres et relativement discrets alors que les Paddingtons sont sur scène, ils arrivent, s'éclipsent un long moment dans la cave et restent collés l'un à l'autre, hormis l'instant où Pete entonne un *Happy Birthday* à l'intention de Slimane.

Le retour à Londres, le lendemain, est tumultueux. En première classe de l'Eurostar, ils se disputent et se battent au sang, jusqu'à la borne de taxis devant Waterloo Station, et les paparazzis aux anges. On les compare à Sid Vicious et Nancy Spungen, à Keith Richards et Anita Pallenberg. Des couples violents, beaux, défoncés.

Pour la énième fois, Kate Moss rompt. Pour la énième fois, elle revient. En août, alors qu'elle pose en couverture de *i-D* à l'occasion des vingt-cinq ans du magazine, Pete Doherty est arrêté en Norvège en possession d'héroïne et de cocaïne. Il se fait greffer un second implant de naltrexone, puis agresse Johnny Borrell des Razorlight, un ex-membre des Libertines, après un concert à Leeds. La routine.

La routine de l'extravagance, aussi. À un bal de charité organisé par Elton John dans sa demeure londonienne, Kate Moss arrive en robe de mousseline blanche, des traces de brûlures de cigarettes sur son dos nu, une bouteille de champagne à la main. Les tabloïds s'offusqueront. Elle est malgré tout « la plus impériale » parmi l'aréopage de stars, confie un invité présent ce soir-là. À l'issue de la fête, un peu grisée, elle s'allonge sur les gravillons devant l'entrée, empêchant les limousines de démarrer, avec la charmante excentricité que l'alcool délivre. Alors qu'elle s'apprête à repartir, Pete Doherty, qui donne un show quelque part en Angleterre, l'appelle et elle insiste pour le rejoindre, sans tarder, en pleine nuit.

Kate s'envole ensuite pour Ibiza, quelques jours sans Pete mais avec sa mère, puis revient à Londres. Dans la soirée du 6 septembre, elle arrive aux studios Metropolis de Chiswick, à l'est de la capitale, où Doherty finit de mixer le premier album des Babyshambles, *Down in Albion*, qui sortira deux mois plus tard. Elle est assise sur un canapé, elle rit, elle porte un débardeur sur une mini-jupe, les jambes nues et les bottes montantes, le regard tourné sur sa droite, vers le canapé où ses mains semblent occupées à quelque chose.

Le jeudi 15 septembre, la photo fait la une du *Daily Mirror* sous le titre *« Cocaine Kate »*.

Et son monde s'écroule.

L'affaire

Pixélisé jusqu'à l'excès, le cliché ne ressemble en rien à ceux qu'on connaît de Kate Moss : les officiels des magazines, les volés des paparazzis. Pour la première fois, une image d'elle vend autre chose que sa beauté et sa coolitude ; elle dévoile une intimité crue, et rend la terre entière témoin de cette intrusion dans la vraie vie de Kate Moss. Le texte du *Daily Mirror*, extrêmement sarcastique, dresse le décor de la soirée au Metropolis, une ancienne usine électrique reconvertie en studios d'enregistrement ultramodernes. Il y a le producteur Mick Jones, Pete Doherty, les autres membres des Babyshambles, les techniciens, un nombre indéterminé de copains de Doherty, et Kate Moss sur son canapé.

D'après le *Mirror*, cette « mère d'un enfant de trois ans » a déjà beaucoup bu – vodka, gin, vin, bière –, et fumé un nombre incalculable de cigarettes lorsque, la cocaïne étant là et personne pour s'en occuper, elle se dévoue. En quarante minutes, affirme le journal, elle prépare vingt lignes sur le boîtier d'un compact-disc, dessinant les rails avec sa carte de crédit. On vient se servir, les blagues fusent, l'ambiance est détendue, elle rit de manière « hystérique », des joints de cannabis circulent. Pendant ces quarante minutes, écrit le tabloïd, elle aspire cinq lignes de coke avec « un billet de cinq livres » roulé comme une paille[25].

Ce jeudi-là, alors que l'Angleterre découvre que la rumeur – celle qui courait depuis tant d'années les zincs, les dîners entre amis et les articles des journaux à sensation – d'une Kate Moss droguée semble s'avérer, elle est à New York en compagnie de Pete Doherty. La veille, ils sont allés écouter les Rolling Stones au Madison Square Garden, puis ont fini la soirée avec Ron et Jo Wood. Elle n'a plus qu'à attendre, paresseusement, le rendez-vous d'une session photo pour le magazine *W*, avec Mario Sorrenti. La vie est douce.

Aux premières heures de l'aube, quand Sarah Doukas, qui le racontera quelques jours après, la prévient, « Kate était dégoûtée, complètement dévastée. Et l'avalanche s'est instantanément déclenchée [26] ». Le midi, elle est prise à partie à la sortie du Balthazar, un restaurant chic de SoHo où elle déjeunait avec Pete, par des reporters qui la harcèlent jusque dans le hall de son hôtel. Une réaction, un déni, un regret ? Elle hurle : « Dégagez ! Dégagez ! Dégagez ! »

À Londres, l'avalanche dévale la montagne que Kate Moss mit tant d'années à gravir. Emportés le fragile équilibre, la réputation, l'intimité. Les tabloïds se livrent à la concurrence du scoop le plus sordide ; c'est l'ouverture des hostilités, elle est en ligne de mire. On lit ces allégations rapportées par « des proches » : « Une addiction à la coke qui lui coûte 300 euros par jour » ; « Elle en a pris à côté de Nelson Mandela » ; son père : « Je ne suis pas étonné » ; son frère : « J'ai essayé de la prévenir. »

Après trois jours de fureur, le week-end du 18 septembre apporte l'accalmie. Des représentants de H & M, qui s'apprêtent à lancer la campagne mondiale de leur collection Stella McCartney, avec Kate Moss en portemanteau, la rencontrent en urgence à New York. « Elle regrette l'incident », disent-ils, et s'en excuse : « Nous avons décidé de lui donner une deuxième chance, notre collaboration continue. »

Son balancier la maintient sur le fil, secouée mais encore là-haut.

Puis la vidéo enregistrée la nuit du 6 septembre, d'où étaient extraites les photos du *Mirror*, est diffusée sur Internet.

Puis les vautours des tabloïds se mettent à creuser plus profond. Il leur faut raconter, ou inventer, ce qui choque par-dessus tout – le sexe. Et roulent de la montagne des « révélations » sur le Primrose Hill Set, relayées par ces « proches » qui préfèrent garder l'anonymat, mais la sentence, elle, s'écrit noir sur blanc sous le stylo des gardiens de la bienséance : cette fille est un monstre.

Ces rumeurs-là portent l'estocade. Ce sont elles, parie-t-on, bien plus que les clichés de la cocaïne, qui entraînent la chute de Kate Moss. Éditorialistes et experts de la mode, dont l'ancienne éditrice de *Cosmopolitan*, attaquent ces marques « sans morale ni éthique » qui l'emploient, d'autres se préoccupent du sort de sa fille, le bruit court qu'elle pourrait lui être enlevée, les autorités s'en mêlent. Une députée conservatrice exige l'ouverture d'une enquête, le chef de la police londonienne, Ian Blair, annonce qu'elle sera menée par Scotland Yard : « Nous devons être attentifs à l'impact de ce genre de comportement sur des jeunes gens impressionnables, et si les faits sont avérés, nous agirons. »

C'en est trop pour les hommes en gris des conseils d'administration. Le mercredi 21 septembre, moins d'une semaine après le scoop du *Daily Mirror*, H & M bat en retraite, « car nous sommes contre l'usage des drogues ». En vingt-quatre heures, tout s'emballe. Burberry, qui lui souhaite le « meilleur », estime cependant « inapproprié » de maintenir sa campagne, et Chanel ne renouvelle pas le contrat de *Coco Mademoiselle* qui expire opportunément en octobre, tout en assurant que ceci n'a rien à voir avec cela.

La stratégie de Kate Moss et de son camp, garder le silence, n'est plus tenable. Même si les amis de la mode composent le numéro de l'hôtel Mercer, à New York, pour lui offrir leur soutien, du monde entier arrivent de pressantes demandes d'explications, d'excuses, de confessions. Il est temps de sortir du château de cartes. Le jeudi 22 septembre, un communiqué d'elle paraît, *via* Storm : « J'assume la pleine responsabilité de mes actions. Je conçois qu'il y ait plusieurs problèmes personnels que je dois affronter, et je me suis engagée dans un processus difficile, mais nécessaire, en vue de les résoudre. Je tiens à m'excuser auprès des gens que j'ai déçus de par mon comportement qui a eu un impact néfaste sur ma famille, mes amis, mes collègues de travail et mes associés. »

On pense l'incendie calmé. Ses flammèches continuent pourtant de brûler les doigts des *« executives »*. La reine est nue, couverte de suie. Et les compagnies qui l'emploient, à la notable exception de Dior, prennent leurs distances. « Farouchement opposé aux drogues », Roberto Cavalli fait savoir qu'il ne l'emploiera plus pour l'instant, pas dans l'année du moins, ajoutant qu'il n'avait « évidemment aucune idée du problème ». Le joaillier H. Stern, qui cinq minutes avant décrivait Kate Moss comme « le meilleur exemple de la femme H. Stern[27] », réajuste le tir ; elle n'était pas « leur » image, juste la mannequin d'une courte campagne. D'autres, tels les cosmétiques Rimmel, annoncent « réexaminer leurs engagements ».

En réalité, tout le monde attend de voir dans quel sens le vent soufflera, Kate Moss y compris, qui depuis le début de la tourmente se cloître dans son hôtel new-yorkais. Pas de sorties et encore moins de soirées, mais de nombreux coups de fil et les venues, probablement, de Sarah Doukas et de ses avocats londoniens. Comment sortir de là ? Par quelle stratégie ?

Fin septembre, quelques grammes de cocaïne lui ont déjà coûté environ 7 millions d'euros, et le bal masqué ne fait que débuter. Dans une mauvaise valse s'y croisent ses proches, les marques, le milieu de la mode, les médias et l'opinion publique. Tous faussement choqués, faussement innocents. Les uns attaquent de façon hypocrite, les autres se défendent de la même manière.

La clinique Meadows est située au nord de la ville de Phoenix, dans le désert montagneux de Sonora. Tout semble aveuglant sous le soleil de l'Arizona ; les bâtiments blancs et modernes, les rochers ocre, les cactus verts, le ciel bleu. À Meadows, on traite l'addiction aux drogues, à l'alcool, au sexe, au jeu, au travail, à Internet ; on y soigne les stress post-traumatiques, les dépressions et les schizophrénies. C'est un centre de désintoxication réputé où le personnel sait manier l'effondrement de star. La chanteuse Whitney Houston, l'acteur Matthew Perry de la série *Friends*, la top model Elle Macpherson, les couturiers Marc Jacobs et Donatella Versace ont goûté ce traitement haut de gamme – la nuit coûte 3 000 euros – et martial. L'emploi du temps ne varie pas : lever à l'aube, thérapies individuelles et en groupe, yoga, promenade, visites médicales et extinction des feux, tôt, dans une chambre partagée avec d'autres, sans téléphone ni guère de visites. Selon la porte-parole de Meadows, « nous cherchons la racine des troubles de chaque patient ; ce qui, au fond de lui-même, provoque la répétition de conduites autodestructrices[28] ».

Kate Moss y arrive à la fin du mois de septembre pour une cure de vingt-huit jours. Seule. Pete Doherty s'est éloigné – à moins qu'on le lui ait fortement conseillé – vers l'Europe où il donne des concerts encore plus foutraques que d'ordinaire. Seuls Jefferson Hack et Lila Grace feront un bref voyage, ainsi que Linda Moss, dont la présence est requise pour la thérapie familiale qui clôt ce genre de cure.

À Londres, les chroniqueurs débattent du cas Moss. Personne ne semble surpris par sa chute, l'étonnement porte plutôt sur la faculté qu'elle a eue, jusqu'alors, de passer au travers. L'une des plumes du *Times*, India Knight, écrit : « La chose la plus incroyable à propos de la débâcle de Kate Moss, c'est qu'il n'existe qu'une seule raison au fait que la somme d'histoires concernant ses différentes addictions n'ait pas émergé plus tôt. Tout le monde, de près ou de loin lié à la mode, aux médias ou au show-biz connaissait les récits de sexe, de drogues et de folie générale, qu'on englobait sous l'euphémisme de *"partying"*, et personne ne disait mot. Pourquoi ? Parce qu'elle est gentille, généreuse, altruiste ? Non. Parce qu'elle donne de l'argent à des organismes de charité ? Non. Uniquement parce qu'elle est belle, et qu'elle porte de jolis vêtements[29]. » L'argumentation est séduisante, quoiqu'un peu mince et remarquablement partiale.

D'autres essaient de comprendre comment le scandale a pu survenir. Comment Kate Moss, celle qui « maîtrisait chaque putain de truc jusqu'à ce que ces stupides photos paraissent[30] », dira son amie Tracey Emin, s'est laissé piéger.

On en revient à Barcelone. L'été 2001, le concert organisé par Naomi Campbell qui fit un flop. Lors de cette soirée sans importance s'était pourtant déroulé le premier d'une série d'événements qui aboutira, comme un ruban de dominos, au

15 septembre 2005. L'assistante de Naomi Campbell s'appelait Rebecca White. Elle était de chaque instant à Barcelone, effectuant ce travail d'assistante de vedette qui nécessite beaucoup d'abnégation et une belle brosse à reluire dans son sac. Peut-être à court d'abnégation, elle décida de vider son sac une poignée d'années après. La brosse à reluire se transforma en lance-roquette. Devant la caméra d'une documentariste anglaise qui préparait pour Channel 5 un film intitulé *The Truth about Kate Moss*, « La Vérité sur Kate Moss », Rebecca White se mit à raconter quelles auraient été ses occupations espagnoles. Acheter quatre grammes de cocaïne pour la consommation de Naomi, Kate et leurs copines ; partager quatre lignes avec Kate dans la salle de bains de son hôtel ; être appelée en pleine nuit et la découvrir « le teint gris », presque comateuse sur son lit. Elle dut la traîner, affirma-t-elle, jusqu'à la douche pour la réveiller. Quelques jours avant la diffusion du documentaire, le 27 janvier 2005, le *Sunday Mirror* publiait le scoop en une, avec une longue interview de Rebecca White. Le scandale fut retentissant et l'impact d'autant plus fort, en Angleterre, que Kate Moss venait de rencontrer Pete Doherty, dont les démêlés avec la drogue faisaient déjà les délices de la presse à sensation.

Dans une rage folle, et malgré les conseils de son entourage qui l'avait incitée à ne pas porter plainte, à laisser glisser comme d'habitude, elle attaqua le journal en justice. En juillet, le *Mirror* perdit, devant reconnaître que l'épisode n'était pas vrai. Mais le recours devant les tribunaux avait brisé le « gentleman's agreement » qui prévalait entre les tabloïds et elle. Ils ne l'épargnaient guère, ils ne cherchaient pas non plus, férocement, à tout savoir. Contraint de payer une amende, contraint aux excuses, le *Mirror* n'a dès lors qu'un but, faire éclater la « vérité ». Surtout que le rédacteur en chef vient de changer. L'ancien l'aimait bien, le nouveau s'en fiche. Probablement vexé par la condamnation, il veut du scoop, il brûle de tenir sa revanche – même si, officiellement, le tabloïd a toujours nié avoir organisé un guet-apens.

Kate Moss, quoi qu'il en soit, représente une cible parfaite pour un journal populaire et réactionnaire. Encore faut-il pénétrer à l'intérieur de la forteresse. Une porte branlante le permet, au coin du château : Pete Doherty. « Tout le monde savait que

Kate prenait de la cocaïne et quand elle a connu Pete, c'est devenu de la folie. L'action en justice était une erreur. Elle a incité les tabloïds à en apporter la preuve[31] », raconte l'éditeur d'un magazine de mode. L'un des plus tenaces reporters du *Mirror*, Stephen Moyes, est mis sur le coup. Il a l'habitude d'infiltrer le camp des riches et célèbres, il a déjà piégé des stars de la télévision le nez dans la poudre. Avec Kate Moss, il sait par où commencer : l'entourage de Doherty, cet ensemble mouvant de groupies, d'amis et de parasites plus ou moins drogués, prêts à tout pour quelques grammes de n'importe quoi, pour un peu d'argent. Il les fréquente, les recouvre de sa bonté et attend que l'investissement paie – c'est la thèse de Fred Vermorel. Jusqu'à ce 6 septembre, aux studios Métropolis. Preuve était enfin faite.

Après les révélations du *Mirror*, le 15 septembre, James Mullord, le manager des Babyshambles, est soupçonné quelques jours par l'entourage de Kate Moss ; en réalité, le « traître » serait plutôt l'un des deux dealers traînant aux studios, qui aurait vendu l'enregistrement pixélisé à Moyes pour un prix compris entre 63 000 euros – chiffre avancé par le *Mirror* – et 230 000 euros, selon l'avocat de Kate Moss, Gerrard Tyrrell. Une vendetta ? L'équipe juridique autour de Tyrrell en est convaincue, qui révèle cela à *Vanity Fair* : les autres tabloïds, dont certains plus en fonds que le *Mirror*, n'ont pas eu connaissance de la vidéo, il n'y a donc pas eu d'enchères, contrairement aux usages du petit cercle des feuilles à scandales où chacun tente d'arracher les scoops au prix fort – et celui-ci aurait été le plus couru de la Couronne[32]. Conclusion : c'était bien un traquenard manigancé par le journal. Vengeance ou pas, peu importe ; Kate Moss est atteinte, elle est en cure.

Il est temps d'étouffer le scandale et, pour ses amis, de passer à l'offensive.

À Londres, juste avant que la nouvelle de la désintoxication ne soit rendue publique, Sarah Doukas explique que « Kate n'est pas idiote, elle fera ce qu'elle doit faire ». Sous entendu : pour sauver sa carrière. L'interview que Doukas donne au *Times*, le

28 septembre, est un modèle de jésuitisme. Elle qui est la deuxième mère de Kate Moss, elle qui la suit depuis ses quatorze ans, elle qui l'a aidée à rédiger son communiqué et qui tente de maintenir à flot l'entreprise Moss, affirme : « Aucun de nous, à Storm, ne sait qu'elle a un problème de cocaïne. [...] Les rumeurs de drogue ? Kate a toujours été quelqu'un de très secret. Elle qui travaille sans relâche n'aurait pas pu soutenir un tel rythme s'il y avait eu quelque chose de sérieux. [...] Si on se parle tous les jours, il y a des sujets dont on ne discute pas. Quand vous êtes un agent, il y a une limite[33]. » Ne pas chercher à savoir parce qu'il y a tellement d'argent en jeu ?

À la clinique Meadows, Kate Moss ne soigne pas seulement son addiction. Elle sait qu'à l'heure où hurlent les loups, mieux vaut disparaître, laisser s'atténuer le tumulte. Ceux qui aiment tant détruire les idoles, elle devine qu'ils sont oublieux quand on renaît de ses cendres. Elle se tait mais ses partisans parlent, et certains ne manquent pas de panache.

Lors de la fashion week parisienne, début octobre, Alexander McQueen salue à l'issue de son show vêtu d'un tee-shirt où l'on peut lire : *« We love you Kate »* ; Catherine Deneuve confie à la télévision britannique « qu'elle est une grande mannequin ; si elle saccage sa vie privée, ça lui appartient ; je trouve intolérable que quelqu'un ait volé et vendu ces photos[34] » ; Johnny Depp dit au *Daily Mirror* qu'elle « devrait pouvoir mener la vie qu'elle veut, c'est incroyable comme elle a été maltraitée, après tout elle ne se présente pas aux élections, elle ne cherche pas à être le prochain messie, c'est un être humain[35] » ; et Sharon Stone, accusant implicitement les marques qui l'ont laissée tomber, demande s'il est « encore possible de commettre des erreurs dans la vie[36] ». On entend aussi Karl Lagerfeld, Naomi Campbell, Elton John, Mario Sorrenti ou François-Henri Pinault, le patron du groupe de luxe PPR – Saint Laurent, Gucci, Stella McCartney : « Si l'on utilise Kate comme un symbole de liberté et de transgression, on doit se montrer honnête. On ne peut pas exploiter son image pour faire passer ces messages-là et s'étonner qu'elle soit transgressive dans sa vie privée. [...] Nous avons besoin de gens comme elle. Sans eux, le monde serait ennuyeux comme la pluie[37]. »

D'autres la défendent bien maladroitement. James Mullord, manager des Babyshambles, affirme au *Guardian* que les images du *Mirror* ne donnent pas « la juste mesure des relations de Kate à la drogue ; on a l'impression qu'elle est en plein dedans, mais ce n'est pas Courtney Love[38] ! ». Et le célèbre maquilleur de la mode, Tom Pêcheux, d'expliquer pourquoi certains remontants sont indispensables : « Lors des défilés, on vit dans un tourbillon pendant trois semaines : les essayages jusqu'à cinq heures du matin alors que les premiers shows débutent à neuf heures, qu'il y en a cinq par jour au moins, que le dernier est à vingt et une heures. Et les gens sont choqués que les mannequins prennent des drogues ? Quelle vitamine pourrait vous maintenir éveillé aussi longtemps[39] ? »

La plus savoureuse des déclarations, celle qui provoque un séisme, vient de la popstar Robbie Williams. Une grande gueule que ce Robbie ; il a le même âge que Kate Moss et il a grandi, lui aussi, sous le regard du public au sein du boys band Take That, dès ses dix-sept ans. Ils sont d'ailleurs amis depuis qu'elle a participé à sa vidéo *Rock DJ,* en 2000. Si on le raillait au début de sa carrière solo, il s'est imposé en chanteur talentueux, quoique chahuté pour son style de vie – fêtes, alcool et Ibiza – assez proche de celui de Kate Moss. Il déclare : « Je pense que les médias devraient se regarder dans la glace. On parle d'une femme qui n'a jamais fait de mal à quiconque, qui n'a jamais prétendu être ce qu'elle n'est pas. Et voilà que des journalistes de plusieurs groupes de presse, avec qui j'ai moi-même pris de la cocaïne, la salissent et lui donnent des leçons de morale[40] ! »

En Grande-Bretagne, la drogue devient l'objet d'un débat national. Le *Evening Standard* envoie des reporters aux soirées Versace, McQueen et Topshop qui rythment la fashion week londonienne. Ils ont pour mission, tels les détectives de la police scientifique, de passer des Cotons-Tige dans les toilettes. Après analyse, le journal écrit : la cocaïne est partout. L'un des fêtards confirme : « Rien d'anormal. Elles sont toutes mannequins, toutes idiotes, toutes sous coke[41]. »

Que la drogue saupoudre le monde de la mode ou de la musique, qui s'en étonne ? Mais la « charlie », comme on appelle communément la cocaïne en Grande-Bretagne, se retrouve aussi au cœur du débat politique. Début décembre, un député travailliste, Dennis Skinner, est expulsé du Parlement après avoir provoqué George Osborne, l'un de ses adversaires conservateurs qu'il surnomme « Boy George », l'accusant d'avoir eu le nez chargé durant les années 80 : « La seule chose qui augmentait à l'époque, c'était les lignes de coke devant "Boy George" et le reste des Tories[42]. »

Au même moment, le prétendant à la direction du parti conservateur, David Cameron, est soumis à la question : prend-il de la cocaïne ou non ? Son refus de répondre attisant le soupçon, les tabloïds l'acculent, investis, semble-t-il, d'une mission d'ordre sacré depuis l'affaire Kate, et Cameron finit par concéder : « Pas depuis que j'ai été élu député » – c'était en juin 2001. Puis le magazine *The People* envoie ses troupes au palais de Westminster – le siège du Parlement. Avec des moyens d'investigations dignes du « FBI et des brigades antidrogue de la police anglaise[43] », le journal conclut : traces de cocaïne dans les toilettes de Westminster et dans le pub d'en face, où les députés ont l'habitude de boire des bières. Et *The People* continue : résidus de cocaïne au palais de justice de Londres ; dans les toilettes du stade de Chelsea FC, le club de football ; à l'Assemblée galloise de Cardiff ; dans le pub que fréquentent les membres de l'Assemblée écossaise, à Édimbourg. Une épidémie.

D'après les estimations officielles, les consommateurs de cocaïne au Royaume-Uni sont passés de 180 000 en 1996 à 640 000 en 2003. Le département de la Santé estime que le nombre de mineurs qui en prennent a doublé en un an : ils étaient 1 % en 2004, ils sont 2 % en 2005, soit soixante-cinq mille enfants de onze à quinze ans pour qui absorber de la poudre blanche est presque normal. L'un des experts ajoute : Kate Moss a quelque chose à voir avec cette banalisation.

Déjà déchue, elle devient le sale emblème de la drogue.

Hormis son communiqué d'excuses savamment ambigu, Kate Moss ne reviendra jamais sur l'épisode de mi-septembre, et les commentaires autorisés, dans son camp, éviteront soigneusement le sujet. Cela ne suffit pas à l'absoudre. L'un de ses proches, le photographe Jürgen Teller, dira à son propos : « La coke ? Mais quelle surprise [44] ! »

Cette ironie n'est pas partagée dans le monde du luxe car c'est un monde qui pratique peu l'ironie ; seuls comptent les chiffres. Et l'on payait cette fille, fort cher, pour l'odeur de soufre qui l'entourait, pas pour être asphyxié par le soufre – l'idée et la rumeur de la trangression, non le film qui en fait la démonstration. En hautes sphères, il y a des limites à ne pas dépasser, subtiles à définir : avoir une réputation, bonne ou mauvaise, est très lucratif si l'on s'en tient là. Surtout, ne pas franchir la ligne. Ne pas montrer son sein en direct à la télévision américaine, même par accident comme Janet Jackson, ne pas révéler qu'on a le sida comme Magic Johnson, ne pas dire qu'on est homosexuel comme Martina Navratilova – dans les trois cas, adieu les contrats.

Avec Kate Moss, les proportions changent. Son impact publicitaire est monumental, l'hypocrisie sera à la hauteur. Elle permettait aux entreprises d'accroître leurs ventes – sous son règne, Rimmel voit ses bénéfices grimper de 20 % – ; elle leur apportait surtout la « marque » KM, cette inestimable touche de distinction et de sauvagerie. On la voulait pour ça, et parce que ce « ça » a pris forme, on la saque, on se retranche derrière la morale. Les dirigeants de ces entreprises devaient savoir, pourtant, qu'à trop jouer avec le feu on se brûle, comme chantait l'expert en la matière Pete Doherty. Jusqu'en septembre 2005, le risque était connu et consenti, il en valait la chandelle. Sauf que le cliché à gros grains, outre le fait de raviver le souvenir des premières images controversées, celles de Corinne Day en 1993, celles de Calvin Klein et de l'*heroin chic*, est concret. Pas fantasmé, pas mis en scène. Terriblement cru.

Cette crudité fera pendant quelques semaines le malheur de Kate Moss. Puis sa fortune. À l'aune d'une culture occidentale fascinée par le « réel », de la télé-réalité aux confessions de n'importe quel demi-people, la vision du plus célèbre mannequin au monde vaquant à ses petites affaires sur le canapé des studios Metropolis est une merveille.

Les policiers londoniens, eux, enquêtent toujours, ils accumulent perquisitions et interrogatoires, ils veulent entendre Kate Moss, connaître enfin sa version des faits. Mais lorsqu'elle sort de la clinique Meadows, fin octobre, elle reste aux États-Unis et s'attelle à une tâche autrement plus passionnante que de retourner en Grande-Bretagne : remettre sa carrière sur de bons rails.

À trente et un ans, dix-sept ans après ses débuts, qu'a-t-elle à prouver ? Rien. Il s'agit juste de continuer à vivre cette vie, la seule qu'elle connaisse. Se retirer ne semble pas lui effleurer l'esprit. Malgré la disgrâce qui ternirait sa révérence, ne serait-il pas temps ? Elle aurait l'occasion de grandir différemment, de sortir du pinceau de lumière qui lui a causé tant de tort. Sauf qu'elle ne connaît que ça, le pinceau de lumière qui distingue des autres et plus encore, qui donne une identité.

Il y a celles qui, malgré tout, s'éloignent du jeu. Sa vieille amie Corinne Day, qui l'initia aux nuits londoniennes, a changé après sa tumeur au cerveau opérée en 1996 – elle fit de cette épreuve l'un des thèmes de son livre *Corinne Day Diary*[45], publié en 2000. « Cette vie-là avait beau être colorée, folle, je ne peux plus la mener désormais. Prendre des drogues, fréquenter des gens qui prennent des drogues, non ; mon existence est vraiment clean[46]. » Et il y a celles qui persistent, vaille que vaille. Lors de son retour en 2001, à l'âge de trente-six ans, l'une des plus célèbres des supermodels, Linda Evangelista, déclarait : « Tout ce que je veux faire, c'est ce métier de mannequin. L'amour des vêtements et l'envie de créer de belles images. Je croyais que j'étais trop vieille et que j'en avais assez. Mais ce n'est jamais assez ! J'en veux plus[47]. »

Est-ce si fascinant d'être une machine à enfiler de jolies choses, de passer son temps à s'étourdir, de savoir que personne ne vous incite à réfléchir, et de tenir le coup, finalement, parce qu'on n'y réfléchit pas tant que ça ? La top model canadienne Daria Werbowy, star de Chanel qui posera peu après pour Versace à côté de Kate Moss, répond à la question qui traverse chaque personne ayant jamais vu un défilé : à quoi pensent-elles ? « Parfois à ce qu'on va manger le soir ; parfois si on a fait sa lessive, ou merde, oublié d'appeler sa mère, parfois on est juste vide. D'autres fois on roule des mécaniques, yeah, regardez-moi, je suis mannequin[48] ! »

Depuis longtemps, Kate Moss ne daigne plus se mêler à la cohue des cabines. Trop étroit, trop idiot, avait-elle dit en 2001. Elle s'est aménagé une confortable carrière rythmée par les plages ensoleillées, les sessions photo, les projets artistiques, les fêtes rock'n'roll et les contrats publicitaires. Il ne s'agirait pas de déchoir. À peine débarrassée de la boue qui la couvrait, Kate Moss veut retrouver son rang. Et les couards du mois précédent, aussi vite qu'ils lui avaient tourné le dos, vont dérouler le tapis rouge.

En octobre 2005, après l'Arizona, elle passe quelque temps en Californie avec sa fille Lila Grace et son père Peter, venu la visiter. Peut-être se parlent-ils enfin, lui qui regrettait que les déchirements de Croydon n'aient jamais été soldés, qui espérait qu'un jour ces discussions aient lieu. Pour elle, en Californie ou ailleurs, il s'agit d'éviter Londres et sa menace d'un interrogatoire policier. Début novembre, elle arrive à Ibiza avec Lila Grace. C'est son premier engagement post-cocaïne : illustrer la campagne printemps-été de Roberto Cavalli, l'homme aux imprimés léopard, celui qui disait son horreur des drogues et qui promettait, deux mois auparavant, de ne pas l'employer de sitôt. Il a la mémoire d'un poisson rouge, ou d'un homme d'affaires. « Kate a une mine superbe, elle est pleine d'assurance, elle revient à ce qu'elle fait de mieux et ainsi qu'à son habitude, de manière très professionnelle [49]. »

Puis les cosmétiques Rimmel font savoir qu'ils continuent avec elle, à l'occasion d'une nouvelle ligne de produits antifatigue intitulée *Recover* – « se remettre ». Quel sens de l'à-propos. Puis Burberry annonce qu'elle fait « toujours partie de la famille » ; Christopher Bailey, son directeur artistique, précise que la presse a raconté n'importe quoi sur Burberry lâchant Kate : « Elle a eu des ennuis, qui n'en a pas ? On ne va certainement pas dire, à cause d'un incident, qu'elle n'a plus rien à voir avec nous [50]. » Puis Longchamp, le maroquinier français, rend public un contrat de plusieurs saisons avec celle qui demeure, malgré ses « problèmes personnels », « la mannequin la plus connue au monde, [...] celle qui nous permettra d'atteindre une nouvelle dimension et qui fera de nous l'une des marques qui comptent [51] ». Leur campagne est mise en boîte par Mario Sorrenti à New York, et

Kate Moss en cette année finissante continue d'arpenter l'Amérique : Los Angeles, New York à nouveau, Saint-Barth en vacances avec Stella McCartney et New York encore, avec sa fille.

La reine a péché, s'est amendée sans en rajouter, a ressuscité.

La gloire se bâtit aussi sur le scandale et si l'on y résiste, si l'on dispose de l'inexplicable faculté à passer l'orage, le mythe s'en trouve grandi. Les exemples sont légion ; les Rolling Stones triomphants avec *Sticky Fingers* en 1971 – oublié le meurtre d'un spectateur lors du concert d'Altamont deux ans avant ; Diego Maradona ou Mike Tyson adulés malgré la drogue, la prison ou les kilos – et surtout grâce à ça. Comme eux, Kate Moss peut désormais montrer l'entaille sur son uniforme de supercélébrité. Elle est membre du club. On la veut pour ça.

Salie par les tabloïds qui tachent les doigts, elle s'époussette sur le papier glacé des magazines : en novembre la couverture de *W*, en décembre celle de *Vanity Fair* qui demande « Peut-elle revenir ? » quand chacun connaît la réponse. En décembre également, celle du *Vogue* français qui lui consacre un numéro spécial. Le principe en était arrêté depuis des mois, et s'il fallait une pointe d'audace de le maintenir après l'« affaire », c'est, avec une Kate Moss désormais absoute, une belle opération éditoriale. Quatre unes différentes sur le thème de *La Belle et la Bête,* en référence au film de Cocteau et depuis peu, à la chanson de Doherty ; trois cents pages d'articles débordant d'amour ; et le billet de la rédactrice en chef Carine Roitfeld, qui écrit : « Cette jeune Anglaise comme tout droit sortie d'un roman de Bret Easton Ellis, aux antipodes du canon désincarné, est une femme, une vraie. Un déjà-mythe sensible, aux yeux fatigués par l'excès de lumière qu'elle génère[52]. » L'adoration de l'enfant prodigue n'a pas de limites.

Dans son coin, l'amant fait le museau. Pete Doherty ne participe pas aux louanges et même, avec l'innocence du fou et du drogué, se permet le pire. L'idiot révélant de lourds secrets : il aime tenir ce rôle et percer l'armure de sa belle quand elle n'est pas bien enfilée. À peine sortie de la clinique Meadows, Kate

Moss avait prié Doherty d'aller y suivre une cure, lui aussi. On ne sait pas de quel chantage d'amour, de quelle menace elle usa lors de leur rencontre secrète à Paris, début novembre, loin de ses amis à elle qui, dit-il, « ne me veulent pas dans le coin[53] ». Au fil des mois et des ruptures, Doherty s'est souvent vanté du contact maintenu entre eux, et ce malgré l'embargo imposé par les proches de Kate. Afin de ménager son entourage et sa réputation, elle est entrée dans le jeu clandestin : le scandale a fini par dicter ses règles de prudence à l'une des femmes les plus rock'n'roll qui soient.

Le fait est, en ce mois de novembre, qu'elle paye et qu'il s'exécute. Arrivé en Arizona le 19, pour un mois, il s'échappe au bout de dix jours. À son retour, il donne cette interview au *Sun*. « Je viens de parler à Kate, elle m'a crié dessus, elle a jeté son portable contre le mur, elle m'a dit qu'elle ne voulait plus de moi. Mais la vraie raison, c'est que je ne peux pas lui payer de diamants et que j'ai une petite bite. Je ne sais jamais ce qui va se passer avec elle ; une fois un œil au beurre noir, une fois une preuve d'amour ; c'est comme d'être en Afghanistan[54]. » Il n'a pas supporté les contraintes de la clinique, une « prison » où il devait se promener avec un ours en peluche pour réaliser qu'il avait perdu son moi d'enfant. Et ajoute : « Avec la quantité de coke que Kate prenait, c'est incroyable qu'elle ait tenu, je ne sais pas comment elle a fait tellement c'était barbant[55]. » Il y est resté uniquement parce qu'elle finançait la cure, et l'argent du billet de retour provient des fans : un appel au secours sur son site Internet et une fille qui a ouvert son porte-monnaie à l'aéroport de San Francisco. À propos de Kate, il dévoile ceci : « On pense qu'elle est allée là-bas pour combattre son addiction. C'est faux, elle l'a fait pour sauver sa carrière. Elle dit que la cure a marché bien qu'elle soit terrifiée à l'idée que sa volonté faiblisse, terrifiée d'être à nouveau prise la main dans le sac. Elle sait que si elle en reprend, elle devra être plus discrète. Et ne pas se pointer à Londres, c'est par peur d'être interrogée par les flics[56]. »

Après un tel épanchement ou même avant, puisqu'on ne compte plus les oui/non de leur histoire, Kate Moss donne à Pete Doherty son congé.

Elle fuit toujours l'Angleterre quand un ami de presque vingt ans lui propose de s'exprimer, enfin. Elle, la reine en exil dont le peuple n'a jamais entendu la voix. Le soir de Noël, drôle avec son timbre haut perché, presque nasillard, sa blouse et son minishort, elle apparaît sur les petits écrans britanniques. On la voit se préparer du thé tout en discutant avec son agent au bout du fil qui lui annonce, surexcité, avoir trouvé un engagement susceptible de relancer sa carrière. Lorsqu'elle raccroche, gros plan sur l'agent qui souscrit un abonnement pour un téléphone portable : « Le contrat qui vaut le coup qu'on le garde », dit la voix off de cette publicité Virgin Mobile, l'une des entreprises du milliardaire Richard Branson. C'est lui qui avait aidé Sarah Doukas à monter Storm à la fin des années 80, lui qui adore Kate Moss, lui qui aime venir au secours des célébrités en délicate posture, tel Boy George, harcelé après la révélation de son addiction à l'héroïne, en 1986, qui s'était réfugié dans le cottage de Branson à la campagne. Le spot Virgin Mobile, pour lequel Kate Moss aurait été payée 1,7 million d'euros, est fidèle à l'esprit décalé de la marque. La star déchue qui boit du thé et ne craint pas l'ironie : quelle audace.

En fin d'année, Kate Moss se rend des Caraïbes à Aspen, dans le Colorado, où elle passe le réveillon avec sa fille, son frère et sa mère Linda, qu'on dit ravie de savoir Doherty hors cadre. Dans la station chic, elle fait du ski avec son nouveau jouet, un mannequin aux longs cheveux bruns âgé de vingt ans, Jamie Burke. L'affaire ne durera pas, il est de ces beaux garçons qui font aussi un peu de musique et jouent de leur charme, il fréquentera ensuite Lindsay Lohan, Courtney Love, Sienna Miller.

Début janvier 2006, on la repère avec ses oreilles de Minnie à Disneyland, Californie, en compagnie de Lila Grace, quand la jet-set s'agite à propos de son anniversaire imminent. Elle hésite entre une fête au Ritz, à Paris, et une gigantesque soirée années 50, à Los Angeles, pour laquelle elle aurait commandé des perruques façon Marilyn Monroe. Au dernier moment, par peur que ne circulent des substances illicites, expliquent des « proches », elle opte pour un dîner privé et intime à Paris[57].

Le 16 janvier, elle a trente-deux ans. Voilà plus de quatre mois qu'elle n'a pas goûté la brume de Londres où la police en appelle officiellement à son retour, où Pete Doherty se fait arrêter avec de la drogue quelques jours après avoir comparu, pour les mêmes motifs, devant les juges. Il est toujours le « junkie », elle devient la « fugitive ». À ses trousses grâce aux téléobjectifs des paparazzis, le *Daily Mirror* affirme que pendant ces dernières semaines entre New York, l'Arizona, Los Angeles, New York, Barcelone, Paris, Saint-Barth, Los Angeles, les Caraïbes, Aspen, New York et Los Angeles, elle a parcouru 55 483 kilomètres en avion.

Le 31 janvier, enfin, elle embarque dans un jet privé depuis l'aéroport du Bourget, à Paris, et s'envole vers Londres. Cent quarante-deux jours après la une du 15 septembre.

Le retour au pays, début du sacre

À peine sortie de l'avion, Kate Moss monte les marches de Wellington House, le quartier général de la police, au cœur de Londres. Elle a opté pour une stricte élégance : cheveux retenus par un large bandeau noir, lunettes de soleil sur mine fermée, trench-coat Prada, sac Prada. Les inspecteurs du département des fraudes l'interrogent pendant plus d'une heure, en présence de ses avocats. Hormis décliner ses nom et adresse, elle ne dit mot et ressort libre. Les enquêteurs continuent leurs investigations mais l'épreuve est passée. Kate Moss ne subira pas l'infamie des menottes, ni celle de la prison.

Quatre jours plus tard, elle fait profil bas, de nouveau, après un revers dans l'action en justice contre Channel 5, la chaîne qui avait diffusé en janvier 2005 le documentaire *The Truth about Kate Moss,* dont le *Daily Mirror* avait publié le principal scoop : sa prétendue surdose de cocaïne à Barcelone. Si le procès contre le *Mirror* fut gagné – avec les conséquences, de hasard ou de vendetta, que l'on sait –, celui de Channel 5 est toujours à l'instruction. Les avocats de la chaîne ayant décidé d'étayer leur défense avec une nouvelle pièce à conviction, la bande-vidéo du 6 septembre, elle dépose une requête pour les en empêcher. Les juges la déboutent le 4 février, ce qui la convainc d'abandonner les poursuites. Il ne s'agit pas de remuer l'eau trouble qui commence à peine de s'éclaircir.

Car les sollicitations affluent, sans cesse. La marque Pirelli la choisit pour l'édition 2006 de son célèbre calendrier, où elle pose seins nus et béret noir dans une décapotable. Une « merveilleuse ambassadrice », dit le constructeur italien. Plusieurs magazines dont le respecté hebdomadaire *Drapers*, la référence de l'industrie de la mode en Grande-Bretagne, la sacrent « personnalité la mieux habillée de l'année 2005 » – savourer le commentaire extatique qui annonce la nouvelle sur le site *Vogue.fr* : « La brindille a su rester super classe malgré les tabloïds qui se sont acharnés sur elle[58]. »

On pourrait dire : grâce à eux. Kate Moss semble immunisée contre les piqûres de leurs plumes, renforçant son statut d'icône à chaque attaque. Il n'y a plus de morale dans l'histoire, et depuis longtemps. Des vieux baby-boomers aux trentenaires et aux plus jeunes, la pop culture occidentale a été façonnée par les valeurs rebelles du rock'n'roll, auxquelles s'est ajoutée la fascination pour les célébrités. Ce qui revient à assister aux jeux du cirque en blouson de cuir et bottes pointues : un mélange incongru, et essentiel, pour comprendre la résurgence de Kate Moss. Sans l'avoir fait exprès, ou l'ayant compris à l'instinct, elle se retrouve à l'intersection des obsessions de l'époque, décadence et déballage.

En ce printemps 2006, elle est *« so Kate »* plus que jamais puisqu'elle a confirmé les excitantes suspicions qu'on formait à son propos. Et si par hasard la honte et la pudeur l'assaillent, se dit-elle ceci : des hommes politiques condamnés par les tribunaux se font réélire, pourquoi ne retrouverais-je pas mon rang ? Elle s'empare du sceptre de reine de l'ultra-cool, car traverser ce qu'elle a traversé lui vaut un royaume encore plus vaste. Sur l'échelle des valeurs contemporaines, ça équivaut presque à un séjour en prison, et au diable talk-show, excuses ou bonnes œuvres. Ayant livré malgré elle la plus crue des réalités, elle ne donnera pas, de son plein gré, le corollaire attendu : la repentance. En ces heures où, sur la scène publique, la fascination pour le réel va de pair avec la contrition, c'est rarissime.

Telle une pièce qui tourbillonne sur sa tranche avant de choisir pile ou face, Kate Moss a hésité quatre mois. Revenue en son pays, et du bon côté de la tranche, elle se déploie comme avant, mieux qu'avant. Côté cœur, Pete Doherty semble toujours hors champ. Après Jamie Burke, on parle d'un homme d'affaires puis d'un présentateur de MTV aux cheveux mi-longs et à l'allure byronesque, Russell Brand. Peu importe, rien ne dure. Seuls comptent le travail et les vieux amis. Richard Branson hier, Calvin Klein aujourd'hui.

Le malin Calvin qui n'a jamais eu peur du scandale, qui l'a toujours cherché, l'embauche en avril, huit ans après la fin de leur collaboration, pour promouvoir sa ligne de jeans ; on évoque le chiffre de 750 000 euros. Puis il y a Bulgari, Stella McCartney et Nikon, le fabricant d'appareils photo – ce contrat est estimé à 2,2 millions d'euros, les Japonais mettent le prix afin d'associer « le côté stylé de Nikon à une icône du style qui parle aux consommateurs ». Ce n'est pas la première fois qu'un mannequin est enrôlé en dehors du champ de la mode, sur le seul ressort de sa célébrité ; Claudia Schiffer avait posé pour Citroën, Gisele Bündchen pour un opérateur téléphonique brésilien. À la différence de ses consœurs, Kate Moss apporte bien plus que sa beauté ; sa chute, sa rédemption, son extrême notoriété. Elle s'avère la figure publicitaire ultime, chacun la voulant à mesure que les concurrents l'ont. La course à Kate Moss devient aussi rapide que son abandon, hier.

Qu'a-t-elle que les autres n'ont pas ?

En 2006, elle n'a plus l'insouciance de l'adolescente qui souriait sur la plage pour *The Face*. La figure semble s'être élargie, le regard alourdi, le petit air asiatique affirmé, dû à l'écartement des yeux et aux paupières fréquemment mi-closes. Sa beauté répond-elle à quelque géométrie secrète ? Le *Vogue* français, dans sa livraison de Noël 2005, avait demandé à un chirurgien esthétique exerçant en Suisse, Michel Pflug, de l'étudier au compas. Il en déduisait que « presque tout son visage » obéissait « à la loi du nombre d'or », ce chiffre de 1,61 appelé par les mathématiciens grecs celui de la « divine proportion », et auquel le Parthénon devrait sa ligne parfaite. « Son visage se divise en trois parties absolument égales, ce qui est assez rare : la distance entre le nez et le menton équivaut à l'espace entre la base du nez et les sourcils, qui équivaut lui-même à la distance entre les sourcils et le haut du front. [...] Autre proportion idéale : la longueur de la base du nez qui correspond exactement à la largeur de l'œil. Il faut ajouter ce que les professionnels appellent « l'œil de star » : ses yeux, totalement symétriques, montent à l'oblique vers l'extérieur. [...] Seule la bouche pourrait être, de façon infinitésimale, un peu plus large[59]. »

Question à Kate Moss : « D'après vous, qu'est-ce qui, dans votre apparence, vous a apporté la célébrité ? » Réponse : « Je n'en ai aucune idée. Vraiment[60]. »

Plus qu'une question de beauté, la longévité et la singularité de Kate Moss sont une affaire de style. Elle le doit à ceux qui croyant l'enterrer l'aident, ces tabloïds aux milliers de photos volées qui l'établissent en lanceuse de modes. À cette époque, elle porte depuis plusieurs mois les jeans cigarettes qui envahissent les rues occidentales, elle remet au goût du jour la ballerine de danseuse et le gilet, elle ose même l'imprimé léopard sans être ridicule.

D'autres font ça, les femmes en lice pour le titre de la fille la plus branchée du monde, Victoria Beckham, Sienna Miller ou Madonna, mais elles y mettent tant d'acharnement. C'est l'atout du « cool » face au « branché » : la fille cool est naturelle et parfois bancale dans ses choix esthétiques – ce qui induit de la distance par rapport à son look et renforce le naturel –, quand la fille branchée est irréprochable de pied en cap, fiérote de ses atours et par là, souvent grotesque. Madonna est branchée, Kate Moss est cool. Ou du moins : elle donne l'illusion de la fille cool. Cela ne l'empêche pas, chaque matin devant ses armoires, de réfléchir intensément au « nombre d'or vestimentaire ». Quoique à la différence de ses concurrentes, une fois dans la rue, on ne sent plus l'effort qu'elle y a mis.

Écrit par deux Anglais, Dick Pountain et David Robins, *L'Esprit cool, éthique, esthétique, phénomène culturel*, décrit le cool comme un mélange d'hédonisme, de détachement ironique et de narcissisme. Apparu dans la culture occidentale voilà cinquante ans, le cool peut être identifié, ou ses formes approchantes, des antiques civilisations africaines jusqu'à la Renaissance italienne, des aristocrates britanniques jusqu'aux poètes romantiques du XIXe siècle. Au siècle dernier, il émerge *via* les jazzmen noirs qui tenaient leur nonchalance un peu grinçante, racontent les auteurs, de leurs ancêtres esclaves qui n'avaient eu que ça, l'ironie, pour survivre à la condition de sous-hommes. Le cool passera dans la culture adolescente blanche avec Elvis Presley et le rock'n'roll, puis les beatniks et les hippies. « Le cool a été un ingrédient majeur de toutes les contre-cultures jeunes depuis les années 50, bien qu'il ait souvent dû changer de nom et d'apparence pour embrouiller les parents. Cette attitude, qui à l'origine exprimait la résistance à l'humiliation, a été phagocytée par les médias et la publicité durant les années 80 et 90, et utilisée comme un moyen d'atteindre le cœur et le portefeuille des jeunes consommateurs[61]. »

Si le cool flirte aussi avec l'autodestruction, s'il abrite encore des têtes brûlées et des mauvais garçons comme Pete Doherty, Kate Moss est le symbole de l'évolution du concept : le mélange des genres. Représentante du cool en Occident où c'est aujourd'hui une valeur suprême, elle collabore à l'entreprise mode bien que rétive à la plupart des injonctions d'hier – la respectabilité, surtout. Or cette non-respectabilité fait son succès puisque c'est super-cool d'être indomptable. Ou de faire semblant.

La coolitude de Kate Moss s'exprime au travers de ses fréquentations plus ou moins infernales, de sa vie chaotique et de sa dégaine, qui semble balayer tous les âges musicaux – rock, hippie, punk, new wave. Chaque fois qu'elle sort de chez elle, s'offre à la contemplation mondiale un précipité de pop-culture. En général d'un goût exquis.

« Kate est bien habillée, certes, quoique avec son œil exercé et tout ce qu'elle reçoit, c'est relativement facile, remarque Véronique Rampazzo de Marilyn : elle a tant de choses dans ses placards qu'elle peut se vêtir différemment CHAQUE jour[62]. » Malgré ses monceaux de vêtements, malgré ses campagnes de publicité, elle n'a pourtant jamais recherché la compagnie des couturiers. Hormis le gang londonien des

McCartney, Galliano et McQueen, hormis Vivienne Westwood, qu'elle adore depuis sa jeunesse, pas d'intimes. Même Paul Smith, qui a réussi l'exploit de parsemer de touches rock l'uniforme de l'homme anglais, qui fut un ami des Rolling Stones et qui partage avec elle l'amour de la musique et d'une certaine flamboyance *so british*, n'est pas un proche, juste une connaissance.

Elle fait quelques exceptions pour les plus jeunes, et les plus brillants. Le créateur de Dior Homme notamment, Hedi Slimane, qu'elle croise parfois avec Pete Doherty. Il dit ceci de Kate Moss : « Sans doute a-t-elle apporté une vulnérabilité, une fragilité, un naturel qui empruntent autant à un garçon qu'à une fille. Elle n'a jamais été un mannequin, mais un modèle, au sens premier du terme, sur lequel s'est greffée une génération entière[63]. »

Il y a aussi l'Italien Riccardo Tisci, chez Givenchy, un trentenaire doué et charmant qui s'habille streetwear alors qu'il crée parmi les plus élégants vêtements du jour. Ils se rencontrent en 2006, raconte Tisci : « Elle est entrée en contact avec nous après le numéro spécial du *Vogue* français, en décembre 2005. Sur l'une des quatre unes, elle portait une robe couture vintage de la maison Givenchy qu'elle aurait voulu garder, ce qui est impossible pour les pièces d'archives. Quelques mois plus tard, elle est venue à la boutique et on est restés longtemps ensemble. Kate possède trois choses incroyables : la beauté, l'intelligence, l'allure. C'est la nouvelle Brigitte Bardot, ce chic absolu avec un truc scandaleux. Elle va très vite, pense très vite, parle très vite, passant des White Stripes à Matthew Barney, de l'Afrique à des considérations politiques. Elle a essayé plein de choses, elle était d'une gentillesse totale, adorable, disponible, disant merci et tout. Cela paraît évident, ça ne l'est pas dans le monde de la mode, où la plupart des gens vous traitent comme de la merde. Sauf qu'elle n'appartient pas à ce monde-là. Elle en fait partie, ce qui est différent, et pour l'argent[64]. »

L'hypothèse, souvent évoquée, d'une fille qui n'a cure des chiffons et ne jouit que du confort de son statut, se vérifierait-elle ? Ça semble un peu trop beau et tellement moderne. Être au cœur du système et prétendre évoluer dans ses marges, en vivre mais montrer qu'on n'est dupe de rien, ainsi qu'il est de mise dans chaque entreprise culturelle du XXIe siècle, ou presque. Peut-être est-elle sincère, et l'aventure avec Doherty, rien que ça, tend à le prouver. Peut-être est-elle plus cynique encore, élevée dedans depuis toujours, que les gens qui l'emploient.

En 2006, voilà quelques années que la réussite de Kate Moss se construit, aussi, sur les allers et retours entre mode et art. Ayant déjà l'expérience de la muse, elle décide de s'inventer collectionneuse.

Pour les nouveaux riches de la culture pop, l'art est un investissement bien plus chic qu'un avion privé ou qu'une île déserte aux Caraïbes, même si l'un n'empêche pas les autres. Elton John, outre son immense collection de photographies, possède des toiles de David Hockney, Andy Warhol et Jean-Michel Basquiat ; Madonna s'est rendue propriétaire de tableaux de Picasso, Léger, Frida Kahlo et Salvador Dalí ; David Bowie a acquis des Damien Hirst, Rubens et Balthus.

Pour Kate Moss, ce sera l'art contemporain. Conceptuel et décrié, ça lui va bien. Elle investit plus de 70 000 euros en installations exposées dans son cottage des Cotswolds. Une création vidéo inspirée par *Tristan et Iseult*, de l'Américain Bill Viola ; une caille en position fœtale et une mésange bleue reposant sur un livre de prières, deux œuvres de la jeune Londonienne Polly Morgan, spécialisée en taxidermie ; ou encore un dôme de verre rempli d'huile et d'eau, créé par l'Anglais Petroc Dragon Sesti.

Alors qu'elle constitue sa petite galerie, Marc Quinn, le sculpteur affilié aux Young British Artists qui avait déjà livré une œuvre inspirée d'elle pour le numéro spécial de *Vogue*, en 2000, dévoile au printemps 2006 sa nouvelle création, intitulée *Myth (Sphinx)*. Celle d'hier était faite de glace et destinée à fondre, celle-ci est en bronze, recouverte de peinture blanche et représente Kate Moss dans une posture contorsionniste de yoga, les jambes et les bras passés derrière la tête. Presque une crucifixion, dit Marc Quinn, « après tout ce qu'ils lui ont fait » – « ils », les tabloïds. Il la qualifie, entre autres, de « version contemporaine du Sphinx ; un mystère ; il y a quelque chose en elle qui a dû résonner dans notre inconscient collectif, pour qu'elle soit tellement représentative de notre époque[65] ».

À peine les éloges dressés, le critique d'art du *Guardian*, Jonathan Jones, décoche ses flèches dans un article intitulé « Kate Moss et la mort de l'art britannique » où il écrit notamment : « Il y a quelque chose de tellement médiocre à s'acharner à portraiturer une figure aussi creuse[66]. » Le déclin, poursuit-il, est intellectuel. Marc Quinn et Lucian Freud ont abandonné toute distance. « Ils ne sont plus ces artistes sérieux qui contemplaient le spectacle de la célébrité depuis leurs ateliers sombres, ils sont eux-mêmes devenus célèbres, et trop absorbés par ce nouveau statut pour réaliser à quel point leur démarche est banale[67]. » L'éternelle querelle des anciens et des modernes, ou la lucidité d'un dernier réfractaire à la « pipolisation » ?

Une autre voix s'élève, plus pertinente encore puisqu'elle vient du camp de la mode, et d'autant plus précieuse que ce monde évolue normalement derrière des volets clos. Jürgen Teller, le photographe allemand établi à Londres, qui a participé à la révolution paupériste de l'image fashion aux côtés de Corinne Day ou Terry Richardson, qui connaît Kate Moss depuis ses débuts, déclare : « C'est une femme extraordinaire, emballante, énergique. Mais je ne comprends pas qu'elle soit devenue une telle icône, qu'elle ait explosé comme une fusée. Surtout que ces cinq dernières années, elle n'a l'air bien sur aucune photo. En fait, elle a une mine affreuse dans les publicités de Chanel, Burberry et Rimmel, elle est horrible. On dirait que ça lui suffit de ressembler vaguement à Kate Moss ; ce doit être une vie cauchemardesque[68]. »

Kate Moss le fantôme d'elle-même ? On pencherait plutôt pour : son image mise à distance par ses propres soins. Passé un certain degré de célébrité, c'est une question d'équilibre mental. Ainsi, Karl Lagerfeld expliquait à *Libération*[69] qu'il considérait son double médiatique, ce personnage à lunettes fumées, catogan, verbe acide, s'exposant sur les affiches publicitaires et les plateaux de télévision, comme une marionnette détachée de lui. Sachant cela, et Teller sait forcément cette nécessaire schizophrénie, la charge laisse un goût étrange venant, qui plus est, d'un glorificateur de la crudité et des corps défaits. L'aigreur l'a-t-elle fait parler, pense-t-il que Kate Moss devrait être figée pour l'éternité dans la fraîcheur de ses vingt-cinq ans ? Si elle en fait probablement le rêve, elle n'est pas Dorian Gray. C'est justement cela qui la rend humaine, de vieillir sous nos yeux bien que, à l'inverse de Teller, ses admiratrices des magazines féminins jurent que le temps n'a pas prise sur elle.

Plus légèrement, quoique l'anecdote illustre son incroyable notoriété en Grande-Bretagne, les chroniqueurs de la vie pastorale s'inquiètent de la voir si souvent dans son domaine de Little Faringdon. Elle rendrait presque vulgaire la région surannée des Cotswolds, lit-on dans des billets caustiques, et l'écrivain Joanna Trollope, une légende des lettres anglaises qui vit non loin, d'expliquer : « Quand je suis arrivée en 1984, le village était plein de bergers, de paysans qui venaient au pub jouer aux fléchettes ; désormais, il y a des restaurants chics partout avec Kate Moss dedans[70]. » Dans le coin habitent aussi Elizabeth Hurley et Kate Winslet, l'endroit finit par ressembler à un Saint-Tropez champêtre et pluvieux, et Trollope déménage.

En ce printemps 2006, dans l'effervescence arty et médiatique qui entoure Kate Moss, Pete Doherty détonne par son silence. Il n'a rien dit depuis son interview fracassante post-Arizona. Ça ne dure pas. Alors que les tabloïds publient une photo qui le montre, apparemment, en train d'injecter de la drogue à une fille inconsciente, lui-même n'étant pas bien frais – ses proches diront qu'il s'agit d'un montage –, il s'exprime, début avril, depuis un club porno autrichien où les Babyshambles donnent un concert. « J'aime Kate, affirme-t-il, on n'a jamais cessé de se voir en cachette, j'adore faire l'amour avec elle en ayant pris des trucs, c'est mille fois meilleur », et il ajoute : « On va se marier cet automne dans un château écossais super chic ; ce sera d'un cool[71] ! » Sur les pages de son journal on retrouve ces mots, datant de ces semaines-là : *« I miss you Miss Moss the most*[72]. »

Ses rapports avec la drogue, la justice et Kate Moss obéissent au même mouvement de balancier. Oui/non. Au mois de mars, il est à nouveau jugé, sept chefs d'accusation au total, pour possession d'héroïne, de crack, de cannabis, de résine de cannabis, etc. Verdict : obligation de soins, période probatoire, et s'il replonge c'est la prison. En mai, il est exclu à vie des vols Easy Jet quand on trouve une seringue dans les toilettes d'un avion, juste après son passage. Il laisse entendre : si Kate ne veut pas s'afficher avec moi, c'est pour montrer bon profil.

À l'opposé du débridement dohertycien, et l'information est ironiquement commentée, Jesse Wood, le fils de Ron et ex-amant de Kate Moss, fait en ces temps-là une tournée des écoles anglaises avec son groupe Wills and the Willing, afin de prévenir les gamins des excès de drogue, d'alcool et de *partying*.

Kate Moss se garde bien d'une démarche à la Jesse Wood, mais son ami Richard Branson s'en rapproche lorsqu'il déclare, en avril : « L'affaire de septembre 2005 l'a peut-être sauvée. On en a parlé. Elle dit que c'est la meilleure chose qui ait pu lui arriver. Quand l'information est sortie, c'était presque un soulagement pour elle, comme de se réveiller brutalement et de réaliser qu'on a un problème [73]. »

La discrétion et le mutisme de chaque instant, y compris avec les autorités, finissent par payer. Le 15 juin, après neuf mois d'enquête, la justice britannique annonce qu'aucune poursuite ne sera lancée contre Kate. D'après le procureur Rene Barclay, « la vidéo montre bien que mademoiselle Moss prenait des drogues et en offrait à d'autres. [...] Mais en l'absence de preuves ou de témoignage direct, la nature de la drogue n'a pu être établie [74] ». Ni elle ni les autres participants à la soirée des studios Metropolis n'ayant accepté d'aider la justice, des experts ont analysé le film. D'après eux, il pouvait s'agir de cocaïne, d'ecstasy ou d'amphétamines. Or ces substances appartiennent à différentes catégories pénales en Grande-Bretagne. La coke est une drogue de « Classe A » quand les deux autres sont de « Classe B », chaque catégorie relevant d'un barème de sanction spécifique. Et le droit anglais précise que pour ouvrir une instruction, l'enquête doit avoir déterminé à quelle classe appartient la drogue. Bilan des investigations : un proche de Doherty condamné à douze mois de prison et laissé en liberté conditionnelle, un autre relâché sous caution, quatre personnes interrogées et Kate Moss, blanchie malgré tout.

Plus rien ne s'oppose à son sacre.

La reine du monde et l'anorexie, quand même

Au début de l'été 2006, Kate Moss apparaît en 77e place sur la liste des célébrités les plus influentes au monde. Tom Cruise est au premier rang du classement établi par le magazine américain *Forbes*, qui opère une subtile combinaison entre richesse et couverture médiatique. Seconde top model après Gisele Bündchen, Kate Moss a retrouvé son statut bien qu'elle ne soit que deuxième derrière une jeunette : Bündchen a six ans de moins qu'elle. Mais elles n'évoluent pas dans la même sphère. La Brésilienne est célébrée pour son corps et sa santé, Kate Moss pour ce qu'on sait : réputation scandaleuse et contrats qui s'enchaînent.

Outre Calvin Klein, Dior, Louis Vuitton, Saint Laurent, H. Stern, Roberto Cavalli, Nikon, Longchamp, Versace, Rimmel et Stella McCartney, elle apparaît dans la nouvelle campagne Burberry qui chaque saison renouvelle, autour d'elle, la crème de l'aristocratie rock anglaise ; cette fois-ci la mannequin Stella Tennant, les fils de Bryan Ferry et de Jeremy Irons. Elle signe aussi avec David Yurman, Bulgari, Belstaff, et surtout Agent Provocateur, la firme de son amie Serena Rees dont la maison abrita la fête de ses trente ans.

Ce dernier engagement fait du bruit. À partir de septembre, apprend-on, elle sera la vedette de quatre spots de publicité, *Les quatre rêves de Miss X*, réalisés par le cinéaste Mike Figgis. La campagne étant programmée sur une année, on la découvrira dévêtue, peu à peu, des dessous de la marque. Elle déambulera, dira quelques phrases suggestives, son visage n'étant dévoilé qu'au quatrième film. Dès le mois de juillet, les stratèges d'Agent Provocateur font monter l'excitation. On parle de *porno chic*, on s'emballe à l'idée d'une Kate à moitié nue et les premières secondes de la publicité, disponibles sur Internet, affolent le web.

Seize contrats en tout. Du jamais vu. Moins d'un an après le scandale qui a failli l'emporter, Kate Moss s'impose comme jamais. En « off » car il ne s'agit pas de s'afficher critiquant la souveraine fashion, des agents de mannequins et des créateurs parisiens s'étonnent d'une telle absence de morale – « c'est bien de l'époque », entend-on –, et d'une pareille ubiquité. Le risque de confusion existe, expliquent-ils, lorsque au feuilletage des magazines elle surgit à presque chaque page. On y remarque Kate Moss jouant tel ou tel rôle, bien plus que le nom des griffes pour lesquelles elle travaille.

À la question de savoir si sa marque ne craint pas le brouillage, Andrea Hansen, la directrice de la communication du joaillier brésilien H. Stern, répond : « Bien sûr que si, quoique de toutes les mannequins, Kate soit la plus caméléon, capable de se métamorphoser à chaque commande [75]. »

Tels des papillons fonçant vers la lumière, les patrons la courtisent et leur ego disparaît là où débutent leurs intérêts. Ils n'embauchent plus un mannequin mais une star, et peu importe d'être l'une des multiples entreprises à utiliser son visage, tant que les résultats suivent. Et ceux engrangés par Kate Moss sont excellents. Elle pose avec le sac Rival de Longchamp et les listes d'attentes explosent ; quand en juin 2007 elle portera le dernier-né de la marque, le Légende qu'elle contribuera à créer, le standard de la maison française sera pris d'assaut.

L'été 2006 s'annonce doux pour Kate Moss. Sa bonne fortune revenue, elle renonce à un projet d'autobiographie évoqué avec Richard Branson pendant l'hiver : elle devait raconter sa vie, sa désintoxication, son métier. Tout dire. Mais comment briser l'omerta lorsqu'on a signé seize contrats mirobolants ?

Aux premières chaleurs de juillet, elle se montre à un petit festival rock, en Angleterre, avec Pete Doherty. Il revient du Portugal où il s'est fait poser un énième implant anti-opiacés. Il réapparaît aussi dans sa vie tel un diable bondissant de sa boîte. À ce qu'il en dit, le contact entre eux s'était maintenu clandestinement ; leurs retrouvailles publiques, par un étrange hasard, se déroulent quinze jours après que Kate Moss a été délivrée de toute poursuite judiciaire. Lui fallait-il donc, pour sauver sa réputation, ne plus fréquenter l'homme dangereux ? À nouveau réunis, les amants visitent souvent le cottage des Cotswolds où Doherty s'est aménagé un ministudio dans la cabane du jardinier. Il écrit : « Et, pansant mes plaies chez mon grand amour que je plains vraiment, je suis là, fardeau encombrant que je déteste. Je dois remettre les choses en ordre [76]. »

En août, elle s'envole pour des vacances à Ibiza et Bali. Il est attendu, il ne vient pas. La première fois parce que son passeport est périmé, la seconde parce qu'il se fait pincer avec de la drogue. Le train-train.

Déjà hégémonique sur les affiches publicitaires, Kate Moss redevient la star des magazines. Elle apparaît en couverture de *Pop* puis du *Vanity Fair* de septembre 2006, qui la place en tête de son classement annuel des personnalités les mieux habillées au monde. Selon le directeur artistique Michael Roberts, cette « icône du style est aussi sublime en allant faire ses courses à l'épicerie du coin qu'en dévalant les tapis rouges[77] ». Le même mois, le *Vogue* anglais lui offre également sa une, photographiée par Nick Knight, la vingt-troisième depuis ses débuts. À l'intérieur, deux éditoriaux de plusieurs pages, et huit publicités. On frôle l'overdose, on se dit qu'elle peut faire vendre n'importe quoi, que désormais, son statut d'icône muette peut tout embrasser.

Le 20 septembre, l'information est officielle. Kate Moss est embauchée par Topshop, *la* marque anglaise populaire et dans le vent, pour créer sa propre ligne à partir du printemps 2007. Avec cet engagement, on y reviendra, un cap est franchi : la responsable du style Moss pousse la logique jusqu'au bout, elle fera du Moss pour la masse.

Ce n'est pas si surprenant. Depuis quelques années, elle sait profiter de ses atouts et présenter le bon profil à chaque entreprise : une fille volcanique pour le luxe, une fille sophistiquée et simple pour les enseignes grand public. Chaque fois, un miroir de liberté et de scandale dans lequel les acheteuses – gamines ou jeunes femmes ou femmes plus mûres – aiment se mirer, dans lequel même les rockers se reconnaissent. Ron Wood ne perd pas une occasion de dire du bien d'elle, et Bez, l'ex-danseur des Happy Mondays qui a retrouvé un semblant de notoriété anglaise grâce à une émission de télé-réalité, donne une longue interview à *Time out* pour chanter les louanges d'une fille « chaleureuse et drôle » : « Elle est toujours la numéro un. Si les désirs de la nouvelle génération changent, c'est grâce à des gens comme

Kate ; elle contribue à casser une certaine morale chrétienne *middle class* qui nous dicte comment se comporter dans la vie, surtout à la trentaine [78]. »

L'inspiratrice de la jeunesse déchaînée continue sa parade. Fin octobre, Kate Moss assiste à un bal masqué chic et décadent dans une demeure gothique de l'est de Londres : c'est le photographe Nick Knight qui invite, les stars se nomment Jerry Hall, Alexander McQueen ou Scarlett Johansson. Meute de photographes dehors, armée de serveurs à l'intérieur, parade de masques extravagants des célébrités, pour qui le défi est immense : respecter le *dress-code* tout en restant reconnaissable. On passe de la salle qu'occupe un groupe rock au coin ice-cream tenu par un faux Donald, de la pièce karaoké au bar orné de tapisseries et de dorures où l'orchestre exécute des valses. Kate Moss porte une robe longue couleur crème de Stella McCartney, une dentelle du même ton lui cachant un œil. Bouteille de champagne à la main, elle se tient contre Pete Doherty couvert d'un loup et à qui le smocking, se rend-on compte ce soir-là, va à ravir. Ils sont beaux, amoureux, on ne voit qu'eux dans ce probable hommage au film de Stanley Kubrick, *Eyes wide shut*, sans les orgies d'arrière-salles, peut-être.

Début novembre, Kate Moss reçoit le titre de « modèle de l'année » lors des Oscars de la mode britannique : « Une icône », est-il dit, mais aussi l'une des « plus prolifiques mannequins de l'industrie ». Qui récompense-t-on : *« Cocaine Kate »* ou *« Money Kate »* ? Les deux, forcément. De passage à Londres la même semaine pour lancer une campagne de prévention destinée aux consommateurs européens, le vice-président colombien Francisco Santos explique que la drogue arme la guérilla et attise la violence dans son pays, que les Occidentaux doivent savoir que la poudre blanche est tachée du sang de ses concitoyens, et il attaque nommément Kate Moss. « Je suis indigné que quelqu'un qui cause tant de peine chez moi puisse signer plus de contrats qu'avant. Je ne l'ai jamais entendue dire qu'elle était désolée ; quand en Colombie des policiers, des juges, des journalistes, des hommes et femmes de la rue meurent chaque jour à cause du besoin dévorant de cocaïne de par le monde, c'est choquant [79]. »

Qui l'écoute ? Qui se pose la question de savoir si l'érection de Kate Moss en égérie plus grande encore qu'hier, est discutable ? Personne. Quelques membres du zoo de la mode disent leur indignation, en coulisses. Cela ne va pas plus loin. Elle rapporte tellement à l'industrie, elle y ramasse tellement d'argent. En un an, ses gains seraient passés de 18 millions à 40 millions d'euros. Scandaleux ? Indécent ? Elle est célèbre, ça suffit à ne souffrir aucune limite.

Néanmoins, une polémique va jeter de l'ombre sur son sacre. Après la mort de plusieurs mannequins, l'anorexie devient une préoccupation mondiale. L'attention se porte sur les dessous de la mode. L'ambiance des cabines a bien changé depuis le temps où Kate Moss défilait. Il faut être maigre, il faut être jeune, il faut se plier à tout. Et pourtant, elles sont des milliers à tenter leur chance.

Dans la soirée du 2 août 2006, lors de la fashion week de Montevideo, Uruguay, une jeune femme perd connaissance juste après avoir quitté le podium. Transportée en coulisses, Luisel Ramos, vingt-deux ans, meurt en quelques instants d'une crise cardiaque. Elle mesurait 1,75 mètre pour 44 kilos. Son père expliqua qu'elle avait perdu beaucoup de poids les semaines précédentes, qu'elle se nourrissait exclusivement de feuilles de laitue et de Coca Light. Son fiancé démentit ; selon lui, Luisel était une fille heureuse de vivre et la veille de sa mort, précise-t-il, elle avait mangé de la mozzarella et une pizza. Le 8 août, les résultats de l'autopsie sont rendus publics, rapporte un journal espagnol : aucun signe de désordre alimentaire, aucune trace de coupe-faim, de diurétiques ou de laxatifs dans le corps. La nouvelle passe inaperçue, absorbée par le tambour médiatique qui résonne de New York à Londres, de Madrid à Paris : l'anorexie a frappé un mannequin, elle menace nos enfants. Comme un cruel épilogue, six mois plus tard s'éteindra la sœur de Luisel Ramos, Eliana dite « Elle », dix-huit ans, une jolie blonde aux yeux vert d'eau. Là encore, problème cardiaque. Elles étaient toutes les deux représentées par l'agence argentine Dotto Models, qui jurera qu'elles s'alimentaient normalement – les témoignages de leurs copines de podium vont dans le même sens –, et suggérera l'hypothèse d'une malformation génétique.

Personne ne relèvera parce que, entre-temps, « le » drame avait frappé. Le plus médiatique, le plus symbolique.

Le 14 novembre 2006, la top model brésilienne Ana Carolina Reston, vingt et un ans, meurt d'une infection généralisée à l'hôpital de Sao Paulo où elle séjournait depuis trois semaines. Elle mesurait 1,74 mètre pour 40 kilos et n'avalait plus que des pommes et des tomates. Sa disparition, bien plus que celle des sœurs Ramos, alarme l'opinion ; sa mère en appelle à la responsabilité des créateurs et supplie les parents de prendre soin de leurs enfants. Les journaux de chaque pays, quotidiens, tabloïds ou magazines, produisent leur enquête sur l'anorexie. La mode est attaquée de manière souvent caricaturale. Ses représentants se défendent de façon tout aussi caricaturale. En France, le président de la Fédération française de la couture déclare : « C'est un problème de santé publique, ça ne concerne pas la mode [80]. »

Ce n'est pas faux, mais quelle maladresse. D'autant plus que le débat est récurrent. En 1993, la maigreur de Kate Moss lui avait valu les surnoms d'« enfant abandonnée » et de « brindille ». Les photos pour Calvin Klein et celles de Corinne Day avaient déclenché l'inquiétude : un long article de *Paris-Match* présentant la jeune star de Croydon était assorti d'un autre, signé par la journaliste santé de l'hebdomadaire, qui alertait, déjà : et nos enfants, et l'impact de cette silhouette, et ses conséquences.

En cet automne 2006, et pendant toute l'année 2007 où la mode n'en finit pas d'être scrutée, accusée, où l'on rappelle que la plus fameuse des ultra-minces est Kate Moss, elle ne parlera pas. Aucune déclaration alors que c'est son avis qu'on attend et que, sollicitées, d'autres mannequins s'expriment volontiers. Inès de la Fressange, l'ex-égérie de Chanel, estime qu'« il n'y a pas plus d'anorexiques dans la mode qu'ailleurs, seuls quelques magazines anglais ou italiens très pointus montrent des filles rachitiques à mauvaise mine [81] ». Et la néo-chanteuse Carla Bruni se souvient de sa carrière sur les podiums, de 1986 à 1998 : « Les filles étaient naturellement minces, il n'y avait pas de pression à ce sujet. La vraie différence avec aujourd'hui, c'est que nous étions toutes des femmes. Et Kate Moss, malgré ses huit ou dix ans de moins que les mannequins de ma génération, avait l'air d'une femme avec des formes[82]. »

Beaucoup de créateurs observent le même silence prudent que Kate Moss, et ceux qui prennent la parole oscillent entre dénégation – il n'y a aucun problème – et justification : ces filles, on les choisit maigres parce qu'un défilé est une performance artistique, pas la réalité, cependant rassurez-vous, elles sont saines. Le message ne passe absolument pas dans l'opinion publique, où la mort d'Ana Carolina Reston continue de scandaliser. Et puisqu'elle est érigée en emblème, des mesures doivent être prises.

Fin 2006, cinq mannequins jugées trop minces sont bannies de la fashion week de Madrid, et l'Espagne impose que celles qui défilent sur son sol présentent un indice de masse corporelle, ou IMC, supérieur à 18 – pour 1,75 mètre par exemple, on ne doit pas peser moins de 56 kilos. L'IMC est le poids divisé par la taille au carré ; chez une fille « normale », le chiffre est compris entre 18 et 25. Moyen d'évaluation standard, l'IMC est forcément inadéquat dans la mode où la minceur est un esthétisme, où les filles sont choisies pour cela, et pour leurs métabolismes singuliers. Gisele Bündchen, 1,80 mètre et 56 kilos, est connue pour son appétit d'ogresse ; Kate Moss du temps de Johnny Depp ne s'est jamais privée de glaces, de viandes ni de beurre. Malgré sa grossesse et un âge plus que canonique dans le mannequinat, elle affiche toujours ces jambes de caneton, cette taille de liane pour un IMC de 16,1. Est-elle en danger ? Probablement pas. Est-elle en partie responsable de ce glissement vers les corps ultra-minces ? Probablement, pensent une majorité de gens.

Pas Virginie Despentes. L'écrivain et cinéaste française, pour qui Kate Moss est un sujet passionnant, et qui livrera plus loin son analyse de l'icône KM, dit ceci : « Le plus gênant, à mon sens, est que n'importe quelle personne née fille puisse être poussée à s'identifier à Kate Moss sous prétexte qu'elle est une fille, et croire qu'elle doit avoir ce genre de corps, ce souci des fringues, ce souci d'avoir l'air d'être bien quand elle crève, etc. Mais qu'une fille décide d'être mannequin si elle a ce genre de talent, pourquoi pas. Kate Moss n'est pas responsable du fait que les gens qui font la mode, et nous l'imposent, haïssent les femmes au point de vouloir les voir littéralement crever de faim, à bout de forces. C'est autre chose qui se joue quand toutes les filles qu'on nous présente aujourd'hui sont systématiquement cadavériques, c'est encore autre chose, qui la concerne mais qui ne la résume pas[83]. »

Un point de vue à contre-courant alors que les décideurs de la mode, après s'être longtemps défaussés, font mine de nager dans le courant, de réagir, enfin. En décembre 2006, le gouvernement italien signe un « code éthique » avec les créateurs, afin de promouvoir une vie saine. À Paris, une commission est mise en place fin janvier 2007 par le ministère de la Santé, dont on attend toujours les résultats. En février, le CFDA, l'Organisation des couturiers américains, recommande aux designers et aux agences de mannequins de mieux s'occuper de leurs « filles » ; nourriture, bonne santé et vœux pieux ? À Londres, le British Fashion Council réunit des experts. Leurs conclusions sont rendues en juillet : il faut informer le milieu de la mode des dangers de l'anorexie, sans pour autant bannir les filles en fonction de leur IMC qui n'est pas un « indicateur assez précis[84] ». Parmi les membres du groupe de travail, le docteur Adrienne Key est responsable de l'unité des désordres alimentaires à la clinique Priory, celle qui vit passer Kate Moss fin 1998. Elle affirme qu'environ 40 % des mannequins souffriraient de désordres alimentaires, et que presque toutes celles interrogées pour l'étude ont confié avoir « une relation déséquilibrée à la nourriture[85] ».

Qui ne souffre pas, en ce troisième millénaire, d'un rapport trouble aux aliments ? Le corps « normal » semble une rareté depuis belle lurette, et le discours public se focalise sur les extrêmes. Obésité/anorexie. L'obésité n'a jamais été si massive dans les pays occidentaux, notamment chez les plus jeunes, quand l'anorexie et ses corps décharnés font encore plus peur.

Comme les fumeurs doivent en finir avec leur addiction, les gros doivent maigrir et les maigres grossir – la préoccupation de sociétés avides de contrôle sous couvert de bonheur global. À accuser la mode de tous les maux, on oublie que l'anorexie est une maladie mentale gravissime aux facteurs multiples, la « mauvaise influence » des mannequins ne pouvant en être la cause unique.

En décembre 2007, une étude publiée dans *The American Journal of Psychiatry* fit la une des journaux anglo-saxons. « Les mannequins hors de cause », titraient les tabloïds, aussi prompts à blanchir qu'à blâmer, hier, Kate Moss et ses consœurs. Les auteurs de l'étude, une équipe de psychiatres de l'université de Pittsburgh, aux États-Unis, avançaient, après avoir soumis treize ex-anorexiques et treize sujets sains à des tests, et mesuré l'activité émotionnelle de leurs cerveaux, que l'anorexie serait causée par des différences physiologiques. Selon eux, le cerveau d'un anorexique répondrait différemment d'un cerveau « normal » aux notions de plaisir et de récompense. Et chaque journal d'écrire, de manière aussi catégorique que les accusations passées : les images des top models décharnées ne provoquent pas l'anorexie des adolescentes d'Occident[86].

Même si la mode n'y est pour rien et la question bien plus vaste – des starlettes hollywoodiennes maigrissimes aux chanteuses poids plume –, l'ultra-minceur en vogue dans la pop-culture peut entraîner, les pédopsychiatres l'affirment, de sérieux désordres alimentaires.

Au-delà de ce sujet de poids pointe, en coulisses des défilés, une autre tendance : les mannequins sont de plus en plus jeunes, de plus en plus fragiles. Kate Moss et ses débuts à l'âge de quatorze ans leur servent d'exemple bien qu'étant une exception : à commencer aujourd'hui, elle ne rencontrerait certainement pas la même gloire.

La mode a tant changé depuis 1988.

La hiérarchie du métier est cruelle ; on peut être belle et poser uniquement pour les catalogues de vente par correspondance, on peut avoir du succès avec une partie de son corps, les mains ou la poitrine par exemple, toujours photographiées et rien d'autre, on peut fréquenter les vestiaires des grandes marques en tant que « mannequin cabine », celle qui enfile les vêtements à la commande quand les acheteurs veulent les voir sur un vrai corps. On peut n'être rien, ou devenir Kate Moss.

La notoriété d'Ana Carolina Reston surpassait celle de ses consœurs d'Uruguay. Elle avait voyagé au Japon, en Chine, elle s'apprêtait à partir pour Paris, elle avait posé pour Giorgio Armani. Mais elle ne faisait pas partie de l'élite, cette centaine de filles qui apparaissent à Milan, Londres, New York et Paris, et parmi lesquelles s'opèrent d'autres nivellements. Être choisie par les grandes marques et non les petites ; faire le prêt-à-porter *et* la couture ; ouvrir ou fermer un défilé quand certaines sont à jamais programmées en milieu de show.

Les corps qui plaisent aux directeurs artistiques ne font que rétrécir. Selon Maïda Grégory Boïna, directrice de casting pour Calvin Klein et Jil Sander, la top moderne doit mesurer au moins 1,78 mètre avec 60 centimètres de tour de taille, 90 maximum de hanches et surtout pas de poitrine[87]. Karl Lagerfeld, directeur artistique de Chanel, expliquait dans *Libération* : « Le corps mode, c'est une silhouette faite au moule, d'une étroitesse incroyable, avec des bras et des jambes interminables, un cou très long et une très petite tête[88]. »

Il est vrai qu'elles semblent venir d'une planète où l'espèce humaine aurait muté : des yeux vides, des têtes qui rappellent celles des poissons, des carcasses si maigres que les vêtements, bien que serrés, flottent malgré tout. En 2008, Kate Moss n'aurait eu aucune chance. Ses mensurations : 84 de tour de poitrine, 58 à la taille et 89 aux hanches, pour 1,69 mètre et un poids variant, selon les sources, de 45 à 53 kilos – on la parie plus proche de 45. Presque grosse.

En 1955, une actrice au sommet de sa gloire, Marilyn Monroe, trente et un ans, venait de tourner *Sept Ans de réflexion* et de rencontrer Arthur Miller. La plus belle femme du monde était si fière de son tiercé gagnant, 97-62-92, que la légende raconte qu'elle voulait le faire graver sur sa tombe. Elle mesurait 1,66 mètre, pesait 58 kilos. Grosse.

Trois décennies plus tard, du temps des supermodels de la fin des années 80, les filles en « a » qu'étaient Linda, Claudia, Helena, les proportions gardaient un certain équilibre – entre Marilyn et Kate, disons. Mais les filles en « a » étaient plus connues que les créateurs, qui ont voulu retrouver leur lustre de petits marquis. D'où l'interprétation psychologisante, *in petto,* dans la mode : aujourd'hui, ils vont jusqu'à les choisir anonymes et maigres pour qu'elles disparaissent sous les vêtements, qu'elles ne risquent pas de leur faire d'ombre.

Plus sûrement, deux phénomènes décisifs ont aidé les couturiers à reprendre la main.

Le premier est l'emprise grandissante de la finance au sein du luxe. La plupart des maisons appartiennent, depuis le milieu des années 90, à des groupes comme LVMH de Bernard Arnault ou PPR de François Pinault – désormais dirigé par son fils, François-Henri –, qui croquent des parts de marché en Asie, Europe ou Amérique telle une mannequin son club sandwich ultra-light : avec voracité. En janvier 2008, le conglomérat Pinault-Printemps-Redoute (PPR), qui coiffe notamment Gucci, Saint Laurent, Stella McCartney et Alexander McQueen, annonçait un chiffre d'affaires 2007 de 20 milliards d'euros, en croissance de 16 % par rapport à l'année précédente. Le groupe Louis Vuitton Moët Hennessy (LVMH), qui possède Dior, Givenchy, Kenzo, Vuitton, faisait part pour 2007 de ventes en progression de 13 % à 16,5 milliards d'euros – la mode, qui représente la moitié des résultats du groupe, ayant enregistré une hausse de 12 %.

Alors que les pauvres sont de plus en plus pauvres, le luxe rapporte chaque année un peu plus ; les entreprises sont cotées en Bourse, l'argent entre, il faut le faire entrer plus encore. Finie l'époque des créateurs dégagés de toute contrainte, excentriques pour le plaisir, n'obéissant qu'à leur inspiration. De nos jours, ils sont sensibles aux marchés et aux tendances, leurs tuniques d'artistes s'ornent des galons du commerce. Et ce sont eux, sous la pression des « marketeurs », qui tiennent les rênes. Du chiffre, toujours plus. Pour rester dans la course, chacun se doit de présenter des collections qui frappent, et qui feront scandale pourquoi pas. Ce n'est qu'une question d'image, quelques secondes dans les journaux télévisés du monde entier et les comptes rendus des magazines. À cette aune, la fille maigrichonne éclipse la mieux en chair – parce que les vêtements bougent mieux sur elle ; parce que son absence de formes ne risque pas de distraire ceux qui regardent. Ça tombe bien, elles sont nombreuses les maigrichonnes, des milliers à correspondre aux critères d'étrangeté moderne, un long corps presque sans seins.

Les aspirantes à la gloire affirment toutes : je suis naturellement mince. Dans les coulisses des défilés, elles se piquent d'une mini-colère si on insiste trop. Oui, je mange des glaces et des hamburgers, je fais aussi du sport. Bien sûr qu'elles disent vrai. Bien sûr que certains métabolismes autorisent de manger avec gourmandise tout en conservant les hanches fines d'un adolescent de treize ans. Des apprenties mannequins avancent : certaines naissent avec le don du chant ou du dessin, nous c'est le corps. L'anorexie ? « Ce sont les risques du métier, combien de musiciens meurent d'overdose ? » dit Fernanda, une Brésilienne de dix-neuf ans qui travaille depuis cinq ans[89] ; même si ça n'a rien à voir.

Le Brésil, la Pologne, la Russie, l'Ukraine. Voilà le second phénomène : depuis la chute du mur de Berlin, depuis Internet et la mondialisation, les gamines du deuxième monde envahissent les podiums. Elles sont pauvres, elles veulent se fabriquer un destin, devenir riches et sauver leurs familles. Le Brésil et la Russie sont les réservoirs des filles vite poussées, mal nourries. Anonymes, remplaçables à l'envi, fragiles. Le directeur de l'agence de mannequins parisienne Viva, Cyril Brulé, révèle recevoir chaque mois des DVD venant de l'ex-URSS, et chaque fois des centaines de gamines blondes en maillot de bain, tenant devant leurs corps de fil de fer la pancarte – nom et numéro – qui va peut-être les transformer en princesses[90].

Il serait hâtif de penser qu'elles sont les victimes de la mode ; si victime il y a, ce serait plutôt de la pauvreté et de la pression familiale. La patronne de l'agence Marilyn raconte l'histoire d'une jeune mannequin brésilienne tombée grièvement malade à Paris. Elle téléphone à sa mère pour l'avertir du rapatriement de sa fille et de son traitement – de la cortisone. Réaction de la mère : « Mais ça va la faire grossir[91] ! »

« Quelqu'un de normalement constitué dans un pays développé n'enverrait pas sa fille de quatorze ans à l'autre bout du monde pour être mannequin – enfin moi je ne le ferais pas[92] », dit Véronique Rampazzo de Marilyn, l'agence française d'une Kate Moss justement lancée dans le métier à quatorze ans. À l'époque elle s'en fichait, cela passait ou cassait, papa et maman assuraient les arrières à Croydon, en cas d'échec l'attendait probablement un poste d'employée de banque ou de serveuse de bar. Serait-elle heureuse, lui demanda-t-on en 2003, que sa fille

Lila Grace devienne top model ? « Non je ne pense pas qu'il s'agisse du meilleur milieu pour des jeunes filles. À moins que vous ne soyez vraiment forte, ça peut vous détruire [93]. »

Les prolétaires de la mode sont endurantes, elles n'ont guère le choix. Natalia Vodianova, la fée aux yeux couleur de rivière, sortie du ruisseau de Nijni-Novgorod, Russie, mannequin pour Calvin Klein et mariée à l'aristocrate britannique Justin Portman, a des souvenirs précis du couteau sous la gorge : « Ce métier, c'était une chance inouie de vivre autrement, mais avec une telle pression. Je n'étais rien, je devais arriver à tout. Ma grand-mère me lançait : "N'importe quoi, en Occident, sera mieux que ce que tu auras ici." Une fois que vous quittez votre pays, vous savez que l'échec sera dramatique. [...] Jamais une agence ne dira "ne mange plus, vomis", ce n'est pas la peine car les filles sont les pires juges, les plus impitoyables dans l'autocontrôle. Elles savent que la mode veut des maigres, et elles vont très loin dans la privation. [...] Comment ne pas devenir un bout de viande quand ça va si vite, que vous êtes si jeune, si pressée de réussir [94] ? »

Les mannequins-stars de 2008 s'appellent Natalia Vodianova, Mariacarla Boscono, Daria Werbowy, Lily Cole, Irina Lazareanu. Qui les connaît ? Elles font des enfants – Vodianova, vingt-six ans, en est à son troisième –, elles ont des prétentions artistiques et se couchent tôt. « Quand j'ai demandé quel était le programme de la soirée, raconta Kate Moss en 2004, on m'a dit tout le monde au lit ! Mon agent à Paris l'a confirmé, on ne sort plus. Le changement est d'ordre économique : il y a tellement de filles qui ne durent pas plus d'une saison qu'elles doivent penser : j'ai intérêt à me ménager, à bien dormir et à être à l'heure au boulot. Moi à dix-huit ans, deux heures de sommeil et ça repartait [95] ! »

Passé le glamour, les fêtes et la sensation du Narcisse se mirant dans son étang, cette vie nécessite l'endurance d'un athlète. Ce n'est pas le bagne mais il faut être solide. Vous courez de défilés en sessions photo, des coiffeurs vous tirent les cheveux et des maquilleurs vous poudrent pendant qu'on remplit votre verre, que tellement de gens vous parlent, que les photographes vous mitraillent, que les créateurs vous pressent autant qu'ils vous cajolent, que votre agent vous dit ça et l'assistant du couturier autre chose, que votre téléphone n'arrête pas de sonner, que la ruche ressemble à une cour de récréation multilingue où tout le monde s'appelle *« daaarling »* mais où personne ne se connaît vraiment. La folie.

Le rythme s'est tendu. Avec son premier contrat dans *Mizz* et ses deux ans d'engagements mal payés, Kate Moss aurait-elle survécu à l'ère de l'éclosion immédiate ? Probablement pas. De son temps on se cherchait encore des icônes, désormais on fait du chiffre. La mode est un manège sur lequel il faut grimper tout de suite, si on rate la marche c'est fini, et après quelques tours on descend. Tant de filles font la queue depuis que l'âge où monter sur le manège s'abaisse. Quinze ans, quatorze ans, treize ans. Pas encore formées, elles ont le corps répondant aux canons contemporains : allure d'allumette, blondeur souhaitée, soupçon de rock'n'roll au lointain – les silhouettes androgynes de Patti Smith, Françoise Hardy ou Jane Birkin.

Pourquoi cette esthétique-là ? La rumeur de la mode y trouve une raison obscure : les designers étant majoritairement homosexuels, ils choisiraient des femmes sans formes qui ressemblent à des garçons. Un peu rapide. Plus certainement faut-il y voir l'effet d'un mouvement de balancier : l'utra-minceur était recherchée dans les années 60 de Twiggy, elle revient et s'effacera peut-être bientôt, pour resurgir dans cinquante ans.

Sur les podiums 2008, on se lasse vite des jeunes pousses androgynes, aussi parce qu'une fois devenues femmes elles s'arrondissent, parfois. Éjectées du manège qui continue sa ronde et où la quête des *« new faces »*, les nouvelles têtes, est frénétique. « Aujourd'hui elles durent cinq minutes, Kate est la dernière des supermodels [96] », dit Corinne Day.

Sonia Rykiel, une maison ciblant pourtant les « vraies femmes », choisissait l'an dernier Anna-Mariya Urazhevskaya, une Ukrainienne de quinze ans à la minceur d'une épingle, qui venait de faire un malheur à Milan et Paris, comme porte-drapeau publicitaire. Un cas isolé ? Fréquent, plutôt. En septembre 2007, une fille de douze ans gagnait un concours de mannequinat en Australie. Au Premier ministre qui s'offusquait, la mère de Maddison, c'est le nom de la gamine, a répliqué : « Il est à la ramasse, il n'a aucune idée de comment sont les adolescentes[97]. » Et comment sont-elles ? Ne font-elles pas que répondre à la fascination qu'exerce sur elles, et leurs parents, un monde apparemment si léger et brillant ? Fin 2007, malgré des mois de polémiques sur la maigreur et sur la jeunesse, les âges naviguent toujours entre le prépubère et l'à peine pubère, affirme Véronique Rampazzo. Elle ajoute, et c'est important : « Les maisons courent aussi après la "jeune célébrité inconnue", celle qui est apparue dans une série télévisée aux USA et dont on pense qu'elle va exploser[98]. »

C'est également à cause d'elles, les actrices, que Kate Moss débutant aujourd'hui n'aurait pas connu la fortune qui est la sienne. Dès les années 30 et 40, Judy Garland ou Joan Crawford posaient pour des marques de cosmétiques, et le pouvoir d'attraction des stars du grand écran ne s'est démenti qu'une fois : ces années 80 et 90 où les supermodels raflaient tout, où les héroïnes de cinéma qui craignaient de ternir leur réputation ne tournaient de publicités qu'au Japon. En 2008, le mannequinat de haut vol se résumant presque à Kate Moss, ce sont elles qui reprennent le flambeau du glamour, ces actrices qui ont perdu leurs pudeurs d'hier et qui attirent le public. Car les consommateurs, rendus plus dépendants que jamais au culte de la notoriété par le biais des tabloïds et d'Internet, « veulent sentir une familiarité avec les gens sur l'affiche[99] », explique le patron d'Estée Lauder, John Demsey. Et la familiarité est plus grande, forcément, avec une Moss ou une Zeta-Jones qu'avec une top model russe de quatorze ans.

Outre la quinzaine de publicités endossées par Kate Moss, on relève : Catherine Zeta-Jones pour Elisabeth Arden, Hilary Swank pour Guerlain, Nicole Kidman et Anna Mouglalis pour Chanel, Sharon Stone et Charlize Theron pour Dior, Scarlett Johansson pour Vuitton, Selma Blair pour Chloé, Salma Hayek pour Avon, Charlotte Gainsbourg pour Gérard Darel, Liv Tyler pour Givenchy, Chloë Sevigny pour Miu Miu, Gwyneth Paltrow pour Estée Lauder, sans compter l'équipe de L'Oréal parce que je le vaux bien : Penelope Cruz, Scarlett Johansson, Milla Jovovich, Eva Longoria, Gong Li.

Désormais, les agences de mannequins créent des départements « célébrités » puisqu'il faut en être une pour signer un contrat plein de zeros, et Storm s'y met aussi, enrôlant Peaches Geldof, la fille de Bob et mini-people anglaise, Carla Bruni ou les DJs Queens of Noise, des amis de Kate.

Mariacarla Boscono, la muse de Riccardo Tisci chez Givenchy, disait : « Kate Moss ? Née mannequin, elle mourra mannequin[100]. » Première et dernière de sa race, celle qui a tué les supermodels pour en devenir une d'un autre genre, celle qui a accompagné l'émergence de la culture des people possède encore, à presque trente-trois ans en cette fin d'année 2006, le désir de régner sans partage. Personne ne pourra jamais succéder à Kate Moss, pas à ce niveau. La mode a trop évolué, qui a lissé ses contours pour vendre plus dans un marché toujours plus concurrentiel, qui veut sa rock'n'roll attitude à elle mais ne la supporterait pas venant d'une autre.

Aux derniers jours de décembre, bien loin de ces analyses, Kate Moss part en vacances thaïlandaises avec Pete Doherty. Ils ont vu filer 2006 sur leur mode habituel. On/off. Drogues/retrouvailles. Arrestations/espoir. Là, on parle mariage face à l'océan. Elle est l'une des filles les plus libres au monde.

L'année qui s'annonce, 2007, lui permettra de sortir de son périmètre de papier glacé. De devenir une marque à part entière, de subir un nouvel affront et de se relever, encore.

VI

Material girl
2007

« You want a part of me
Well, I'm not selling cheap
No, I'm not selling cheap. »

Hole, *Celebrity Skin*[1].

La reconversion, et le succès

La plage est belle en Thaïlande, où Kate Moss passe le nouvel an avec Pete Doherty. Devine-t-elle que l'année 2007 sera celle de la réinvention et qu'elle devra, par la force des choses, changer sa vie ? Sous le ciel de craie londonien parvient la rumeur de leur mariage au bord de l'océan, tels Kurt Cobain et Courtney Love à Hawaï, quinze ans auparavant. Fausse alerte, encore. Les matinées filent avec la promesse d'un futur radieux. Elle rentre en Angleterre aux premiers jours du mois, laissant Doherty qui la rejoint peu après.

Son anniversaire arrive vite, comme chaque janvier. Pour ses trente-trois ans, le 16, elle organise une fête dans le cottage des Cotswolds : confidentielle à sa façon, une cinquantaine de personnes, et rock'n'roll. Selon le *Daily Mirror*, qui raconte avoir visionné une vidéo de la soirée[2], elle s'essaie à sa nouvelle batterie Pearl sur la miniscène aménagée dans l'écurie, et entourée de ses copains Bobby Gillespie et Mick Jones, le « supergroupe de Kate », annonce-t-elle, se met à chanter *Que sera, sera*, le fameux air interprété par Doris Day, puis *Leader of the pack*, le tube des Shangri-Las qui commence par : « Sort-elle vraiment avec lui ? » Les copines, dont Sadie Frost, rient sous cape parce que Doherty n'est pas loin. Des joints et des bouteilles de vin agrémentent l'ambiance plus loufoque que décadente, décrit le *Mirror* : Kate Moss lance « C'est tellement *Spinal Tap* » – du nom d'un groupe de hard-rock anglais, héros d'un documentaire devenu légendaire tant y étaient montrées les pires bêtises du cirque rock.

Pete Doherty, lui, note de cette période : « Nos dernières semaines ensemble ont été si amoureuses, positives, pleines d'avenir[3]. »

Le scandale éclate à la fin du mois. Le *Sun* publie des photos de lui et trois jeunes filles dans une chambre d'hôtel pour routards en Thaïlande. Ce n'est pas le luxueux établissement où Moss l'avait laissé, plutôt le genre d'endroit où se défoncer jusqu'à l'aube. Une vidéo a également été tournée, qui circule sur le net ; on le voit parler à quelqu'un au téléphone, c'est Kate. Il lui dit que « tout va bien » alors qu'il se pique avec une seringue. À ses compagnes d'un soir qui l'ont obligeamment répété aux tabloïds, il aurait confié : « Je n'épouserais pas Kate même si elle était la dernière femme sur Terre : trop paranoïaque[4]. » Juste après les révélations du *Sun*, il écrit dans ses carnets : « Une nouvelle infamie hier, la vie était trop belle pour être vraie ; des salopes d'Australiennes m'ont filmé en train de dire, apparemment, des choses méchantes sur Kate. Je suis coupable j'imagine, bien que j'aie été franchement dans un état pas possible. [...] Ça me rend malade mais je dois faire face. J'aime tellement cette fille, c'est bien pour ça que je me retrouve en désintoxication, non[5] ? »

Car Pete est bouclé à l'hôpital Nightingale de Londres, se débattant une fois de plus avec la drogue, tenant le compte de ses nausées, crampes, vomissements, frissons et maux de ventre, priant pour que Kate l'aide à sortir des ténèbres. Peut-être voit-il, par les fenêtres de sa chambre, les affiches de la nouvelle campagne Burberry où sa belle trône en emblème de la Cool Britannia. L'année précédente, il disait l'avoir aperçue sur une publicité Rimmel placardée en face de la prison de Pentonville où il passait quatre jours – drôle d'évasion que de contempler depuis une cellule son amour taille XXL.

Elle mène la revue 2007 de la troupe Burberry, reine autour de qui, chaque saison, valse une autre cour. Si l'on retrouve Stella Tennant, les fils de Jeremy Irons, de Bryan Ferry et de Keith Richards, arrivent celui de Richard Branson et les filles de Keith Richards, ainsi que quelques nobles : le mari de Natalia Vodianova, Justin Portman, et le fils de lady Amanda Harlech, une proche collaboratrice de Karl Lagerfeld. Le sang bleu et le sang bouillonnant des rockers côte à côte. Mais ce n'est pas leur fraternité populaire que l'on célèbre, plutôt l'accession des seconds au rang des premiers, tout en haut de la pyramide sociale anglaise. Ils ont les noms qu'il faut, des héritages turbulents, la fraîcheur de leurs vingt ans et l'attention des médias même s'ils ne sont qu'étudiants, ou déjà oisifs. Ils incarnent quelque chose qui n'existe pas en France, faute de rock'n'roll : l'aristocratie rock, baptisée là-bas *« rockocracy »*. Soit la plus fascinante des lignées, qui mêle distinction et dépravation, et où la fille de Croydon a trouvé sa place.

Appartenir à la *rockocracy* ne suffit pas à Kate Moss. Voilà des années qu'elle se cherche, avec plus ou moins de bonheur, un destin différent. Actrice, muse, héroïne de vidéo-clips, chanteuse avec Doherty. Et ses admirateurs s'amusent à rallonger la liste. Donatella Versace l'imaginait hier à la tête d'une maison de couture[6], là un certain Simon Cowell, directeur artistique chez Sony-BMG à Londres et connu pour son franc-parler en juré de *Pop Idol*, l'équivalent de la *Nouvelle Star*, annonce qu'il va lui proposer d'enregistrer un disque, « qu'elle sache chanter ou non ». « Le truc, c'est qu'elle est une star, c'est "l'effet Kate" ; les gens qui l'approchent deviennent immédiatement intéressants[7]. »

Le projet reste sans suite, l'idée demeure – faire autre chose. La fille de toutes les résurrections se dit-elle qu'à trente-trois ans, l'âge du Christ, il est temps d'en vivre une radicale ?

Après un voyage à New York pour une publicité Versace, Kate Moss franchit une seconde étape vers sa reconversion. Il y avait déjà la collection Topshop sur laquelle elle travaille, on y reviendra, il y a désormais ce contrat qu'elle signe avec l'entreprise Coty, des fabricants et distributeurs de parfums, pour lancer sa propre fragrance à l'automne 2007 – ce qui l'installera en tant que marque à elle toute seule.

La société Coty, dont le siège social est à New York, possède l'un des portefeuilles les plus rentables du secteur. Ses résultats nets 2006 atteignent 2,2 milliards d'euros grâce aux licences – Calvin Klein, Cerruti, Chloé –, aux marques de cosmétiques, notamment Rimmel, et aux parfums de vedettes : Jennifer Lopez, David Beckham, Céline Dion, Kylie Minogue. Et Kate Moss, qui rejoint cet aréopage de célébrités moyennement distinguées – pas autant qu'elle du moins. Le jus, annonce-t-on, sera un mélange « d'élégance et de risque, comme les deux faces de Kate, la gentille et la mauvaise fille ».

Le début de l'année 2007 est radieux. Quelques-unes des photos prises par Corinne Day sur la plage de Camber Sands en 1990 sont l'attraction principale de l'exposition *Face of Fashion,* qui court tout le printemps. Des critiques d'art signent des articles acides, choqués que la pop culture la plus clinquante investisse le Victoria & Albert Museum de Londres, mais Kate Moss est occupée ailleurs. Par sa vie mondaine, sa vie privée.

En mars, elle se rend à l'une de ces fêtes qui rappellent les magnificences de jadis, qui nourrissent l'envie et l'admiration du public quand il en lit les échos. Dans une magnifique demeure de Shoreditch, à Londres, un bal est donné par Elton John qui fête ses soixante ans, et par l'artiste – et copine de Kate – Sam Taylor-Wood, qui fête ses quarante ans. Ils n'ont pas lésiné : candélabres et bougies partout, champagne et homards à volonté, serveurs déguisés en rois et reines. Le thème est celui des années 40, quoique Elton ressemble plus à un général de l'armée russe qu'à un aristocrate du vieux monde, et les stars se bousculent : Paul McCartney et sa fille Stella, Sting, Hugh Grant, Daniel Craig. Et Kate Moss, sans Pete Doherty.

C'est une exception qu'elle sorte seule. Malgré ses écarts à lui, dont le dernier en Thaïlande, elle pardonne toujours ; malgré ses colères à elle, il revient sans cesse. Voilà deux ans qu'ils se fréquentent, et leur histoire, pour la première fois, se stabilise dans une sorte de normalité depuis la fin, en février, de la énième cure de Pete. Le 12 mars, ils se prélassent dans les Cotswolds et Kate loue un hélicoptère pour l'emmener à un pique-nique – il fête ses vingt-huit ans le lendemain. Avant de monter dans l'engin, ils rient aux éclats sous le soleil, habillés comme des jumeaux en pantalons, chapeaux et vestes de cuir, clope en main, amoureux.

Lors d'un concert londonien, en avril, Doherty dédie l'une de ses chansons à sa « jolie fiancée » qui dans le public le dévore des yeux, et tout semble léger. Sauf les rechutes : quelques jours plus tard, une Kate Moss furieuse, en compagnie de Lila Grace et Sadie Frost, quitte un club de Camden où Doherty chante, suant et divaguant, le regard trouble.

Il venait d'affirmer à un juge, devant lequel il se présentait pour ses obligations de soins : « Mes intimes en ont assez ; ils m'ont dit que c'était eux ou la drogue. » Ils ne sont pas les seuls. Du côté de Kate Moss aussi, on met en garde. Le magazine *New York*, la bible du bon goût à Manhattan, rapporte les propos de grands manitous de la mode américaine qui l'avertissent : grandis un peu ! Débarrasse-toi de ce junkie gluant au teint terreux, ou ta carrière en souffrira !

Qu'a-t-elle à faire de ces conseils, puisque embarquée dans une entreprise autrement excitante : vivre, avec lui, l'expérience d'une muse et d'une groupie. On ne compte plus, sur le site Internet Youtube, les vidéos d'eux se mettant en scène dans l'intimité – on reviendra à l'intimité, Kate Moss ayant largement contribué à en pervertir la notion. Tour à tour touchants, drôles et grotesques, ces petits films ressemblent à des parodies de *Absolutely fabulous*, la série anglaise folle à lier, et peut-être Kate Moss a-t-elle, sans le savoir, un avenir dans la satire d'elle-même. Une première fois, on les voit dans un bus de tournée, Doherty chante et elle fredonne en face de lui, lunettes noires et bonheur total – ce dont elle a toujours rêvé. Une autre fois, ils sont déguisés en militaires de parade avec des uniformes rouges, des casquettes et le drapeau de l'Union Jack brandi par Kate qui assure les chœurs derrière Pete au micro – ils gloussent et semblent bien grisés. Enfin, celle qui fait un malheur sur Youtube en ces semaines d'avril, plus de six cent mille visites, a été enregistrée dans le cottage de Kate : Pete, cigarette au bec, joue de la guitare devant elle qui le taquine en nuisette transparente, nonchalemment assise sur une sorte de balancelle façon Emmanuelle. Il y a beaucoup de rires et une certaine gêne pour qui regarde, tant on se sent voyeur de leur abandon. Pete Doherty expliquera qu'ils adorent écrire ensemble, qu'ils ont diffusé cette dernière vidéo en espérant décrocher un contrat discographique, qu'ils pensent même composer une comédie musicale. Que peut-on croire, venant de lui et rapporté par les tabloïds ?

Entre tout cela, Kate Moss travaille. Sa ligne Topshop doit être en magasin le 1er mai et elle s'emploie, lors de quelques visites par semaine aux stylistes de la marque, à leur transmettre les clés de son allure. L'Occident a placé le rock, ou plutôt les dégaines et les modes de vie qui lui sont associés, au cœur de son marché de masse. Elle en est le meilleur symbole, alors que cette allure déferle sur les rues des villes.

Le rock a toujours été une affaire de style. Ses images hantent nos souvenirs. Bob Dylan en pantalon cigarette et blouson sur la pochette de *Freewheelin'* en 1963 ; les Rolling Stones dans leurs costumes étriqués des sixties sur *As tears go by* en 1965 ; Lou Reed et ses cheveux orange coupés ras, pantalon et blouson de cuir trop court en 1974 ; Patti Smith au visage efflanqué d'une louve, veste noire sur l'épaule, pantalon noir et chemise blanche sur *Horses* en 1975, photographiée par Robert Mapplethorpe ; David Bowie qui frôla souvent la perfection mais ne fut jamais aussi dandy que durant son ère berlinoise de guerre froide – en 1978 pour *Stage*, impérial en large pantalon noir, grosse ceinture et chemise blanche. Ou encore Ian Curtis, le chanteur de Joy Division saisi par Pennie Smith en habits noirs et blancs, invariablement, pour le premier esthétisme de la new wave ; et bien sûr les Clash aux bottes de motards, ou Debbie Harry la pétroleuse de Blondie qui préfigurait la Madonna des années 80. Des héros à l'élégance presque aussi marquante que leurs chansons.

Il y avait aussi les frusques molles et criardes des hippies, les costumes à épaulettes des Nouveaux romantiques ou les chemises à carreaux un peu douteuses du grunge. Jamais la fille de Croydon n'a goûté ces genres-là ; elle adore Janis Joplin, pas ses choix vestimentaires. De la même manière, elle est restée imperméable à la vague hip hop qui depuis une vingtaine d'années redéfinit le prêt-à-porter des rues de Paris, Londres ou

New York, celles de Clermont-Ferrand, Birmingham ou Atlanta : survêtements baggy et tee-shirts XXL avec les Nike, Adidas ou Timberland aux pieds, obligatoires.

Puis un autre vent a soufflé, celui des gamins efflanqués, celui de Kate Moss. Les Strokes donnèrent le signal en 2001, Hedi Slimane le répercuta à son poste de directeur artistique chez Dior Homme. On peut trouver étrange que l'allure de passe-lacet en perfecto ait été « glamourisée » par une maison de luxe, mais il faut reconnaître à Slimane, qui maîtrise sa grammaire rock jusqu'au bout des bottines corbeau, une authentique passion pour la scène musicale. Il a habillé Mick Jagger, David Bowie, les Kills, Franz Ferdinand, Razorlight, les Rakes ou Pete Doherty. Fasciné par les mauvais garçons, Hedi Slimane est le compagnon discret et abstinent – ni cigarettes, ni drogue, ni alcool – de leurs excès. Ses défilés sont la caisse de résonance d'un style effilé et sombre, qui s'inspire autant des légendes musicales des trente dernières années que des constructivistes russes ou des photographes contemporains. Avec lui, la géométrie en noir et blanc est de retour. Les vestes, chemises et pantalons serrent le corps, et les filles plates sont les étendards féminins de cette silhouette androgyne. Hedi Slimane est le petit prince des bords de Seine, courtisé et célébré, qui raccorde la mode au rock.

Fin 2005, la marque suédoise Cheap Monday, tout juste créée par quelques copains aux allures de Keith Richards, est distribuée à Paris dans une poignée de boutiques bien choisies. Leurs jeans à 50 euros près de la peau – on dit « *skinny* » ou « *slim* » –, sans fioritures sinon un crâne sur l'étiquette, font un malheur et ridiculisent ceux de la concurrence à 250 euros, larges, délavés et recouverts de pierreries. Début 2007, Cheap Monday est partout, les copieurs aussi, squelettes et têtes de mort sont du dernier snobisme et l'on se rappelle, à ce moment-là, que Kate Moss fut la première, depuis les Ramones et les groupes de heavy-metal, à remettre des slims.

L'invasion du rock est un sujet qui convoque immédiatement les mythes les plus séduisants. Prestance parfaite ; soupçon de danger ; vie tumultueuse. En France, les journaux détaillent cette flambée qui correspond à l'émergence, dans les clubs parisiens, de gangs formés par des lycéens. Les Naast ou Second Sex partagent la même attitude et des chansons expédiées en deux minutes trente, ils se veulent les héritiers du rock garage et de Pete Doherty – de ce dernier ils retiennent le panache plus que l'autodestruction car eux aussi sont des enfants de bonnes familles, comme les Strokes.

Au printemps 2007, alors que Hedi Slimane quitte Dior, que Pete Doherty semble se racheter une conduite, que Kate Moss est célébrée dans un musée londonien, l'uniforme de rocker chic qu'ils ont tous les trois contribué à populariser habille les corps maigrissimes des cadors de la branchitude. Les grandes chaînes suivent le rythme ; on trouvera vite des perfectos chez Gap, des tee-shirt des Clash ou de minces cravates noires chez H & M, et des jeans *skinny* partout.

Pour la première fois depuis longtemps, depuis les punks – mais ils étaient en marge –, le flambeau stylistique est tenu par les jeunes Blancs des villes.

Kate Moss avait rencontré le patron de Topshop, Philip Green, un an auparavant, lors d'une soirée de charité du printemps 2006 où il avait remporté, avec un chèque de 88 000 euros, l'enchère la plus attendue : embrasser Kate. Pour l'anecdote, il en avait finalement laissé le plaisir à la jet-setteuse Jemima Khan, fille du milliardaire Jimmy Goldsmith, ex-épouse du sportif pakistanais devenu politicien Imran Khan, et longtemps liée à Hugh Grant.

Une semaine après les baisers mondains, la mannequin et le patron se croisèrent à nouveau ; ce fut elle, cette fois-ci, qui se découvrit : « Je suis une fille de Croydon, vous êtes un garçon de Croydon, faisons une collection ensemble[8]. » Pour un homme réputé aussi flamboyant que dur en affaires, le pari était tentant. Né dans la même banlieue qu'elle en 1952, d'une famille juive qui gérait des garages et des laveries, Philip Green arrêta l'école tôt, se lança dans les affaires en vendant des jeans importés d'Asie, fit un beau mariage et deux enfants. Il fut même anobli et sa fortune, estimée à plus de cinq milliards d'euros, le place parmi les hommes les plus riches du royaume. Son train de vie va avec : il rejoint chaque week-end sa propriété de Monaco à bord de son avion Gulfstream, ses cinquante ans furent l'occasion d'une fête de trois jours à Chypre où chantèrent Rod Stewart et Tom Jones, et pour la bar-mitsvah de son fils, dans le sud de la France, il avait loué les services d'Andrea Bocelli et des Destiny's Child. Un homme de goût.

Le contrat entre Topshop et Kate Moss dont le montant, tenu secret, est estimé à 4 millions d'euros pour trois ans, prévoit plusieurs lignes au fil des saisons. On avance qu'elles seront à l'image du style KM, rock et bohème, et qu'à terme, ces créations formeront une entité à part au sein de Topshop, *« a global brand »* qui accompagnera l'extension du groupe aux États-Unis et en Europe. Celle qu'on pensait destinée à n'être qu'une image, celle qui déclarait que « tous les mannequins qui essaient de faire autre chose se font descendre en flammes, et je n'ai pas le moindre don pour quoi que ce soit, en tout cas je ne m'en suis pas encore aperçue [9] », aurait-elle été frappée d'inspiration ?

Topshop, qui compte 250 magasins dans le Royaume-Uni, des dizaines à l'étranger mais aucun en France à ce jour, affirme vendre 30 culottes par minutes, 6 000 jeans par jour, 35 000 paires de chaussures par semaine. Un peu comme H & M, Zara ou Mango, Topshop est le roi du *« cheap chic »*. Ce « chic pas cher » puise dans trois univers : les collections des créateurs, les dernières trouvailles des célébrités – au premier rang desquelles Kate Moss –, et les tendances de la rue. À l'instar de ses consœurs suédoise et espagnole, la marque anglaise a mis au point un nouveau système économique : des pièces bien taillées, dans l'air du temps, produites en quantités limitées pour donner au consommateur l'illusion de l'exclusivité, et lui donner l'envie de revenir : chaque semaine, des modèles inédits arrivent en magasin.

Ce schéma a bouleversé la mode. Il l'a rendue populaire. Il y a dix ans, les Naf Naf, Kookaï ou Etam existaient déjà en France mais leurs prix, relativement élevés comparés aux H & M globalisés de 2008, les ont empêchés de rafler la mise. Surtout : le « bon goût » n'avait pas encore triomphé. Il restait la propriété de maisons haut de gamme ou de griffes pointues. Le peuple, lui, devait se contenter de coupes approximatives, de coloris ternes ou tapageurs, de pantalons qui remontaient jusqu'à la poitrine. On était soit trop habillé, soit mal habillé. Les parents riches apprenaient à leurs enfants les bases de la distinction bourgeoise, les moins riches tentaient de copier cette distinction sans grande inventivité ; seules les tribus adolescentes osaient les mélanges et l'excentricité.

Ces canons-là sont dépassés. Désormais, les gamins, les trentenaires, les branchés et les femmes des classes moyennes, presque tout le monde en somme, mixe les styles. Cher ou pas on s'en fiche, des codes et des interdits aussi. Chacun veut avoir l'air cool. Chacun est bien habillé. Ou du moins, chacun le peut, à bas prix, presque partout sur la planète. H & M compte 1 400 magasins dans 28 pays, Topshop plus de 300 dans 27 pays, Zara plus de 1 000 sur les cinq continents. Et il s'en ouvre constamment : 51 nouvelles boutiques rien que pour Zara, début 2007.

Mondialisée, la mode a besoin de têtes de gondoles mondialement connues. Ce n'est pas qu'une affaire de notoriété. Les marchands de coolitude savent à quel point l'ajout d'une autre figure du cool, ou de la sophistication, est payante ; les marques de sport embauchent régulièrement des rappeurs, H & M a lancé des collections avec Karl Lagerfeld, Victor & Rolf, Stella McCartney ou Madonna, Mango a décroché Milla Jovovich.

Dans cette course à la célébrité et au marketing, Kate Moss est la plus désirable qui soit.

Que fait-elle exactement chez Topshop, elle qui avoue ne pas savoir dessiner, ni créer de vêtements ? « Piocher des trucs dans mon armoire. » Elle précise : « Je pense que Topshop me copie souvent, si vite et si bien que je leur ai dit : je pourrais vous donner mon assentiment, vous le feriez en direct[10]. » Créer sa propre griffe la titillait depuis un moment, même si elle ne voulait pas s'engager dans un « truc de designer » avec son lot d'obligations et d'angoisses. Elle avait eu le temps de voir la pression peser sur les épaules de ses amis McCartney ou McQueen.

L'accord n'est pas au goût de la directrice de Topshop, Jane Shepherdson, l'une des femmes les plus puissantes de la mode anglaise. Son instinct et ses audaces ont placé l'enseigne au cœur de la hype nonchalante. Lorsque Philip Green embauche Kate Moss sans l'en avertir, elle claque la porte. Une querelle de personnes, une divergence stratégique ou peut-être l'impression d'une arnaque, celle de payer cette fille des fortunes pour son image et rien d'autre. C'est tellement moderne, *« so Kate »*. Le signe aussi d'une « pipolisation » de la mode. La collection grand public de Lagerfeld pour H & M avait du sens puisqu'il est couturier, la ligne Madonna un peu moins, quoiqu'elle soit la chanteuse la plus connue au monde, mais Kate Moss ? Elle n'a œuvré à rien, sinon à l'édification d'elle-même et à la production de fantasmes. En cela, elle tend à la civilisation pop un miroir qui en reflète le cynisme : sa notoriété est d'autant plus remarquée, et admirée, que construite sur peu de choses remarquables.

Ce n'est pas avec Topshop qu'elle va changer de registre. Les premières « séances de travail » se sont déroulées à l'automne 2006 en compagnie de sa copine Katy England, collaboratrice d'Alexander McQueen et épouse de Bobby Gillespie. « Avec Katy, on a procédé comme tous les jours : qu'est-ce qu'on va mettre pour aller à Glastonbury, ou à cette soirée ? Allez, déballons nos placards[11]. » À Londres, ils sont remplis du nombre incalculable de ses jeans, chaussures ou accessoires. À la campagne, elle a fait aménager sous les combles une pièce entière qui ressemble à une boutique : sofas, chaise à bascule, paravents derrière lesquels se changer. Un vrai repaire de fifille.

Fin 2006, Kate Moss a commencé d'envoyer des monceaux de ses tenues préférées aux designers de Topshop, expliquant ce qui lui plaisait et pourquoi. Ces réunions l'ont fait redescendre sur terre : quand elle avançait que les micro-shorts était merveilleusement formidables, les stylistes, publicitaires et financiers rétorquaient qu'un micro-short sur elle ça allait, probablement moins en taille 44.

Peu à peu, début 2007, le studio de création élabore des modèles, une cinquantaine en tout, qui déclinent les invariants de son look : un jean *skinny*, une robe florale, un tee-shirt orné d'un dessin gothique et d'un grand K, une micro-veste, un micro-short – malgré tout – en jean ou en drap de coton rayé noir et jaune, des gilets serrés, des débardeurs, un blouson de cuir. Le rôle de Kate consiste à essayer chaque pièce, à proposer de raccourcir telle robe de deux centimètres, à dire oui ou non.

Elle s'intéresse également aux à-côtés qui font le sel d'une telle affaire. La publicité par exemple : « Je ne voulais pas d'un truc joli et léger, mais de quelque chose de plus tranchant[12]. » Inspirée du Studio 54, le club new-yorkais qui entre 1977 et 1979 révolutionna la nuit avec ses mélanges de stars et de prolétaires, de drogue et de disco, de sexe et d'aventures, la campagne a une tonalité sombre et sexy. On y voit Kate à côté de sa copine mannequin Irina Lazareanu, leurs poses sont à la fois simples et allumeuses. Et Irina l'ancienne amante de Doherty, Irina la brune à la frange et au physique taillé à la serpe, n'a pas fini de croiser la route des Moss/Doherty ; on reparlera d'elle.

Le retentissement d'une jeune marque dépend aussi de son logo. L'agence Storm demande au designer Peter Saville et au typographe Paul Barnes d'inventer une signature « Kate Moss ». Pour l'anecdote, qui ramène presque trente ans en arrière, Saville débuta dans le métier au sein du label Factory de Tony Wilson, à Manchester, pour lequel il réalisa plusieurs pochettes de disques dont *Unknown Pleasure* et *Closer,* de Joy Division : il était au cœur de l'Haçienda où naquirent l'acid-house et les *Summer of love*, qui mèneront aux photos de Kate Moss dans *The Face*.

En 2007, l'Haçienda a été démolie et rebâtie en luxueux appartements, Tony Wilson est mort et Peter Saville planche pour Kate Moss, l'un des plus grands sésames marketing qui soit. Il trouve naturel, puisqu'elle est « devenue une marque[13] », qu'elle se mette à vendre des produits, et que ces produits, pour Topshop, les parfums Coty ou d'autres à venir, soient identifiables par un même logo. Après de nombreuses tentatives, car « Moss » et ses deux « s » manquent d'esthétisme dans certaines typographies, Saville et Barnes créent une variante du Brodovitch Albro, une police de caractères qui doit son nom à Alexei Brodovitch, le légendaire directeur artistique du *Harper's Bazaar* entre 1934 et 1958. « À la fois sophistiqué et moderne, populaire et bohème », disent-ils – soit quelques rondeurs Art déco dans un ensemble assez rock – la police « Kate Moss » est proposée à l'intéressée. Son intervention se résume à faire un choix ; parmi vingt propositions, elle opte pour le préféré des designers, ce dérivé du « Brodo ».

Au printemps, sa collection presque finie, Kate Moss passe plusieurs fois par semaine régler quelques détails chez Topshop, d'une humeur toujours délicieuse. C'est le moins qu'on espère de celle qui est traitée comme une reine et écoutée comme le pape. Sir Philip lui a même proposé un bureau, raconte-t-elle avec l'excitation d'une riche nomade pour qui ce doit être d'un exotisme fou [14]. Quant à la réalité de son travail, pas une fois, parie-t-on, elle ne se pose la question de son propre fumisme, qui mérite pourtant qu'on s'y arrête. D'avoir sélectionné quelques vêtements, et aidé à en créer d'autres, suffit-il à la satisfaire ? Probablement puisque c'est ainsi, souvent, que marche la mode, cet univers où tout le monde se copie, se regarde, se renifle. Nombreux sont les couturiers qui ne dessinent pas ; ça ne leur enlève pas l'instinct de savoir que les pantalons *skinny* seront bientôt dans l'air du temps, de savoir qu'en ajustant un peu plus les épaules des vestes, ce sera parfait. Et Kate Moss a cet instinct. « J'adore traîner dans les boutiques de fripes pour y trouver des trésors. J'ai une sorte de radar, je repère des pièces que les autres ne voient pas. Et quand je me dis "tiens je vais porter des leggings", la saison suivante les leggings sont sur les podiums ; c'est étrange [15]. »

Du temps où elle s'exprimait encore, elle avait dit : les vêtements vous donnent de la personnalité, ils forment l'écorce que l'on met entre soi et le monde [16]. Pour elle, surtout depuis qu'elle ne parle plus, ils sont devenus l'unique langage. C'est par eux qu'elle prend vie, c'est derrière eux qu'elle se retranche, exhibitionniste en armure.

Le lundi 30 avril 2007, le magasin principal de Topshop sur Oxford Street, à Londres, ouvre ses portes à vingt heures. Une sorte de *before* ultra-médiatisé, l'opération Kate Moss ne commençant que le lendemain, et qui permet d'assister à l'une des dernières manifestations de ferveur occidentale : le shopping. Ils et elles sont plus de deux mille cinq cents à faire la queue, la plupart depuis le début d'après-midi, à qui l'on a donné des bracelets de couleur pour éviter la resquille, à qui l'on répète bien les consignes : pas plus de vingt minutes dans la boutique à raison de cent cinquante personnes à la fois, essayage limité à huit pièces et cinq achats au maximum pour éviter la revente sur Internet – vingt-quatre heures après, presque mille pièces seront néanmoins proposées sur e-Bay, à des prix multipliés par deux ou trois. Dedans et dehors, le service de sécurité est imposant ; ces messes païennes à la gloire du commerce ont beau viser à susciter l'hystérie, l'hystérie doit rester raisonnable. Pas de crêpage de chignon ni de vêtements abîmés entre plusieurs shoppeuses agrippées à leur butin, ça ferait mauvais genre.

Un peu avant vingt heures, Kate Moss apparaît en vitrine entre les mannequins de plastique. Pendant exactement douze secondes, vêtue d'une robe rouge de sa collection, elle s'offre aux regards des milliers de curieux parmi les embouteillages et les flashs qui crépitent. On dirait une fille de joie du Red Light District d'Amsterdam, derrière sa devanture à la lumière rougeoyante. En a-t-elle conscience, y prend-elle plaisir ? Visiblement pas ; elle est mal à l'aise, presque effrayée. À la journaliste du *Sunday Times* qui lui demandait, juste avant, quel sentiment la mythification provoquait, elle répondit : « Horrible, ça me fait peur, je suis tellement normale. Certes, ma vie ne l'est pas mais à l'intérieur de ce cadre-là, j'essaie de vivre normalement[1] . »

À vingt heures une, Philip Green insiste pour qu'elle vive cet instant de jouissance, contempler la foule qui s'apprête à entrer, quand elle n'a qu'une envie, se terrer dans le carré des VIP au sous-sol. Elle se tient au coin du magasin, en retrait, une coupe de champagne à la main, entourée par Green et sa famille, et par Linda Moss qui comprend peut-être, elle qui n'y croyait guère vingt ans auparavant, ce qu'est devenue sa fille : une déesse marchande

Puis les gens se ruent, si vibrants qu'ils ne la remarquent pas, trop occupés à fondre sur les présentoirs. Les prix vont de 17 euros pour le débardeur à 220 euros pour le blouson de cuir , c'est joli, pimpant et assez banal. Ce n'est pas tant la banalité qui déçoit, que la démarche : pour les réelles amatrices de mode, acheter du Kate Moss constitue l'acte le plus anti-Kate Moss possible. Quel intérêt que ces pièces recyclées du vestiaire de celle qui passe sa vie à tout recycler ? La mise en abyme est grandiose mais qu'importe, puisque seule compte l'identification. Sir Philip Green : « Les vêtements étant brodés à ses initiales, les gens auront la sensation de porter les mêmes habits que leur icône [18]. » Quand l'opération se termine, à minuit, Kate Moss sable le champagne avec ses proches. Pas de Pete Doherty à l'horizon et une Sadie Frost qui déclare : « Je suis ravie qu'elle ait fait cette collection parce que en dehors du mannequinat, Kate a toujours manqué de confiance en elle ; elle avait besoin d'une occasion comme celle-là pour s'accomplir [19]. » Dans le silence qui entoure Kate Moss depuis des lustres, dans la réserve à ne rien dire de ses peurs lors des interviews ces jours-là, l'information est d'or. Ainsi, la reine est fragile, elle doute de ses talents.

Le lendemain, sa collection déclenche en Grande-Bretagne la fureur des événements savamment marketés, et les médias applaudissent. Pour le *Guardian*, elle a « rendu possible le rêve de toute adolescente en nous laissant fouiller dans ses armoires » ; filant la métaphore musicale, le journal explique qu'elle n'a pas sorti « un album conceptuel, mais une sorte de *Greatest Hits* de Kate [20] ». Aux dires du *Telegraph,* la collection est réussie parce que « le public veut acheter une parcelle de sa magie et de son style ; et c'est exactement ce que Kate lui donne [21] ».

Le surlendemain, la queue des *fashionistas* dessine un ruban de cinquante mètres devant le concept-store Colette, à Paris, qui a décroché en exclusivité la vente de la ligne en France. Une fois à l'intérieur, elles déchantent, disent s'être attendues à mieux quand la presse féminine, pourtant, agite l'encensoir. Le complice des premiers temps, John Galliano, y va aussi de sa révérence : « Kate est plus qu'une icône de la mode. Elle est l'icône de notre génération parce qu'elle est capable de faire sienne chaque tendance. Elle a le style, et la vie, dont chaque fille rêve, elle est le fantasme de tout créateur [22]. »

Le 8 mai, Kate Moss accompagne Philip Green dans son jet privé pour l'inauguration new-yorkaise chez Barney's, un grand magasin ultra-chic. Topshop veut s'implanter aux États-Unis, elle sert aussi d'argument glamour. Les journaux américains ont beau qualifier la collection de « creuse », la surnommer *« Dupli-Kate »* tant elle s'autocopie, le petit zoo de la mode fait la roue.

Après le cocktail chez Barney's, la soirée continue sur la terrasse du luxueux Gramercy Park Hotel, aménagée en bar privé. Kate Moss et les amis venus de Londres, dont Sadie Frost, portent ses vêtements. Elle voit ses initiales partout, elle contemple Manhattan et sait confusément que le monde lui appartient, qu'elle l'a reconquis à sa manière, qu'elle trône dans son château plus confortablement qu'avant.

« Je suis quelqu'un de normal », dit-elle. Comment peut-on la croire ?

La consécration

Kate Moss, en cette fin de printemps 2007, est plus que jamais au cœur de la coolitude. S'il n'est pas difficile d'y accéder, le cool étant un ogre avide de nouveautés, s'y maintenir relève de l'exception. Sur son fil instable, Kate Moss est depuis presque vingt ans la plus douée des équilibristes. Elle a un corps parfait, un goût parfait, une volonté de travail phénoménale. Son travail, pourtant, n'est pas si cool. Faire vendre des objets hors de prix ou plutôt : donner envie de les acheter. Elle y réussit de manière exceptionnelle alors qu'elle n'est même pas si souriante, ou sympathique – pour le peu qu'elle donne à voir.

Mais elle est la pédégère de l'entreprise Célébrité, à une époque qui porte ce genre d'industrie au pinacle. Elle y est parvenue sans suivre le parcours habituel des interviews, anecdotes, morceaux de vie qu'on lâche aux lions que sont les journaux. Sans jamais dire du mal de quiconque – Claudia Schiffer exceptée –, ni se justifier, pas une fois. Son mutisme est comparable, toutes proportions gardées, à celui de Greta Garbo qui chaque jour paraissait déclamer sa phrase du film *Grand Hôtel* : « Je veux qu'on me laisse tranquille. » La Suédoise ne vivait pas à l'ère du spectacle permanent, son dégoût de l'étalage était sincère, sa réclusion réelle.

Kate Moss ne va pas aussi loin. Elle veut le beurre de la notoriété et l'argent du beurre de la tranquillité. Elle sait pourtant que la gloire, et sa consolidation, nécessitent de suivre un commandement implicite – révéler l'intime. Refuser de jouer le jeu, c'est risquer de lasser les lions et les spectateurs du cirque, c'est risquer de se montrer bégueule. C'est aussi s'assurer une place unique sur l'autel du silence, une place qui vous met à côté de la Divine et des mutiques contemporains, ils ne sont pas nombreux. Les écrivains J. M. Coetzee ou Thomas Harris, le chanteur Prince.

Star muette depuis le début des années 00, Kate Moss peut bien, de temps à autre, rompre avec ses habitudes pour les besoins de la promotion, en l'occurrence Topshop. En mai, elle parle au *Vogue* anglais et au *Sunday Times*. Ses maigres confessions paraissent d'autant plus exceptionnelles qu'elle s'est si longtemps tue, et lui permettent de faire coup double : assurer le service après-vente et apparaître en personnage détendu, tellement banal. La preuve, dit-elle, « cette blessure au pied à cause d'un satané cadre qui m'est tombé dessus hier[23] » ; la preuve encore, sa fille Lila Grace, quatre ans et demi, qu'elle met au lit après la lecture de l'histoire, comme tout le monde, sauf quand elle est prise par le travail. « Lila est déjà une petite princesse, elle s'enquiert au coucher de savoir si elle a choisi la bonne tenue, et quand je lui dis que c'est moi qui décide, elle répond qu'elle est l'adulte de sa chambre, du coup on étale ses pyjamas et elle continue de dire, maman, je n'ai pas assez de choix. Elle est vraiment une mini-moi[24]. »

Les deux articles sont pareillement bienveillants, voire laudatifs. Kate Moss n'évoque pas l'affaire de la cocaïne – du moins on ne lui pose pas la question, cela fait probablement partie de l'accord. Elle révèle en revanche à quel point les paparazzis sont partie prenante de sa vie. Ils planquent chaque jour devant sa maison de Saint John's Wood, ils la pistent jusqu'à l'école de Lila et « ça non, il y a des degrés dans l'intimité », lance-t-elle, sans préciser lesquels seraient acceptables. Elle raconte cette fois où elle sortit à pied de l'hôtel Mercer à New York, elle qui d'ordinaire ne marche jamais et s'engouffre dans une voiture aux vitres teintées, quand une femme paparazzi qui la suivait trébucha sur une borne d'incendie. Elle gisait par terre, le visage meurtri, et malgré ça continua de prendre des photos de Kate Moss venue la secourir. « Je lui ai dit qu'elle était complètement malade, et elle semblait étonnée que je me sois arrêtée. Elle pensait quoi ? Que j'allais la laisser dans son sang [25] ? »

À la bourse des célébrités, Kate Moss est au sommet, et sa traque permanente. « L'équivalent de Lady Di dans les années 90 », dit Darryn Lyons, le patron de l'agence anglaise Big Pictures, spécialisée en photos de stars. Chaque soir, Lyons commence sa conférence de rédaction par elle. « Kate est toujours une bonne histoire, elle parle à tout le monde, des lecteurs de tabloïds à ceux des magazines chics. Un bon cliché d'elle, sexy, avec Pete Doherty par exemple, peut valoir jusqu'à 70 000 euros [26]. »

À la même époque, un photographe qui fait commerce des riches et célèbres depuis trente ans, l'un des seuls admis à la fameuse fête post-Oscars de *Vanity Fair*, Richard Young, vend quelques-uns de ses plus fameux tirages où Kate Moss côtoie Andy Warhol, Lady Di et Elizabeth Taylor. Il explique : « Les Oscars et le sport, la mode, la musique et les familles royales, tout participe de la célébrité, ces gens font le show et la demande du public à leur égard est sans cesse plus grande. N'importe qui peut être paparazzi ces temps-ci ; et ceux qui ne le sont pas ont une terrible envie de regarder ces photos. Elles représentent un moment de répit, une parenthèse par rapport aux choses horribles de la vie, les guerres, le réchauffement de la planète, le terrorisme. Je fais toujours attention à ce que les stars que je saisis aient l'air heureuses. C'est ce que les lecteurs désirent [27]. »

Qu'elle le veuille ou non, Kate Moss appartient à l'équipe des pantins des années 00, jouant son petit numéro sur la scène du fantasme et de la cruauté qui fait vendre et rêver, dont on cherche à pénétrer les coulisses. Malgré ses déboires, sa vie ressemble à une succession de dimanches paresseux et d'étés qui n'en finissent jamais. Elle a beau vouloir protéger son intimité, l'intime est une notion en perdition, en partie par sa faute. Ne rien dire ni rien dévoiler, de nos jours, c'est s'assurer un flot permanent de rumeurs et de mystère. C'est justement ça, les rumeurs et le mystère, qui l'ont faite reine. Elle en tire la meilleure posture : prétendre détester qu'on se penche sur sa vie privée ; en vivre malgré tout. Sans le tintamarre des tabloïds, qui sait si Kate Moss existerait encore ?

Selon le sociologue Henri-Pierre Jeudy, « ce qu'on appelle une violation de la vie privée est en fait un viol de l'intimité. Seulement voilà : l'exhibitionnisme contemporain est un étalage de l'intimité. [...] C'est un déshabillage du corps et des sentiments qui s'impose comme l'expression d'un désir de représentation publique de soi. C'est l'intimité en devanture ; cet exhibitionnisme se traduit par la disparition de la singularité : l'autre devient le même que celui qui s'exhibe comme dans une duplication clonique. Plus de projection, plus d'identification, mais un constat de similitude[28]. » Le rapport du peuple mondial aux people est beaucoup plus pervers. Les célébrités attirent un public voyeur qui les regarde avec envie, tout en formant le secret désir de les voir trébucher. Et l'enclos des notoriétés, hier minuscule, ne cesse de s'agrandir : puisqu'on est fasciné par les stars, les stars se multiplient. Des sous-héros éphémères de la télévision aux hommes et femmes de pouvoir, l'étalage est permanent – les politiques se justifiant s'il le faut par l'alibi moderne de la « transparence ».

Quand, en France, les premiers mois de la présidence de Nicolas Sarkozy sont pimentés d'affaires privées plus ou moins mises en scène, comment Kate Moss pourrait-elle échapper à la meute ? Pas une semaine sans qu'elle n'apparaisse dans *Voici*, *Public* ou *Closer*. Cette presse à sensation, bien plus que la « sérieuse », séduit un nombre grandissant de lecteurs : entre le 9 juillet et le 4 août 2007, et sans actualité renversante, les trois magazines ont écoulé sept millions d'exemplaires dans l'Hexagone.

En quelque sorte tombée dans le domaine public, Kate Moss a intégré le cercle fermé des « aliens » mondiaux, tellement connus ou « marionnettisés », notamment par eux-mêmes, qu'ils ne s'appartiennent plus. Madonna, Michael Jackson, Tom Cruise. De ceux-là appartenant à tout le monde, n'importe qui peut faire commerce, on ne s'en prive pas. À Londres, le musée de Madame Tussaud dévoile au printemps 2007 une sculpture de Kate Moss, assez singulière puisqu'elle s'intègre dans un faux studio photo. Il est proposé aux visiteurs de poser à côté de sa poupée de cire en petite robe noire, alanguie sur un canapé ; le cliché leur est ensuite vendu sous forme de une d'un magazine fictionnel baptisé *Iconic*. Aucune limite à la récupération, à la starification, à la justification. Les gens, expliquent les représentants de Tussauds, nous demandent Kate Moss depuis si longtemps.

Mais la reine contrôle tout depuis son château. Et l'on contrôle pour elle. Il y a parfois quelques accidents, la cocaïne, parfois quelques incursions hors du château, pour vanter ses produits, sinon : herse de fer.

En ce début d'été 2007, Kate Moss est au faîte de sa gloire. Façonnée par l'argent, la longévité, la réputation, il ne lui manque plus que d'entrer dans l'imaginaire, de devenir une légende. Ça vient. Commandé par l'association Campaign for Museums à l'occasion du mois des musées et galeries, un sondage révèle quels sont les individus et les objets de consommation qui ont le plus marqué les Anglais en 2007. Elle arrive en tête, ex aequo avec l'i-Pod d'Apple, devançant Nelson Mandela quand Tony Blair, encore Premier ministre, n'est même pas dans la liste. Selon le responsable de l'étude : « Ces résultats montrent comment nous nous percevons, et comment nous aimerions qu'on se rappelle notre époque dans le futur. Mais le fait que Kate Moss puisse, à long terme, soutenir la comparaison avec Leonard de Vinci reste à prouver[29]. »

Une autre enquête, réalisée au cours de l'été pour l'édition britannique du *Harper's Bazaar,* auprès de mille personnes, pose la question : « Qu'est-ce qui représente le mieux la nouvelle Grande-Bretagne ? » Réponse : « Kate Moss[30]. » Cela dit quoi de la société anglaise, sinon une fascination pour sa petite reine, son anticonformisme, sa vacuité, sa rébellion tout à la fois ? Après elle, la « société multiculturelle » arrive en deuxième position et les chav, en troisième. Quel tiercé. Pour les mêmes sondés, le magasin préféré est Topshop, et « la vieille Grande-Bretagne » associée aux bonnes manières et à Winston Churchill.

Même dans la grande corbeille de l'art, la cote de Kate Moss flambe. En ce mois de juin, une vente aux enchères de photos datant de ses jeunes années 90 bat des records chez Christie's. Les lots d'images signées Corinne Day, Albert Watson ou Chuck Close atteignent 265 000 euros. À lui seul, le cliché de Watson, pris à Marrakech en 1993 pour la couverture du *Vogue* allemand, part à 78 000 euros, cinq fois le prix attendu.

Kate Moss se vend, fait vendre, et son porte-monnaie est plus garni que jamais. En juin toujours, la compagnie qui gère ses fonds, Skate Enterprises, révèle ses résultats de 2005, deux ans auparavant : 6,5 millions d'euros, soit le double qu'en 2004, sachant que l'accord avec Topshop n'y figure pas. L'affaire de la cocaïne, qu'il s'agisse de vengeance ou de mauvais hasard, fut une formidable opération. Et début juillet, au classement du magazine américain *Forbes*, elle arrive en seconde position des mannequins les mieux rétribuées derrière Gisele Bündchen, encore. Une Gisele du même genre qu'une Claudia Schiffer ; belle, parfaite, invisible – on s'en fiche royalement. Enfin, selon la *« rich list »* annuelle du *Sunday Times*, la fortune globale de Kate Moss est estimée à un peu plus de 60 millions d'euros. Pour la première fois, elle fait son entrée, à la 99e position, au classement des femmes les plus riches d'Angleterre.

Pete Doherty, lui, est presque ruiné. Malgré les dizaines de milliers d'albums vendus en Grande-Bretagne et les tournées incessantes, ses deux mini-entreprises sont au bord de la faillite. L'une accuse plus de 400 000 euros de dettes, l'autre est créditrice de 2 700 euros. Un poète aux poches percées. Dans le marécage des « informations » que les proches de Doherty délivrent aux tabloïds, émergera quelques semaines plus tard cette déclaration, c'est un ami de Doherty qui rapporte au *Daily Star* ce que lui aurait dit Pete : « Avec mes dettes, pourquoi crois-tu que je sorte avec elle ? »

On parie qu'entre eux, les choses sont autrement complexes. De se voir entretenu par cette fille plus connue, plus âgée, plus prospère que lui doit bien, par moments, froisser sa fierté. Mais il sait qu'au fond, c'est elle qui joue la midinette, c'est elle qui l'admire de créer des chansons, elle qui n'osait même pas faire autre chose que mannequin. Il sait aussi que ce pouvoir qu'il a sur elle est plus fort que tout, plus fort que le nombre de zéros qui séparent leurs comptes en banque.

L'argent, qui permet à Kate Moss l'incroyable liberté de choisir ses engagements, de passer de plage asiatique en plage caribéenne ou ibizesque, n'a jamais été un sujet par elle abondamment discuté. Elle en a parlé en 1993, pour dire : « Je ne parle pas d'argent, cela ne m'apporte aucune émotion. Tu touches des sommes ridiculement élevées en faisant des choses ridicules, et si tu t'en ouvres à des gens normaux, ils te répondent : "Putain, pourquoi ne suis-je pas né avec une belle gueule ?" – voilà ce qu'on m'a dit récemment. Je travaille dur, il ne faut pas l'oublier, c'est juste un boulot différent[31]. » L'année suivante, elle précisa que l'argent lui servait à envoyer des chèques à sa mère ; en 1996, avec Johnny Depp et fatiguée du rythme de la mode, elle avoua ne persister que pour ça, le salaire, et en 2003 face à David Bowie elle en reparla aussi, expliquant que si elle continuait à se montrer, c'était pour gagner encore plus même si, avec son compte en banque forcément bien géré, notamment par son père, elle pouvait lever le pied. À croire, malgré les années qui passent et son rayonnement mondial, qu'elle reste la gamine de Croydon effrayée à l'idée que ça s'arrête, que ses vieux jours ne soient pas aussi dispendieux.

Au mois de juin 2007, tout semble parfait dans la bulle de luxe aux parois capitonnées. Kate Moss y a tout fait, tout gagné, même un Pete Doherty apparemment fréquentable. Quand ils ne se déchirent pas, ils ont des comportements très romantiques. Un proche raconte l'histoire de cette vieille boîte à musique, achetée sur un marché aux puces, où ils cachent les petits souvenirs de leur amour, comme des gamins. Et en interview, elle se laisse aller à raconter leurs matinées dans les pubs, le dimanche, à feuilleter les magazines. « C'est une plaisanterie entre nous. À chaque publicité je dis à Pete "Regarde, c'est moi", mais c'est lui qui a commencé, il adore jouer à ce petit jeu en tournant les pages : "C'est toi ?" et moi je réponds "Non, elle est chinoise", "C'est toi ?" "Non, elle a douze ans" ; on s'amuse beaucoup[32]. »

Fin juin, la publication de ses journaux intimes, les *Books of Albion*, redonne sûrement à Pete Doherty un peu du lustre qui lui manquait face à cette amante dévorante, présente partout. Les journaux anglais se font largement écho de l'épais livre de photographies, de collages et d'écrits manuscrits où il se révèle un artiste passionnant, à la fois égocentrique et touchant, bien plus fin que sa réputation de drogué le laisserait supposer. Au fil de l'ouvrage, Doherty dévoile son programme estival avec Kate : « Une fois débarrassé de mon addiction à l'héroïne et aux aiguilles, on va se marier cet été et je serai dix fois plus heureux que n'importe quel tête de nœud junkie[33]. »

En attendant l'église, ils se rendent au festival de Glastonbury où Doherty joue avec les Babyshambles quand Kate Moss, en gilet noir, pantalon de skaï noir ultra-serré et bottines à lacets, le filme amoureusement. Traversé par des éclairs d'esthétisme et de drame, leur couple devient le modèle du glamour décadent. Ce sont eux, ensemble, que tout le monde veut. Après les photos qui les montraient dans un décor champêtre pour le numéro de mai de *Dazed & Confused*, ils posent pour la campagne automne-hiver de Roberto Cavalli. La session a lieu à Ibiza avec les photographes Mert Alas et Marcus Piggot. Elle incarne une Cléopâtre moderne en tunique dorée, lui joue au jeune Brando, et Cavalli de résumer l'affaire : « Ils sont deux icônes, deux esprits libres à la forte personnalité, stylés, modernes, intenses. »

Pourtant, Kate Moss de plus en plus exposée est de moins en moins perceptible. Si ce n'est tenir son rang, ne pas déchoir, gagner de l'argent et s'acharner à paraître une « fille normale », sait-elle ce qu'elle veut ? On repense à la vidéo des White Stripes, *I don't know what to do with myself* – « je ne sais pas quoi faire de moi » – où, quatre minutes durant, elle osait des poses suggestives et s'enroulait autour d'une barre de *lap dance*. On repense à l'un des spots d'Agent Provocateur où elle disait : « C'est comme s'il y avait deux personnes en moi ; l'une, responsable, qui sait où elle va, l'autre qui n'en a aucune idée. »

Elle arrive aux derniers jours de juin, rêvant probablement à la robe blanche, aux amis à inviter, à la fête somptueuse, à la lune de miel exotique, quand des séismes l'ébranlent, à nouveau.

Chute, féminisme et rédemption

Le dimanche 1er juillet, le *Sunday Mirror* affirme en première page que Pete Doherty a trompé Kate Moss avec une mannequin sud-africaine à la suite d'une énième dispute. Le 3, Agent Provocateur annonce que son contrat, expirant en août, ne sera pas renouvelé. Il se dit qu'elle aurait perdu de son éclat. Il s'écrit aussi, du côté des tabloïds, que Serena Rees, la patronne de la marque de lingerie sexy, est en conflit depuis plusieurs mois avec sa copine Kate Moss, depuis que Serena fréquente l'ex-Clash Paul Simonon dont l'épouse Tricia est très proche de Kate, et que Kate a pris le parti de Tricia. Ou les intrigues des alcôves minant les meilleures opérations marketing.

Le 10 juillet, Burberry fait savoir à son tour qu'il se passera des services de Kate Moss, et ce alors que la marque publie des résultats records pour le premier trimestre 2007, en hausse de 30 %. Cités par les journaux, des « proches » laissent entendre que l'éviction est due à son air fatigué, à sa vieillesse et à sa maigreur, bien que Burberry précise, comme lors du bref retrait post-cocaïne, que Kate Moss reste un « membre de la famille » – la mamie trentenaire à ressortir un jour du grenier, pourquoi pas. Inspirée par l'Angleterre médiévale, la prochaine campagne Burberry consacrera la Britannique Agyness Deyn, à qui les cheveux ultra-courts et peroxydés donnent un air de chevalier androgyne sous la cote de mailles. En quelques mois, Deyn, vingt et un ans, est devenue la *« it-girl »* que tout le monde s'arrache, et le fait qu'elle fréquente le guitariste des Paddingtons, un groupe qui naquit dans le sillage des Libertines, lui vaut d'être baptisée « la nouvelle Kate Moss ». Quand la vraie se terre.

Plus tard dans l'été, on apprend que les Sri-Lankais, Indiens et Bangladais embauchés à l'île Maurice pour fabriquer les vêtements de la ligne Kate Moss pour Topshop sont payés l'équivalent de cinq euros par jour, quatre fois moins que le salaire moyen sur l'île. On rappelle que Philip Green est le septième homme le plus riche d'Angleterre, que Kate Moss n'est pas à plaindre non plus, on parle de pratiques honteuses et de « travail d'esclave [34] ».

Ça fait beaucoup : les journaux qui l'encensaient hier avancent qu'elle se désagrège dans sa parodie fanée. On glose sur ses blessures, sa dévastation, ses changements de serrures et de numéros de téléphone pour que Doherty ne puisse plus l'approcher, on raconte qu'elle est partie se réfugier chez Ron Wood, le Rolling Stones, qui lui conseille vivement de laisser tomber Pete, on la découvre à Marbella pour changer d'Ibiza, avec la fille d'Ozzy Osbourne sur une plage écrasée de soleil. Ce qu'on apprend encore d'elle, brûler les lettres de Doherty, s'apparente à un désenvoûtement qui rappelle la purification de sa maison pendant son séjour à la clinique Priory, fin 1998. Et on voit les photos des affaires de Doherty déménagées de Saint John's Wood, avec les guitares sur le trottoir en attendant d'être chargées dans le camion.

Kate Moss est presque morte, semble-t-il.

Le sort est cruel, qui délivra ses flèches en dix jours. Elle a trente-trois ans, une date de péremption depuis longtemps dépassée dans la mode. Son déclin, qu'on prédisait depuis longtemps, paraît débuter là. Atteinte au cœur, elle décline le plus fastueux événement de la semaine de la haute couture parisienne, début juillet : le défilé Dior. La maison fête ses soixante ans, et les dix ans de John Galliano à sa tête, par un show d'une pompe rare à l'Orangerie de Versailles. Bal de serveurs en livrée, tentes sous lesquelles LMVH régale ses centaines d'invités d'alcools et de mets fins, décor qui emprunte autant au faste romain qu'à la décadence de la cour du Roi-Soleil, défilé en hommage aux grandes heures de la marque avec des robes plus crémeuses et sophistiquées les unes que les autres, portées par des mannequins stars : outre les filles de la nouvelle garde, on compte Naomi Campbell, Linda Evangelista, Helena Christensen. Et pas de Kate Moss, elle qui, pour son ami John, devait faire une exception à sa détestation des podiums.

Quelques jours après, Véronique Rampazzo, de Marilyn, précisera : « En quinze ans, elle ne s'est désistée que deux fois. C'était la semaine dernière, Dior et une session photo [35]. » Quant au possible retrait, Rampazzo dit que oui, « il faudra bien qu'elle s'arrête [36] » ; elle dit aussi la difficulté pour les mannequins de lâcher prise. Une histoire d'argent et d'ego : comment, après avoir été traitées comme des princesses millionnaires, se fondre dans des existences plus sages, *a fortiori* banales ? Pour elles, le décalage est vertigineux. « Ces filles ont un rythme tellement bizarre, elles ne savent pas vivre normalement, et depuis si longtemps. La constante fuite en avant naît de l'impossibilité du quotidien. Rester quelque part quelques jours leur fait prendre conscience de leur manque de racines. Kate est un peu différente, cependant, grâce à ses fortes attaches avec l'Angleterre [37]. »

En ces temps-là, sûrement lasse, Kate Moss donne l'impression de vouloir réduire la cadence. Lors de l'interview au *Sunday Times*, en avril, elle racontait cette session photo dans les Cotswolds, près de chez elle. « Je pensais que ce serait agréable, que je pourrais rentrer chez moi le soir, éviter Londres où c'est un cauchemar. Mais il pleuvait et il faisait terriblement froid, il y avait ce ventilateur géant et ces machines à faire de la fumée, et j'étais sur un trampoline au milieu d'un champ, un short sur les fesses quand tout le monde portait des parkas, des gants et des bonnets. Je me suis dit que non, le cirque ne pouvait plus durer, que je me sentais trop vieille. Je l'ai fait pourtant, j'ai tenu, et on a eu la photo [38]. »

La retraite donc, qui sait, bien qu'elle soit encore debout. Une attaque la fait retomber. Sans surprise, elle vient de son amant.

Le 31 juillet, Pete Doherty donne une interview à Stephen Moyes du *Daily Mirror*, celui qui révéla l'affaire de la cocaïne. C'est ma seule façon de lui parler, explique-t-il, puisqu'elle s'est barricadée et rendue inatteignable. « Elle grogne sans cesse à propos des putains de paparazzis et la première chose qu'elle fait le matin, c'est d'acheter votre journal. » Doherty sort d'une énième désintoxication dans un établissement du North Yorkshire, au nord de Leeds, une cure de 4 300 euros que Kate Moss a payée malgré leur séparation, pendant laquelle il s'est fait poser un nouvel implant. « Je vais mieux que jamais, cette fois-ci est la bonne », dit-il au journaliste en montrant ses doigts jaunis par le crack, signe d'un passé révolu.

À son habitude, il alterne candeur et crudité, il reprend le rôle de l'idiot du village qui révèle les secrets du château. Tout en livrant sa propre version de l'histoire. « Kate... Une vieille peau méchante. On s'est séparés à cause de la sempiternelle suspicion : elle pensait que je baisais des filles. Elle m'a brisé le cœur et je ne peux même plus lui parler. Je l'aime passionnément sinon je ne serais pas là, à lui faire passer le message qu'elle est complètement à la masse, que je n'en désire pas d'autre qu'elle. » Leurs rapports commencèrent de se dégrader, explique-t-il, un jour qu'ils regardaient une vidéo des Babyshambles enregistrée en studio et en tournée, destinée à devenir un documentaire. Pete Doherty y était entouré de sa cour habituelle, garçons et filles. « Kate m'a dit qu'elle était certaine, à la façon dont je me tenais sur une image, que j'avais couché avec telle groupie. J'étais détendu et en pleine forme ce matin-là, pas d'humeur à me faire traiter de connard ni taper dessus, parce qu'elle a un affreux caractère. J'ai ramassé ma guitare et mes bouquins, je lui ai dit que jamais plus je ne me laisserais insulter de la sorte. »

Si Kate Moss est « complètement paranoïaque » à l'idée qu'il ait des aventures, ajoute-t-il, elle ne s'était pas gênée pour flirter avec le producteur des Babyshambles afin de le provoquer. « Dès que ça me concerne, les choses changent. Kate est jalouse et méfiante comme toutes les femmes. » Il nie avoir eu une aventure avec la mannequin sud-africaine. « Pourquoi serais-je allé avec cette pauvre top model ou avec cette groupie ? Au lieu de m'écouter lui expliquer que je l'aimais, Kate engagea une énorme dispute. Je me suis juré de ne plus subir ça. Je me l'étais promis tant de fois, je cédais toujours. C'est une relation abusive n'est-ce pas ? Peut-être suis-je destiné à cela, même si je n'en ai guère envie. » Il garde pourtant l'espoir qu'elle lui revienne. « Je l'aime parce qu'elle est millionnaire, parce qu'elle fait des trucs dingues au lit », plaisante-t-il. « Non je l'aime vraiment : la façon dont elle parle, dont elle marche, son corps et ce qu'elle a dans la tête. »

Et malgré sa fâcherie, Kate continue de l'appeler, dit-il. Deux jours auparavant, un peu saoule, elle chantait au téléphone le romantique *Moon river,* interprété par Audrey Hepburn dans *Diamants sur canapé* en 1961 : « Oh mon faiseur de rêves, mon briseur de cœurs/où que tu ailles je te suivrai. »

Depuis son repaire espagnol, Kate Moss ne commente pas cet affront public. À son retour à Londres, mi-août, les tabloïds affirment qu'elle et Doherty sont à nouveau ensemble, qu'ils viennent de passer plusieurs jours enfermés dans un luxueux hôtel au grand désespoir du gang Moss, sa mère et ses meilleurs amis. C'est la dernière fois, jusqu'à ce jour, que la rumeur les lie. En attendant la prochaine ?

Si Kate Moss est défaite, la galaxie Célébrités sur laquelle elle règne ne va pas mieux. L'été est difficile pour les filles turbulentes : ses héritières en outrages, les Paris Hilton ou Amy Winehouse, touchent le fond. Il faut pourtant établir, dans cette promotion 2007 qui concourt pour le titre de « bad girl » mondiale, une nuance entre Américaines et Britanniques. L'héritière Paris Hilton – entrée et sortie éclair de prison –, la chanteuse Britney Spears – séjours fréquents en hôpital psychiatrique – et l'actrice Lindsay Lohan – énième désintoxication –, toutes américaines, en sont les sales gosses vulgaires quand les Anglaises, comme souvent, ont quelque chose en plus. L'excentricité, la grande gueule, l'attitude.

La plupart de ces gamines sont aussi des copines de Kate Moss. C'est le cas de l'Américaine Beth Ditto du groupe The Gossip, une lesbienne obèse sacrée nouvelle star d'Europe, de Kelly Osbourne, la fille d'Ozzy également bien charnue, de Lily Allen, qui n'a pas la langue dans sa poche et un look incroyable avec robes à volants et baskets, et surtout, surtout, d'Amy Winehouse, talentueuse et hautement droguée, donc incontrôlable. En cette fin d'été, Winehouse, avec sa choucroute improbable, sa voix sublime et ses addictions multiples distance aisément ses concurrentes. L'automne la verra prise dans une spirale de concerts annulés, de prestations désastreuses, de *« rehab »* successives. En quelques mois, elle a égalé, voire surpassé, Kate Moss et Pete Doherty réunis, qui veulent l'aider. La rumeur court que Kate lui écrirait une chanson mais c'est Pete qui la défend dans les tabloïds et collabore avec elle, compagnon des fins de nuit froides lorsque le mari de Winehouse est en prison. Quant à Courtney Love, l'inspiratrice de toutes ces *« wild girls »*, elle publie démentis et excuses après que la presse à sensation a rapporté que, selon elle, Amy était l'être humain de sa connaissance qui ingérait le plus de drogues. Une Courtney qui croise Pete en octobre, qui manque d'acheter la maison de Kate en novembre et se désiste parce qu'elle la trouve, dit-on, mal rangée et déprimante. Quel petit monde.

Ces starlettes de vingt ans, à l'instar de Kate Moss, mènent une vie dissolue qui nourrit les magazines people de la planète, et bien au-delà. En 2007 ou 2008, les héros pop sont défoncés, pathétiques, très jeunes, au bord du gouffre. L'époque a les idoles qu'elle peut. Et ces idoles sont regardées avec une fascination d'autant plus perverse qu'elles montrent leurs ruines autant que leurs œuvres, voire plus. Elles ont également une propension à foncer dans le mur qui interroge sur le destin de star. Quand l'une, Kate Moss, se remet toujours de ses collisions, ne frôlant la débâcle qu'après des années de gloire, ses cadettes sont déjà bien effondrées. Et quand l'une, de manière presque surannée, maintient le silence et un certain quant-à-soi, les autres se répandent en photographies – la petite culotte de Britney, ou plutôt son absence – et en paroles, tout aussi crues.

Kate Moss, la grande sœur de ce gang de filles, leur a-t-elle permis d'être des *bad boys* comme les autres ? Est-elle, sans qu'on l'imagine, une figure féministe ?

De prime abord, le féminisme et Kate Moss sont une association plus qu'incongrue – contre nature. En 1994, les fortes têtes des « Women's studies » américaines, à la suite de Susan Faludi dans *Backlash* [39], voyaient en elle le symbole de l'humiliation et de l'infantilisation des femmes : avec son corps maigrichon d'une gamine de douze ans, elle incarnait l'enfance sexualisée et la féminité passive que la société, donc les hommes, prenait un malin plaisir à perpétuer. Pour se rendre désirable, le « sexe faible », affirmaient-elles, devait hélas le rester.

À l'époque leur répondit vertement Camille Paglia, une féministe décriée par les féministes traditionnelles parce qu'elle combat depuis toujours l'idée selon laquelle les femmes seraient des victimes, parce qu'elle estime que la beauté, la jeunesse et les talons aiguilles sont des armes fantastiques, parce qu'elle se déclare pro-prostitution et pro-pornographie et parce qu'elle considère, enfin, les héroïnes de la pop culture moderne comme des combattantes éclairées – Madonna qui eut droit à ses éloges, et aussi Kate Moss. « Ma génération, dit Paglia, née en 1947, était tout occupée à trouver un sens à la vie en dehors du statut social et de l'argent. Kate Moss représente la rébellion des jeunes femmes face à cette idéologie[40]. » Elle tient les photos de la campagne *Obsession* de Calvin Klein, et leur « pornographie païenne », pour la définition de « ce qu'étaient les années 90 aux États-Unis[41] » : la recherche de la féminité, l'émergence d'un nouvel homoérotisme. Collées sur chaque bus et chaque mur, ces images montraient, selon Paglia, que « l'Amérique de tous les jours s'était transformée en Babylone[42] ».

En 1994, Kate Moss a vingt ans lorsqu'elle dit : « Je ne suis pas féministe. Quand je fais quelque chose, je pense que c'est bien. Et puis j'apprends que les féministes sont folles de rage. Alors je me dis que je ne défends peut-être pas assez les femmes ; c'est terrible[43]. »

En 2003, son opinion a évolué. À la question « Êtes-vous féministe ? », elle répond : « Je suis une femme indépendante, oui[44]. » On peut la croire noyée dans ses histoires d'amour et pourtant elle garde en tête, constamment, le « meilleur conseil » que lui ait jamais donné sa mère : « Ne laisse pas les hommes te traiter comme de la merde. »

En cet été 2007 où elle vacille sous la charge conjuguée de la « vieillesse » et de Pete Doherty, deux des penseurs les plus iconoclastes de la pop culture contemporaine, l'Américain Bruce Benderson et la Française Virginie Despentes, livrent leur vision de Kate Moss. Particulièrement décalée et enthousiaste.

Écrivain new-yorkais, auteur des splendides *Toxico*[45] et *Autobiographie érotique*[46], et l'an dernier d'un *Concentré de contre-culture*[47] où sous la forme d'un dictionnaire il passait au crible de son radar homosexuel et corrosif les grands mythes modernes, Bruce Benderson est un observateur attentif de la vie européenne. Et Kate Moss s'avère pour lui un sujet intéressant. « Ça touche un peu mon "anglophobie" et par coïncidence, j'étais en train de réfléchir à la position de la femme en Grande-Bretagne. Très souvent, je trouve qu'elles n'ont pas beaucoup de sensualité ; elles semblent asexuelles ou elles ont une sexualité agressive, forgée dans l'acier, comme Elizabeth Hurley. Mon mentor, l'écrivain Manuel Puig, en parlant des actrices anglaises de cinéma, a dit : "Pourquoi ont-elles toutes l'air de gouvernantes ou de femmes de chambres ?" Je n'ai jamais aimé leur style de féminité et récemment, je me suis rendu compte que beaucoup de ces femmes sont constamment déprimées. Elles sont fâchées, d'une colère refoulée qui leur donne l'apparence d'être froides ou figees. Et pourquoı sont-elles déprimées ? À cause de l'homme anglais. Ils sont des machos clandestins, ils cachent cette "qualité" mais elle existe. La plupart n'étaient pas très proches de leur mère, la plupart ont été éduqués dans un monde plutôt homosexuel, à l'internat, où les garçons sont entre eux. L'Angleterre est vraiment un pays de culture masculine. Un de mes amis, journaliste britannique, m'a envoyé un documentaire télévisé consacré aux joueurs de football professionnels. On les voit dans un pub, enchantés les uns par les autres, ignorant les femmes présentes et parodiant, pour rire, des actes homosexuels – sucer, se branler. J'ai été frappé par les regards de ces femmes-là sur eux, dans le pub, qui disent une patience et une perplexité douces, comme les serviteurs d'une maison assistant à quelque chose d'embarrassant qui ne les concerne pas. Je crois que la vie est dure pour les Anglaises, cela n'a rien à voir avec les femmes des familles latines ou juives, subordonnées tout en conservant un certain pouvoir. Peut-être que le mutisme de Kate Moss, et son nihilisme, et sa déprime, viennent de cette "privation de droit". Ses boyfriends sont de purs adolescents, tel le mignon et faible Pete Doherty. Elle aime les mêmes garçons que moi, et peut-être pour les mêmes raisons : on ne veut pas être maîtrisé par son chéri[48]. »

Lorsqu'elle était serveuse dans un pub, Linda Moss avait-elle confusément senti ce décalage entre les hommes et les femmes dont parle Benderson ? Savait-elle que pour ne pas en être la victime, il fallait être dure, ne jamais se laisser « maîtriser par son chéri » ?

À la question de la maîtrise, Virginie Despentes préfère celle de la souffrance. L'auteur de *Baise-moi*[49], de *Bye bye Blondie*[50] ou de *King Kong Théorie*[51], est « une fan » de Kate Moss. Cela peut paraître étrange venant de celle qui a grandi dans le punk-rock, de celle qui dans *King Kong* disait s'exprimer pour les « moches » et les « mal baisées », qui écrivait sa détestation d'une société où les femmes doivent se glisser dans le moule de la perfection. Mais Despentes depuis *Baise-moi*, le livre et surtout le film, interdit, sait ce qu'est résister, et penser à l'encontre des idées reçues. Activiste d'un nouveau genre qui dit « fuck » là où beaucoup plient, et dont la vision des femmes n'est pas très éloignée de celle de Camille Paglia, Despentes reconnaît que oui, « Kate Moss est devenue une icône mainstream incontournable qui sert à vendre un tas de concepts modernes dans le monde entier, des concepts ni féministes, ni gauchistes, ni avant-gardistes[52] ». Pourtant, son bureau à Barcelone est surmonté d'une photo de Kate Moss. Pourquoi ?

« Je la trouve comparable à Marilyn Monroe. Parce que rien n'explique que les photos d'elle soient plus intéressantes, ou touchantes, ou évocatrices, que les photos de n'importe quelle autre belle fille. Elles ont ce truc d'icône en commun, qui dépasse le cadre commercial neuneu dans lequel ces images ont été produites. C'est en rapport avec une idée du bonheur, peut-être pour Kate Moss s'agit-il d'un écartement des yeux ? Un truc qui aurait à voir avec l'enfance, le sexe, la fragilité, l'animalité. Selon moi, le point commun essentiel entre Monroe et elle, c'est justement la distance qui sépare l'effet qu'elles produisent en tant qu'images, et la réalité supposée de leurs existences.

« Dès qu'elle apparait dans le landernau médiatique, Kate Moss est connue pour être l'anorexique, la tox, la fille malheureuse en amour, celle qui n'a pas ce qu'il lui faut. On entend parler d'elle parce qu'elle abuse, parce qu'elle s'énerve, parce qu'elle sombre. Elles sont, l'une comme l'autre, l'incarnation d'une certaine féminité, et de ce qu'est le star system – tel qu'inventé quand règne Marilyn, probablement sur sa fin à l'époque Moss. On dirait qu'elles ouvrent et ferment une marche.

Le fait que Moss ait une silhouette de petite anorexique, avant que cela soit la mode pour tout le monde, compte autant que le fait que Monroe ait une silhouette de femme trop grosse. Elles parlent, très clairement, l'une comme l'autre, à l'aide de leurs corps : ça ne se passe pas bien en elles, qu'il y entre trop de nourriture ou pas assez. Et on se doute bien qu'il s'agit d'une métaphore de l'amour et du sexe. Le fait qu'alentour on ne veuille pas prendre en compte ce que ces corps déclarent pourtant clairement, ajouté au fait qu'elles sont érigées en sex symbol, est intéressant. Comme une déclaration sur ce que doit être, en fait, une femme séduisante : une femme qui souffre. Pas "pour être belle". Qui souffre, ça suffira. Et la féminité, c'est aussi ça, souffrir. Être dans la confusion, dans le désordre, toujours à proximité de la douleur. Et le faire savoir, et être mal entendue. Et qu'on continue à photographier la mise en scène morbide de l'une et de l'autre, en la rendant glamour, n'est pas à mes yeux un paradoxe ou une contradiction, je ne vois pas ça comme "elles savent très bien cacher leur angoisse", mais plutôt : c'est pour ça qu'on les photographie, parce qu'elles en crèvent et qu'au fond, c'est ce qui est demandé, toujours, à une belle femme.

« L'autre point commun entre elles deux, c'est évident, c'est la défonce. Une autre façon de déclarer, très publiquement, très clairement : je suis déchirée. Dans le cas de Moss, il y a quelque chose qui s'ajoute à la figure de la star à la Monroe, et c'est : parfum de scandale. Moss a toujours eu un look rock, il y a une atmosphère rock autour d'elle et elle sait très bien désobéir. Pas d'interview, uniquement des photos de paparazzis, pas de copinage avec les médias – ça confine à l'indocilité, toutes les entreprises du spectacle moderne étant une ode à l'obéissance, et Kate Moss passe davantage pour une star que pour une employée des marques de haute couture. Il y a aussi les photos d'elle qui sont des classiques, comme la Newton où elle est nue, grosses pompes et cigares. Elle est la fille qui n'a pas de poitrine, qui fume un gros cigare, qui pleure Johnny Depp et qui danse, façon strip-teaseuse payée au numéro, dans le clip des White Stripes. Ça fait longtemps que Kate Moss ressemble à quelque chose, là où toutes les autres font pitié.

« Mais, surtout, c'est la fille qui va se taper Peter Doherty. Si elle était obéissante, un peu flippée pour sa carrière, elle ne ferait pas un truc pareil. Elle se tape Doherty, qu'on peut soupçonner d'un tas de choses mais pas de faire semblant d'être destroy, et elle se fait prendre en flag en train de se faire une ligne... Et ça lui réussit. Cela aurait dû tout lui coûter, au contraire ça la consacre. Bien sûr, c'est de la coke qu'elle prend, donc il y a une solidarité du monde du spectacle pour qui c'est une drogue familière, non diabolisée – si elle s'était fait pincer avec un shoot d'héroïne, ça aurait été différent. Et si elle était sortie avec un vrai gros rocker tatoué et pas prêt à être pote avec n'importe qui dans la mode, ça aurait été différent, aussi. N'empêche que par lui elle prend voix, et que par elle il prend corps. Ça reste une jolie romance. Une romance de tox, pas tellement celle dont on rêve passé vingt ans, mais une romance quand même : quelque chose va de l'un à l'autre, c'est comme s'ils pratiquaient des échanges de pouvoir.

« Mais à mon sens, elle s'en tire essentiellement parce que : elle est la meilleure. N'importe quelle publicité pour laquelle elle pose, tu t'arrêtes et tu regardes. C'est comme s'il y avait quelque chose de plus à voir, à regarder – pour rendre Burberry intéressant, à mon avis, il fallait avoir du talent.

« Pete Doherty suscite également un phénomène basique, haine/attraction, et une fois de plus Marilyn Monroe résume bien l'affaire : on l'aime aussi d'être morte jeune, sous médocs, et d'avoir royalement raté sa vie. Les pop-stars, à ce niveau, sont toujours traités comme des filles : ce qu'on attend, c'est qu'ils en crèvent, si possible sous nos yeux. À la fois qu'ils soient des créatures de rêve, à la fois un sale tas de bidoche. On veut y croire, et on veut aussi que ça saigne[53]. »

Si pour Virginie Despentes, Kate Moss rappelle Marilyn Monroe, c'est peut-être que des icônes féminines, il n'y en a pas eu tant que ça en cinquante ans, à mélanger glamour, surexposition et retrait, à marcher pile sur le fil qui relie héros et rebelles.

Quand Marilyn, par fragilité, avait du mal avec sa notoriété, Kate a du mal de manière plus ambiguë. Acharnée à convaincre de sa banalité bien que toute sa vie dise le contraire. Fuyant la lumière et ne pouvant plus s'en passer. Ne voulant pas être un sex-symbol mais ne connaissant que ça, le commerce de son sex-appeal. Étant forcément une garce qui dut en écraser quelques-unes, tout en cultivant coolitude et professionnalisme, tout en forgeant son personnage d'enjouée puisque, chacun l'affirme, elle rit beaucoup, tout en soignant son plumage rock'n'roll.

C'est quoi d'être Kate Moss, avec ces envies si contradictoires qu'elle s'y perd forcément ? En novembre 2007, elle posait pour *i-D* en aguicheuse ultra-déshabillée, rarement elle le fut autant, et sous son regard à la fois absent et plein de défi, la une proclamait : *« You want me to say who I am ? »* – Vous voulez que moi, je vous dise qui je suis ? Question récurrente, réponse impossible y compris, parie-t-on, par elle-même.

« Je ne me vois pas comme une célébrité, disait-elle l'an passé. Je fais mon travail. Les célébrités sont sur les tapis rouges, pas moi. Je n'aime pas ce monde[54]. »

C'est un peu vite oublier les festivals de Cannes, les premières des films, les soirées de gala des maisons de luxe à New York, Paris ou Londres, cette vie sociale qui sculpte son quotidien d'hôtels cinq étoiles en robes somptueuses. Une fois de plus, elle succombe à la tentation de remodeler sa légende, de l'incliner vers le miroir le plus joliment déformant. Il y avait le mythe de la *« working-class girl »* de Croydon et le mythe de la « normalité », voilà celui d'une célébrité qui évite les projecteurs. Il faudrait réécrire l'histoire, tant elle n'existe que par eux.

Grâce à eux et à une volonté hors du commun, bien dissimulée puisqu'il est de bon ton, comme disait Marianne Faithfull, de s'employer à faire croire que les choses difficiles se réalisent sans effort, Kate Moss a combattu tous les clichés : la pauvre fille de Croydon, la fille bête comme un mannequin, la fille inculte, la fille perdue, la fille finie. À la fois reine et courtisane, elle s'est glissée, avec l'aisance d'un caméléon, des cercles d'artistes aux cocktails de capitaines d'industrie, des studios d'enregistrements jonchés de poudre blanche aux réunions stratégiques des entreprises. « Elle a appris des choses dans la vie, pas à l'école, entourée des plus grands écrivains, couturiers, musiciens, acteurs et financiers. Elle a une espèce de magie qui lui permet de communiquer avec tout le monde, aussi bien les gens chics que les mecs de la rue[55] », disait Mario Sorrenti.

Le directeur de Barney's, le sélect magasin new-yorkais où fut vendue la collection Topshop, avançait cette définition : « Kate n'est pas une fille de la haute, c'est une prolétaire un peu salope née dans une ville merdique. Avec son allure de sphinx, elle a une authentique aura[56]. »

En tout cela, *bitchy*, riche, amoureuse, pas très bien née et arrivée tout en haut, elle incarne la modernité, et ses paradoxes. Kate Moss est aussi creuse que futée, aussi attirée par l'art que par l'argent, capable de risquer gros pour un Doherty et de s'échapper quand l'instinct de survie le conseille. Faire la fête et s'arrêter à temps ; ne pas se consumer comme Janis Joplin ou Edie Sedgwick, gagner plus d'argent encore. « J'aimerais, bien sûr, devenir une excellente femme d'affaires. Suivre la courbe des ventes, apprendre le métier peu à peu ; j'adore ça[57] », disait-elle à propos de ses lignes Topshop et de son parfum.

Télescopant l'acidité de Bret Easton Ellis et le flamboiement de Francis Scott Fitzgerald, Kate Moss est le miroir d'une génération. Elle incarne la réussite et la frustration des enfants des baby-boomers. À défaut d'avoir grandi à l'époque des Rolling Stones, on vit comme les Stones, on se déchire parce que c'est cool, on cherche un travail créatif et agréable. Et on a beau avoir raté les seventies explosives, on a beau être trop vieux pour les années 00 écolo, elle montre également qu'il reste une marge de manœuvre. Entre la magnificence de Zelda, le piquant de Marilyn, le sang-froid de Madonna. Lorsqu'elle répète avec insistance être une fille simple, il faut l'entendre à la façon des années 70 : pas bégueule, libre, fantaisiste si ça lui chante.

La fantaisie, par exemple, d'être une mannequin qui n'aime pas la mode. Kate Moss a incarné la démocratisation de la fashion et elle aime s'habiller, point. Depuis un an, bon nombre de ses sorties mondaines se font en robes Topshop. Une question de publicité et un énorme pied de nez, comment ne pas le voir autrement, au monde du luxe qu'elle a servi pendant tant d'années. Porter de la *fast fashion* quand toutes les fashionistas se battent pour des vintages de Chanel, Dior ou Givenchy – quelle ironie.

La mode l'ennuie parce qu'elle se rêve en esprit bohème. En artiste. À défaut, elle est devenue une muse. Un rôle passif, encore, mais tellement plus piquant que celui de portemanteau. Ne serait-ce que par la trace qu'il laisse. Car, même si elle brûle la vie par les deux bouts, Kate Moss veut que son empreinte demeure.

À une époque bouleversée où les vedettes sulfureuses, y compris celles qui firent de la provocation un art de vivre, s'assagissent en adoptant des enfants de toutes les couleurs, à une époque où la transgression, au sens large, ne veut plus dire grand-chose depuis qu'elle est le passage obligé vers la gloire, même éphémère, Kate Moss est l'une des ultimes stars rock'n'roll. Et la seule à s'être enfermée dans le silence depuis des années, pour consolider son mythe.

Cette absence de commentaire sur sa propre existence donne le champ libre à l'exploration de ces moments tâtonnants où elle tenta de devenir quelqu'un d'autre qu'un mannequin ; à l'analyse d'une vie qui se jouait, depuis les débuts, entre ombre et lumière ; aux hypothèses, enfin, concernant sa carrière 2008, à la croisée des chemins.

Kate Moss signe la fin d'une ère qui inventa les stars. Des stars qu'on aimait, qu'on jalousait ou qu'on méprisait, mais qui tutoyaient les dieux et toisaient les humains. Désormais que le grand Soi est arrivé, que chacun est sa propre icône sur Internet ou dans la vie, les célébrités d'aujourd'hui, les vraies, pas les starlettes, n'ont plus de piédestal. Finis les James Dean, Keith Richards, Marianne Faithfull ou Kate Moss. Vive la lignée Angelina Jolie, George Clooney, Brad Pitt, Al Gore. Des héros modernes : engagés, modestes, responsables.

En juillet 2007, la marque Louis Vuitton, l'une des plus puissantes de luxe, annonçait un nouvel âge. Son emblème est un homme politique et non plus Kate Moss ou Catherine Zeta-Jones : l'ancien président russe Mikhaïl Gorbatchev qui pose avec un sac Vuitton à l'arrière d'une berline pour la photographe Annie Leibovitz. Les actrices seraient-elles obsolètes ? Les mannequins condamnées aux podiums et au menu fretin du commerce contemporain ? Ce nouveau cycle est surtout celui des grandes causes dont on s'empare avec plus ou moins de calcul et d'hypocrisie, du développement durable au sauvetage du Darfour, du réchauffement de la planète à l'extrême maigreur.

Pour une marque de vêtements italienne, la campagne d'Oliviero Toscani avec le corps décharné d'une anorexique placardé sur des affiches géantes fit désordre et scandale, c'était le but.

Kate Moss a-t-elle compris qu'elle n'a peut-être plus sa place dans ce monde ultra-cynique qui avance sous le masque de la simplicité ? Et que, sauf à être l'exception qui confirme la règle, sa flamboyance ira s'amenuisant ?

Pense-t-elle parfois à cette chanson de David Bowie ?

« Fame, what you like is in the limo
Fame, what you get is no tomorrow
Fame, what you need you have to borrow[58]. »

Épilogue

DON'T STOP THE DANCE

« Now I can tell you about success, about fame
About the rise and the fall of all the stars in the sky.
Don't it make you smile ? »

Madonna, *Let it will be*[1].

Laissée à sa turbulente affaire dohertycienne, presque agonisante, Kate Moss ressuscite après l'été 2007. Les soucis d'hier semblent effacés par la sortie de sa nouvelle collection Topshop, et de son parfum. Les deux opérations sont identifiées par la typographie « Kate Moss » de Peter Saville : une vraie marque est née. Si elle défend encore, sur le papier glacé des magazines, les couleurs de Longchamp en clone troublant de Marilyn, ou de Versace en pédégère blonde et plutôt laide, on la reconnaît moins que jamais. Soudain, la phrase de Jürgen Teller fait sens, comme si cela suffisait à Kate Moss de vaguement ressembler à KM, sa marionnette. Ou plutôt : comme si son transformisme atteignait ses limites depuis qu'elle pose pour elle-même.

En septembre, la ligne automne/hiver de Topshop, qui bénéficie de son « corner » légèrement gothique dans chaque magasin de la marque – chandeliers, panneaux noirs, verroterie sombre –, continue d'exploiter, plus que son style, sa capacité à faire fantasmer. Les pantalons larges sont à taille haute ainsi que le dicte l'air du temps, les petits tops argentés visent aussi bien les adolescentes que les trentenaires qui rêvent de la même allure qu'elle. « Kate a répondu à une demande exponentielle de jeunes consommateurs pour les vêtements branchés », dit Philip Green, qui annonce que Topshop a traversé un « merveilleux été » grâce à sa nouvelle égérie : des ventes en augmentation de 10 % depuis mai.

Au même moment se prépare le premier pas, hors mode, de Kate Moss. Fin août, les parfumeries d'Angleterre sont parées pour la razzia. Sous un emballage rose assorti d'une rose noire, la fragrance *Kate Moss* délivre une base de patchouli, ambre, santal, musc et vétiver, relevée de légères notes de rose, d'orange ou de magnolia. Les affiches publicitaires cadrent son visage en plan serré quand le spot télévisé la dévoile à moitié nue, courant dans un champ de chardons qui se transforment peu à peu en roses. La nudité, précisent non sans cynisme les stratèges de Coty, permet de bien marquer la différence avec la mode, même si les accointances de Kate Moss avec le luxe permettent justement de viser une clientèle fortunée – contrairement aux « jus » des Paris Hilton, David Beckham ou Britney Spears qui visent plutôt les supermarchés. Selon les estimations des professionnels, *Kate Moss* pourrait rapporter 50 millions d'euros la première année, 75 millions la deuxième. Au lendemain du lancement, le parfum est en rupture de stock : l'une des plus grandes chaînes de distribution anglaises, Superdrug, affirme qu'en quelques jours les ventes ont dépassé de 10 % celles du précédent numéro un. Malgré le positionnement raffiné, on parie que les acheteuses sont les mêmes que chez Topshop, des trentenaires modeuses et non les clientes de Dior.

Kate Moss a mis du temps à s'y mettre mais on dirait qu'elle ne fait plus que ça, décliner sa marque telle une vulgaire top model en reconversion. Même si elle y apporte cette pincée de hype qui fait toute la différence. En octobre, elle collabore à la création d'une ligne de produits de beauté et de soins capillaires, James Brown London, avec le copain coiffeur de Croydon, offrant des idées sur le design et son visage à la publicité, cheveux lâchés. Le making-of de la session, un minifilm de deux minutes en noir et blanc sur l'air de *London Calling* des Clash[2], est un pur moment de bonheur ; a-t-on déjà vu Kate Moss aussi souriante ? James Brown explique qu'il ne vise pas forcément un marché haut de gamme, qu'il a juste voulu imaginer des produits

« naturels et bon marché », car « ma sœur est infirmière en Irlande, je veux qu'elle puisse se les offrir, ce n'est pas seulement destiné aux Katie Holmes du monde entier[3] ».

Katie Holmes, désormais madame Tom Cruise, l'une des figures émergentes de la célébrité mondiale, raide, riche et bien sage, en opposition à la reine des célébrités mondiales, sulfureuse et décontractée : à l'aune de la coolitude, la comparaison a du sens. Et Kate Moss, bien sûr, en ressort victorieuse, quoique banalisée. Où est passée la star du luxe et du trash, maintenant qu'elle s'installe dans l'entre-deux : le commerce destiné aux classes moyennes ?

Pour changer du shampooing, elle réapparaît là où elle a toujours gagné lustre et crédibilité. Le monde de l'art. Marc Quinn, le sculpteur des Young British Artists à la mine austère, avait créé une première Kate au printemps, entortillée dans une posture de yoga ; la seconde œuvre, réplique de la première en bien plus grand, trois mètres de haut, trône tout l'automne dans les jardins d'un château de la campagne anglaise, à Chatsworth. Organisée par Sotheby's, l'exposition s'appelle *Beyond limits* et chaque œuvre – il y a également des Rodin, Anish Kapoor ou Damien Hirst – est à vendre. C'est l'occasion d'une flambée médiatique autour de Kate Moss et de son statut de muse, ainsi expliqué par Quinn : « Elle fait partie de notre mythologie ; elle est notre hallucination collective de la perfection[4]. » Il se dit que la sculpture, baptisée *Myth (Sphinx)* comme l'autre, la plus petite, pourrait atteindre les 720 000 euros. Qui aimerait installer dans son jardin cette ode à la modernité la plus insaisissable ? D'après l'artiste, l'acheteur serait asiatique[5].

Après l'avoir vue immortalisée par Lucian Freud, Gary Hume, Tracey Emin ou Alex Katz, la liste n'est pas exhaustive, on se demande en quoi les artistes sont parvenus à sublimer les photographies publicitaires. Quel regard pertinent ces peintres et sculpteurs ont-ils pu avoir sur Kate Moss, une figure connue sous toutes les coutures ? Quel était l'enjeu sinon celui-ci : la montrer exagérément vide ou futile, briser cette image d'absolu contrôle qu'elle renvoie ? La sculpture de Marc Quinn, malgré son allusion, jambes écartées, à *L'Origine du monde* de Gustave Courbet, ne dévoile en rien la matrice de Kate Moss. Au contraire : la professionnelle de la maîtrise prouve une nouvelle fois le contrôle qu'elle a de son corps.

Et désormais, dirait-on, de sa vie.

Devenue une marque, redevenue une fille cool, Kate Moss entame un automne aussi flamboyant qu'incertain.

Malgré des rumeurs de réconciliation, Pete Doherty semble appartenir au passé, déjà remplacé par un autre spécimen à blouson de cuir pêché dans le vivier des rockers. Le nouvel élu s'appelle Jamie Hince, guitariste du groupe The Kills, un garçon discret et brillant de presque quarante ans, également habillé par Hedi Slimane mais sans le chapeau étriqué du dandy sur le crâne. On voit Kate Moss, au volant de sa décapotable MG bleu nuit, emmener cet amant mieux élevé que le précédent vers son cottage des Cotswolds, on les découvrira en week-end espagnol, transportés par jet privé, on les suivra à Paris et elle reviendra dans le sud de la France avec quelques amis blonds, riches et de bonne humeur. On remarquera leurs rires sous le soleil, quand ils passent de yacht en restaurant gastronomique ; une belle vie, la sienne.

À l'approche de l'hiver, les tabloïds citent les « proches » de Kate : elle pense à se débarrasser de Jamie Hince, la version lisse de Doherty. Un Doherty qui, sorti de désintoxication, refréquente quelques semaines la mannequin Irina Lazareanu, l'ex-bonne copine de Kate Moss qui ne l'est sûrement plus, copine, et que Doherty finit par congédier, sans ménagement. Dans la nasse amoureuse où ils évoluent, qui sait si l'histoire Doherty/Moss est achevée.

Les temps changent, les habitudes demeurent : le haut et le bas des excès, quelques interludes de calme. Septembre est le mois de l'interlude, où elle sait la nécessité d'évoluer. La maison de brique au fond de l'impasse, dans le quartier de Saint John's Wood, lui rappelait trop Doherty, elle était trop petite, trop exposée aux paparazzis. En attendant d'en acheter une autre dans le même périmètre, ce qu'elle fait en fin d'année, elle habite chez les amis : Ron Wood, James Brown, et surtout Davinia Taylor.

Avant l'été, un sondage réalisé par un site Internet spécialisé dans l'immobilier établissait le palmarès des voisins à éviter. Elle et Doherty l'emportaient, loin devant la famille Osbourne et le footballeur Wayne Rooney. « Les fêtes ininterrompues effraieraient n'importe quel entourage », commentait le patron du site. En novembre ça se vérifie : les voisins de Davinia alertent les tabloïds et la municipalité londonienne. Trop de fêtes, de bruit, de chants éméchés dans le jardin en pleine nuit.

À cette même période, le nouveau Premier ministre anglais, Gordon Brown, bien moins relax que Tony Blair, attaque ces « célébrités qui sont de mauvais modèles pour la jeunesse, qui rendent les drogues glamour et qui se croient au-dessus des lois[6] ». On pense à Amy Winehouse et Pete Doherty, et Kate Moss juste derrière.

Elle est directement visée, en revanche, par le responsable du département « Drogues et crime » des Nations unies. Lors d'une conférence sur l'usage de plus en plus massif de la cocaïne – la consommation anglaise a doublé en dix ans, le Royaume-Uni étant, avec l'Espagne, le plus gros consommateur d'Europe –, Antonio Costa s'en prend à la jet-set et aux top models qui ne se « risqueraient pas à porter un manteau de fourrure mais qui n'ont aucun scrupule à prendre de la cocaïne en public ; regardez Kate Moss, qui signe encore de gros contrats après avoir été photographiée en train de sniffer ; regardez Amy Winehouse, devenue populaire en chantant qu'elle ne voulait pas aller en désintoxication, même si elle en avait terriblement besoin et qu'elle a fini par s'y plier[7] ».

Ironie du calendrier : en ces jours de novembre, alors que les tabloïds britanniques font le compte de ses contrats, dix au total, dont trois pour ses propres lignes, contre seize un an auparavant, Kate Moss en signe deux nouveaux. Le premier avec Yves Saint Laurent, le second avec la créatrice new-yorkaise Donna Karan, dont elle sera l'égérie du printemps/été 2008. Selon Karan, « nous recherchions quelqu'un qui avait de l'énergie, de la passion, de la sophistication et du cool. Mis tout ensemble, ça donne Kate. Les vêtements ne la portent pas, c'est elle qui les porte[8] ». Qu'en a pensé Antonio Costa, des Nations unies ?

Le monde de la mode s'amuse aussi à chahuter son ancienne gloire. Si le classement du journal *The Evening Standard* la place toujours parmi les cinq personnes les plus influentes de la fashion londonienne[9], le *Harper's Bazaar*, magazine qui la fit reine à New York, ne la ménage guère pour sa traditionnelle liste des femmes les plus élégantes au monde : elle qui fut première en 2004, deuxième en 2005 et troisième en 2006, la voilà dixième. La mannequin russe Natalia Vodianova arrive en tête et Kate Moss subit l'affront d'être distancée par Irina Lazareanu, l'ex de Doherty, par Anouck Lepere, la fiancée de Jefferson Hack, et par Agyness Deyn, la « nouvelle Kate Moss[10] ».

Ça fait beaucoup, quoique en décembre, ce qui doit la rasséréner, on apprenne qu'elle fera son entrée dans le *Who's who,* édition 2008.

Une femme de pouvoir.

L'automne 2007 est aussi le temps de l'intime. Kate Moss fête les soixante ans de sa mère dans la maison qu'elle lui a offerte à Chipstead, au sud de Croydon. Il y a quelques amis, beaucoup d'alcool et Nick, le petit frère qui fait maintenant plus vieux que sa sœur. L'adolescent complexé aux cheveux longs est devenu un homme à mâchoire carrée et coupe courte, on dirait le gangster d'un film américain de série B. Les deux enfants désormais adultes entourent une Linda encore belle, et sur ce cliché Kate pourrait avoir quinze ans. Riant aux éclats, elle rappelle la gamine qui gambadait sur la plage de Camber Sands en 1990.

Ses rêves de jeunesse, Kate Moss les révèle dans une interview accordée à l'édition anglaise du magazine *Glamour* pour promouvoir sa ligne Topshop. « J'aurais aimé être une rock star, une chanteuse qui serait partie en tournée avec son groupe ; dans ma prochaine vie, ce sera le plan[11]. » Elle raconte aussi le désir de Lila Grace, bientôt cinq ans, de suivre sa trace sur les podiums. Mais pas avant ses vingt et un ans parce que Lila doit finir ses études, ajoute-t-elle. Kate Moss privée d'adolescence saura-t-elle en accorder une à Lila et, si nécessaire, la contraindra-t-elle à la « normalité » ? Ou, à l'inverse, octroiera-t-elle à sa fille-clone la liberté qui fut la sienne à Croydon ? Ira-t-elle jusqu'à accepter que Lila ne fasse pas d'études, qui sait, ou en ressentira-t-elle le léger complexe des parents sans diplômes qui projettent tout sur leurs enfants ? La normalité, quoi qu'il en soit, ne s'appliquera jamais à Lila Grace ; être la fille de Kate Moss, ou la fille de Madonna, bon courage [12].

Malgré ses soucis de parents modernes, Kate Moss a également un côté *old school*. Loin du tintamarre Internet, elle maintient le cap d'une certaine tradition anglaise, celle du plaid sur les genoux pour le thé du dimanche après-midi, celle des virées à la campagne avec les grosses bottes en caoutchouc. Sans les attributs de l'époque : elle n'a toujours pas de site officiel ni de blog, encore moins de page MySpace ou Facebook, et n'a pas été aperçue sur Second Life.

Fin 2007, son nom « googlisé » sur le Web annonçait 5,8 millions de références, contre 92 pour Madonna et 14,8 pour David Bowie. Dans le lot, on trouve d'anciens articles de presse, de nombreuses photos reproduites par les fans, des vidéo-clips et des minifilms sur YouTube – ces interviews enregistrées du temps de Depp et les séquences avec Doherty. On s'aperçoit surtout qu'elle est la star numéro un d'e-Bay en Grande-Bretagne, devant les Spice Girls ou Britney Spears. Sur ce site de vente aux enchères entre particuliers se sont négociés, en 2007, exactement 30 481 articles relatifs à elle, qu'il s'agisse de magazines « collector » des années 90 ou de vêtements, les siens version Topshop ou d'autres, anonymes, décrits comme étant du « style Kate Moss ». La publicité au détriment de celle qui a en fait sa vie, et sa fortune, c'est bien la moindre des offenses. Et même pas, qui sait, puisque tous les brouhahas rehaussent sa notoriété.

En 2008, la carrière de Kate Moss telle qu'on la connaît va sur sa fin ; mais elle, la fille de Croydon, est loin d'être finie.

Le 16 janvier, elle célèbre ses trente-quatre ans dans un hôtel londonien et ses cheveux, désormais barrés d'une frange, sont relevés en un chignon à la fois sophistiqué et défait. Sur son visage, capturé par les paparazzis le lendemain à l'aube, on dirait que les traits trop lisses de jadis trouvent enfin leur place. Elle est légèrement marquée. Ça lui va bien. Plus elle vieillit, plus sa beauté s'affirme. Et devient brûlante.

Avec Jamie Hince, toujours là malgré sa « gentillesse », dont elle semble même de plus en plus amoureuse, allant jusqu'à parler mariage, racontent ceux qui la croisent, Kate Moss avait planifié une fête de trente-quatre heures, une pour chaque année de sa vie. Elle n'arriva à tenir debout que dix-huit. Pour les tabloïds, ce fut l'occasion, encore, de s'offusquer d'une telle extravagance, tout en raillant son incapacité à durer comme avant, comme le *party animal* qu'elle était.

Au même moment, *happy birthday*, on apprend les résultats de sa compagnie Skate pour l'exercice 2006-2007 : 6,7 millions d'euros. Pas mal pour quelqu'un qu'on dit usée. Elle ne l'est pas. Loin de là. Elle choisit ses publicités et ses apparitions dans les magazines avec soin. Que du plaisir, que du prestige. La campagne Donna Karan, photographiée à Cuba, est lourde de sensualité ; ses éditoriaux également, dans le *Vogue* japonais de janvier puis le *Vogue* anglais de mars, qui lui offre sa une pour la vingt-cinquième fois, un record absolu. Et surtout, le même mois, le magazine *Next* de *Libération* où Hedi Slimane, le complice si souvent croisé, la saisit pour la première fois : les clichés sont incroyablement charnels, à croire que Slimane a capturé la lascivité inédite de la fille de Croydon – un mélange d'abandon, de force sexuelle, de maturité.

Pour Kate Moss qui semble resurgir des limbes, énième retour pimenté d'une incandescence nouvelle, il s'agit, malgré tout, d'imaginer autre chose.

Se réinventer, dépasser l'epoque et s'inscrire dans quoi – la vraie vie ?

Qui sait si demain la classe moyenne sera toujours capable, à côté des ultra-riches, d'entretenir la machine du luxe ? C'est sur cette classe moyenne, relativement à l'aise quoique de moins en moins, que repose la stratégie de Kate Moss, femme d'affaires et femme « normale », qui offre à chacune des femmes une identification possible. Achetez un bout de moi, vous deviendrez un peu moi.

Combien de temps la magie de Kate Moss, Blanche-Neige moderne, durera-t-elle, voilà l'énigme. À trente-quatre ans, elle est une jeunette à l'ère où les adultes ont des fantasmes de Peter Pan. On se met à l'imaginer vieillissante. Les choix ne sont pas infinis. La distinction d'une quasi-lady, à la Madonna ; l'élégance intacte d'une pionnière du rock, à la Marianne Faithfull ; la descente aux enfers de celles dont les ailes ont trop brûlé, à la Edie Sedgwick. On cocherait volontiers la case numéro deux, Marianne F., dont elle eut le temps d'écouter les conseils. Comment survivre à sa propre histoire, comment rester une étoile malgré les années qui passent, malgré les trous noirs. Et grâce à eux, re-briller plus encore.

Peut-être s'établira-t-elle pour de bon dans les Cotswolds. Elle a souvent parlé de cet amour de la campagne, qui signerait un changement radical. La nomade s'enracinant au milieu des prés, quel choc. Un jour, elle avoua que sa seule faiblesse en matière de goût, la décoration, venait du fait qu'ayant toujours vécu avec une valise, elle avait du mal à « avoir une opinion sur les choses qu'on ne pouvait pas transporter partout [13] ». Au village de Little Faringdon, où tout est déjà transporté et installé, on parie qu'elle s'ennuierait à mourir.

Maintenant qu'elle affiche une beauté de femme presque fatale, elle pourrait aussi devenir adulte. C'est un créneau peu populaire où l'on se range sans le vouloir, poussé par les ans et regardant derrière soi l'absolu de la modernité, la jeunesse. L'étape est difficile, elle le serait bien plus pour elle. Kate Moss est de ces icônes, à l'image des footballeurs, qui passent de l'adolescence prolongée à la retraite précoce, enjambant l'âge adulte. Mannequin et footballeur, un bon résumé des étoiles 2008 : mêmes trajectoires filantes, même médiatisation stratosphérique, même pas le temps de réfléchir puisque tout le monde le fait à votre place, et même risque d'ennui abyssal, après.

Kate Moss, disait Simon Chambers de Storm, écrira un jour son autobiographie [14]. On en doute, puisqu'elle sait que sa légende repose sur le mystère, mais pourquoi pas. Elle la publiera et qu'y apprendra-t-on, hormis des souvenirs polis ? La peinture sera suffisamment jolie et écaillée pour entrer dans le cadre doré du mythe. Que pourrait-elle raconter, sinon qu'elle était là au bon moment, qu'elle a vécu vite, qu'elle a profité de tout ?

Francis Scott Fizgerald écrivait ce dialogue entre Gloria, l'héroïne des *Heureux et les Damnés*[15], et un interlocuteur masculin qui lui demande :

« Vous êtes une étrange petite déterministe. Ce monde est à vous, n'est-ce pas ?

— Eh bien, dit-elle en levant vivement les yeux vers lui, n'est-ce pas ainsi ? Aussi longtemps que je suis... jeune. »

Remerciements

Été 2007. J'ai rendez-vous avec Sarah Doukas mais c'est Simon Chambers, son frère et coresponsable de l'agence Storm, ainsi que Paula Karaiskos, l'attachée de presse, qui me reçoivent dans leurs bureaux londoniens. C'est déjà un exploit. Je le dois à un ami parisien de Sarah Doukas, qui l'a appelée et convaincue : normalement, les gens de Storm ne rencontrent pas les journalistes ou écrivains intéressés par Kate Moss. Sinon, plaisante Simon Chambers, « on ne ferait que ça ».

Je leur expose ce projet de biographie. J'ajoute : est-il possible de la rencontrer ? Le silence résonne quelques instants dans la petite salle de réunion immaculée, recouverte d'immenses unes de magazines. Puis le rire stupéfait de Chambers, qui signifie : vous n'y pensez pas.

Kate Moss, affirme-t-il, est vraiment comme ça : « Secrète et pas capricieuse pour autant, je vous assure, c'est juste qu'elle n'aime pas s'exprimer. » Au fil de la conversation, il révèle que la marque Moss est si importante que cinq personnes, chez Storm, s'en occupent à plein temps. Il laisse aussi échapper ceci : la politique du mutisme fait effectivement partie de la stratégie. Si Kate y dérogeait, dit-il en substance, le mythe ne serait plus le même. Il précise, à moitié sérieux : « Quand bien même vous arriveriez à la voir, à la persuader de vous parler, nous l'en dissuaderions. »

Je travaille à *Libération* depuis quinze ans. Ces trois dernières années, j'ai écrit sur la mode – ses défilés, ses créateurs et ses enjeux économiques – dans les colonnes du journal, interviewé nombre de ses stars, des plus discrètes aux plus flamboyantes.

Avec Kate Moss, j'entre dans une autre sphère. Celle où l'on pratique le secret, celle où, après avoir contacté dix personnes qui toutes refusent d'évoquer le sujet KM, je me demande : « Qu'ont-elles à cacher ? »

Rien, probablement. Il s'agit juste de la protéger, elle. Et ses affaires.

Il y eut ce coup de fil à François Ravard, le manager et compagnon de Marianne Faithfull : « Je serais vous, me dit-il, je renoncerais à ce livre. De toutes les façons, jamais Marianne ne vous parlera. Et je ne lui demanderai même pas, je sais qu'elle me lancerait *"fuck you"*. »

Les mails adressés à Corinne Day, Mario Sorrenti ou Mario Testino me sont revenus avec la question : « Kate a-t-elle approuvé le projet ? Est-elle d'accord ? » J'en ai parlé à Simon Chambers : à défaut de la reine elle-même, pourrais-je accéder à sa cour ? Pendant l'été, il m'a laissé entendre qu'il obtiendrait l'aval de Kate. Et puis plus de nouvelles, si ce n'est une succession d'excuses. « Kate est occupée » ; « Kate est en vacances, on ne peut pas la déranger. »

Il y eut aussi ces photographes et directeurs artistiques, croisés lors de deux fashion weeks parisiennes, celles de juillet et d'octobre 2007. Des amis de Kate Moss, des gens avec qui elle travaille depuis des années. Affable, l'un d'eux me répondit à la sortie d'un défilé : « D'accord, appelez mon assistant, à New York, pour convenir du rendez-vous. » Au bout du fil, le jeune homme eut du mal à cacher sa surprise : « Mais vous étiez avec lui, n'avez-vous pas pu fixer une date ? » Un autre des proches de Kate, également courtois, me demanda de joindre son agent, à Londres, pour qu'il lui rappelle de penser à moi – et l'agent fut étonné, à son tour. Je les ai recroisés, ces deux hommes-là, relancés à maintes reprises. Leur porte est restée close.

À l'automne, je téléphonais aux responsables de Storm, qui m'avaient proposé de consulter leurs archives Kate Moss. Mais soudain stockés dans la banlieue de Londres, les documents s'avéraient inaccessibles. Puis je questionnais Paula Karaiskos, l'attachée de presse, sur deux événements des plus factuels de la carrière de Kate, pour lesquels il me manquait des détails. Réponse : aucune.

Quand il fut temps de chercher une photographie pour la couverture de ce livre, nous en trouvâmes une très belle dans une agence londonienne. Ses responsables précisèrent : il nous faut l'accord personnel de Kate Moss. Et le prix demandé était dix fois supérieur au tarif habituel. On changea d'agence.

Au fil des semaines, il y eut enfin ces gens de la mode qui m'encourageaient tout en refusant, quand j'évoquais la possibilité d'une interview, d'apparaître nommément. Beaucoup m'ont aidée, mise sur des pistes ou confié des anecdotes. Pour cela nous étions convenu du « off », et j'imaginais pouvoir les remercier ici. Or ils furent plusieurs à préciser, une fois le livre achevé : « Attention, mon nom ne doit apparaître nulle part. »

Il y a ceux qui ont peur de perdre les faveurs de Kate Moss ; ceux qui en vivent ; et ceux qui ne veulent pas risquer de passer pour des « balances » dans un milieu où les réputations se font et se défont à la vitesse du passage d'une top model sur le podium.

Pour s'expliquer, ou s'excuser, certains m'ont cité le contrat de confidentialité que l'entourage de Kate Moss fait signer à quiconque se retrouve à travailler avec elle sur des sessions photos. Maquilleur, coiffeur, assistant, styliste, photographe, tout le monde doit approuver les termes, extrêmement restrictifs, du document de neuf pages rédigé par l'un des plus grands cabinets d'avocats londoniens. Ne rien publier, ne rien enregistrer, ne rien dévoiler, ne rien filmer, et se taire à jamais. Même si « Ms Moss » venait à mourir, est-il précisé, le contrat s'appliquerait encore. Et il est strictement confidentiel. De ça non plus, personne n'est censé parler.

Des stars hollywoodiennes agissent ainsi, pas les mannequins. Hormis la plus célèbre de la galaxie.

Kate Moss, peut-être sans l'avoir jamais spécifié – et peut-être est-ce Storm qui s'occupe de tout –, fait régner l'omerta.

Heureusement, d'autres ont parlé. D'autres m'ont aidée.

Pour leur précieux concours, merci à Hedi Slimane, Nicolas Ghesquière et Riccardo Tisci.

Merci à Olivier Wicker, à Laurence Kleinknecht, à Cyril Brulé et Saïf Madhi de l'agence Viva, à Véronique Rampazzo de l'agence Marilyn, à Willy Vanderperre, Natalia Vodianova,

Audrey Marnay, Sophie Boilley, Odile Idkowiak, Adeline Amiel-Donat, Nadège Winter, Sylvie Grumbach.

À Bruce Benderson. À Virginie Despentes, pour ses réflexions et son soutien.

À mon éditrice Olivia de Dieuleveult, pour son exigence inlassable, à Camille Germain.

À ma famille et à mes amis, pour leur patience et leurs conseils.

Et un remerciement tout particulier à Ann Scott, dont les remarques et la bienveillance ont été décisives.

NOTES

1. Le Livre de poche, 2006, traduction de Jacques Tournier.

PROLOGUE

1. *The New York Post*, 31 décembre 2007.

I. SO YOU WANT TO BE A ROCK'N'ROLL STAR ?

1. « Oh non chérie, tu n'es pas seule
Tu t'observes mais tu es bien sévère
Ta tête est tout embrouillée si seulement je pouvais
Te faire prendre soin de toi
Oh non chérie, tu n'es pas seule. »
Sur l'album *The Rise and Fall of Ziggy Stardust and the Spiders from Mars*, 1972.
2. Brandon Hurst et Beverley Mason, *Kate Moss ; Sex, drugs and a rock chick*, Artnik, 2007.
3. Brandon Hurst et Beverley Mason, *op. cit.*
4. *Spin*, septembre 1994.
5. Fred Vermorel, *Addicted to love*, Omnibus Press, 2006.
6. Fred Vermorel, *op. cit.*
7. *Spin*, septembre 1994.
8. Fred Vermorel, *op. cit.*
9. *Gala*, 11 janvier 2006.
10. Fred Vermorel, *op. cit.*
11. *Interview*, mars 1999.
12. *Vogue UK*, août 1994.
13. *Spin,* septembre 1994.
14. *Vogue UK*, août 1994.
15. *Ibid.*

16. *Ibid.*
17. *i-D*, décembre 1993.
18. *Ibid.*
19. *The Sunday Times*, 30 mai 1993.
20. *Ibid.*
21. *The Sunday Times Style Magazine*, 1er avril 2007.
22. *Vogue UK*, août 2001.
23. *i-D*, décembre 1993.
24. *Interview*, mars 1999.
25. *Vogue UK*, août 1994.
26. *Spin*, septembre 1994.
27. *The Daily Mail*, 12 juillet 2006.
28. *Spin*, septembre 1994.
29. *Ibid.*
30. *Ibid.*
31. *The Face*, mars 1999.
32. *Spin*, septembre 1994.
33. Fred Vermorel, *op. cit.*
34. *Vogue UK*, avril 1999.
35. *The Independent*, 16 janvier 1999.
36. Fred Vermorel, *op. cit.*
37. Fred Vermorel, *op. cit.*
38. *Interview*, mars 1999.
39. *Spin*, septembre 1994.
40. *The Independent*, 16 janvier 1999.
41. *Vogue UK*, août 1994.
42. *The Face*, mars 1993.
43. *Interview*, mars 1999.
44. *The Daily Mail*, 12 juillet 2006.
45. *The Sunday Times*, 30 mai 1993.
46. *Spin*, septembre 1994.
47. Fred Vermorel, *op. cit.*
48. *The Independent*, 16 juin 1999.
49. *Vogue France*, décembre 2005/janvier 2006.
50. *Showstudio*, mars 2003.
51. *Interview*, mars 1999.
52. *The Face*, mars 1999.
53. *Ibid.*
54. *Vogue UK*, avril 1999.
55. Fred Vermorel, *op. cit.*
56. *Vogue UK*, avril 1999.
57. *Spin*, sepembre 1994.
58. *The Sunday Times Style Magazine*, 1er avril 2007.
59. *Vogue France*, décembre 2005/janvier 2006.
60. *L'Express*, 12 janvier 2007.
61. *Vogue France*, décembre 2005/janvier 2006.

62. *The Face*, mars 1999.
63. *Showstudio*, mars 2003.
64. Douglas Coupland, *Génération X*, 10/18, 2004, traduction de Léon Mercadet.

II. Girls just wanna have fun

1. « Souviens-toi, souviens-toi, c'est maintenant, et maintenant, et maintenant. Vis-le, ressens-le, accroche-toi à cette idée. » Sylvia Plath, *Unabridged Journals*, Anchor, 2000.
2. *Telegraph Magazine*, 11 février 2006.
3. *Ibid.*
4. *The Times*, 27 janvier 1993.
5. *Vogue UK*, août 1994.
6. *Telegraph Magazine*, 11 février 2006.
7. *Telegraph Magazine*, 1er mars 2003.
8. *W*, mars 1999.
9. *Spin*, septembre 1994.
10. *Ibid.*
11. *Vogue France*, décembre 2005/janvier 2006.
12. Laurent Garnier et David Brun-Lambert, *Électrochoc*, Flammarion, 2003.
13. Laurent Garnier et David Brun-Lambert, *op. cit.*
14. Laurent Garnier et David Brun-Lambert, *op. cit.*
15. *Telegraph Magazine*, 11 février 2006.
16. L'agence Storm, sollicitée à l'été 2007 pour éclaircir plusieurs points factuels, dont celui-ci, n'a pas donné réponse. (*N.d.A.*)
17. *Interview*, mars 1999.
18. *Vogue France*, décembre 2005/janvier 2006.
19. *Spin*, septembre 1994.
20. *The Face*, juillet 1990.
21. *The Face*, mars 1993.
22. *Ibid.*
23. *Vogue US*, septembre 2001.
24. *Vogue US*, été 1990.
25. *The Face*, mars 1993.
26. *Le Nouvel Observateur*, 2 décembre 1993.
27. *Interview*, mars 1999.
28. Entretien avec l'auteur, juillet 2007.
29. *Vogue France*, décembre 2005/janvier 2006.
30. Entretien avec l'auteur, juillet 2007.
31. *Ibid.*
32. *Showstudio*, mars 2003.
33. Entretien avec l'auteur, juillet 2007.
34. *Ibid.*

35. *W*, septembre 2003.
36. *Vogue France*, décembre 2005/janvier 2006.
37. *Ibid.*
38. Entretien avec l'auteur, juillet 2007.
39. www.CNN.com, 3 novembre 2006.
40. *Interview*, mars 1999.
41. *i-D*, décembre 1993.
42. *Ibid.*
43. *Interview*, mars 1999.
44. *i-D*, décembre 1993.
45. Jay McInerney, *Trente Ans et des poussières*, Points Seuil, 1995, traduction de Jacqueline Huet et Jean-Pierre Carasso.
46. *The Independent on Sunday,* 9 août 1992.
47. *Ibid.*
48. Kate Moss, *Kate : the Kate Moss book*, Pavilion Books, 1995.
49. Fred Vermorel, *op. cit.*
50. *The Independent on Sunday*, 9 août 1992.
51. *Ibid.*
52. *Index Magazine*, 2001.
53. *The Face*, mars 1993.
54. Brandon Hurst et Beverley Mason, *op. cit.*
55. *Vogue France*, décembre 2005/janvier 2006.
56. *Ibid.*
57. *Ibid.*
58. *Interview*, mars 1999.
59. *The Face*, mars 1993.
60. *The Sunday Times*, 30 mai 1993.
61. *Ibid.*
62. *Vanity Fair*, janvier 1994.
63. *i-D*, décembre 1993.
64. *Showstudio*, mars 2003.
65. *The Face*, mars 1993.
66. Fred Vermorel, *op. cit.*
67. *The Face*, mars 1993.
68. *Vogue UK*, août 2001.
69. *Spin*, septembre 1994.
70. *Ibid.*
71. *Vogue UK*, août 1994.
72. *Vogue UK*, septembre 2004.
73. *Interview*, mars 1999.
74. *Ibid.*
75. Ces phrases sont citées par Fred Vermorel, *op. cit.*
76. Naomi Wolf, *The Beauty myth : how images of beauty are used against women*, Harper Perennial, 2002.
77. *The New York Times*, 11 avril 1993.

78. *The Independent*, 22 février 1997.
79. *Telegraph Magazine*, 1er mars 2003.
80. *The Independent*, 7 janvier 2003.
81. *Ibid.*
82. *The New York Times*, 8 juin 1993.
83. *Ibid.*
84. Fred Vermorel, *op. cit.*
85. Fred Vermorel, *op. cit.*
86. *Interview*, mars 1999.
87. Fred Vermorel, *op. cit.*
88. *People*, septembre 1993.
89. *Spin*, septembre 1994.
90. Éditions des Femmes, 1993.
91. *i-D*, décembre 1993.
92. *Vogue UK*, août 1994.
93. *Interview*, mars 1999.
94. *Vanity Fair*, janvier 1994.
95. *The New York Times*, 27 septembre 1994.
96. *Vanity Fair*, janvier 1994.
97. Fred Vermorel, *op. cit.*
98. *Vogue UK*, août 1994.
99. *Ibid.*
100. *i-D*, décembre 1993.
101. *Ibid.*
102. *Interview*, mars 1999.
103. *Ibid.*
104. Brian J. Robb, *Johnny Depp*, Flammarion, 2006.

III. Welcome to the jungle

1. 10/18, 2004, traduction de Laurence Romance.
2. Brian J. Robb, *op. cit.*
3. Brian J. Robb, *op. cit.*
4. Brian J. Robb, *op. cit.*
5. Brian J. Robb, *op. cit.*
6. Roman initiatique new age de James Redfield, publié en 1993, disponible en français sous le titre *La Prophétie des Andes* (J'ai lu, 2003).
7. Fred Vermorel, *op. cit.*
8. *i-D*, septembre 1998.
9. *Vogue UK*, août 1994.
10. *Vanity Fair*, janvier 1994.
11. *Ibid.*
12. *i-D*, décembre 1993.
13. *Spin*, septembre 1994.
14. Fred Vermorel, *op. cit.*

15. *The Face*, mars 1993.
16. *Spin*, septembre 1994.
17. Brian J. Robb, *op. cit.*
18. Brian J. Robb, *op. cit.*
19. Brian J. Robb, *op. cit.*
20. *Interview*, mars 1999.
21 *The Face*, mai 1996.
22. *Vogue UK*, août 1994.
23. *The Face*, mars 1993.
24. *Ibid.*
25. *Vogue UK*, août 1994.
26. *Spin*, septembre 1994.
27. *Dazed & Confused*, février 1999.
28. *Vogue UK*, août 2001.
29. *Playboy*, janvier 1996.
30. *Vanity Fair*, janvier 1994.
31. *Playboy*, janvier 1996.
32. *Spin*, septembre 1994.
33. *Vogue France*, décembre 2005/janvier 2006.
34. *The Face*, mars 1993.
35. *Spin*, septembre 1994.
36. *The Face*, mars 1999.
37. *The Daily Express*, 15 mars 1999.
38. *Vogue UK*, septembre 2004.
39. *Elle UK*, mai 1995.
40. Fred Vermorel, *op. cit.*
41. Jason Donovan, *Between the lines . my story uncut,* HarperCollins, 2007.
42. *The Big Breakfast*, Channel 4, 1995.
43. *Spin*, septembre 1994.
44. *Vogue UK*, août 1994.
45. Entretien avec l'auteur, juillet 2007
46. *W*, septembre 2003.
47 *The Independent*, 16 janvier 1999.
48. Kate Moss, *op. cit.*
49. *The New York Times*, 17 septembre 1995.
50. Fred Vermorel, *op. cit.*
51. *New York Magazine*, 18 septembre 1995.
52. *The New York Times*, Bob Morris, 17 septembre 1995.
53. *Spin*, septembre 1994.
54. Le Livre de poche, 2006, traduction de Jacques Tournier.
55. *Vogue UK*, avril 1999.
56. Brian J. Robb, *op. cit*
57. *Vogue UK*, avril 1999
58. *The Irish Independent*, 4 novembre 2007
59. *Vogue UK*, avril 1999.

60. *Vogue UK*, avril 1996.
61. *Ibid.*
62. *Vogue UK*, avril 1999.
63. *Ibid.*
64. *The Face*, mai 1996.
65. *Ibid.*
66. *Ibid.*
67. *Vogue UK*, avril 1999.
68. *The Face*, mai 1996.
69. *W*, mars 1999.
70. *Vogue UK*, avril 1996.
71. *The Face*, mai 1996.
72. Fred Vermorel, *op. cit.*
73. Fred Vermorel, *op. cit.*
74. *Vanity Fair*, février 1997.
75. Brian J. Robb, *op. cit.*
76. Fred Vermorel, *op. cit.*
77. *Spin*, septembre 1994.
78. Brian J. Robb, *op. cit.*
79. Brian J. Robb, *op. cit.*
80. *The Face*, mars 1999.
81. *New York Daily News*, 17 mai 1998.
82. *Fatal Exposure*, documentaire de la BBC, 1997, réalisé par Simon Chu.
83. *The New York Times*, 20 mai 1997.
84. Mario Sorrenti, *The Machine*, Steidl, 2002.
85. *The New York Times*, 20 mai 1997.
86. *Ibid.*
87. *The New York Times*, 10 juin 1997.
88. *The Baltimore Sun*, 29 mai 1997.
89. *Vogue UK*, avril 1999.
90. *Ibid.*
91. *Ibid.*
92. *W*, mars 1999.
93. *The Independent*, 16 janvier 1999.
94. *Ibid.*
95. *Ibid.*
96. *i-D*, septembre 1998.
97. *The Face*, mars 1999.
98. Fred Vermorel, *op. cit.*
99. *Vogue France*, décembre 2005/janvier 2006.
100. Fred Vermorel, *op. cit.*
101. *i-D*, septembre 1998.
102. www.salon.com, 12 janvier 2000.
103. *The Guardian*, 6 octobre 2007.
104. *i-D*, septembre 1998.

105. *Ibid.*
106. *Ibid.*
107. *The New York Times*, 22 avril 1997.
108. *Ibid.*
109. *Showstudio*, mars 2003.
110. *The Sun*, 7 mars 2006.
111. *Ibid.*
112. *Q*, octobre 2003.
113. *Ibid.*
114. *Vogue UK*, avril 1999.
115. *The Face*, mars 1999.
116. *Ibid.*
117. *The Daily Express*, 15 mars 1999.
118. *Dazed & Confused*, février 1999.
119. *Ibid.*
120. Fred Vermorel, *op. cit.*
121. Fred Vermorel, *op. cit.*
122. Fred Vermorel, *op. cit.*
123. *Vogue UK*, avril 1999.
124. *W*, mars 1999.
125. *The Face*, mars 1999.
126. *Dazed & Confused*, février 1999.
127. *Ibid.*
128. *Interview*, mars 1999.
129. *Showstudio*, mars 2003.
130. *Dazed & Confused*, février 1999.
131. *Vogue UK*, avril 1999.
132. *Dazed & Confused*, février 1999.
133. *The Face*, mars 1999.
134. *Ibid.*
135. *Ibid.*
136. *Ibid.*
137. *Ibid.*

IV. I JUST DON'T KNOW WHAT TO DO WITH MYSELF

1. *L'Express*, 21 au 27 juin 1965.
2. *Libération*, entretien avec l'auteur, 3 février 2006.
3. *Dazed & Confused*, février 1999.
4. *The Daily Express*, 20 février 1999.
5. *Vogue US*, mai 2005.
6. *Vogue UK*, avril 1999.
7. *The Face*, mars 1999.
8. *The Daily Express*, 15 mars 1999.
9. *Ibid.*
10. *Vogue UK*, août 2001.
11. *Ibid.*

12. Jean Stein, *Edie : American girl*, Grove Press, 2000.
13. *Vanity Fair*, décembre 2005.
14. *Vogue France*, décembre 2005/janvier 2006.
15. Chat sur le site de Barnes & Noble, www.bn.com, janvier 1999.
16. *Vogue France*, décembre 2005/janvier 2006.
17. *Vogue UK*, mai 2000.
18. *Ibid.*
19. *Ibid.*
20. Fred Vermorel, *op. cit.*
21. *Time out*, février 2001.
22. *Vogue UK*, août 2001.
23. *Time out*, février 2001.
24. Entretien avec l'auteur, décembre 2007.
25. *Ibid.*
26. *Ibid.*
27. *Ibid.*
28. *Ibid.*
29. *Ibid.*
30. *Ibid.*
31. *Vogue UK*, août 2001.
32. *Ibid.*
33. *Ibid.*
34. *Ibid.*
35. *Time out*, février 2001.
36. *Ibid.*
37. *Interview*, mars 1999.
38. *Time out*, février 2001.
39. *Interview*, mars 1999.
40. Entretien avec l'auteur, octobre 2007.
41. *Ibid.*
42. *Ibid.*
43. *Vogue UK*, avril 1999.
44. Fred Vermorel, *op. cit.*
45. *Vogue UK*, mars 2002.
46. *Ibid.*
47. www.salon.com, 12 janvier 2000.
48. *Vogue Daily News*, 9 octobre 2001.
49. *The Evening Standard*, 8 octobre 2001.
50. *Ibid.*
51. www.tate.org.uk, 29 octobre 2001.
52. *Ibid.*
53. *The Face*, mars 1999.
54. *Q*, octobre 2003.
55. *Scotland on Sunday*, 23 avril 1995.
56. Chat sur le site du *Telegraph*, www.telegraph.co.uk, 19 décembre 2001.

57. *The Guardian*, 2 février 2002.
58. *Showstudio*, mars 2003.
59. *Vogue France*, décembre 2005/janvier 2006.
60. *Vogue Daily News*, 10 septembre 2002.
61. *Ibid.*
62. *W*, septembre 2003.
63. *Ibid.*
64. *Ibid.*
65. *Vogue Daily News*, 9 septembre 2003.
66. *W*, septembre 2003.
67. *Ibid.*
68. *Q*, octobre 2003.
69. *Ibid.*
70. *Ibid.*
71. *Ibid.*
72. *Ibid.*
73. *Ibid.*
74. *Ibid.*
75. *Ibid.*
76. *Ibid.*
77. *Ibid.*
78. *Dazed & Confused*, février 1999.
79. *Vogue Daily News*, 18 décembre 2003.
80. *The Observer*, 7 décembre 2003.
81. Francis Scott Fitzgerald, *Les Heureux et les Damnés*, traduction de Louise Servicen, Folio/Gallimard, 1984.
82. Francis Scott Fitzgerald, *op. cit.*
83. Francis Scott Fitzgerald, *op. cit.*
84. *The Independent on Sunday*, 26 décembre 2004.
85. *The Sunday Mirror*, 18 avril 2004.
86. *L'Express*, 23 au 29 mars 1970.
87. www.storm.com

V. Real wild child

1. Francis Scott Fitzgerald, *op. cit.*
2. Nathan Yates et Pete Samson, *Pete Doherty : On the edge ; the true story of a troubled genius*, John Blake, 2005.
3. Nathan Yates et Pete Samson, *op. cit.*
4. Nathan Yates et Pete Samson, *op. cit.*
5. *New Musical Express*, 25 octobre 2005.
6. Busty, *Pete Doherty*, Scali, 2006.
7. *Les Inrockuptibles*, 17 octobre 2007.
8. *Vogue Homme*, mars 2007.
9. Nathan Yates et Pete Samson, *op. cit.*

10. www.thelibertines.de, avril 2003.
11. *Vogue France*, décembre 2005/janvier 2006.
12. *Vanity Fair*, juin 2005.
13. *Socialist Review*, avril 2004.
14. Nathan Yates et Pete Samson, *op. cit.*
15. Peter Doherty, *The Books of Albion*, Orion, 2007.
16. BBC4, 17 février 2005.
17. *Vanity Fair*, décembre 2005.
18. Nathan Yates et Pete Samson, *op. cit.*
19. Peter Doherty, *op. cit.*
20. Marianne Faithfull et David Dalton, *Faithfull*, Michael Joseph Ed., 1994.
21. *The Telegraph*, 19 décembre 2001.
22. *Libération*, entretien avec l'auteur, 6 mai 2005.
23. Hedi Slimane, *London birth of a cult*, Steidl, 2005.
24. *Les Inrockuptibles*, 7 décembre 2005.
25. *The Daily Mirror*, 15 septembre 2005.
26. *The Times*, 28 septembre 2005.
27. *Ibid.*
28. *Elle*, 3 septembre 2007.
29. *The Sunday Times*, 25 septembre 2005.
30. *Vanity Fair*, décembre 2005.
31. *The Independent*, 25 septembre 2005.
32. *Vanity Fair*, décembre 2005.
33. *The Times*, 28 septembre 2005.
34. *Channel 4*, 22 septembre 2005.
35. *Daily Mirror*, 11 novembre 2005.
36. *Vogue Daily News*, 5 octobre 2005.
37. *Vogue France*, décembre 2005/janvier 2006.
38. *The Guardian*, 18 septembre 2005.
39. *The New York Times*, 29 septembre 2005.
40. *The Independent*, 8 octobre 2005.
41. *The Evening Standard*, 22 septembre 2005.
42. BBC News, 8 décembre 2005.
43. *The People*, 11 décembre 2005.
44. *The New Stateman*, 6 mars 2006.
45. Corinne Day, *Corinne Day Diary*, Kruse Verlag, 2000.
46. *Telegraph Magazine*, 11 février 2006.
47. *Vogue US*, septembre 2001.
48. *Vogue Daily News*, 17 août 2006.
49. *Vogue Daily News*, 9 novembre 2005.
50. *Vogue Daily News*, 14 novembre 2005.
51. *Vogue Daily News*, 17 novembre 2005.
52. *Vogue France*, décembre/janvier 2005.
53. *The Sun*, 1er décembre 2005.
54. *Ibid.*

55. *Ibid.*
56. *Ibid.*
57. *Vogue Daily News*, 16 janvier 2006.
58. *Vogue.fr*, 5 janvier 2006.
59. *Vogue France*, décembre/janvier 2005.
60. *Showstudio*, mars 2003.
61. Dick Pountain et David Robins, *L'Esprit cool ; éthique, esthétique, phénomène culturel*, Éditions Autrement, 2008.
62. Entretien avec l'auteur, juillet 2007.
63. Entretien avec l'auteur, janvier 2008.
64. Entretien avec l'auteur, juillet 2007.
65. *The Guardian*, 12 avril 2006.
66. *The Guardian*, 14 avril 2006.
67. *Ibid.*
68. *The New Stateman*, 6 mars 2006.
69. *Libération,* entretien avec l'auteur, 28 janvier 2005.
70. *The Sunday Times*, 30 octobre 2005.
71. *The Sun,* 6 avril 2006.
72. Peter Doherty, *op. cit.*
73. *The Daily Mirror*, 1er avril 2006.
74. *The Evening Standard*, 15 juin 2006.
75. Entretien avec l'auteur, juillet 2007.
76. Peter Doherty, *op. cit.*
77. *Vanity Fair*, septembre 2006.
78. *Time out*, 3 août 2006.
79. *The Telegraph*, 2 novembre 2006.
80. *Libération*, entretien avec l'auteur, 19 janvier 2007.
81. *Elle*, 26 février 2007.
82. *Ibid.*
83. Entretien avec l'auteur, juillet 2007.
84. *The Guardian*, 12 juillet 2007.
85. *Ibid.*
86. *The Times*, 17 décembre 2007.
87. *Libération*, entretien avec l'auteur, 19 janvier 2007.
88. *Libération*, entretien avec l'auteur, 28 janvier 2005.
89. *Libération*, entretien avec l'auteur, 19 janvier 2007.
90. *Ibid.*
91. *Ibid.*
92. *Ibid.*
93. *Showstudio*, mars 2003.
94. *Libération*, entretien avec l'auteur, 19 janvier 2007.
95. *Vogue UK*, septembre 2004.
96. *Telegraph Magazine*, 11 février 2006.
97. *The Independent*, 23 septembre 2007.
98. Entretien avec l'auteur, juillet 2007.
99. *The Times Style & Design*, automne 2006.
100. *Libération*, entretien avec l'auteur, 28 février 2006.

VI. Material girl

1. « Tu veux un morceau de moi,
Eh bien ça va te coûter cher,
Oui, ça va te coûter cher. »
Sur l'album *Celebrity Skin*, 1998.
2. *The Daily Mirror*, 1er août 2007.
3. Peter Doherty, *op. cit.*
4. *The Sun*, 31 janvier 2007.
5. Peter Doherty, *op. cit.*
6. *Vogue UK*, avril 1999.
7. *Vogue Daily News*, 31 octobre 2006.
8. *The Independent*, 5 juillet 2007.
9. *Entrevue*, juillet 1998.
10. *The Sunday Times Style Magazine*, 1er avril 2007.
11. *Ibid.*
12. *Topshop Making-of*, podcast, www.topshop.com.
13. *Creative Review*, 16 avril 2007.
14. *The Sunday Times Style Magazine*, 1er avril 2007.
15. *Ibid.*
16. *W*, mars 1999.
17. *The Sunday Times Style Magazine*, 1er avril 2007.
18. *Vogue Daily News*, 1er mai 2007.
19. *The Guardian*, 1er mai 2007.
20. *Ibid.*
21. *The Telegraph,* 1er mai 2007.
22. *Madame Figaro*, 29 juin 2007.
23. *The Sunday Times Style Magazine*, 1er avril 2007.
24. *Vogue UK*, mai 2007.
25. *Ibid.*
26. *The Guardian*, 14 mai 2006.
27. *Stella Magazine*, 11 mars 2007.
28. *Libération*, 30 juillet 2007.
29. *This Is London*, 15 mai 2007.
30. *Harper's Bazaar UK*, septembre 2007.
31. *i-D*, décembre 1993.
32. *The Sunday Times Style Magazine*, 1er avril 2007.
33. Peter Doherty, *op. cit.*
34. *The Sunday Times*, 12 août 2007.
35. Entretien avec l'auteur, juillet 2007.
36. *Ibid.*
37. *Ibid.*
38. *The Sunday Times Style Magazine*, 1er avril 2007.
39. *Backlash, la guerre froide contre les femmes,* Éditions des Femmes, 1993.
40. *Spin*, septembre 1994.

41. *Ibid.*
42. *Ibid.*
43. *Ibid.*
44. *Showstudio*, mars 2003.
45. Bruce Benderson, *Toxico*, Rivages, 1998.
46. Bruce Benderson, *Autobiographie érotique*, Rivages, 2006.
47. Bruce Benderson, *Concentré de contre-culture : 50 idées, personnes et événements de l'underground qui ont changé ma vie, pour le meilleur ou pour le pire*, Scali, 2007.
48. Interview avec l'auteur, juillet 2007.
49. Virginie Despentes, *Baise-moi*, Grasset, 1999.
50. Virginie Despentes, *Bye bye Blondie*, Grasset, 2004.
51. Virginie Depentes, *King Kong Théorie*, Grasset, 2006.
52. Entretien avec l'auteur, juillet 2007.
53. *Ibid.*
54. *Women's Wear Daily*, 3 août 2007.
55. *Vogue France*, décembre/janvier 2005.
56. *Vogue Daily News*, 16 avril 2007.
57. *Women's Wear Daily*, 3 août 2007.
58. « Célébrité, ce que tu aimes est dans la limousine/Célébrité, ce que tu as est sans lendemain/Célébrité, ce dont tu as besoin tu dois l'emprunter ». *Fame*, sur l'album *Young Americains*, 1975.

Épilogue. Don't stop the dance

1. « Maintenant je peux te parler du succès, de la célébrité, de l'ascension et de la chute de toutes les étoiles du ciel. Ça ne te fait pas sourire ? » *In Confessions on the Dance Floor*, 2006.
2. www.jamesbrownlondon.com
3. *Vogue Daily News*, 17 septembre 2007.
4. *The Evening Standard*, 14 septembre 2007.
5. www.scotsman.com, 18 septembre 2007.
6. www.bbc.co.uk, 30 septembre 2007.
7. www.unodc.org, 15 novembre 2007.
8. *Vogue Daily News*, 19 novembre 2007.
9. *Vogue Daily News*, 9 octobre 2007.
10. *Harper's Bazaar*, décembre 2007.
11. *Glamour UK*, octobre 2007.
12. *Glamour UK*, octobre 2007.
13. *The Sunday Times Style Magazine*, 1er avril 2007.
14. Entretien avec l'auteur, juillet 2007.
15. Francis Scott Fitzgerald, *op. cit.*

TABLE

Prologue 9

I – So you want to be a rock'n'roll star ? *(1974-1990)* ... 13
II – Girls just wanna have fun *(1990-1994)* 49
III – Welcome to the jungle *(1994-1999)* 99
IV – I just don't know what to do with myself *(1999-2004)* 153
V – Real wild child *(2005-2007)* 197
VI – Material girl *(2007)* 255

Épilogue : Don't stop the dance 293

Remerciements 303
Notes 307